KB171375

아동과 청소년을 위한

인지치료기법

Robert D. Friedberg, Jessica M. McClure, Jolene Hillwig Garcia 지음
정현희, 김미리혜 옮김

Σ 시그마프레스

아동과 청소년을 위한 인지치료기법

발행일 | 2016년 6월 30일 1쇄 발행

저자 | Robert D. Friedberg, Jessica M. McClure, Jolene Hillwig Garcia
역자 | 정현희, 김미리혜
발행인 | 강학경
발행처 | ㈜시그마프레스
디자인 | 송현주
편집 | 이지선

등록번호 | 제10-2642호
주소 | 서울특별시 영등포구 양평로 22길 21 선유도코오롱디지털타워 A401~403호
전자우편 | sigma@spress.co.kr
홈페이지 | http://www.sigmapress.co.kr
전화 | (02)323-4845, (02)2062-5184~8
팩스 | (02)323-4197
ISBN | 978-89-6866-748-0

Cognitive Therapy Techniques for Children and Adolescents
Tools for Enhancing Practice

Copyright ⓒ 2009 The Guilford Press
A Division of Guilford Publications, Inc.
All rights reserved.
Korean language edition ⓒ 2016 by Sigma Press, Inc. published by arrangement with
Guilford Publications, Inc.

이 책은 Guilford Publications, Inc.와 ㈜시그마프레스 간에 한국어판 출판·판매권 독점 계약에 의해 발행되었으므로 본사의 허락 없이 어떠한 형태로든 일부 또는 전부를 무단복제 및 무단전사할 수 없습니다.

* 책값은 뒤표지에 있습니다.
* 이 도서의 국립중앙도서관 출판예정도서목록(CIP)은 서지정보유통지원시스템 홈페이지 (http://seoji.nl.go.kr)와 국가자료공동목록시스템(http://www.nl.go.kr/kolisnet)에서 이용하실 수 있습니다.(CIP제어번호 : CIP2016015253)

역자 서문

이 책의 저자들 중 Friedberg 박사와 McClure 박사는 *Clinical Practice of Cognitive Therapy with Children and Adolescents*를 공동집필하여 2002년에 발간하였고, 이 책은 세계 여러 나라의 전문가들과 대학원생들로부터 큰 호응을 받는 베스트셀러가 되었다. 본 역자들은 이 책이 국내의 독자들에게도 도움이 될 것이라 믿고 번역하여 2007년에 아동과 청소년을 위한 인지치료라는 제목으로 발간하였다.

이 책은 심리학자인 앞의 두 저자와 정신과 의사인 Garcia 박사가 힘을 합해 새롭게 발간한 책이다. 앞서 발간된 아동과 청소년을 위한 인지치료를 통해 일관된 이론적 틀 안에서 인지치료 원리를 적용하는 방식을 배운 독자라면 다양한 개입방법들을 제시하고 있는 이 책을 통해 실제적인 도움을 얻을 수 있으리라 생각한다.

이 책에서 저자들은 아동과 청소년에게 적용할 수 있는 인지치료의 다양한 개입방법과 기법들을 모듈식으로 제시하고 있다. 따라서 독자는 각각의 기법들을 숙지한 뒤 내담자의 호소문제나 특성에 맞게, 그리고 사례 개념화에 의거해서 맞춤식으로 유연하게 적용하면 된다. 특히 저자들은 각각의 기법을 생생하고 풍부한 예와 함께 제시하고 있어 그 기법이 실제로 현장에서 어떻게 구현되는지 그림을 그릴 수 있게 해주고 있다. 또한 부록에는 아동과 청소년, 그리고 가족들에게 바로 사용할 수 있는 워크시트와 유인물, 정보 등 다양한 자료들이 수록되어 있어 독자들은 저자들로부터 커다란 선물을 받은 느낌을 갖게 될 것이다.

마지막 장에서 저자들도 언급했듯이 "유연성은 신중하고 차분하게 난관을 해결하도록 돕는다. 반면 경직된 사고와 고착화된 태도는 선택을 제한하고 대안적 해결의 여지를 남기지 않는다." 이 책은 원래 미국 임상현장에서 사용하기 위해 집필되었으나 모듈식 접근을 채택하고 있기 때문에, 인지치료의 덕목인 유연성과 창의적 태도를 견지한다면 우리나라 현장에서도 쉽게 적용될 수 있으리라 믿는다.

가능한 원서에 충실하고자 노력했으나 문화의 차이로 인해 매끄럽지 못한 부분이 많다. 부족한 부분은 앞으로 계속 보완해 나가도록 노력할 것이다. 모쪼록 이 책의 번역이 대학원 학생들뿐만 아니라 현장에서 아동과 청소년을 위해 헌신하는 전문가들에게도 조금이나마 도움이 되길 바란다.

이 책이 나올 때까지 주위에서 지원과 도움을 아끼지 않으신 분들께 감사드린다. 특히 이 책의 출판을 기꺼이 맡아주신 (주)시그마프레스의 강학경 대표이사님과 책이 만들어지기까지 수고를 아끼지 않으신 편집부의 김경임 부장님과 이지선 선생님 등께 진심으로 감사드리고, 원고를 읽고 도움을 준 학생들에게도 감사의 마음을 전한다.

2016년 6월 역자 씀

차례

제1장 ┃ 시작하며

CBT에 대한 모듈식 접근   2

사례개념화는 매우 중요하다   5

사례개념화를 이용해 모듈식 CBT 이끌기   6

심리치료의 과정과 절차 통합하기   7

정서적 각성 상황에서 기법 적용하기   9

집단치료와 가족치료에서 기법 적용하기   10

이 책에서 사용된 축어록에 관하여   11

결론   12

제2장 ┃ 효율적인 평가

초기 회기를 위한 권고사항   14

지속적 모니터링을 위한 권고사항   18

공식적 자기보고와 타인보고 척도   19

개별적 자기-모니터링 기술   35

결론   55

제3장 ┃ 심리교육

부모를 위한 정보   61

아동과 청소년의 특정 장애에 관한 자료   70

정서교육   73

인지모델에 관한 교육   79

결론   84

제4장 ┃ 행동 개입

이완 기법   90

모델링   98

체계적 둔감법   98

사회기술 훈련   100

즐거운 활동 계획하기   108

습관 반전   114

고통감내 기술   116

유관성 계약   118

부모를 위한 조언/교사를 위한 정보   126

결론   126

제5장 | 자기지시 및 인지재구성 기법

효과적인 자기말 절차의 특징   138

결론   195

제6장 | 합리적 분석

합리적 분석법의 개요   209

합리적 분석에서의 비유   211

합리적 분석 게임   220

기타 기법   224

결론   252

제7장 | 수행과 성취 및 노출

노출의 기초   268

노출 및 경험적 학습의 유형   273

치료적 모험 : 다양한 임상적 문제를 위한 노출과 실험   278

결론   322

제8장 | 맺음말

작업과정에 아동과 가족들을 참여시키라   325

여러분 자신과 여러분이 치료하는 아동, 청소년 및 가족을 인내하라   326

기법과 치료과정을 유연하게 운영하라   327

창조하고 발명하라   327

이론과 연구가 여러분을 안내하게 하라   328

계속해서 배워라   328

힘든 순간과 잘못을 껴안으라   329

개인적인 메시지   329

참고문헌   331

찾아보기   353

시작하며

이 책은 임상장면에서 인지행동 치료자와 내담자가 인지행동치료를 보다 쉽게, 그리고 효과적으로 경험하도록 돕기 위한 다양한 기법과 절차를 제공하고 있다. 이 책은 저자들이 앞서 발간한 **아동과 청소년을 위한 인지치료**[1](Friedberg & McClure, 2002)와 함께 사용하도록 구성되었다. 앞서 발간된 책이 인지치료의 기초를 제공했다면, 이 책은 기초를 넘어 쉽게 다가가기 어려운 내담자와 치료하기 힘든 문제, 그리고 까다로운 사례를 다루는 기법과 접근방법을 제공한다. 이 책은 내담자에게 적합한 기법을 선택하는 데 도움을 주고자 모듈식 접근(modular approach)을 제시하고 있다. 또한 이 책은 경험적 지지를 받은 치료매뉴얼과 일반적인 임상장면 사이의 간격을 좁힐 수 있게 구성되었다.

이번 장에서는 경험적 지지를 받았거나 혹은 정보가 알려진 치료의 효과요인들을 활용하는 데 도움을 주는 선행연구 결과들을 제시할 것이다. 또한 치료에 대한 모듈식 접근을 소개하고, 그것이 임상장면에 적용될 때 어떤 혜택을 줄 수 있는지 살펴볼 것이다.

아동에게 인지행동치료(cognitive-behavioral therapy, CBT)를 적용하는 것을 지지하는 연구들은 CBT가 방법론적으로 엄격하며 유의한 효능을 갖고 있다는 결과를 보여주고 있다. 이러한 희망적인 결과는 경험적 지지를 받았거나 혹은 정보가 알려진 치료에 대한 관심으로 이끌었다. 그러나 실제 임상장면에서 연구 프로토콜을 사용하는 것에 대해 회의적인 전문가들이

---

1) 역자 주 : 아동과 청소년을 위한 인지치료는 Friedberg와 McClure가 2002년에 발간한 *Clinical Practice of Cognitive Therapy with Children and Adolescents: The Nuts and Bolts*를 우리말로 옮긴 것으로 2007년에 출간되었다.

아직 많다(Southam-Gerow, 2004; Weisz, 2004). 실제로 효과적인 치료를 지역사회에 보급하려는 노력은 대부분 성공을 거두지 못하고 있다(Addis, 2002; Carroll & Nuro, 2002; Chambless & Ollendick, 2001; Edwards, Dattilio, & Bromley, 2004; Gotham, 2006; Schulte, Bochum, & Eifert, 2002; Seligman, 1995). 이러한 상황에 대한 이유로 다음의 몇 가지를 고려해볼 수 있다.

임상가들은 연구 프로토콜에는 포함되지 않은 많은 도전에 직면해 있다. 예컨대 임상가들은 보통 심한 고통을 겪고 있는 내담자들을 치료하는데, 이러한 내담자들은 다른 심각한 질환을 함께 갖고 있으며 치료를 중단할 가능성이 높다(Weisz, 2004). 그러나 연구 프로토콜을 위해 모집된 참가자들은 자원자들이며 보수를 받고 연구에 참여한다. 전형적인 임상장면에서 자녀를 치료에 데려오는 부모들은 자신의 문제를 거의 인식하지 못하고 있다. 또한 대부분 치료목표에 동의하지 않으며, 자발적으로 전문적 도움을 구하는 경우도 드물다(Creed & Kendall, 2005; Shirk & Karver, 2003). 임상집단은 보통 심각한 가족 정신병리를 겪고 있다. 그리고 불행하게도 임상집단의 아동 다수는 어떤 형태로든 학대를 경험한다(Weisz, 2004). 사실 임상가들은 생산성(productivity)에 대한 부담스런 요청과 관료주의적 요구사항, 양식과 문서작성에 시달리고 있다(Southam-Gerow, 2004; Weisz, 2004). Southam-Gerow(2004)는 매뉴얼 개발자들이 임상가를 수동적인 소비자 혹은 '최종 소비자'로 잘못 보고 있다고 날카롭게 지적했다. 그는 임상가들을 지적 의사결정 능력을 지닌 창조적 공동개발자로 보아야 한다고 주장했다. Jones와 Lyddon(2000, p.340)은 "실무 안내서의 개발은 변경할 수 없는 절대적 과정이 아니며, 지속적으로 진화하는 과정이다."라고 했다. 즉 연구는 임상가에게 올바른 방향을 안내할 뿐이며, 현장에서 일하는 임상가는 스스로 목적지로 가는 구체적인 방법을 찾아야 한다.

이 책에서 제시하는 CBT의 모듈식 접근은 프로토콜이 갖고 있는 정확성과 임상장면에서 요구되는 창의성 및 융통성 간의 균형을 유지한다. 따라서 임상가들에게 매뉴얼을 대신할 수 있는 매력적인 대안을 제공해준다. 모듈식 접근이 매뉴얼 중심의 치료보다 더 나은 방법인지는 아직 데이터가 수집되지 않아서 확실하게 말할 수 없다. 그러나 모듈식 접근은 임상장면의 현실적 측면에 대해 잠재력을 갖고 있다는 점에서 전망이 밝다고 할 수 있다.

CBT에 대한 모듈식 접근

모듈식 접근은 기술(skill)에 기반을 둔 접근으로, 여러 가지 호소문제를 보이는 다양한 아동과 청소년들에게 적용될 수 있다(Van Brunt, 2000). Chorpita, Daleiden과 Weisz(2005b, p.142)는 **모듈방식(modularity)**이란 "복잡한 활동을 독립적으로 기능하는 단순한 부분들로 나누는 것"이라고 정의했다. 이 책에서 사용하고 있는 모듈식 접근은 경험적 지지를 받은 치료매뉴얼로부터 개별 기법과 절차들을 엄선한 다음, 이들을 치료과제에 따라 모듈로 묶은 것이다(Chorpita,

Daleiden, & Weisz, 2005a; Curry & Wells, 2005; Rogers, Reinecke, & Curry, 2005). 이 책에서 소개할 기법과 절차들은 여섯 가지 모듈로 나뉜다. 이 여섯 가지 모듈이란 심리교육(psycho-education), 평가(assessment), 행동 개입(behavioral intervention), 자기-모니터링(self-monitoring), 인지재구성(cognitive restructuring), 합리적 분석(rational analysis), 노출/경험적(exposure/experiential) 방법을 말한다. 각 모듈에 포함된 기법들은 공통의 치료목적(예 : 심리교육)을 갖지만, 발달적 적합성(아동 또는 청소년), 표적 집단, 그리고 양식(개인, 집단, 또는 가족)에 있어서는 서로 다를 수 있다.

개별화된 사례개념화의 구성은 모듈식 접근을 실행할 때 필수적 단계이다. Kendall, Chu, Gifford, Hays와 Nauta(1998)는 아동을 위한 CBT가 기법보다는 이론적 원리에 따라 실시되어야 한다고 주장했다. 다양한 이론적 배경을 갖고 있는 독자들은 CBT의 기법들 가운데 어떤 것은 다른 이론들과도 관련이 있음을 알게 될 것이다. 이 책에서 소개할 기법들을 묶어주는 끈은 개념적인 것이다. 기법을 '인지적'으로 만들어주는 것은 이론적 맥락과 그 이론에서 제안한 변화의 기제(mechanism)라는 것을 기억할 필요가 있다(J. S. Beck, 1995).

그림 1.1은 치료과정에서 각각의 모듈이 서로 어떻게 관련되는지를 보여주고 있다. 평가와 심리교육 모듈은 가장 먼저 시작되는 모듈이다. 이 두 모듈로 치료를 시작하더라도, 양방향 화살표가 보여주듯이 치료과정을 통해 행동 개입과 인지재구성, 합리적 분석, 수행성취 모듈로 진행하면서 다시 평가와 심리교육 기법으로 되돌아갈 수 있다.

그림의 아래쪽에 제시된 평가와 자기-모니터링, 사정(evaluation) 모듈의 기법은 내담자와 치료자가 적절한 임상적 목표를 향하도록 이끌어준다. 또한 치료가 어떻게 진행되고 있는지에 대한 데이터를 제공해준다. 만약 내담자가 높은 수준의 무쾌감증(anhedonia)을 갖고 있다면 '즐거운 활동 계획하기'를 시작해볼 수 있다. 만약 그에게 사회기술이 부족하다면 사회기술 훈련이 합당한 치료전략이 될 것이다. 어떤 경우에는 자기-모니터링과 평가를 통해 인지재구성 개입의 필요성이 드러날 수 있다. 어떤 기법이든 그것을 실시한 후에는 반드시 평가를 해야 한다. 만약 인지재구성 개입이 성공적이라는 증거가 있다면 치료자는 보다 높은 단계의 인지재구성 개입으로 진행할 수 있다. 그리고 그 후 합리적 분석이나 노출 모듈로 나아갈 수 있다. 만약 평가에서 인지재구성 개입이 성공적이지 않다는 결과가 나타난다면 또 다른 인지재구성 기법이나 앞 단계의 행동 모듈 개입을 선택할 수 있을 것이다. 제2장에서 다양한 평가 및 자기-모니터링 방법을 제시하고 있다.

심리교육은 아동과 청소년, 가족, 그리고 치료자에게 치료과정에 대한 공동의 이해를 제공한다. Frank(1961)는 모든 심리치료는 질병과 회복을 설명하는 논리적 근거(rationale)를 갖고 있어야 한다고 했다. 그는 구체적으로 다음과 같이 진술했다.

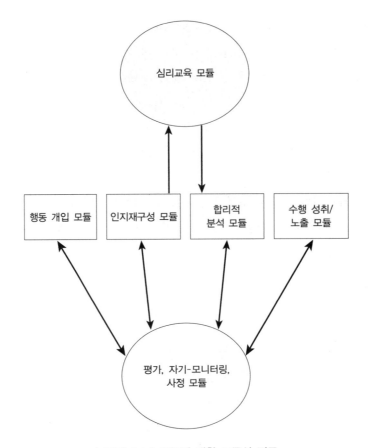

| **그림 1.1** | CBT에 대한 모듈식 접근

치료의 논리적 근거는 궁극적으로 내담자가 자신의 증상을 이해하도록 해준다. 내담자는 종종 증상을 설명할 수 없다고 생각하며, 이것으로 인해 불편감이 증가한다. 따라서 자신의 증상에 이름을 붙이고 중요한 개념적 도식으로 설명하는 것은 큰 안심을 준다. 어떤 현상을 통제하기 위한 첫걸음은 그것에 이름을 붙이는 것이다. (1961, p.328)

제3장은 여러 가지 구체적인 심리교육 기법을 제공하고 있다.

행동 개입, 인지재구성, 합리적 분석, 그리고 수행 성취/노출은 개입을 위한 네 가지 모듈이다. 이 모듈들은 기술 발달에 따라 단순한 과제로부터 복잡한 과제 순서로 배열된다. 일반적으로 행동 개입(제4장)은 아동에게 적용하기가 용이한 반면, 인지재구성(제5장)이나 합리적 분석(제6장) 같은 인지적 개입은 더 복잡한 기술을 요구한다. 수행과 성취 및 노출 모듈(제7장)은 순서의 뒤에 배치되며, 대처기술의 발달을 통해 경험/노출 과제로 나아가는 것을 촉진한다.

사례개념화는 매우 중요하다

사례개념화의 활용 여부는 임상가(clinician)와 기술자(technician)를 구분 짓는다(Freeman, Pretzer, Flemming, & Simon, 1990). 사례개념화는 치료전략의 융통성을 증가시키며, 치료자로 하여금 어떤 기법이 효과적이고 어떤 절차가 실패할 것인지를 인식하게 해준다. 또한 치료가 순조롭지 않을 때 건설적인 문제해결에 도움을 준다. 사례개념화에 대한 상세한 논의는 이 장의 범위를 벗어나므로, 우리는 내담자를 개념화하는 데 필요한 지침만을 간략히 제공하고자 한다. 사례개념화의 기초에 대해 배경정보가 필요한 독자들에게는 J. S. Beck(1995), Freidberg 와 McClure(2002), Kuyken, Padesky와 Dudley(2009), 그리고 Persons(2008)의 저서를 추천한다.

Freidberg와 McClure(2002)는 사례개념화의 기본 요소에 대해 간략하게 설명하고 있다. 여기에는 발달력, 문화적 맥락, 행동적 선행사건, 인지구조, 호소문제가 포함된다. 호소문제는 아동과 청소년이 치료를 받도록 만든 문제나 이슈를 말한다. 호소문제는 중요하고 긴급하지만 전체 그림의 일부일 뿐이다. 우리가 제안한 모델에서 호소문제는 과거의 학습력, 문화적 요인, 시스템 요인, 그리고 발달과 관련된 변인들의 맥락에서 가장 잘 이해된다. 이런 변인들은 호소문제에 쌍방향적으로 영향을 미친다. 이 변인들은 호소문제를 형성하기도 하고, 반대로 호소문제에 의해 형성되기도 한다. 사례를 개념화하고 치료계획을 성공적으로 실행하기 위해서는 내담자에 대해 다음과 같은 데이터를 수집해야 한다.

먼저 자기조절(예 : 식사, 수면, 배변), 일상적 틀의 변화에 대한 반응성, 학교적응 등에 관한 발달이정표(developmental milestone)를 고려해야 한다. 또한 아동과 청소년의 학업기능에 대해서도 알아보아야 한다(예 : 학업수행, 출석, 벌, 정학, 퇴학 등과 같은 훈육 기록, 쉬는 시간이나 학교식당, 체육관에서의 경험). 사회적 기능 또한 매우 중요하다(예 : 내담자의 친구는 누구인가? 어떻게 친구를 사귀는가? 친구관계가 얼마나 오래 지속되는가? 이성교제 및 성 경험은 어떠한가? 내담자가 친구의 생일파티나 밤샘파티, 또는 댄스파티에 가는가?). 치료자는 내담자의 가족기능에 대한 구체적인 자료도 수집해야 한다(예 : 부모/형제의 정신과 및 기타 의학적 병력은 어떠한가? 어떤 훈육방법이 사용되고 있는가? 가정 내 폭력이 존재하는가? 부모가 자녀훈육에 대해 동의하는가? 아동이 가족조직을 어떻게 보는가? 누가 권한을 갖고 있는가? 누가 중요하지 않은가?). 물론 아동의 물질사용(불법 약물, 알코올, 음식, 변비약, 처방전 없이 구할 수 있는 약)과 의학적 상태, 법률 관련 역사에 대한 정보도 수집해야 한다.

치료자는 인종문화적 데이터도 수집해야 한다. 문화적응(acculturation), 인종문화적 정체감, 그리고 구체적인 인종문화적 신념들을 고려해야 한다. 또한 호소문제와 치료에 대한 문화적 신념에 대해서도 물어보아야 한다. 편견과 차별, 억압, 소외의 경험도 사례개념화 속에 담아야 한다.

　치료자는 이러한 모든 데이터를 수집하고 통합한 후에 추론과정을 시작한다. 우리는 복잡한 개념화보다 단순한 개념화를 선호하는 Persons(1995)의 입장에 동의한다. Persons가 제안한 단순한 개념화란 자기 자신에 대한 관점(예 : "나는 ~하다."), 세상에 대한 관점(예 : "세상은 ~하다."), 다른 사람들에 대한 관점(예 : "사람들은 ~하다.")을 개념화하기 위해서 내담자의 데이터를 사용하는 것이다.

　'세상'과 '다른 사람들' 요소는 어린 내담자가 치료와 치료자를 보는 방식에 영향을 미친다. 예를 들어 다른 사람들이 자신을 거부하며 비판적이고 무심하며 통제적이라고 지각하는 내담자는 치료자의 부정적 평가와 강요를 두려워할 것이다. 반면 다른 사람들을 열등하며 복종적이고 취약하다고 지각하는 내담자는 치료자를 평가절하하고 치료를 시간낭비라 생각하며 치료자를 '이용'하려 할 것이다.

사례개념화를 이용해 모듈식 CBT 이끌기

사례개념화가 모듈식 CBT에 어떤 영향을 미치는지 이해하기 위해 다음의 예를 살펴보자. 자신을 무능하다고 생각하며("나는 무력하다."), 다른 사람들은 강제적이라 지각하고, 세상이 자신을 거부한다고 생각하는 10세 소녀가 있다고 하자. 세상과 다른 사람들에 대한 이러한 신념은 궁극적으로 치료자와 치료에 대한 아동의 지각을 형성한다. 이런 아동은 개입을 강제적인 것으로 보며, 소크라테스식 질문이 비판을 암시한다고 해석한다. 치료자의 첫 번째 도전 과제는 자율과 자기통제, 협력, 이해와 소통을 촉진하는 맥락에 모듈식 개입을 배치하는 것이다. 따라서 심리교육이 주축이 되어야 한다. 모듈식 개입은 아동의 무망감(hopelessness)을 감소시키는 데 초점을 맞추어야 한다. 치료를 진행하면서 치료자는 다른 사람들과 세상에 대한 아동의 관점을 다루는 쪽으로 옮겨갈 수 있다. 치료가 성공을 거두게 되면 다른 사람을 강제적이라 생각하고 세상이 자신을 거부한다고 보는 아동의 관점은 타당하지 않은 것으로 검증될 것이다.

　다른 사례로 '세상은 위험하고 다른 사람들은 예측하기 힘들며 지배적이기 때문에, 내가 자신과 다른 사람들 및 세상을 항상 완벽하게 통제해야 한다. 그럴 수 없다면 나는 무능한 것이다.'라고 생각하는 17세 소년이 있다고 하자. 이런 내담자에게 절대적인 통제는 안전, 유능함과 같은 의미를 갖는다. 일관성 있는 회기구조와 협력은 다른 사람들과 세상에 대한 내담자의 가혹한 관점을 누그러뜨릴 수 있다. 그러나 이 내담자는 자신의 유능함을 입증하기 위해 모든 것을 절대적이며 확실하게 통제하고 유지해야만 한다. 이러한 내담자에게는 완벽한 통제의 장점과 단점을 보도록 하고, '유능함'의 대안적 결정요인들을 평가하도록 하며, 유능함이 통제와 관련되는지에 대한 증거를 찾게 해야 한다. 또한 내담자가 '통제'를 잃더라도 유능함을 유지할 수 있는지 검증하는 행동실험 개입을 권고할 수 있다.

우리는 이론적 일관성이 훌륭한 임상실무에 필수적이라고 믿는다. 기법과 절차의 선택은 인지행동 이론에 의해 안내되어야 한다. 인지행동 사례개념화는 이론적인 방황을 예방해준다. 또한 사례개념화의 활용은 변화의 기제에 접근할 수 있게 해준다. 따라서 치료가 왜 잘 진행되거나 천천히 진행되는지, 또는 왜 전혀 진전을 보이지 않는지를 알 수 있게 된다. 이런 식으로 방해요인도 극복할 수 있다.

심리치료의 과정과 절차 통합하기

모든 임상가들이 알고 있듯이 심리치료는 기본적으로 대인관계를 기반으로 하는 일이다 (Southam-Gerow, 2004). 우리는 치료적 관계가 변화의 필수조건이지만 충분조건은 아니라고 믿는다. 따라서 각각의 치료절차를 심리치료 과정에 신중하게 통합할 것을 권고한다(Shirk & Karver, 2006). 치료적 관계와 개입은 서로 독립적이지 않다. 절차와 관계형성은 동시에 수행해야 할 과제이다. 이 둘은 함께 작용하여 강력한 작업동맹(working alliance)을 구축한다. 간단히 말해 개입은 좋은 관계를 형성하며, 강력한 작업동맹은 개입의 효과를 높인다.

내담자와 치료자 사이의 관계는 치료적 동맹을 증진시킨다. Creed와 Kendall(2005)은 연구에서 내담자를 재촉하고 지나치게 형식적으로 대하면 동맹의 수준이 낮아진다는 것을 발견했다. 치료자의 호기심은 종종 협력을 촉진시킨다. 호기심을 가진 치료자는 내담자의 호기심을 불러일으킨다. 행동실험은 호기심에 달려 있다. Kingery 등(2006)에 따르면 치료자는 내담자가 삶의 여러 측면(친구, 흥미, 취미)을 통합하도록 격려해야 한다. Gosch, Flannery-Schroeder, Mauro와 Compton(2006)은 치료자가 자기개방을 적절하게 사용할 것을 권고했다. 자기개방은 라포를 촉진할 뿐만 아니라 치료자를 훌륭한 대처모델로 만들어준다.

표 1.1에 제시된 것과 같이 Friedberg와 McClure(2002)는 심리치료의 구조와 과정, 내용 변인을 통합하는 유용한 틀을 만들었다. 구조(structure)란 CBT를 특징짓는 절차와 기법을 말한다. 이 요소에는 회기구조, 심리교육, 평가, 자기점검, 행동과제, 사회기술 훈련, 인지재구성, 합리적 분석, 그리고 노출 등이 포함된다. 예컨대 Beck의 인지치료에서는 일관된 회기구조를 사용한다(A. T. Beck, Rush, Shaw, & Emery, 1979; J. S. Beck, 1995). 회기구조에는 기분점검, 이전 회기에 대한 피드백, 숙제점검, 안건설정, 회기내용의 진행, 숙제 내주기, 그리고 피드백/요약이 포함된다. 이 책에 소개된 절차들을 적용할 때 기억해야 할 점은 치료과정 내내 회기구조를 유지해야 한다는 것이다.

심리치료의 내용(content)은 구조를 통해 끌어낸 직접적인 자료를 말한다. 내담자 개인의 자

| 표 1.1 | 치료의 구조와 내용 및 과정의 예

구조	내용	과정에 대한 가설
안건설정	"잘 모르겠어요. 선생님이 결정하세요."	복종, 수동성, 완벽주의, 부정적 평가에 대한 두려움, 변화에 대한 두려움
피드백	"선생님은 치료자로서 별로예요. 고등학교를 졸업하기는 하셨나요?"	도발, 경쟁, 독립의 추구
숙제 내주기/검토	한 치의 실수도 없이 '완벽하게 완성함'	부정적 평가에 대한 두려움, 인정의 추구
자기-모니터링/평가	용지를 찢으며 "선생님은 나보다 이 용지에 관심이 더 많으시군요."라고 말함	내담자는 치료자를 기계적이고 무정하며 이해심이 결여되어 있는 사람으로 봄
인지재구성	평범하고 지나치게 낙천적인 대처사고 ("나에게 나쁜 일은 절대 일어나지 않을 거야.")	회피, 부정적 정서를 참지 못함
행동실험/노출	"이건 바보 같아요. 내가 왜 더 걱정하거나 긴장하길 원하겠어요?"	회피, 낮은 자기효능감

동적 사고, 정서, 평가도구에 대한 반응, 대처사고, 행동실험의 결과 등은 모두 내용을 나타낸다.

세 번째 차원은 심리치료의 과정(process)이다. 이것은 아동이 회기의 구조와 내용에 반응하는 방식을 말한다. 동일한 절차에 대해 똑같이 반응하는 사람은 없다. 인지행동 절차에 대한 아동의 고유한 반응은 치료과정을 이해하는 데 필요한 중요한 측면이다. Pos와 Greenberg (2007)는 내담자들이 치료회기 중에 인지, 행동, 정서적 문제를 보인다고 했다. 치료과정에 대한 관심은 개입의 기회라 할 수 있는 이런 문제의 표현을 알아차리게 해준다. Yontef(2007, p.23)는 "치료자는 언제 시작해야 할지 인식하고, 무엇이 무엇 앞에 와야 하는지 순서를 알아야 한다."고 했다. 아동이 보이는 표현으로는 눈물 흘리기, 얼굴 붉히기, 자세 바꾸기, 발 흔들기, 화제 바꾸기, 책상 밑으로 기어들어가기, 냉소적 반응, 우쭐거리기, 짜증, 비관주의, 다른 사람을 기쁘게 하려는 노력, 오만함, 피상적 반응 등이 있다.

심리치료의 절차와 과정을 천을 짜듯 일관된 구조로 만드는 것이 중요하다. 몇 가지 예를 들어 보자. 공격적인 13세 소녀 타냐는 자신이 다른 사람들로부터 공격을 받고 있다고 믿었다. 그녀는 늘 다른 사람들의 악의 없는 행동을 의도적인 위협으로 오해했다. 그녀는 상해의 가능성을 곧 닥칠 것처럼 느꼈기 때문에 언제든 반격할 준비를 하고 있었다. 타샤는 치료자의 악의 없는 말 한마디("네가 완전히 혼자라고 생각하니 힘들겠구나.")에도 날카로운 분노("선생님은 정말이지 열 받게 하시네요. 저를 모욕하시는군요.")로 반응했다. 치료자는 치료의 과정에 관한 이러한 표현에 대해 "내가 그 말을 했을 때 네 마음속에 무엇이 스쳐 지나갔니?"라는 질문으로 개입했다. 깊이 생각해본 후에 타냐는 치료자의 말을 비판으로 받아들여 마치 자신이 너무 약해서 생활 속의 스트레스를 감당해내지 못한다는 뜻으로 알아들었다고 말했다.

또 다른 예로 거식증을 겪고 있는 16세 소녀 클로에는 자신의 생각과 감정을 습관적으로 억제했다. 그녀는 비밀스러워야 힘을 갖게 된다고 믿었다. 따라서 자신의 생각과 감정을 치료자와 공유하는 것은 힘들었다. 자기개방을 패배로 보는 클로에의 생각은 이것을 더욱 어렵게 만들었다. 클로에는 치료를 받으러 올 때마다 매우 피상적인 생각일기를 적어왔다. 그녀의 생각일기는 정서적인 의미가 부족했으며 너무 지적이고 개인적인 내용이 없었다. 따라서 치료자는 생각일기를 활용하여 감정개방과 표현에 대한 역기능적 신념을 파악하기로 했다. 클로에는 "사람들은 나를 거부하며 강요할 거야. 나를 드러내지 않으면 표적이 되지 않을 거야.", "비밀을 갖는 것은 통제감을 갖게 해줘. 통제감을 많이 가질수록 나는 더 잘 수용될 수 있어.", "누구도 내가 원하는 것을 주지 않을 거야. 원하는 것을 얻으려면 사람들을 속여야 해." 등과 같은 신념을 나타냈다. 이러한 신념들이 파악되자 치료자는 증거 확인("내가 너를 거부하거나 강요할 거라는 증거가 무엇일까?", "내가 너를 거부하거나 강요할 거라고 의심하게 하는 증거는 무엇일까?")과 재귀인("너의 생각과 감정을 숨기는 것 말고 유능해지고 다른 사람에게 수용되는 방법에는 어떤 것이 있을까?")을 진행했다. 치료자는 클로에의 과정(일어날지 모르는 강요로부터 자신을 보호하기 위해 생각과 감정을 억제하며, 원하는 것을 얻기 위해서는 속이는 것이 최선이라고 믿는 과정)과 치료적 절차(증거 확인 및 재귀인)를 통합함으로써 클로에가 갖고 있는 가정들을 검증할 수 있었다.

정서적 각성 상황에서 기법 적용하기

내담자의 부정적 정서가 각성된 상황에서 기법과 절차를 적용하는 것은 필수적이다. 정서적 각성은 CBT의 생명선이다. 정서적으로 메마른 환경에서 기법이 적용될 때 기법은 생명력을 잃는다. 전문가들은 정서적 각성 상황에서 치료를 적용하라고 권고해왔다(Burum & Goldfried, 2007; Castonguay, Pincus, Agras, & Hines, 1998; Frank, 1961; Friedberg & McClure, 2002; Goldfried, 2003; Greenberg, 2006; Greenberg & Paivio, 1997, 2002; Robins & Hayes, 1993; Samoilov & Goldfried, 2000). Gosch 등(2006, p.259)은 "성공적인 CBT의 핵심요인은 치료의 내용을 아동에게 맞추고 치료의 과정을 경험할 수 있도록 만드는 것이다."라고 말했다. 훌륭한 치료란 살아 있는 극장과 같다(Kraemer, 2006). 치료는 내담자의 삶이라는 드라마를 드러내며 또한 그것을 다룬다. 큰 감흥을 주게 되면 연극과 치료 모두 배우(내담자)와 청중(치료자) 사이에 경험적 유대감이 형성된다. 내담자는 치료자의 진솔한 표현과 충실한 반영, 진정성 있고 창의적인 행위에 의해 점화된 정서적 용광로 속으로 들어간다.

치료자는 내담자가 문제정서를 경험할 때 치료적 기법을 사용해야 한다. 그렇지 않으면 치료가 추상적이고 지적인 활동이 된다. 치료자가 내담자의 마음속 깊은 곳에 있는 정서를 끌어내고 세심하게 다룰 때 치료는 진전을 보이기 시작한다. 아동과 청소년에게 CBT를 실시할 때 현재의 강렬한 정서적 순간을 이용하는 것은 쉽지 않지만 동시에 가슴 설레는 일이다(Friedberg & Gorman, 2007).

치료에 정서적 각성이 투입될 때 오래 지속되는 변화가 촉진된다(Robins & Hayes, 1993). 적절히 실행된다면 CBT야말로 진정 경험적인 형태의 심리치료이다. Kraemer(2006)는 "경험으로부터 배운다는 것은 지금-여기에 의해 영향받는 것을 뜻한다."고 했다(p.245). 따라서 아동을 위한 CBT는 지적인 활동이 아니다.

Hayes와 Strauss(1998)는 치료회기 중에 내담자가 보이는 정서적 각성을 처리할 때 불안정화의 개념을 적용한다. **불안정화**(destabilization)란 신념과 행동, 감정에 급격한 변화가 일어나는 것을 말한다. Samoilov와 Goldfried(2000)에 따르면 불안정화는 내담자의 주의를 지금-여기의 경험으로 좁히고 그들의 정서적 각성을 증폭시킬 때 촉진된다. 이러한 강렬한 경험은 의미구조의 급격한 변화와 우울증상의 변화를 가져온다(Hayes & Strauss, 1998).

Cotterell(2005)은 CBT를 철로 조각품을 만드는 것에 비유했다. 철을 구부려 변화를 일으키려면 강렬한 불과 열기가 필요하다. CBT에서 정서는 '열기'에 해당한다. 정서적 각성의 증가와 연결된 인지는 '뜨거운 인지(hot cognition)'이다(Samoilov & Goldfried, 2000). 정서에 관한 최근의 신경과학 발전 또한 정서적 각성에 관한 이러한 관점을 지지한다. CBT에서 강박장애의 두뇌 변화는 "불안유발 자극에 노출되어 익숙해질 때 기저핵, 뇌양회, 안와전두엽 피질 회로가 활성화되고, 그로 인해 자극과 연결된 정보를 처리하는 새로운 (그리고 보다 적응적인) 피질 및 피질하부의 신경학적 패턴이 형성됨으로써 일어난다"(Ilardi & Feldman, 2001, p.1077).

이 책에 기술된 많은 기법과 방법들을 적절히 사용하기 위해서는 정서적 각성이 요구된다. 정서적으로 각성된 순간에 기법을 적용할수록 그 기법은 더욱 강력해진다.

집단치료와 가족치료에서 기법 적용하기

이 책에 소개된 대부분의 기법들은 개인치료뿐만 아니라 집단치료와 가족치료에도 쉽게 적용될 수 있다. 집단치료와 가족치료가 필요한지 그리고 언제 필요한지에 대한 치료자의 결정은 사례개념화에 의거한다. 개인치료에서와 마찬가지로 집단치료와 가족치료에서도 치료의 과정과 절차를 통합하는 것이 중요하다. 또한 정서적 각성 상태에서 절차들을 적용하는 것이 중요하다. 그러나 치료실에 여러 사람이 앉아 있을 때 인지치료는 더욱 복잡해진다. 이때 모든 개인이 적극으로 참여하는 것이 중요하다. 반드시 모든 사람이 참여하도록 해야 한다! 치료자는 치료실 안에 있는 모든 사람에게 주의를 기울여야 한다.

치료실 안에 여러 사람이 있을 때 개인의 생각과 감정, 행동은 다른 사람들의 생각과 감정, 행동에 영향을 미친다. CBT를 가족치료에 적용할 때는 가족 구성원들의 인지와 정서, 행동, 그리고 관계가 서로 상호작용한다는 것을 인식해야 한다(Dattilio, 1997, 2001). Friedberg(2006)는 "가족은 자녀와 부모의 인지가 일어나는 환경"이라는 점에 주목했다(p.160). 가족과정2)은 역기능적 사고와 감정, 행동패턴을 일으키고 확대시키며 유지시킨다. 구체적인 예로 가족 구성원들이 집단적으로 부정적 정서를 회피할 수도 있다(Barrett, Dadds, & Rapee, 1996; Ginsburg, Siqueland, Masia-Warner, & Hedtke, 2004). Ginsburg 등(2004)은 부모가 불안을 끔찍한 것으로 여기고 부모로서의 가치와 유능감을 자녀를 보호하는 능력에서 찾는다면 본의 아니게 자녀의 자기효능감을 더욱 약화시킬 수 있다고 했다.

집단 구성원들과 가족 구성원들은 치료실 안에서 일어나는 일에 대해 각자의 생각과 감정을 갖고 있기 때문에, 생각기록지를 비교해보는 것은 좋은 방법이다. 기록지가 유사한 사람들도 있고, 고유하고 개별적인 사람들도 있을 것이다. 이러한 일치와 불일치를 다루는 것은 집단 및 가족 CBT를 살아 있게 만든다.

집단 또는 가족이라는 맥락은 역기능적 신념을 검증하고 수정하며 문제를 해결할 때 매우 좋은 상황이다. 예를 들어 부정적인 평가와 수치, 당황스러움 등에 대한 사회불안을 갖고 있는 아동은 집단 상황에서 특유의 인지와 정서, 행동을 드러낸다. 이것은 즉시적으로 치료적 작업과 문제 상태의 수정을 가능하게 해준다. 마찬가지로 내담자로 인해 힘들어하는 가족들은 그들이 느끼는 고통과 더불어 역기능적 패턴을 드러낼 것이다. 문제가 분명하게 드러나면 내담자의 행동과 사고, 감정을 변화시키기 위한 인지행동 개입이 쉬워진다. 가족치료라는 맥락은 구성원들이 서로의 변화과정을 함께 지켜보며 참여할 수 있게 해준다. 마지막으로 CBT를 집단과 가족에 적용하는 것은 내담자가 기술을 적절한 상황에서 사용할 수 있도록 함으로써 일반화 과정으로 나아가게 할 수 있다.

이 책에서 사용된 축어록에 관하여

내담자들의 비밀을 보장하기 위해 우리는 모든 사례를 가공하거나 내용을 수정했다. 모든 사례는 우리가 경험했던 사례에 근거해 만든 것이다.

---

2) 역자 주 : 가족과정(family process)이란 가족 구성원들 간의 상호작용 패턴을 의미한다.

결론

이 책에서 소개하는 모듈식 접근은 매뉴얼식 접근을 적용할 때 사례개념화에 맞춰 개입을 선택하고 수정하는 유연성을 갖도록 도와준다. 각 모듈의 기법과 절차는 치료의 여러 시점에서 다양한 증상에 적용될 수 있다. 이 접근은 내담자의 연령과 발달수준, 호소문제, 증상의 심각성, 흥미, 개입양식, 기술 등에 근거하여 개입을 선택하게 해준다. 우리는 이 책에서 치료를 어떻게 진행해야 할지를 결정할 때 정보에 근거한 선택을 하는 데 필요한 도구들을 소개할 것이다. 창의적인 방식의 개입은 내담자의 관심과 참여를 유지하게 해주며, 임상가에게도 더 많은 선택을 제공하고, 치료 프로토콜을 개별화하는 데도 도움을 준다. 눈길을 끄는 그림과 흥미로운 비유를 사용하면 임상가와 내담자의 생각에 생명력을 불어넣어 준다.

글상자
1.1

이 책에 제시된 기법 사용을 위한 팁

- 모든 것을 인지행동치료 사례개념화에 포함시키라.
- 전통적인 회기구조를 유지하라.
- 치료적 동맹, 협력, 안내된 발견 같은 심리치료의 과정을 기법과 통합하라.
- 기법을 실시할 때는 그때그때의 정서에 주의를 기울이라.
- 정서적 각성의 맥락에서 기법을 적용하라.

글상자
1.2

가족과 집단에서의 기법 적용을 위한 팁

- 구성원들에게 골고루 주의를 배분하여 모든 사람이 적극적으로 참여하게 하라.
- 개인의 생각과 감정, 행동은 다른 사람의 생각과 감정, 행동에 영향을 미친다.
- 구성원들이 부정적 정서를 집단적으로 회피하는 것을 조심하라.
- 생각일기, 인지재구성, 경험적 학습 등을 적용하여 대인관계 상황을 효과적으로 활용하라.

효율적인 평가

심 리치료에서 검사와 평가는 지속적으로 이루어진다. 내담자에 대한 가설을 세우고 치료 전략을 짤 때나 치료의 진전을 판단하고 치료효과를 평가할 때도 필요한 절차이기 때 문이다(Nelson-Gray, 2003; Peterson & Sobell, 1994; Schroeder & Gordon, 2002). 이번 장에서 설명할 공식적·비공식적 측정도구들은 사례개념화를 위한 가설을 세우는 데 필요한 데이터 를 제공해줄 것이다. 치료자는 이 장에 나오는 다양한 도구로 추출한 정보를 토대로 구체적 기분 증상과 역기능적 신념, 문제행동, 행동 유관성, 그리고 부적응적 도식 등을 파악할 수 있다. 이 모든 요소는 치료자가 사례개념화를 할 때 주재료가 된다.

또한 이 장의 측정도구들을 이용해서 치료의 진전을 모니터링할 수 있다. 치료효과를 추적 하기 위해 측정도구를 여러 번 실시하고 점수를 매기면 되는 것이다. BDI-II 같은 공식적 척도 를 사용한다면 치료의 진전을 평가하기 위해 표준 3점제를 실시할 수도 있고, 개인별 맞춤형 으로 점수의 차이를 판단할 수 있다. 점수를 토대로 회기빈도, 종결/퇴원, 약물요법을 위한 의뢰 등 치료계획과 관련된 결정을 내릴 수 있다.

이 장에 제시된 평가도구들의 대다수는 자기보고식 척도이나 교사나 부모, 임상가가 보고 하는 척도도 포함되어 있다. 자기보고식 척도는 아동을 평가하는 데 전통적으로 사용되어왔 지만 한계가 있다(Reynolds, 1993). 평가되는 문제에 따라, 또 발달 단계에 따라 부적절할 수 있기 때문이다.

우리는 이번 장을 첫 회기 및 지속적 모니터링과 관련된 권고사항으로 시작하려 한다. 해석과 임상과정에 관한 논점들이 여기에 포함된다. 그런 다음 우울, 불안, 분노, 파괴적 행동, 전반적 발달장애(PDD) 및 섭식장애를 평가하기 위한 공식적 척도들을 선별해서 개관할 것이다. 자동적 사고와 도식을 파악하기 위한 인지내용 척도 또한 제시했다. 이번 장의 두 번째 부분은 정서, 행동, 인지 중 모니터링할 영역이 어디냐에 따라 달리 분류된, 개별적(idiographic)이거나 다분히 개인에 맞춘 자기-모니터링 절차를 제공한다. 이러한 자기-모니터링 기법 중 다수는 이후에 제시될 치료 기법들의 기초가 된다.

초기 회기를 위한 권고사항

초기에 시행되는 평가는 중요한 배경정보, 호소문제의 요소들, 그리고 기저선 데이터를 제공해준다. 또한 예비적 사례개념화를 위한 토대를 형성한다. 임상면담은 데이터를 생성해주는 만큼 잘 진행될 필요가 있는데, 아동의 자기보고식 척도가 이 초기 면담을 이끌어줄 수 있다. 척도에서 눈에 띄는 문제(예 : "나는 나 자신이 싫다."라든지 "나는 걱정이 많은 사람이다.")를 추후 면담 시 자세히 알아볼 수 있고 구체적인 예를 들어보라고 할 수 있다. 또한 우리는 기분과 불안 증상을 체크해주는 척도를 추천하는 바이다. 우리는 14세 이하의 아동을 위한 아동용 우울척도(Child Depression Inventory, CDI; Kovacs, 1992)와 아동용 불안 관련 정서장애 감별검사(Screen for Child Anxiety Related Emotional Disorders, SCARED; Birmaher et al., 1997)를 사용한다. 청소년의 경우 BDI-II(A. T. Beck, 1996)와 아동용 다중 불안척도(Multidimensional Anxiety Scale for Children, MASC; March, Parker, Sullivan, Stallings, & Conners, 1997)를 추천한다. 또한 SCARED와 CDI의 부모용 척도도 함께 실시한다. 만약 아동이 ADHD 관련 문제를 보인다면 SNAP-IV(Swanson, Sandman, Deutsch, & Baren, 1983), 코너스 부모용 평정척도(Connors' Parent Rating Scales, CPRS; Connors, 2000) 또는 코너스 교사용 평정척도(Connors' Teaching Ratings Scales, CTRS; Connors, 2000)를 추가할 것이다. 마지막으로 만약 내담자가 자살을 생각하고 있다면 벡 무망감척도(Beck Hopelessness Scale, BHS)나 아동용 무망감척도(Hopelessness Scale for Children, HSC)를 추가로 실시한다.

위의 척도들을 사용해서 자살경향성과 무망감과 관련된 중요 사항들을 즉각적으로 점검할 수 있다(예 : CDI와 BDI-II 모두에서 2번, 9번 문항). 첫 회기에서 자기보고는 부가적 이점을 지닌다. 우선 아동의 주관적 보고를 진지하게 받아들인다는 메시지를 아동에게 전달해준다. 둘째, 치료자가 평가와 치료를 통합할 것이라는 것을 보여준다. 자기보고 자료는 내담자의 이해와 치료에 기본이 될 뿐 아니라 내담자 자신이 척도에 답한다는 사실 자체도 중요하다. 셋째, 아동이 문항을 직접 체크하므로 자신의 증상파악에 중추적 역할을 하게 된다. 따라서 평가의 최종 내용에 대해 덜 방어적이 된다. 넷째, 많은 아동은 지필검사를 받으면서 감정적

거리를 두는 것을 긍정적으로 받아들인다. 따라서 자기보고를 시행하는 것은 자신의 증상에 대해 다소 덜 감정적으로 대할 수 있는 방법이다.

부모와 아동의 보고를 둘 다 얻으면 유용한 비교자료가 된다. 공통점과 차이점을 파악함으로써 치료자는 다른 중요한 요인들, 가령 부모는 아동이 힘들어하는 것을 아는지, 아동이나 부모가 증상을 과대평가하는지, 아니면 과소평가하는지 등을 알 수 있다. 게다가 이러한 것들을 이후 어떻게 다룰지도 생각해볼 수 있다(예 : "어머니의 점수가 네 점수보다 적은데 어떻게 된 걸까?", "쟈니의 점수가 어머님의 점수보다 훨씬 낮은데 어떻게 된 걸까요?"). Piacentini, Cohen과 Cohen(1992)은 부모와 아동이 한 문항에 동일하게 응답했다면 그 문제의 존재를 더욱 확신할 수 있다고 했다.

부모는 아동 자신보다 외현적이고 파괴적인 행동을 더 신뢰성 있게 보고하는 경향이 있다(Bird, Gould, & Staghezza, 1992; Loeber, Green, Lahey, & Stouthamer-Loeber, 1991). 사실 아동의 ADHD 증상에 대한 자기보고의 타당성을 지지해주는 연구결과는 제한적이다(Pelham, Fabiano, & Massetti, 2005). 반면 아동은 부모에 비해 자신의 부정적 정서를 더 잘 기록한다. 여기서 덧붙이자면 부모의 보고는 부모의 기분상태에 영향을 받는다(De Los Reyes & Kazdin, 2005; Krain & Kendall, 2000; Silverman & Ollendick, 2005). 우울한 부모는 아동의 문제를 과대평가해서 지나치게 비판적으로 혹은 재앙적으로 평가한다. 엄마의 우울은 엄마가 자녀의 내재화 및 외현화 행동을 묘사할 때 부정적인 태도를 견지하도록 만든다(Chi & Hinshaw, 2002; Najman et al., 2000; Youngstrom, Loeber, & Stouthamer-Loeber, 2000).

정보제공자들 간의 불일치는 임상현장에서 흔한 일이다. 이러한 불일치를 이해하기 위해서 De Los Reyes와 Kazdin(2005)은 경험적 연구결과와 개념적 추론을 토대로 상식수준의 법칙을 제안했다. 그들은 첫째로, 아동, 부모, 교사를 포함한 다양한 정보제공자들은 평가와 관련된 동기와 목적이 다를 수 있다고 했다. 가령 부모들은 평가과정을 통해 아이의 문제를 파악하고 이해하려고 할 것이다. 한편 아동은 문제를 최소화해서 치료를 피하고 싶을 수도 있다. 또 어떤 상황에서는 부모의 정신병리가 아동의 문제를 과장하게 만들어 부모 자신의 문제로부터 주의가 비껴가기를 원할 수 있다. 이때 자녀는 자신의 문제가 별것 아니라는 것을 그대로 정확하게 보여줄 수도 있다.

De Los Reyes와 Kazdin(2005)에 따르면 부모는 아동의 문제를 타고난 기질로 보는 경향이 있는 반면 아동은 환경/맥락 때문으로 본다고 한다. 다시 말해 관찰자들은 문제가 아동 안에 있다고 보고, 아동은 문제가 상황과 환경에 있다고 본다는 것이다. De Los Reyes와 Kazdin은 평가의 핵심이 아동행동의 부정적 측면을 수집하는 것이라고 하면서, 만약 아동과 부모가 이 목적에 동조한다면 일치하는 정보가 얻어질 가능성이 높다고 했다.

De Los Reyes와 Kazdin(2005)의 평가모형은 치료자의 인터뷰 진행에 대해 다음과 같은 시사점을 갖는다. 첫째, 상황과 환경에 대한 질문과 함께 기질적 특성을 평가하는 질문도 던짐으로써 균형을 맞춘다. 둘째, 각 정보제공자의 보고를 둘러싼 동기를 파악한다. 셋째, 만약 불일치가 일어난다 해도 굳이 해소할 필요는 없다. 단지 다양한 맥락에서 아동이 보이는 기능을 나타내는 것뿐일 수 있기 때문이다. 마지막으로 보고에 차이가 있다면 아동과 부모가 평가와 치료를 어떻게 보는지에 관한 질문을 염두에 두어야 한다.

　평가는 과정이다. 실제 점수뿐만 아니라 점수가 어떻게 얻어지는지에도 관심을 기울여야 한다. 가령 아동이 자신의 CDI를 독자적으로 완성했는지 아니면 부모가 완성해주거나 수정했는지, 부모가 검사를 완성한 이유는 무엇이었는지(독해력, 불신 등), 치료자는 구체적 문항에 대해 명쾌하게 설명해달라고 요청하기를 주저하지 말아야 한다. 특히 CDI와 BDI-II에서 자살 경향성을 평가하는 2번과 9번 문항의 답에 대해 물어보아야 한다. 특정 문항에 대한 추가적 탐색은 평가의 가치를 높이고 치료자가 내담자의 보고를 진지하게 받아들인다는 메시지를 전달한다.

　총점, 요인점수 및 개별 문항에 대한 반응은 끝이라기보다 출발점이라고 생각해야 한다. Pelham 등(2005)은 ADHD 평가에 대해 논하면서 설득력 있게 이 점을 강조했다. 개별 문항(예 : "직접 보면서 얘기하는 데도 듣고 있는 것 같지 않을 때가 자주 있다.")에 대한 아동이나 부모의 반응은 다양한 것을 의미할 수 있다. 문항 체크 자체는 원인, 유지변인 혹은 악화요인에 대해 아무런 정보를 주지 않는다. Pelham 등(2005)은 문제의 원인이 부모의 잘못된 명령, 아동의 혐오과제 회피, 혹은 청각문제일 수 있다고 했는데, 이는 옳은 지적이다. 그들은 손상된 영역과 수준을 파악해서 표적행동을 조작적으로 정의하고 문제행동의 선행사건, 변별자극 및 결과를 가려내라고 촉구했다.

　평가를 하는 동안 흥미로운 점이 발견되는 경우도 많다. 이는 중요한 자료의 원천이므로 세밀히 탐색해야 한다. 가령 어떤 아동은 특정 문항을 건너뛰기도 한다. 주의가 산만한 아동이라면 이러한 누락이 별것 아닐 수 있다(예 : 그냥 빼먹었을 수 있다). 반면 어떤 아동은 답을 표시하는 것이 불편했거나 대놓고 속이려 한 것일 수 있다. 또 다른 경우는 누락된 문항을 치료자가 어떻게 할지 보기 위해 어린 내담자가 테스트하는 것일 수 있다. 내담자는 다음과 같이 묻기도 한다(예 : "절망감이나 자살과 관련된 답을 안 하면 나중에 물어보실 건가요?", "제가 제 자신을 좋아하는지에 관한 문항에 답하지 않은 이유가 궁금하세요?", "제가 불안해할 때 비현실적으로 보이는 것들에 관한 질문에 대답하기를 원하세요?").

　자기보고 척도를 수정하는 내담자들도 많다. 우리는 이러한 수정과정이 유용하다고 여기고 이러한 '협력'을 권장한다. 수정은 척도점수에 숫자를 더하는 형태(예 : 원래 1~3점 척도이나 4점을 더해서 1~4점 척도로 만들기)가 될 수도 있고, 또는 보기를 추가하는 형태(예 : 원래 사지선다형이지만 보기를 하나 더 써넣기)가 되기도 한다. 어떤 아동은 질문에 반응하면서

초기 평가에 대한 요약

- 임상면접을 훌륭하게 시행하라.
- 기분이나 불안문제를 호소하는 내담자들의 경우 다음을 실시할 것을 고려하라.
  - 7~15세 : SCARED와 CDI
  - 15세 이상 : BDI-II와 MASC
- 만약 자살사고가 있다면 다음을 추가하라.
  - 아동 : 아동용 무망감척도(HSC), SIQ Jr.
  - 청소년 : BHS와 SIQ
- ADHD의 경우 SNAP-IV, CTRS, 그리고 CPRS 실시를 고려하라.
- 여러 정보제공자들로부터 자료를 얻어라.
- 평가는 과정이라는 것을 기억하라.
- CBT에서의 평가는 투명하다. 데이터를 내담자와 공유하라!

여백에 토를 달거나("이건 바보 같은 질문임."), 자신의 선택에 관해 설명한다("제가 이 답을 선택한 이유는…."). 수정과정은 좋은 자료이며, 아동이 평가과정을 자신의 방식으로 소화하고 있다는 것을 보여준다. 가령 한 내담자는 증상이 얼마나 강하고 빈번하게 자신을 괴롭히는지 보여주기 위해서 MASC의 모든 문항에 네 번째 선택점수를 덧붙였다.

치료자는 평가과정에서 얻은 결과와 점수를 공유해야 한다. 이때 점수의 의미를 내담자와 가족에게 명확히 전달해야 한다. 우리는 점수를 그래프로 만들어서 내담자들에게 보여준다. 그렇게 함으로써 협업이 촉진되고 평가가 '내담자들에게'가 아니라 '내담자들과' 실시하는 어떤 것이 된다.

이러한 평가가 얼마나 유용하고 필요한지 보여줌으로써 협력과정을 지속시키고 신뢰할 수 있는 자기보고를 촉진한다(Freeman et al., 1990). 가령 우리는 사례개념화와 치료계획을 위해 평가정보를 활용하는 방식에 대해 일관되게 이야기한다(예 : "SCARED 검사결과를 보면 마테오가 부모님을 실망시켜 드릴까 봐 전전긍긍하고 있네요. 과제를 완수하는 데 그렇게 느린 것은 잘못이라도 저질러서 부모님을 실망시켜 드릴까 봐 두려워서 그런 겁니다."). 부모와 제3의 지불인(보험회사 등)은 이런 식으로 평가 자료를 치료계획에 활용하는 것에 대해 긍정적으로 반응한다.

지속적 모니터링을 위한 권고사항

부모, 교사, 및 자기보고 측정을 여러 번 실시하는 것이 보통이다. 우리는 통상 매달 실시한다. 또한 아동이 심한 고통을 겪고 있거나 불안정하면 더 빈번하게, 예를 들어 매주 혹은 격주마다 평가를 실시한다. 우리는 결과를 그래프로 만드는 경우가 많으며 내담자와 가족들에게도 그렇게 할 것을 권한다. 내담자가 반복적으로 급성 우울 삽화를 겪을 때는 특히 도움이 된다. 내담자가 자신의 기분이 어떻게 오르락내리락하는지를 볼 수 있기 때문이다. 장애의 각 단계에서(예 : 생각의 예민함 수준이 낮을 때, 보통일 때, 높을 때) 내담자가 사용할 수 있는 대처기술을 배울 수도 있을 것이다. 내담자는 자신의 증상을 주기적으로 모니터링함으로써 자신의 증상이 악화되기 전에 경고신호를 알아채서 적절한 조치를 취할 수도 있을 것이다. 마지막으로 처방전 건으로 소아과 의사나 아동정신과 의사에게 의뢰할 때 증상수준을 차트로 만든 것을 보여주면 도움이 된다. 이 데이터는 내담자나 보호자가 타당한 권위를 갖고 약이 증상에 미친 영향을 의사와 이야기할 수 있도록 돕는다. 대부분의 의사는 데이터를 반기기 마련이다.

내담자가 약물로 호전되었음에도 내담자와 보호자 모두 복용을 꺼리는 경우가 있다. 심각한 수준의 증상이 지속될 때 치료자는 협력적으로 모니터링 자료를 내담자와 공유하고 처방 의뢰에 대해 2주나 4주 후에 다시 논의하자고 제안할 수 있다. 이렇게 함으로써 내담자나 내담자 가족과 다투거나 강요할 필요 없이 약물처방 의뢰를 '경험적' 문제로 만드는 것이다.

내담자의 증상을 정기적으로 모니터링한 결과에 따라 그때그때 치료계획과 관련된 의사결정을 내리면 된다. 이러한 정기적 모니터링은 특히 내담자의 보험이 제한된 수의 회기(예 : 연간 20회)만 커버하는 경우 매우 중요하다. 내담자의 증상이 심하거나 중간 정도라면 주당 1회로 치료를 제공하다가 검사점수가 낮아지면 2주 1회, 4주 1회로 점차 빈도를 줄일 수 있다.

빈번한 척도 실시가 심리검사의 결과에 영향을 미칠까 봐 걱정하는 임상가들이 많다. 내담자의 상태를 본인의 기저선이나 통제집단과 비교해서 보면 도움이 된다. 임상장면에서는 개별적 평가를 하는 경우가 많은데, 기저선이나 통제집단과 비교했을 때 나타날 수 있는 내담자의 데이터 오차는 임상장면에서 도움이 될 수 있다. 만약 데이터가 내담자의 경험이나 기능수준을 정확하게 반영하지 못한다고 여겨지면 왜 그런지 알아보아야 한다. 가령 내담자의 척도 점수가 개선되었지만 이를 받쳐줄 증거는 거의 없을 수 있다. 이런 경우 "너의 점수가 낮아지긴 했지만 엄마나 학교 선생님은 네 행동이 전과 같거나 더 나빠졌다고 하시는데 어떻게 된 일일까?" 혹은 "이런 식으로 네가 검사에 답했는데 특별히 내게 뭐 말하고 싶은 게 있니?" 하는 식으로 질문을 던질 수 있다. 이러한 방식으로 평가와 치료가 통합되어 순조로이 진행되는 것이다.

지속적 모니터링에 대한 요약

- 일반적으로 증상척도를 매달 다시 실시하라.
- 치료계획 시 모니터링을 활용하라.
- 초기 평가와 마찬가지로 모니터링도 일종의 과정이라는 점을 명심하라.
- 점수로 그래프나 차트를 만들어라.
- 지속적 모니터링은 투명하고 협력적이어야 한다.

공식적 자기보고와 타인보고 척도

우울증

표 2.1에는 아동과 청소년의 우울증을 측정하기 위해 사용되는 다양한 척도가 제시되어 있다. 이 장에 제시된 우울척도와 기타 척도들에 대한 비판은 이 책의 영역을 벗어나므로 싣지 않았다. 관심이 있는 독자는 Klein, Dougherty 및 Olino(2005)의 훌륭한 개관을 읽기 바란다. 표 2.1에 소개한 여러 척도 중 여기서는 아동용 우울척도(Children's Depression Inventory, CDI), 벡 우울척도(Beck Depression Inventory-II, BDI-II), 그리고 벡 청소년 우울척도(Beck Youth Depression Scale, BYDS)에 대해 집중적으로 논의하고자 한다.

우리는 CDI와 BDI-II를 가장 자주 쓴다. CDI(Kovacs, 1992)는 실시와 채점이 쉽다. 이 척도는 총점과 5개의 주요 요인점수(부정적 정서, 대인관계 곤란, 부정적 자기존중감, 비효율성, 쾌감상실)에 관한 자료를 제공한다. CDI의 원점수는 표준점수(T점수)로 전환된다. Kovacs(1985)는 절단점으로 원점수 13점을 추천한다. CDI는 긴 버전과 단축 버전이 있다. 또한 우울증상에 대한 아동의 자기보고 버전과 부모보고 버전이 있다. 마지막으로 CDI는 영어와 스페인어 버전이 있다. CDI는 치료의 전척 상황을 모니터링하는 데 유용한 도구이다. Fristad, Emery와 Beck(1997)은 우울 증상의 심각도를 측정하고 지속적 모니터링을 하기 위한 도구로 CDI를 추천했다. CDI는 또한 치료효과에도 민감하다(Brooks & Kutcher, 2001; Myers & Winters, 2002; Silverman & Rabian, 1999).

CDI의 요인점수는 사례개념화와 치료계획수립에 특히 도움이 된다. 가령 요인분석은 아동의 우울증을 분석하여 쾌감상실과 대인관계문제가 기여하는 바를 드러내게 함으로써, 치료자가 구체적으로 이들에 초점을 맞출 수 있게 한다. 이러한 방식으로 치료가 더욱 효과적이 되는 것이다.

BDI-II는 널리 사용되는 도구이다(A. T. Beck, Steer, & Brown, 1996; Dozois & Covin, 2004;

| 표 2.1 | 우울한 기분을 평가하기 위한 표준화된 공식적 자기보고 측정도구

도구	연령	특이사항
아동용 우울척도(CDI; Kovacs, 1992)	7~17세	총점과 5개 요인점수를 제공. 긴 버전과 단축 버전이 있음. 아동용과 부모용 선택 가능. 영어와 스페인어 버전
벡 우울척도-I(BDI; A. T. Beck, 1996)	13~80세	우울증의 강도 측정. 치료 진전 모니터링에 유용. 여러 언어로 번역됨
벡 청소년 우울척도(BYDS; J. S. Beck et al., 2001)	7~14세	벡이 개발한 청소년 척도의 일부로서 부적응적 사고와 행동을 측정
아동용 무망감척도(HSC; Kazdin et al., 1986a, 1986b)	6~13세	17문항. 참/거짓 형태. 무망감의 정도 측정
자살사고 질문지(SIQ; Reynolds, 1987)	고등학생	자살사고를 측정하는 30문항
청소년용 자살사고 질문지(SIQ-Jr.; Reynolds, 1988)	중학생	자살사고를 측정하는 15문항
벡 무망감척도(BHS; A. T. Beck et al., 1974)	16~17세 이상에 추천	무망감을 측정하는 20문항

Dozois, Dobson, & Ahnberg, 1998). 처음 버전 BDI 척도와는 절단점이 달라서 20점 이상의 점수가 심한 우울을 뜻한다. 여자 청소년의 경우 남자 청소년보다 BDI-II점수가 높은 경향이 있다(Kumar, Steer, Teitelman, & Villacis, 2002; Steer, Kumar, Ranieri, & Beck, 1998). 이 척도의 요인구조가 잘 드러나지 않는다는 보고(Kumar et al., 2002)가 있긴 하지만, BDI-II는 처음 버전보다 더 명확한 요인구조(인지적, 신체적, 인지적/신체적)를 보인다(Dozois & Covin, 2004). BDI-II는 또한 여러 언어로 번역되었다. CDI와 마찬가지로 BDI-II 역시 치료에 따른 변화에 민감하다는 연구결과가 많다. CDI와 BDI-II 둘 다 치료효과에 반응한다는 것이다. 따라서 치료의 진전을 평가하기 위해 이 척도들을 주기적으로 실시할 수 있다.

벡 청소년 우울척도(BYDS; J. S. Beck, Beck, & Jolly, 2001)는 벡이 개발한 청소년 척도의 일부로서 7~14세 아동의 우울기분과 관련된 부정적 사고와 행동을 측정하고자 고안되었다 (Bose-Deakins & Floyd, 2004). 이 척도는 표준점수(T=50, SD=10)를 산출한다. 특히 이 척도는 단극성 우울 스펙트럼 장애와 연관된 여러 진단기준들을 측정한다(Steer et al., 2005). 그러나 치료효과에 대한 민감성은 아직 불분명하다(Bose-Deakins & Floyd, 2004).

자살사고(suicidal ideation)는 때로 우울증의 비극적 증상일 수 있으므로 별도로 평가할 필요가 있다. CDI와 BDI-II에는 특별히 자살경향성을 측정하는 2개의 항목(두 척도 모두 2번과 9번 문항)이 있다. 이 문항들은 항상 검토되어야 한다. 내담자의 자살경향성이 걱정된다면 무망감척도를 추가하는 것이 좋다. 아동용 무망감척도(Hopeless Scale for Children, HSC; Kazdin, Colbus, & Rodgers, 1986a)나 벡 무망감척도(Beck Hopelessness Scale, BHS; A. T. Beck, Weissman, Lester, & Trexler, 1974)를 추천한다. HSC는 17문항으로 이루어진 자기보고 척도로 6~13세 아동들의 비관주의 수준을 측정할 수 있다. HSC는 '그렇다/아니다'의 반응형식을 취한다. Kazdin 등(1986a)은 원점수 7점(67 백분위점수)이 높은 수준의 무망감을 시사한다고 보고했다.

BHS는 일반화된 비관주의를 측정하는 척도로서 20개 문항으로 이루어져 있다(A. T. Beck et al., 1974; Dozois & Covin, 2004). 문항들은 '그렇다/아니다'의 반응형식을 취한다. BHS는 16~17세 청소년들에게 적절하며, 이 시기의 자살사고를 강력하게 예측해준다(Kumar & Steer, 1995; Steer, Kumar, & Beck, 1993a, 1993b). 높은 무망감을 시사하는 절단점은 평균 8~15점이다. 우리는 8점이나 9점보다 약간 높은 절단점을 사용하라는 Dozois와 Covin(2004)의 권고에 동의하며, 11점을 절단점으로 사용할 것을 제안한다.

자살사고 질문지(Suicidal Ideation Questionnaire, SIQ)와 SIQ-Jr.(Reynolds, 1987, 1988)는 청소년과 아동기 후기의 자살사고를 확인하는 데 유용한 도구이다. SIQ는 고등학생 청소년들에게 적합한 30개 문항으로 이루어져 있다. SIQ-Jr.는 14개 문항으로 구성되어 있으며, 중학생 아동들에게 사용된다. 문항은 7점 척도(0~6점)이며 높은 점수일수록 더 높은 자살경향성을 나타낸다. SIQ의 절단점은 41점이고, SIQ-Jr.의 절단점은 31점이다.

불안

표 2.2에는 아동과 청소년의 불안장애를 평가하는 데 적합한 도구들이 제시되어 있다. 표에는 전반적 불안점수를 추출하는 척도들(BYAS, PSWQC)과 전반적 점수와 특정 요인 점수 모두를 추출하는 척도(SCARED, MASC, RCMAS, Spence Anxiety), 특정장애에 국한된 척도(CY-BOCS-CR, CY-BOCS-PR, SPAI-C), 그리고 특정장애에 국한된 척도면서 요인점수를 산출해 심층적인 분석을 가능하게 해주는 척도(FSS-R, SRAS, SASC) 등이 포함되어 있다. 각 척도의 장단점과 타당도 등에 관한 정보는 Silverman과 Ollendick(2005)의 책에 잘 정리되어 있다.

아동용 불안 관련 정서장애 감별검사(SCARED; Birmaher et al., 1997)는 많은 사람들이 선호하는 도구이다. CDI와 마찬가지로 실시와 채점, 해석이 쉽다. SCARED는 불안에 관한 전반적 점수(원점수=25)와 5개의 요인점수(공황/신체적, 일반 불안장애, 분리불안, 사회불안 및 학교회피)를 산출해준다. 또한 최근에 개정판(SCARED-R; Muris, Merckelbach, Van Brakel, & Mayer, 1999)이 출간되었는데, 문항 수도 늘어났고 요인들(OCD, PTSD, 외상)이 추가되었다. SCARED는 아동용과 부모용의 두 버전이 있다.

아동용 다중 불안척도(Multidimensional Anxiety Scale for Children, MASC; March et al.,

| 표 2.2 | 불안한 기분 상태를 평가하기 위한 측정도구

도구	연령	특이사항
개정판 아동용 불안 관련 정서장애 감별 검사(SCARED; Birmaher et al., 1997)	8세 이상	실시와 채점이 쉬움. 전체 점수와 5개 요인점수 제공. 아동보고와 부모보고 버전이 있음
아동용 다중 불안척도(MASC; March et al., 1997)	8~19세	보다 더 종합적인 척도. 전체 점수, 요인점수, 하위요인 및 비일관성 척도 제공. 단축형도 있음
벡 청소년 불안척도(BYAS; J. S. Beck et al., 2001)	7~14세	아동의 구체적 걱정과 DSM-IV의 불안장애 진단 기준을 측정하는 20항목 자기보고 척도
개정판 아동 불안척도(RCMAS; Reynolds & Richmond, 1985)	6~19세	'그렇다/아니다' 응답방식의 37문항. 총점, 하위 척도, 거짓말 지수
스펜스 아동 불안척도(SCAS; Spence, 1998)	7~14세	DSM-IV 불안장애 측정
아동용 공포 설문척도(FSSC-R; Ollendick et al., 1989)	7~16세	80문항. 5개 요인 산출. 치료효과 측정에 유용
아동용 펜스테이트 걱정 질문지(PSWQC; Chorpita et al., 1997)	6~18세	아동의 근심빈도와 통제가능성 측정
아동용 사회공포 및 불안척도(SPAI-C; Beidel et al., 1995)	8~17세	고통스러운 사회적 상황 측정. 3요인점수 포함
개정판 아동용 사회불안척도(SASC-R; La Greca & Stone, 1993)	8~12세	사회불안만을 측정. 3개 하위척도 포함
등교거부 평가척도(SRAS; Kearney & Silverman, 1993)	8~14세	이용자편의를 고려한 도구. 등교거부의 기능분석에 근거. 부모·교사·아동 보고 버전 제공
아동용 강박검사(ChOCI; Shafran et al., 2003)	7~17세	부모와 아동 보고 제공. 강박 및 충동 증상 측정
아동용 플로리다 강박검사(C-FOCI; Merlo, Storch, & Geffken, 2007)	8~18세	17문항 척도. 강박사고 및 강박행동 하위 척도
아동용 예일-브라운 강박척도(CY-BOCS)	8~16세	강박 증상 측정

1997; March, Sullivan, & James, 1999) 또한 선호되는 척도이다. MASC는 SCARED보다 종합적이고 채점과 해석이 약간 복잡하기는 하지만 그럴 만한 가치가 있다. MASC는 전체 불안점수, 요인점수(생리적, 피해감소, 사회불안, 분리불안), 하위요인(긴장/과민, 완벽주의, 불안 대처, 수치/거부), 불안장애 지수 및 비일관성(거짓말) 척도를 제공한다.

벡 청소년 불안척도(Beck Youth Anxiety Scale, BYAS; J. S. Beck et al., 2001)는 불안장애와 관련된 DSM-IV 진단기준을 측정한다(Steer et al., 2005). 두려움, 걱정 및 신체 증상은 이 척도로 잘 측정된다(Bose-Deakins & Floyd, 2004). 벡 계열의 우울증 관련 척도처럼 치료적 변화

에 대한 민감성은 아직 확실하지 않다.

개정판 아동 불안척도(Revised Children's Manifest Anxiety Scale, RCMAS; Reynold & Richmond, 1985)는 '예/아니요' 응답방식의 37문항으로 구성된 아동/청소년용 검사이다. RCMAS는 총불안점수, 3요인점수(생리적 불안, 근심/과민, 사회적 염려/집중) 및 일관성/거짓말 지수를 제공한다. 개인이나 집단실시 모두 가능하다.

스펜스 아동 불안척도(Spence Children's Anxiety Scale, SCAS; Spence, 1998)는 DSM-IV 불안장애를 측정하는 광역 척도이다. 이 척도는 분리불안, 사회공포, 강박장애, 공황장애, 범불안장애, 신체상해 공포와 연관된 증상의 유무와 빈도를 평가한다. 이 척도는 7∼14세 아동에게 적합하며 44문항으로 구성되어 있다.

아동용 공포 설문척도(Fear Survey Schedule for Children-Revised, FSSC-R; Ollendick, 1983; Ollendick, King, & Frary, 1989)는 7∼16세 아동을 위한 안정된 자기보고 척도로서 임상집단과 비임상집단을 변별해줄 수 있다. 모두 80문항으로 구성되어 있으며, 각 문항은 세 가지 반응(전혀, 약간, 많이) 중에서 선택하게 되어 있다. 이 척도는 실패와 비판에 대한 공포, 미지의 것에 대한 공포, 경미한 상해와 작은 동물에 대한 공포, 위험/죽음에 대한 공포, 및 의학적 공포를 포함한 5개의 요인을 산출해준다. FSSC-R은 또한 치료의 사전-사후 성과를 측정할 때도 매우 유용하다.

아동용 펜스테이트 걱정 질문지(Penn State Worry Questionnaire for Children, PSWQC; Chorpita, Tracey, Brown, Collica, & Barlow, 1997)는 전반적인 걱정을 협대역으로 측정해준다. 아동의 걱정 빈도와 통제가능성에 관한 자료를 제공해준다. PSWQC는 14 문항으로 되어 있고 6∼18세에 적합하다.

아동용 사회공포 및 불안척도(Social Phobia and Anxiety Inventory for Children, SPAI-C; Beidel, Turner, & Morris, 1995)는 고통스러운 사회적 상황을 측정해주는 또 하나의 협대역 척도이다. SPAI-C는 자기주장/일반적인 대화, 전통적인 사회적 상황, 다른 사람들 앞에서의 수행의 세 요인을 포함한다. 26개 문항으로 이루어져 있으며, 8∼17세 아동에게 적용할 수 있다.

개정판 아동용 사회불안척도(Social Anxiety Scale for Children-Revised, SASC-R; La Greca & Stone, 1993) 역시 사회불안을 측정하는 협대역 척도이다. SASC-R은 부정적 평가에 대한 공포, 사회적 회피 및 새로운 상황에서의 괴로움, 일반적인 사회회피 및 괴로움이라는 3개의 하위요인을 산출한다. 아동용은 26개 문항으로, 새로운 청소년 버전(La Greca & Lopez, 1998)은 22문항으로 각각 구성되어 있다.

등교거부 평가척도(School Refusal Assessment Scale, SRAS; Kearney & Silverman, 1993)는 등교거부 행동의 기능분석에 근거한 도구이다. Kearney와 Silverman은 등교거부가 통상적으로 다양한 요인의 영향을 받아 결정된다는 것을 인지한다. 따라서 척도는 부정적 정서유발-자극회피(부적 강화 패러다임), 평가 상황으로부터의 도피(부적 강화 패러다임), 주목을 끄는 행동(정적 강화) 그리고/또는 직접적인 정적 강화라는 4개의 중심요인을 평가하고 비중을 측정한다. 각 질문은 7점 척도로 채점된다. SRAS는 부모용과 아동용이 있으며, 네 가지 요인의 평균점수가 각각 산출된다. 가장 높은 평균점수를 받은 요인이 주요 유지변인으로 간주된다.

아동용 예일-브라운 강박척도(Children's Yale-Brown Obsessive-Compulsive Scale, CY-BOCS)는 OCD 증상 측정에 자주 사용되는 척도로서, 예일-브라운 강박척도(Yale-Brown Obsessive-Compulsive Scale, YBOCS; Goodman et al., 1989)에서 파생된 것이다. 반구조화된 인터뷰를 통해 임상가가 실시하며 강박사고와 강박행동 각각의 심각도를 별도로 산출해준다. 이 척도는 어른 그리고/혹은 아동의 반응에 근거해서 증상의 빈도, 지속시간, 방해나 괴로움, 그리고 증상에 대한 저항과 통제를 묻는 문항들을 5점 척도로 평정한다. 15점 이상의 점수는 OCD 증상이 임상적으로 의미 있는 수준이라는 것을 시사한다. 실시시간이 길지만 이렇게 해서 얻은 정보는 꽤 유용하다(Myers & Winters, 2002). 척도는 치료의 진척 상황을 평가하거나 손상의 정도를 결정하기 위해 다시 실시될 수 있다.

OCD를 측정하기 위한 아동 및 부모보고 척도 중 새로 나온 것이 여럿 있다(Merlo, Storch, Murphy, Goodman, & Geffken, 2005). 아동용 강박검사(Children's Obsessive-Compulsive Inventory, ChOCI; Shafran et al., 2003)는 32문항으로 구성되어 있으며 아동용과 부모용 모두를 제공한다. 19개 문항은 강박행동 증상에, 13개 문항은 강박사고 증상에 초점을 맞추고 있다. ChOCI를 실시하는 데는 약 15분이 걸린다. 절단점으로는 17점이 권장되고 있다. 아동용 플로리다 강박검사(Children's Florida Obsessive-Compulsive Inventory, C-FOCI; Merlo, Storch, & Geffken, 2007)는 17개의 문항으로 이루어져 있으며, 강박사고와 강박행동 하위척도가 있다. 실시하는 데는 약 5~10분이 걸린다. Merlo 등(2005)은 OCD를 스크리닝하는 척도로 C-FOCI를 추천했다.

Storch 등(2004, 2006)은 CY-BOCS의 아동용 및 부모용(CY-BOCS-CR, CY-BOCS-PR)을 개발했다. 아동용과 부모용 모두 10문항으로 이루어져 있으며, 5점 리커트 척도로 평정된다. CY-BOCS-CR과 CY-BOCS-PR은 타당도, 신뢰도 등의 심리측정 속성이 만족할 만하다. 아동용은 임상가나 부모용보다 점수가 낮다. Storch 등은 많은 아동이 자신의 증상을 매우 괴롭게 지각하지 않는다고 했다. 그들은 또한 많은 아동이 수치심, 치료 관련 공포, 인식 부족 및 증상에 대한 가족들의 적응 등의 이유로 괴로움을 적게 보고할 수 있다고 결론 내렸다.

분노

분노는 자신이 피해를 입었다는 느낌(sense of victimization)과 아울러 품행장애와 적대적 반항장애를 이끄는 원동력과 동기를 제공한다(J. S. Beck et al., 2005). 분노를 측정하기 위해

| 표 2.3 | 분노 기분 상태를 평가하기 위한 측정도구

도구	연령	특이사항
아동 분노척도(ChIA; Nelson & Finch, 2000)	6~16세	총점. 타당도지수 및 4개의 하위척도 점수 산출. 분노를 자극하는 상황의 유형과 분노반응의 강도를 파악
노바코 분노척도와 도발척도(NAS-PI; Novaco, 2003)	9~18세	분노와 자극척도로 구성되었고 따로 실시해도 되고 한꺼번에 실시해도 됨
상태-특성 분노표현 척도(STAXI; Spielberger, 1988)	13세~성인	분노의 경험과 표현 측정
청소년용 벡 분노척도(BANI-Y; J. S. Beck et al., 2001)	7~18세	부당한 취급을 받았다는 지각, 적대적 귀인, 타인에 대한 부정적인 관점 및 분노 정서와 관련된 생리적 각성을 측정

우리가 추천하는 척도들은 표 2.3에 요약되어 있다.

아동 분노척도(Children's Inventory of Anger, ChIA; Nelson & Finch, 2000)는 분노를 자극하는 상황유형과 분노반응의 강도를 파악하기 위해 고안된 자기보고 척도이다. 39문항으로 이루어진 ChIA는 6~16세 아동에게 사용할 수 있으며 총점수, 타당도 지수 및 4개의 하위척도(좌절, 신체공격, 또래관계 및 권위자와의 관계) 점수를 산출한다.

노바코 분노척도와 도발척도(Novaco Anger Scale and Provocation Inventory, NAS-PI; Novaco, 2003)는 아동의 분노경험과 분노자극 상황에 관한 정보를 얻기 위해 고안되었으며, 9세 이상을 대상으로 하는 자기보고 척도이다. NAS-PI는 분노척도(60문항)와 자극척도(25문항) 두 부분으로 구성되어 있다. 전체 척도를 한꺼번에 실시해도 되고 각 척도를 따로 실시해도 된다. 9~18세와 19세 이상의 대상에 대하여 별도의 규준(norm)을 두고 있다.

상태-특성 분노표현 척도(State-Trait Anger Expression Inventory, STAXI; Spielberger, 1988)는 자기보고를 통해 청소년의 분노를 측정한다. 44항목으로 구성된 자기보고 척도 STAXI는 13세 이상부터 성인까지의 분노경험과 표현을 측정한다.

청소년용 벡 분노척도(Beck Anger Inventory for Youth, BANI-Y; J. S. Beck et al., 2001, 2005; Bose-Deakins & Floyd, 2004; Steer et al., 2005)는 아동이 부당한 취급을 받았다는 지각, 적대적 귀인, 타인에 대한 부정적인 관점 및 분노 정서와 관련된 생리적 각성을 측정한다.

파괴적 행동장애

표 2.4에 요약된 것과 같이 개정판 코너스 부모 및 교사 평정척도(Connors' Parent and Teacher Rating Scales-Revised, CRS-R; Connors, 2000)는 ADHD 증세를 보이는 아동을 위한

| **표 2.4** | 파괴적 행동장애를 평가하기 위한 측정도구

도구	연령	특이사항
개정판 코너스 부모 및 교사 평정척도 (CRS-R; Connors, 2000)	3~18세	ADHD 증세를 보이는 아동을 위한 행동 평정척도로서, 널리 쓰이고 있음. 다수의 요인으로 구성된 부모용과 교사용이 있음
아켄바크 척도(ASEBA; Achenbach, 1991a, 1991b, 1991c)	1.5세 이상	부모, 교사 및 자기보고용 모두 있음. 유능성 점수, 내재화 및 내현화 점수, 8개의 하위척도 점수를 산출
아동 행동평가 척도-2(BASC-2; Reynolds & Kamphaus, 2004)	2~25세	부모, 교사 및 자기보고용 모두 있음. 행동, 사고 및 정서 관찰 항목들을 포함. 적응적, 부적응적 기능 측정
벡 파괴적 행동검사(BDBI; J. S. Beck et al., 2001)	7~14세	비행행동, 공격적 행동을 측정. 동물과 사람을 향한 공격성, 재물 파괴, 속임수 혹은 절도, 심각한 규칙위반을 평가. 부가적으로 다툼, 반항, 의도적으로 성가시게 하는 것, 복수심 등을 파악할 수 있음
아이버그 아동행동척도(ECBI; Eyberg, 1974)	2~16세	행동문제의 빈도와 심각도를 평가. 교사용도 있음
스완슨, 놀란과 펠함 척도(SNAP-IV; Swanson et al., 1983)	6~18세	반항장애, 공격성, ADHD의 DSM-IV 준거 및 증상을 측정. SNAP-IV는 면접 전 실시
스완슨, 콧킨, 애글러, 엠플린과 펠함 척도(SKAMP; Pliszka et al., 1999)	6~18세	교실/가정에서의 ADHD 증상을 측정하기 위해 개발. 교사용과 부모용이 있으며 토큰 제도 상에서 목표행동에 의거하며 치료 중 학교와 가정에서 나타내는 목표행동의 기저선 데이터를 제공
파괴적 행동장애 평가척도(DBDRS; Barkley et al., 1999)		ODD, ADHD 및 품행장애 점수 산출. 부모용 및 교사용이 있음

행동 평정척도로 널리 쓰이고 있다. 부모용은 7요인(반항성, 부주의, 과잉행동-충동성, 불안-수줍음, 완벽주의, 사회성 문제, 신체화)으로 구성되어 있고, 교사용은 6요인(반항성, 부주의, 과잉행동-충동성, 불안-수줍음, 완벽주의, 사회성 문제)로 구성되어 있다. 부모용, 교사용 및 자기보고용 양식 모두 단축형과 원형(긴 형태)이 있다.

아켄바크 증거기반 평가체계(Achenbach System of Empirically Based Assessment, ASEBA) 는 아동기의 다양한 내재화 및 외현화 문제에 관한 연구에 널리 쓰인다. 아켄바크 척도는 부모형인 아동행동 체크리스트(Child Behavior Checklist, CBCL; Achenbach, 1991a), 교사보고형 (Teacher Report Form, TRF; Achenbach, 1991b)과 청소년 자기보고(Youth Self-Report, YSR;

Achenbach, 1991c)가 있다. 1.5세에서 18세에 이르는 다양한 연령집단을 위한 별개의 CBCL형이 있다. CBCL(학령기 전 아동용 제외)은 활동, 사회성 및 학교영역에서의 유능감 점수를 산출한다. 유능감 점수가 높을수록 해당영역에서의 더 나은 적응을 뜻한다. CBCL은 또한 부모들이 다수의 영역에서 아동을 0점(전혀 해당되지 않음)에서 2점(매우 혹은 종종 있음) 사이에서 평가하게 한다. 총점, 내재화 및 외현화 점수 그리고 8개의 하위척도 점수는 다양한 수준의 분석을 제공하며, T점수는 손상의 심각도를 알려준다. TRF는 교사가 사용하며 CBCL과 문항들이 유사해서 주변 환경에 따라 증상이 달라지는지 비교할 수 있다. TRF에는 또한 학습기능 척도와 적응기능 척도가 있다. YSR은 CBCL의 기본구조 및 문항내용과 유사하지만 청소년이 사용한다.[1] Achenbach(2007)는 다수의 정보제공자를 사용하는 것이 중요하다고 지적했는데, 그 이유는 결과의 유사성과 차이를 보면 임상적으로 유용한 정보를 얻을 수 있기 때문이다.

아동 행동평가 척도-2(Behavior Assessment Scale for Children-2, BASC-2; Reynolds & Kamphaus, 2004) 역시 교사용과 부모용 및 자기보고형을 갖고 있다. 매우 탄탄한 심리측정 속성을 가진 신세대 측정도구로서 품행문제를 측정하는 데 추천한다(Kamphaus, VanDeventer, Brueggemann, & Barry, 2006; McMahon & Kotler, 2006). 교사용, 부모용 및 자기보고형 모두 아동 연령에 따른 세 가지 양식을 갖고 있다(2~5세 학령기 전 아동, 6~11세 아동용, 12~21세 청소년용). 추가로 자기보고용은 18~25세 대학생용도 있다. 문항들은 아동이나 청소년이 보이는 행동, 사고, 정서를 평정자의 관찰에 의거해서 평가하도록 되어 있다. 적응적 및 부적응적 기능 모두 측정한다. 차원분류접근법을 활용함으로써 BASC-2는 증세의 심각도에 관한 정보를 준다(Kamphaus et al., 2006).

벡 파괴적 행동검사(Beck Disruptive Behavior Inventory, BDBI; J. S. Beck et al., 2001)는 비행행동과 공격행동을 측정한다. 다른 벡 아동·청소년 검사들(Beck Youth Inventories)과 마찬가지로 20문항으로 구성되었다. 특별히 BDBI는 동물이나 인간에 대한 공격성, 재물 파괴, 속임수 혹은 절도, 심각한 규칙위반을 평가한다. 부가적으로 다툼, 반항, 의도적으로 성가시게 하는 것, 복수심 등을 파악할 수 있다.

아이버그 아동행동척도(Eyberg Child Behavior Inventory, ECBI; Eyberg, 1974)는 2~16세 아동의 품행문제와 행동문제를 부모가 보고한다. ECBI는 행동문제의 빈도와 심각도를 평가한다. ECBI는 36문항으로 구성되어 있고 부모가 특정 행동이 얼마나 발생하는지 평가하고 그 행동이 문제인지 여부를 표시하게 되어 있다. 학교에서 행동기능을 측정하기 위한 교사용도 나와 있다(Sutter-Eyberg Student Behavior Inventory, SESBI; Sutter & Eyberg, 1984). ECBI는 흔한 파괴적 행동과 부모가 지각한 문제 심각도를 선별해주는 데 유용한 척도이다. 치료기간

---

1) 역자 주 : YSR 한국판은 11~18세를 대상으로 한 청소년 행동평가 척도로서 자기보고 형태이다.

동안 변화를 평가하는 데도 유용하다(Eyberg, 1992). Eyberg(1992)는 문제점수와 심각도 점수가 차이 날 경우 이에 대해 탐색해볼 수 있고 부가적 임상 데이터를 제공받을 수 있다고 지적했다.

반항장애와 품행장애 관련 행동과 사고를 측정할 때는 벡 파괴적 행동척도(Beck Disruptive Behavior Inventory for Youth, BDBI-Y; J. S. Beck et al., 2001)가 유용하다. BDBI-Y는 7~18세용이며 다른 벡 아동·청소년 검사들(우울, 불안, 분노 및 자기개념 측정용)과 함께, 혹은 그 자체만 쓸 수 있다.

스완슨, 놀란과 펠함 척도(Swanson, Nolan, and Pelham Rating Scale, SNAP-IV)는 SNAP 척도(SNAP Questionnaire; Swanson, Sandman, Deutsch, & Baren, 1983)의 개정판으로서 6~18세 대상으로 반항장애, 공격성 및 ADHD 증상을 평가한다. SNAP-IV는 DSM-IV에 의거했으며 면접 전에 부모와 교사가 아동이 각 증상을 보이는 정도(전혀, 아주 조금, 조금, 많이; Pliszka, Carlson, & Swanson, 1999)를 표시하게 되어 있다. 임상면접 전에 이 정보를 수집함으로써 임상가는 면접시간을 효율적으로 이용할 수 있게 된다. SNAP-IV는 하위척도 점수를 산출하는데, 하위척도 평균이나 표시 문항 수를 활용해서 아동의 '비정상성'을 파악할 수 있다(Pliszka et al., 1999).

스완슨, 콧킨, 애글러, 엠플린과 펠함 척도(Swanson, Kotkin, Agler, M-Flynn, and Pelham Scale, SKAMP; Swanson, 1992)는 교실에서의 ADHD 증상을 측정하기 위해 개발되었다. 교사용 외에도 부모가 집에서의 행동을 측정하기 위한 부모용 양식도 있다(Pliszka et al., 1999). SKAMP는 DSM-IV 진단기준에 의거하지는 않았으나 교실이나 집에서 증상들이 어떻게 나타나서 적응적 행동을 방해하게 되는지를 볼 수 있도록 개발되었다(Pliszka, Carlson & Swanson, 1999). SKAMP 문항들은 변화를 목표로 하는 행동에 초점이 맞춰져 있다. 가정과 학교에서 제대로 기능하는 데 필요한 행동(예 : 등교 준비하기, 과제 지속하기, 과제 끝내기)을 추적하는 데 유용하다.

파괴적 행동장애 평가척도(Disruptive Behavioral Disorder Rating Scale, DBDRS; Barkley, Edwards, & Robin, 1999)는 ODD, ADHD 및 품행장애 점수를 산출한다. DBDRS는 부모용 및 교사용을 갖고 있다. 부모와 교사용에는 부주의 문항(1~9번), 과잉행동-충동성 문항(10~18번), ODD 문항(19~26번)이 있다. 임상 역치에 도달하기 위해서는 ODD 하위척도의 4문항 이상이 2점이나 3점이어야 한다. 부주의와 과잉행동 척도에서는 6개 문항이 2점이나 3점이어야 한다. 부모용은 또한 15개의 증상문항이 있는 CD하위척도를 포함하며 '예/아니요'로 표시한다.

| 표 2.5 | 전반적 발달장애를 평가하기 위한 측정도구

도구	연령	특이사항
아동 자폐증 평가척도(CARS; Schopler et al., 1986)	2세 이상	15가지의 하위척도로 구성되어 있고 전체 총점의 범주는 '자폐가 아닌', '약하거나 중간 정도의 자폐' 및 '심한 자폐'로 나뉨
자폐증 진단 관찰척도(ADOS; Lord et al., 1989)	5~12세	구조화, 비구조화된 과제들을 아동에게 제시한 뒤 직접 관찰에 의거해서 행동을 평가
자폐증 진단면접(ADI; LeCouteur et al., 1989)	4세~초기 성인기	주양육자와의 면접 형식. 지연뿐 아니라 질적 손상과 정상이탈에 근거해서 행동을 코딩
개정판 반복적 행동척도(Lam & Aman, 2007)	3세 이상	제한적 반복행동을 평가

전반적 발달장애

아동 자폐증 평가척도(Chid Autism Rating Scale, CARS; Schopler, Reichler, & Renner, 1986)는 임상적으로 유용한 척도로, 직접관찰에 의거한다. CARS는 그 자체가 진단도구는 아니지만 배터리나 평가과정의 일부로 유용하다(Marcus & Schopler, 1993). CARS는 차원상으로 평가되는 행동 15가지의 하위척도로 구성되어 있으며, 평가자를 돕기 위해 행동을 서술적으로 묘사한 예를 제공한다. 전체 총점은 하위척도를 합쳐서 산출되며 '자폐가 아닌(15~29.5점)', '약하거나 중간 정도의 자폐(30~36.5점)' 및 '심한 자폐(37점 이상)'의 범주로 그 결과가 나뉜다.

자폐증 진단 관찰척도(Autistic Diagnostic Observation Schedule, ADOS; Lord et al., 1989)는 임상현장과 연구에서 쓰이며, 특정 기술들을 사용하도록 고안된 구조화, 비구조화된 과제들을 아동에게 제시하고 사회적 기능, 의사소통, 놀이 및 관심사를 측정한다. 직접 관찰에 의거해서 행동을 평가한다.

자폐증 진단면접(Autistic Diagnostic Interview, ADI; LeCouteur et al., 1989)은 정신연령이 2세 이상인 사람들을 포함, 4세부터 초기 성인기까지 사용 가능하다. ADI는 주양육자와의 면접 형식으로 실시되며, 발달지체뿐 아니라 질적 손상(qualitative impairment)과 정상 이탈(deviance)을 고려한 내용기술에 의거해서 행동을 코딩하게 된다(Marcus & Schopler, 1993).

개정판 반복적 행동척도(Repetitive Behavior Scale-Revised)는 PDD 아동의 핵심증상인 제한적 반복행동을 평가하는 데 유용하다(Lam & Aman, 2007). 이 도구는 임상적 가치가 큰데, 반복적이고 의례적인(ritualistic) 행동은 사회적 상호작용, 학습과업 및 주의를 방해하는 등 아동기능의 여러 영역에 영향을 미치기 때문이다. PDD를 측정하기 위한 도구들은 표 2.5에 요약되어 있다.

| 표 2.6 | 섭식장애를 평가하기 위한 측정도구

도구	연령	특이사항
섭식장애 척도(EDE; Cooper & Fairburn, 1987)	12세 이상	거식증과 폭식증의 증상 평가
임상 섭식장애 척도(CEDRI; Palmer et al., 1987)	13세 이상	섭식장애와 연관된 행동과 태도를 측정. 또한 섭식장애에 공통적인 다른 증상들(우울과 자아존중감)도 부가적으로 평가
섭식장애 척도-2(EDI-2; Garner, 1991)	12세 이상	섭식장애의 심리적·행동적 특성을 아동이 자기보고. 8개의 기본 하위척도와 3개의 잠정적 하위척도
섭식태도 검사(EAT; Garner & Garfinkel, 1979)	13세 이상	총점과 하위척도 점수(식이요법, 폭식증/음식집착, 구강 통제)를 제공. 어린 아동용 수정판은 그 내용으로 인해 비판을 받음
섭식행동과 신체상 검사(EBBIT; Candy & Fee, 1998)	11세 이상	38문항으로 구성되어 신체상 불만족, 섭식억제 행동, 폭식행동을 평가
신체태도 검사(BAT; Probst et al., 1995)	13세 이상	20문항으로 이루어진 자기보고척도. 신체크기, 형태 및 외모에 대한 불만족을 평가

섭식장애

Garner와 Parker(1993)는 섭식행동의 측정이 복잡하고 역동적인 과업일 수 있으며, 임상면접, 반구조화 면접, 행동관찰, 자기보고 척도, 증상체크리스트, 임상척도, 자기-모니터링 절차 및 표준화검사를 모두 사용해야 진단할 수 있다고 지적했다. 평가도구들은 진단특이적인 증상을 파악하고 섭식장애 특유의 태도 및 행동을 측정하고 전반적 기능을 평가하는 데 유용하다 (Garner & Parker, 1993). Garner와 Parker는 치밀한 임상면접으로 평가를 시작할 것을 권했고 다루어야 할 핵심 내용영역을 개관했다. 반구조적인 면접을 통해 임상가는 정확한 진단을 내리고 치료계획을 세우는 데 필요한 과거력과 정보를 얻을 수 있다. 섭식행동 관련 도구들은 표 2.6에 나열되어 있다.

섭식장애 척도(Eating Disorder Examination, EDE)는 거식증과 폭식증의 증상들을 평가하기 위한 임상면접도구이다(Cooper & Fairburn, 1987; Fairburn & Cooper, 1996; Wilson & Smith, 1989). EDE에는 2개의 행동척도(과식과 체중조절법)와 4개의 하위척도(억제, 섭식염려, 몸매염려, 체중염려)가 있다. 이 척도는 심리검사로서의 수준이 매우 강력하여 높이 추천되고 있다(Anderson, Lundgren, Shapiro, Paulosky, 2004).

임상 섭식장애 척도(Clinical Eating Disorder Rating Instrument, CEDRI; Palmer, Christie, Condle, Davies, & Kenwick, 1987) 또한 행동과 태도를 측정한다. 그러나 우울과 자아존중감

같은, 섭식장애에 공통적인 기타 증상들도 부가적으로 평가한다.

여러 아동용 자기보고 척도들 또한 섭식장애 증상을 평가하기 위해 개발되었다. 섭식장애 척도-2(Eating Disorder Inventory-2, EDI-2; Garner, 1991)는 섭식장애의 심리적·행동적 특성을 아동이 보고하는 형식이다. 아동은 6점 척도로 문항에 응답하며, 첫 64문항으로부터 8개의 기본 하위척도 점수가 산출된다. 부가적으로 마지막 27문항으로부터 3개의 잠정적 하위척도(금욕주의, 충동조절, 사회적 자신감 결여)를 얻을 수 있다.

또 다른 아동용 자기보고 척도로 섭식태도 검사(Eating Attitudes Test, EAT; Garner & Garfinkel, 1979)를 들 수 있는데, 임상가들에게 총점과 하위척도 점수(식이요법, 폭식증/음식 집착, 구강 통제)를 제공해준다. 아동은 각 문항에 1~6점으로 표시하게 된다. 총점이 산출되며 절단점 30점으로 거식증의 우려가 있는지 여부를 파악하게 된다(Garner & Garfinkel, 1979). 최근에 어린 아동들과 3학년 이상을 별개 대상으로 하는 EAT 수정판이 발간되었다(Children's Eating Attitudes Test; Maloney, McGuire, & Daniels, 1988)(Adapted EAT; Vacc & Rhyne, 1987). 그러나 이 척도는 그 내용으로 인해 비판받아왔다(Candy & Fee, 1998).

섭식행동과 신체상 검사(Eating Behaviors and Body Image Test, EBBIT; Candy & Fee, 1998)는 4학년 이상의 여자 청소년들에게 더욱 유용하다. 38문항으로 구성된 이 척도는 신체상 불만족, 섭식억제 행동, 폭식행동을 평가한다. EBBIT는 2개의 하위척도 점수(신체상 불만족/섭식억제 및 폭식)를 산출한다.

신체태도 검사(Body Attitude Test, BAT; Probst, Vandereycken, Van Coppenolle, & Vanderlinden, 1995)는 20문항으로 이루어져 있다. 이 자기보고 척도는 청소년의 신체크기, 형태 및 외모에 대한 불만족을 평가한다. 이 검사의 하위척도는 신체크기에 대한 부정적 인식, 본인의 신체에 대한 친근감 결여, 일반적 신체상 불만족이다(Kronenberger & Meyer, 2001). BAT는 섭식장애를 가진 사람과 그렇지 않은 사람을 식별해줄 수 있으며 폭식증 내담자들이 가장 높은 점수를 받는 경향이 있다. 전반적으로 BAT는 신체상의 문제를 평가하려는 임상가들에게 유용하다.

특정 인지내용 척도

CBT는 정보처리 모형에 기초한다(A. T. Beck & Clark, 1988; Dozois & Dobson, 2001; Ingram & Kendall, 1986). 인지적 산물과 구조, 운용 및 내용은 이 모형의 요소이다. 자동적 사고(automatic thoughts, AT)는 대표적인 인지산물이다. 인지왜곡은 인지운용에 깃들여 있는 과정이고 인지구조와 내용은 도식에 반영된다. 특정 인지내용척도를 사용하면 특정 자동적 사고와 그 저변의 도식을 파악할 수 있다(특정 인지내용척도들은 표 2.7 참조).

| 표 2.7 | 인지내용을 평가하기 위한 측정도구

도구	연령	특이사항
자동적 사고		
아동용 부정적 인지오류 설문지(CNCEQ; Leitenberg et al., 1986)	8~12세	임상 모집단과 비임상 모집단을 식별해줌. 특정 인지오류를 우선 파악한 뒤 되풀이하여 실시함으로써 치료진척 상황을 평가할 수 있음
아동용 인지삼제 척도(CTIC; Kaslow et al., 1992)	9~12세	36문항으로 이루어졌으며 우울증 인지삼제를 측정
아동용 귀인양식 설문지(CASQ; Kaslow et al., 1978; Seligman et al., 1984)	8~13세	48문항으로 이루어 졌으며 우울과 관련된 아동의 설명 양식(내적·안정적·전반적 요인)을 측정
아동용 자동사고 척도(CATS; Schniering & Rapee, 2002)	7~16세	40문항으로 이루어져 있으며 부정적 자기진술을 다룬 광대역 척도. 치료설계와 치료반응평가 위해 선택 가능
부정적 정서 자기진술 설문지(NASSQ; Ronan et al., 1994)	8~15세	우울 및 불안과 연관되는 자기진술/인지내용을 평가
도식		
벡 자기개념 설문지(J. S. Beck et al., 2001)	7~14세	유능감, 역량, 및 자기 가치에 대한 비교적 안정적인 지각을 반영
아동용 도식 설문지(SQC; Stallard & Rayner, 2005)	11~16세	1~10점 척도로 아동이 12문항을 평정. 지역사회 표집과 임상표집 간 판별 가능(Stallard, 2007)
단축형 도식 설문지(SQ-SF; Young, 1998)	16~18세	75문항으로 이루어져 있으며 정서적 박탈, 방임, 불신/착취, 사회적 고립, 결함, 예속, 자기희생, 정서적 억제, 가차 없는 기준, 특권의식, 자기통제 부족을 평가

자동적 사고

자동적 사고는 인지행동치료자가 아니더라도 대부분의 심리치료자들이 잘 인식하고 있다. 자동적 사고는 그 어떤 시제(과거, 현재, 미래; Padesky, 1988)의 관점에서건 형성된 일련의 의식적 사고, 판단, 평가, 결론, 사정, 해석 그리고/혹은 심상을 말한다. 자동적 사고는 상황에 따른 아동의 특정한 내면의 소리이며, 정서경험과 연결된 도화선에 의해 촉발된다. 자동적 사고는 보통 직접 알아낼 수가 있고 반드시 아동의 증상과 문제에 관련되어 있다. 이러한 산물을 아래 설명한 척도로 평가하면 아동을 문제에 빠지게 만든 인지를 콕 집어낼 수 있게 된다. 그런 뒤 이들 특정 사고를 표적 삼아 치료를 하면 된다. 치료의 진척을 평가하기 위해 이들 척도를 재실시할 수도 있다. 상이한 정서 상태는 각기 다른 특정 인지와 연관된다(내용–특수성 가설, content-specificity hypothesis; A. T. Beck & Clark, 1988; D. M. Clark, Beck, & Alford, 1999;

Jolly, 1993; Jolly & Dykman, 1994; Jolly & Kramer, 1994; Laurent & Stark, 1993).

아동기와 청소년기 우울은 부정적 인지삼제(negative cognitive triad; A. T. Beck et al., 1979)의 특징을 갖는다. 우울한 아동은 자신에 대한 부정적 견해, 타인/자신의 경험에 대한 부정적 견해 및 미래에 대한 부정적 견해를 통해 자신들의 경험을 설명한다. 전반적으로 불안한 아동은 위험의 확률과 크기를 과대평가하며 구조요인은 보지 못하고 자신의 대처기술은 무시한다(Kendall et al., 1992). 더 구체적으로 설명하자면 대인관계 불안을 겪는 내담자들은 부정적 평가를 두려워한다(Albano, Chorpita, & Barlow, 2003). 불안한 아동은 신체증상이 있을 때 재앙 같은 나쁜 병에 걸려서 그렇다고 귀인하며 죽을 거라고 믿는다(Mattis & Ollendick, 1997; Ollendick, 1998). 공황장애 청소년들은 정상적인 신체변화를 큰 재앙으로 오인한다 (Mattis & Ollendick, 1997).

분노하고 공격적인 아동은 이와는 매우 다른 자동적 사고를 갖는다(Coie & Dodge, 1998; Crick & Dodge, 1996). 적대적 귀인 편향은 분노 감정과 공격적 행동을 특징짓는다(Dodge, 1985). 단순히 말해서 이 아동들은 우연히 생긴 일을 흔히 의도가 담긴 것으로 잘못 혼동해서 보게 하는 안경을 통해서 세상을 본다. 이들은 모호하거나 중성적인 사건을 의도적 도발로 보기 때문에 즉각 공격하는 것이다. 또한 분노는 불공정하다는 근본적 지각, 자신의 원칙(도덕률, 당위성)을 어기는 것, 타인들이 붙인 명칭(labeling)과 관련이 있다. 우울에서의 주의는 자신을 향한 반면, 분노에서는 부정적 주의가 다른 사람이나 환경 쪽을 겨냥한다.

아동용 부정적 인지오류 설문지(Children's Negative Cognitive Error Questionnaire, CNCEQ; Leitenberg, Yost, & Carroll-Wilson, 1986)는 과잉일반화, 재앙화, 부정적 결과에 대한 과도한 책임감, 사건의 부정적 측면에 대한 과도한 주의 등의 인지왜곡을 측정한다. 이 척도는 4~8학년까지의 아동들에게 적합하다. CNCEQ는 임상 집단과 비임상 집단을 식별해준다. 특정 인지오류를 우선 파악한 뒤 되풀이해서 실시함으로써 치료진척 상황을 평가할 수 있다.

아동용 인지삼제 척도(Cognitive Triad Inventory for Children, CTIC; Kaslow, Stark, Printz, Livingston, & Tsai, 1992)는 36문항으로 이루어진 9~12세 아동용 척도로서 Beck의 우울증 인지삼제의 모든 면을 동시에 측정한다. 각 문항은 3개의 답지(그렇다/아마도/그렇지 않다)를 준다. Kaslow 등은 우울한 아동의 평균점수를 39.5점(총점수), 13.8점(자신에 대한 부정적 견해), 12.6점(세상에 대한 부정적 견해), 13.1점(미래에 대한 부정적 견해)으로 보고했다.

아동용 귀인양식 설문지(Children's Attributional Style Questionnaire, CASQ; Kaslow, Tanenbaum & Seligman, 1978; Seligman et al., 1984)는 우울과 연관된 아동의 설명양식을 측정하는 48문항으로 구성되어 있다. CASQ는 단순히 우울한 아동이 내적이고(예 : "나 때문에 나쁜 일이 일어났어."), 안정적이며(예 : "영원히 계속될 거야."), 전반적인(예 : "내가 하는 모든 것에 영향을 줄 거야.") 요인들로 부정적 결과를 설명한다는 연구결과에 근거했다. CASQ

는 우울귀인 총점과 함께 내적·안정적·전반적 요인점수들을 산출한다.

아동용 자동사고 척도(Children's Automatic Thoughts Scale, CATS; Schniering & Rapee, 2002)는 7~16세 아동의 부정적 자기진술을 다룬 광대역 척도이다. 40문항으로 이루어진 이 척도는 신체적 위협, 사회적 위협, 개인적 실패, 및 적대감이라는 4요인을 망라한다. 아동은 5개의 선택(0 : 전혀 아니다~4 : 항상 그렇다) 중 하나에 동그라미를 치면 된다. CAT는 치료 설계와 치료반응 평가 시 유용하다.

부정적 정서 자기진술 설문지(Negative Affect Self-Statement Questionnaire, NASSQ; Ronan, Kendall, & Rowe, 1994; Lerner et al., 1999)는 7~15세 아동에게 적용되며 인지내용을 측정한다. NASSQ는 우울, 불안과 관련이 있는 자기진술을 평가한다. 우울 혹은 불안과 관련된 57문항(예 : "내가 내 자신을 웃음거리로 만들 것 같다.")과 13개의 긍정적 자기진술 문항으로 구성되었다. 다양한 인지에 대해 1~5점(1 : 전혀 아니다~5 : 항상 그렇다) 중에서 내담자가 체크하게 되어 있다. 불안 관련 인지들에 대한 절단점 점수로 49점이 권고된다(Snood & Kendall, 2007).

도식

도식이란 핵심 철학이나 인생관을 대표해주는 의미구조이다(Mash & Dozois, 2003). 도식은 필터 역할을 해서 개인의 경험을 전반적 틀로 보게 하며 행동을 이끈다(Kendall & MacDonald, 1993). Markus(1990, p.242)는 "도식은 경험에 의미를 부여하도록 만드는 범주를 제공한다."고 했다. 도식은 강렬한 정서경험과 연결된 깊숙한 인지구조를 반영하는 핵심신념들이다 (Padesky, 1994). 지속적으로 부정적이거나 해로운 경험에 노출되면 부정적 자기관(self-view)을 초래할 수 있다(Guidano & Liotti, 1983, 1985). Eder(1994, p.180)는 도식이 내재적이기 때문에 "경험은 되지만 거의 말로 표현되지 않는 경우가 많다."고 지적했다.

도식은 청소년들의 경우에 가장 찾기 쉽고 강력하며 중요한 것 같다(Hammen & Zupan, 1984). 그러나 부적응적 도식과 관련된 취약점은 초등학교 아동에 있어서도 작동하는 것으로 보인다(Taylor & Ingram, 1999). Taylor와 Ingram(1999)은 다음과 같이 날카롭게 지적한 바 있다.

> 부정적 정서 상태를 맞닥뜨릴 때마다 고위험군 아동은 정보가 처리되는 역기능적 자기참조 구조의 정보저장소를 발전시키고 축적하고 강화하며 굳건히 한다. 이 자기참조 구조들은 자신에 대한 관점(views of themselves)을 이끌게 되고 미래의 불행한 사건들이 이러한 자기참조 구조들을 불러일으킬 때 정보처리 과정을 주도한다. (p.208)

아동과 청소년의 도식에 관한 연구는 거의 예외 없이 제한적이다(Cooper, Rose, & Turner, 2005; Stallard, 2002, 2007; Stallard & Rayner, 2005).

벡 자기개념 설문지(Beck Self-Concept Inventory; J. S. Beck et al., 2001)는 유능감, 역량, 및 자기 가치에 대한 비교적 안정적인 지각을 측정한다. 벡 아동·청소년 검사들(Beck Youth Inventories)에 속하는 다른 척도들과 마찬가지로 20문항으로 구성되어 있다. 원점수는 표준화 비교를 위해 T점수로 변환된다.

아동용 도식 설문지(Schema Questionnaire for Children, SQC; Stallard & Rayner, 2005)는 초기 부적응 도식(Early Maladaptive Schemas, EMS)을 묻는 하나의 질문으로 구성되어 있다. SQC의 12문항은 아동이 각 문항에 대해 1~10점 척도로 해당되는 정도를 표시하도록 되어 있다. 점수가 높을수록 강하게 긍정한 것이다. SQC는 지역사회 표본과 임상표본을 판별할 수 있는 것으로 보고되었다(Stallard, 2007).

단축형 도식 설문지(Schema Questionnaire-Short Form, SQ-SF; Young, 1998)는 정서적 박탈, 방임, 불신/착취, 사회적 고립, 결함, 예속, 자기희생, 정서 억제, 절대적 기준, 특권의식, 자기통제 부족을 측정한다(Young, 1998; Wellburn, Coristine, Dagg, Pontefract, & Jordan, 2002). 이 설문지는 75문항으로 이루어져 있으며 6점 척도로 채점한다. 점수가 높을수록 특정 도식의 내용을 강하게 긍정한 것이다. SQ-SF는 나이 든 청소년(16~18세)에게 적합하다.

SQ-SF의 심리측정 속성은 괜찮은 수준이다(Wellburn et al., 2002). Wellburn 등은 자기희생, 매몰성, 실패, 방임 및 결함 도식에서 여성들의 점수가 더 높았다고 보고했다.

개별적 자기-모니터링 기술

자기-모니터링은 목표 지향적이며 의도된 행동을 취하기 위한 기본적 주춧돌이다(Bandura, 1977a, 1977b, 1986). 아동이 자신의 사고, 감정, 행동에 우선적으로 주의를 기울이지 않는다면 변화하기 어려울 것이다(Bandura, 1977a, 1977b). 자기-모니터링은 변화되어야 할 것과 변화과정이 얼마나 잘 진행되는지에 대하여 중요한 피드백을 제공한다(Brewin, 1988). 따라서 자기-모니터링은 종종 맨 처음 사용하는 변화전략이다. 어떤 행동을 모니터링하면 그 행동이 변화된다(Bateson, 1972)는 뜻이다. 보다 구체적으로 말하자면 모니터링할 때 긍정적 변화는 증가하고 부정적 행동은 감소한다(Ciminero & Drabman, 1977). 자기-모니터링을 하면 자기 혹은 타인에 대해 비판적인 주의가 지나치거나 자기통제에서 문제의 원인이 되는 문제행동 혹은 충동에 대한 주의가 불충분했다는 것이 드러나기도 한다(A. T. Beck, 1976). 표 2.8은 이 장의 나머지 부분에서 논의할 개별적 자기-모니터링 방법의 목록이다.

| 표 2.8 | 개별적 자기-모니터링 방법

도구	목적	연령
주의, 경보, 폭풍!	정서적 자기-모니터링	7~11세
감정나침반	정서적 자기-모니터링	7~16세
행동차트	행동적 자기-모니터링	모든 연령
나의 통계 만들기	행동적 자기-모니터링	8~15세
공포를 차례대로 나열하기	위계 구성	모든 연령
위로, 위로, 더 높이	위계 구성	모든 연령
뭐가 문제지	인지적 자기-모니터링	8~11세
너의 뇌폭풍	인지적 자기-모니터링	11~16세
나의 세상	인지적 · 행동적 · 정서적 자기-모니터링	모든 연령

정서적 자기-모니터링

자기-모니터링은 아동과 청소년이 자신의 기분을 관찰하는 방법이다. 아동이 감정을 추적하도록 돕기 위한 다양한 비언어적 · 언어적 방법이 있다. '감정 얼굴'은 감정을 확인하기 위해 흔히 사용되는 단순한 절차이다. 가장 기본적인 방식을 보면, 4개의 비어 있는 혹은 표정 없는 얼굴이 그려진 종이를 아동에게 준다. 그 후 아동에게 행복한, 슬픈, 화난, 걱정스러운 얼굴을 그리라고 한다. 이러한 그림들은 아동의 정서 코드를 나타낸다. 이 절차 후에 강한 감정을 경험하는 모든 순간에 정서를 나타내는 얼굴을 그리라는 숙제를 아동에게 내준다.

　만화는 특히 아동의 흥미를 끌기 때문에 기분모니터링을 위해 사용될 수 있다. 대처하는 고양이(Coping Cats; Kendall et al., 1992), 대처하는 코알라(Coping Koalas; Barrett et al., 1996), PANDY(Friedberg, Friedberg, & Friedberg, 2001)와 *Think Good, Feel Good*(Stallard, 2002)의 만화는 아동에게 재미난 그림들을 제공한다. 클립아트의 출현으로 인지행동치료자는 기분모니터링을 위한 자신만의 고유한 만화를 고안할 수 있게 되었다. 워드프로세스 혹은 파워포인트 프로그램의 클립아트를 이용해 인물의 표정을 지운 뒤, 다양한 표정을 그려 기분 도표(mood chart)를 만들라고 아동에게 지시한다. 이것은 치료자가 아동과 함께 사용할 수 있는 무제한의 다양한 선택을 제공한다.

　상업적으로 만들어진 감정 얼굴 도표(Feeling Faces Charts)도 많이 있다. 이러한 도표들은 유용하지만 사용할 때 주의해야 한다. 이러한 도표들은 감정 도표가 너무 많아서 아이들이 압도될 수 있기 때문이다. 대부분의 도표에 사용된 감정 명칭(예 : 격분한)은 아이들의 어휘가 아닌 경우가 많다. 어떤 감정 도표는 비영어권 지역 버전으로 생산됨에도 얼굴은 대개 남성과 백인인 채 그대로 남아 있다.

　감정에 점수를 주는 것은 기분을 지켜보는 또 다른 중요한 방법이다. 그것은 감정 파악에서 한걸음 더 나아간다. 감정을 파악하는 것은 범주적(행복하고, 슬프고, 걱정스럽고, 몹시 화가 난 혹은 그렇지 않든 간에)인 반면, 척도는 아동이 경험하고 있는 정서의 '양'을 평가한다. 척도는 자기-모니터링 과정에 특수성(specificity)을 더한다. 척도를 통해 다양한 환경에서 정서적 강도의 수준을 쉽게 알 수 있다. 더욱이 어린 아동에게 척도는 정서가 전부 혹은 전무(all or none)인 현상이기보다는 연속선상에 있다는 메시지를 전달한다.

정서의 강도를 측정하기 위한 감정 자, 온도계, 신호등과 같은 척도들은 아동과의 CBT에서 필수이다. 일반적으로 척도의 한쪽 끝은 높은 강도인 반면 다른 쪽은 낮다. 척도는 전형적으로 1~10 혹은 1~100의 범위이다. 아동은 강도를 나타내는 지점에 단순히 표시하거나 색칠한다. 예를 들어, 신호등 척도에서 빨간색은 높은 강도, 노란색은 중간 강도, 초록색은 낮은 강도를 의미한다.

지적으로 덜 발달한 아동은 때때로 척도과정을 이해하지 못한다. 그들은 좀 더 구체적인 참조물이 필요하다. Friedberg와 McClure(2002)는 정서 변화를 나타내기 위하여 깨끗한 컵에 색을 탄 물이나 색 구슬 사용할 것을 제안했다. 추가적으로 우리는 종종 언어적 설명과 함께 손동작을 사용한다. 예로 우리는 "조금 슬프니(양손을 가까이), 약간 슬프니(양손이 어느 정도 떨어짐), 혹은 매우 슬프니(양손이 꽤 떨어짐)?"라고 말한다.

▦ 주의, 경보, 폭풍!

연령 : 7~11세
목적 : 척도 기술, 정서적 강도 관찰
준비물 :
- 주의, 경보, 폭풍! 기록지(양식 2.1)
- 연필 혹은 펜

아동이 자기 기분의 상이한 강도를 주시하도록 가르치는 것이 정서적 자기-모니터링 과제의 핵심이다. 아동은 강도가 극에 달할 때까지 자신의 기분을 알아차리지 못하는 경우가 많다. 결과적으로 감정이 극에 달해 걷잡을 수 없게 되고 충동적·파괴적이 되며 자해행동이 뒤따른다. 이런 식으로 아동은 작은 단서에 대한 부주의 때문에 단지 강한 정서성에만 반응하게끔 학습하게 된다. 이것은 또 다른 사람들도 아동에게 강한 정서로 반응하도록 학습시킨다. 강한 수준의 정서는 조절하기 어렵기 때문에 아동은 정서를 위험하고 통제할 수 없다고 학습한다. 정서의 강도를 주시하는 것은 예측력을 향상시킨다. 감정을 더 이상 갑작스럽게 나타나는 것으로 여기지 않게 된다. 폭발과 붕괴는 예측이 쉬워지고 결과적으로 더욱 쉽게 다룰 수 있게 된다.

다른 척도 기법처럼 **주의, 경보, 폭풍!**(Watch, Warning, Storm!)은 다양한 강도의 기분을 파악하도록 가르친다. 그것은 또한 이 장 후반에 제시된 **너의 뇌폭풍**이라는 인지적 자기-모니터링 기술을 배울 때 도움이 된다. 주의, 경보, 폭풍!은 기상 캐스터가 폭풍을 기상예보 할 때 사용하는 말을 활용하는 3점 척도이다. '주의'는 감정 강도의 낮은 수준을 나타내고, '경보'는 정서적 폭풍 강도에서 먹구름이 일어 거세지고 있음을 의미하며, '폭풍'은 고강도이며 대개 붕괴와 관련된다(예 : 성질부림, 자해, 타인에 대한 공격).

주의, 경보, 폭풍!은 실행하기 쉽다. 첫 단계는 아동에게 비유와 연습을 제시하는 것이다. 그 다음 단계는 회기에서 아동과 함께 양식을 채우기 시작한다. 세 번째 단계는 감정 자기-모니터링 과제를 숙제로 내준다. 다음 대화는 이 세 단계 과정을 보여준다.

치료자 : 애반, 너 일기예보 보니?

애　반 : 가끔요.

치료자 : 좋아. 기상 캐스터들은 처음에 '주의'라고 부르며 눈보라와 뇌우를 주시하고, 그 후 경보를 하면 진짜 폭풍이 일어나지.

애　반 : 그들은 레이다를 사용해요.

치료자 : 그래 맞아. 너의 강한 감정도 폭풍과 같아. 우리도 정서 레이다 같은 것을 사용해서 감정을 주시할 수 있어. 우리도 날씨 예측하는 사람들이 사용하는 것과 동일한 규칙을 사용할 수 있어. 감정 폭풍 '주의'는 감정이 이제 막 시작하는 단계에 있다는 것을 의미해.

애　반 : 아주 약한 감정 말이지요?

치료자 : 그렇다고 볼 수 있어. 그렇다면 감정 '경보'란 무엇일까?

애　반 : 감정이 점점 커지기 시작하여 막 터지려고 하는 때를 말해요.

치료자 : 맞혔어. '폭풍'이 오는 것은?

애　반 : 감정이 폭발하거나 아니면 토네이도 같은 것이요.

치료자 : 그래. 지금부터 숙제에 대해 알려줄게. 우리가 주시해야 할 감정은 뭘까?

애　반 : 좌절되고 화가 나는 것?

치료자 : 좋아, 좌절되거나 화가 날 때마다 그 날짜를 쓰렴. '주의', '경보' 혹은 '폭풍'인지 날씨를 평가하고, 칸에 표시만하면 돼.

마지막 단계는 다음 회기에서 그 과제를 점검하는 것이다. 다음의 대화는 애반과 함께한 그다음 회기를 보여준다.

치료자 : 너의 주의, 경보, 폭풍! 기록지를 한번 보자. 폭풍이 몇 개나 있었니?

애   반 : 모두 다 폭풍이예요.

치료자 : 그 점에 대해 어떻게 생각해?

애   반 : 모르겠어요.

치료자 : 자, 모두 폭풍이었고 경보 혹은 주의는 없었어. 갑자기 네가 폭발하고 통제가 안
되는 것처럼 보이는 게 별로 놀랍지는 않구나. 우리는 폭풍의 시작을 주시해야만 해.

애   반 : 왜요?

치료자 : 좋은 질문이다. 폭풍이 일 때 거기에 갇히기 싫잖아. 네가 분노 폭풍을 빨리 알아차
리도록 도우면, 그것이 더 강해져서 널 휩쓸어버리기 전에 그 감정을 다루는 것을
배울 수 있어.

애   반 : 그럴 것 같아요.

치료자 : 좋아. 네 속에서 분노 폭풍이 불고 있다는 신호는 뭘까?

위의 대화에서 치료자가 먼저 애반에게 공감해주기 위해 애반의 자료를 활용한 것에 주목
하라. 그 후 치료자는 애반의 약한 혹은 초기의 분노에 주의해야 하는 이유를 제공하기 위해
기록지를 이용했다. 치료자의 '폭풍' 사용은 너의 뇌폭풍 기록지를 위한 기초가 되며, 나중에
아동이 그들의 인지를 파악하도록 돕는다. 그림 2.1은 애반의 주의, 경보, 폭풍! 기록지를 보여
주고 있다.

날짜 (시간)	정서	 **주의** 주의	 **경보** 경보	 **폭풍** 폭풍
2/11	화남			X
2/12	화남			X
2/13	화남			X
2/14	화남			X
2/15	화남			X
2/16	화남			X

| **그림 2.1** | 애반의 '주의, 경보, 폭풍!' 기록지

🔲 감정나침반

연령 : 7~16세
목적 : 감정 파악과 모니터링
준비물 :

- 둥근 판지 혹은 뻣뻣한 종이
- 같은 재질의 화살
- 쇠고리
- 마커펜 혹은 크레용

감정나침반(Feeling Compass)은 정서를 직접 자기-모니터링해보는 또 다른 방법이다. 이 기술은 창의적인 자기-모니터링법이자 개입을 준비하는 기법이며, '생각-감정 관찰하기'와 유사하다(Friedberg & McClure, 2002). 감정나침반은 제4장에 제시된 **진정장비/비상장비**에 포함될 수 있다. 나침반 바늘은 손으로 움직일 수 있는 화살로서, 방향을 가리키는 대신 감정을 나타낸다. 아동은 나침반 위에 감정을 그리고 그 후 그들이 경험하는 감정을 나타내도록 화살을 움직이면 된다. 필요에 따라 감정 변화를 나타내기 위해 화살의 방향을 바꿀 수도 있다. 아동이 화살의 방향을 바꿀 때, 치료자는 무엇이 감정의 변화를 가져왔는지 물어보아야 한다.

회기 중에 나침반을 제작하는 것은 자기-모니터링 기술을 익히는 데 유용하다. 다음 대화는 7세 아동 루카스에게 **감정나침반**을 소개하는 방법을 보여준다.

> **치료자** : 나침반이 뭔지 아니?
>
> **루카스** : 예, 보이스카우트에서 우리가 가고 있는 길을 알기 위해 사용했어요.
>
> **치료자** : 맞아. 오늘 우리는 네 감정이 가는 '길'을 알기 위해 **감정나침반**을 만들 거야. 먼저 나침반의 4개 방향에 얼굴을 그릴 수 있어(혹은 감정 이름을 쓸 수 있어). 어떤 감정을 사용할까?
>
> **루카스** : 나의 '감정 얼굴' 종이에 있는 것들을 사용할 수 있어요. 행복한, 슬픈, 몹시 화난, 무서운 감정이요.
>
> **치료자** : 좋은 생각이야. 자, 그것들을 그려보자.
>
> **루카스** : (얼굴을 그리고는 웃으며) 다 했어요!
>
> **치료자** : 열심히 했구나! 나침반 위에 화살이 준비된다면 어디를 가리킬까?
>
> **루카스** : 행복한 얼굴이요. 얼굴 만들기가 재미있어서요.
>
> **치료자** : 네 얼굴이 지금 행복해 보여. 얼굴에 미소가 있구나. (감정 변화를 가리키는 비언어적 단서를 지적하며) 자, 화살을 붙이자.

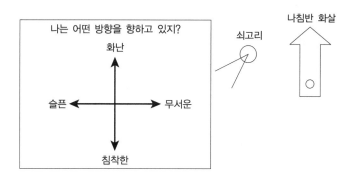

| **그림 2.2** | 감정나침반 : 나는 어떤 방향을 향하는가?

루카스 : 오 이런! 화살을 붙이려 하면 떨어져요. 이게 말썽이예요!

치료자 : 너의 감정 방향이 방금 바뀐 것 같구나. 화살이 나침반 위에 있다면 어디를 가리킬까?

루카스 : '몹시 화난'이요. 마음에 안 들어요.

치료자 : 네 얼굴이 변했고, 네 목소리도 역시 화난 것처럼 들리기 때문에, 네가 몹시 화가 난 기분이란 걸 알 수 있구나. 방향이 행복함으로 다시 돌아가게 하기 위해 무엇을 할 수 있을까? (치료자는 그 후 아동과 문제해결 작업을 사용하고, 그다음에 아동의 기분이 어떻게 변하는지 파악한다.)

이 예에서 설명한 대로 자기-모니터링 도구를 제작하는 과정을 통해 자기-모니터링의 기술을 가르치기 시작하고 다른 개입을 위한 터를 닦는다. 치료자는 루카스와 협력적인 접근을 취하고, 그의 어휘와 반응을 기법에 통합한다. 게다가 치료자는 회기 동안 루카스의 정서 변화에 주의를 기울이고 감정을 확인하는 기회를 갖는다. 그리고 치료자는 기분이 변할 때 감정나침반이 어떻게 적용되는지를 설명한다. 치료자는 또한 감정이 단지 더 부정적인 쪽으로만 변하는 것이 아니라 긍정적인 쪽으로도 되돌아올 수 있다는 것을 예시해주었다. 이때 루카스가 정서의 비언어적인 표현에 주의를 기울이도록 도왔다. 이것은 문제해결과 같은 좀 더 진전된 개입을 위한 기초가 된다. 그림 2.2는 루카스의 감정나침반과 요소들을 보여준다.

행동적 자기-모니터링

행동차트

행동적 자기-모니터링은 상대적으로 단순하다(Thorpe & Olson, 1997). 부모, 교사, 아동이 표적행동(목표행동)을 항상 주시하면 된다. 제4장의 많은 행동 개입은 다음에 기술되는 자기-모니터링 절차들에 의거해 준비된다. 일반적으로 행동적 자기-모니터링은 지필식으로 이루어진다. 스티커 혹은 기타 창의적인 재료를 사용할 수도 있다. 개별적인 행동 모니터링 양식을 만드는 것은 비교적 쉽지만, 학교와 집에서 사용하기 위한 훌륭한 완제품 양식들도 있다(Kelley, 1990).

행동적 모니터링 차트를 만드는 절차에는 여러 공통 요소가 있다. 보통 표적행동(목표행동)은 세부적으로 정의된다(예 : 방과 후에 몇 번째 요구 시까지 바닥의 배낭을 집어 들기). 행동이 발생하는 시간이나 장소와 같은 맥락적인 요소들이 또한 이 정의에서 고려된다. 차트는 또한 그 상황에 함께 있었던 사람들을 포함한다. 행동의 빈도(얼마나 자주), 강도(얼마나 크게)와 기간(얼마나 오래) 또한 기록될 수 있다. 마지막으로 선행사건이 기록된다. 이것들은 명령 혹은 이행어구[2]처럼 행동 이전에 오거나 혹은 행동을 시작하도록 지시해주는 것들이다. 행동의 결과도 기록되는데 이것은 상과 처벌 같은, 그 행동에 뒤따르는 것들이다. 양식 2.2는 샘플 차트이다.

행동을 기록하는 차트는 자료를 수집하고, 아동이 자신의 행동에 좀 더 유념하도록 돕는다. 빈도가 낮은 습관의 경우에는 횟수 세기가 적절하다(예 : 월요일에 12번). 반면 높은 빈도로 발생하는 행동 혹은 일정 시간 동안 일어나는 행동(예 : 10분 동안 손톱 물어뜯기)의 경우에는 기간을 기록할 수 있다(예 : 수요일 아침 55분). 아동은 그 행동이 발생하는 것을 매번 알아차리지 못할 수 있기 때문에 부모와 치료자의 관찰과 단서주기가 필요할 수 있다. 이는 치료가 경쟁반응(competing response) 단계로 진입하기 전에 아동의 자각을 증가시킬 수 있을 것이다.

다음의 예에서 치료자는 아동과 엄마에게 머리카락 뽑는 것을 기록하기 위한 **행동차트**를 설명하고 있다.

치료자 : 우리는 머리카락 뽑기 빈도와 강도를 줄이는 목표에 대해 이야기했어. 목표달성을 위해 우리는 우선 정보가 필요해. 얼마나 자주 네가 머리카락을 뽑는지와 그것이 일어날 가능성이 높은 때를 알아야 한다는 거지. 이 정보는 머리카락 뽑기가 감소하는지 확인하도록 해줄 뿐만 아니라 좀 더 빨리 그 감소가 일어나도록 도와줄 거야. 가령, 우리가 어떤 전략을 시도한 후에 그 숫자에 변화가 있는지 보기 위해 머리카락 뽑기를 기록할 거야. 이해되니?

카라와 어머니 : 예, 알겠어요.

치료자 : 질문 있니?

카　라 : 그런데 누가 기록할 건지 몰라서요. 나는 보통 숙제하는 내내 뽑거든요. 제가 그걸

---

2) 역자 주 : 이행어구(transition)란 영어에서 '그렇게 안 하면(otherwise)', '하여간(anyway)'처럼 개념이나 문장을 연결해주는 단어나 구를 말한다.

어떻게 기록하지요?

치료자 : 그것 참 좋은 질문이구나. 양식을 한번 같이 보자. 네가 수학시간에 머리카락 뽑기를 시작했다고 가정해보자. 네가 '수학시간'이라고 적으면 우리는 뽑기가 발생한 때를 알게 돼. 그리고 나서 네가 뽑았다는 것을 알려주기 위해 두 번째 칸에 표시를 하는 거야. 그날 수학시간에 다시 발생한다면 너는 매번 단순히 표시만 하는 거야.

카 라 : 좋아요. 알겠어요. 그렇지만 뽑고 있다는 걸 금방 깨닫지 못하는 적도 있어요. 특히 숙제를 하거나 버스에서는요.

치료자 : 그땐 뽑는 횟수 대신에 잘 어림잡아 네가 뽑는 데 쓰는 시간의 총합을 기록할 수 있어.

카 라 : 알겠어요. 전 대개 버스에서 뽑아요. 만약 학교 가는 도중에 뽑고 있는 것을 깨닫는다면 버스를 타고 가는 약 절반의 시간이기 때문에 12분이라고 적으면 되는군요.

치료자 : 맞아, 이해했구나! 그거 잊지 않게 차트에 적자.

어머니 : 숙제하는 동안처럼 카라가 뽑는 것을 제가 보면 어떻게 할까요?

치료자 : 카라, 네게 뭐가 도움이 되겠니?

카 라 : 글쎄요, 전 "카라, 뽑지마!"라는 말을 들으면 싫어요.

치료자 : 그게 너를 기운 빠지게 하는구나. 엄마가 어떻게 하시면 혹은 뭐라 말씀하시면 도움이 되겠니?

카 라 : 아마 '차트'라고만 말씀하시는 거요. 그러면 제가 차트에 표시해야 한다는 것이 생각나고 제가 뽑고 있다는 것에 주의를 기울일 수 있을 거예요.

치료자 : 어떻습니까?

어머니 : 그렇게 할게요.

이 예에서 **행동차트**에 대한 설명이 이루어졌고, 실제로 카라가 차트를 회기 중에 사용하기 시작했다. 부모와 아동의 질문들이 다뤄지고, 성공에 대한 잠재적 장애가 해결되었다. 치료자는 카라의 엄마를 계획에 포함시키고 카라가 단서주기에 참여하도록 함으로써 **행동차트**가 잘 채워지도록 도왔다. 카라의 차트는 그림 2.3에 제시되어 있다.

날짜/시간 간격	수/빈도
월요일 – 수학시간 – 점심시간 – 축구 연습	IIII HHH III II
화요일 – 학교에 버스 타고 가기 – 발표 – 숙제	12분 III 5분
수요일	
목요일	
금요일	
토요일	
일요일	

| **그림 2.3** | 머리카락 뽑기에 대한 카라의 행동적 '자기-모니터링 차트'

나의 통계 만들기

연령 : 8~15세

목적 : 행동적 자기-모니터링

준비물 :

● 종이

● 펜 혹은 연필

● 시간을 측정한다면 손목시계 혹은 타이머

나의 통계 만들기(Keepin' My Stats)는 야구를 몹시 좋아하는 비협조적 소년과의 작업에서 영감을 얻은 행동적 자기-모니터링 과제이다(Friedberg & Wilt, in press). 치료자는 타율을 계산하고 기록하는 것과 유사하게 과제를 제시한다. 아동의 '통계'는 표적행동이었고 아동의 순응은 퍼센트였다. 우리는 야구카드처럼 차트의 한 면에는 아동의 디지털 사진을 붙이고 다른 면에는 통계를 적어 넣어 과제를 보완했다. 아동의 순응 비율이 증가될 때 그 아동은 명예의 전당(Hall of Fame)에 올랐다. 그림 2.4는 나의 통계 만들기의 예이다.

날짜	부모님의 요구 횟수	순응 횟수	%	누가 얘기 안 했는데도 순응한 횟수
	(타석)	(안타)	(타율)	(홈런)
4/20	20	7	.350	2
4/21	15	3	.200	0
4/22	18	6	.333	3
4/23	9	6	.666	4
4/24	21	7	.333	3

| **그림 2.4** | '나의 통계 만들기'의 예

행동위계

행동위계(behavioral hierarchies)에서는 측정 기법을 사용해 가장 낮은 수준에서 가장 높은 수준의 괴로운 상황을 순위로 매긴다. 주관적 고통지수(Subjective Units of Distress, SUDS)는 각 위계 항목에서 경험하는 고통의 양을 나타낸다. 위계는 체계적 둔감법(제4장), 인지적 개입(제5~6장), 노출기반 치료(제7장)의 발판이 된다. 다음에 두 가지 위계 활동이 제시되어 있다.

공포를 차례대로 나열하기

연령 : 모든 연령
목적 : 위계 구성
준비물 :
- 독서카드
- 펜 혹은 연필
- 파일폴더, 봉투 혹은 카드를 모으기 위한 작은 상자(선택적)
- 공포를 차례대로 나열하기 양식(양식 2.3)

공포를 차례대로 나열하기(File My Fears Away) 기법은 여러 괴로운 항목 혹은 과제를 파악하여 독서카드에 적거나 혹은 그리는 것으로 시작한다(그림 2.5 참조). 그 후 치료자는 아동이 위계적으로 고통의 정도에 따라 카드를 차례로 배열하도록 돕는다. 카드를 활용하면 사전에 파악된 단계들 혹은 장면들 사이에 아동이 항목들을 추가하는 등의 위계 수정을 융통성 있게 할 수 있다. 한 예로, OCD와 사회불안을 가진 13세 소년은 위계 단계를 만들고 직면하기 위해 **공포를 차례대로 나열하기**를 활용했다. 아동은 처음에 카드에 친구에게 전화하기에 대한 공포를 기록했다. 치료자는 아동이 공포의 정도를 점수로 매긴 후에 친구에게 전화하기보다 덜 공포스러운 과제를 찾도록 돕는다. 좀 더 어린 아동은 공포를 그림으로 그리고, 잡지에서 그림을

(a)

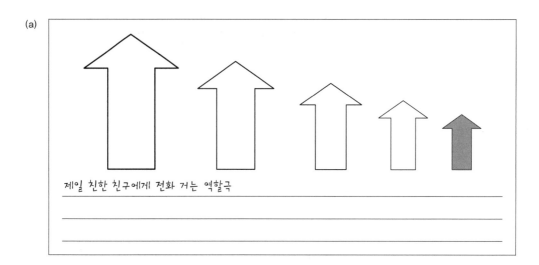

제일 친한 친구에게 전화 거는 역할극

(b)

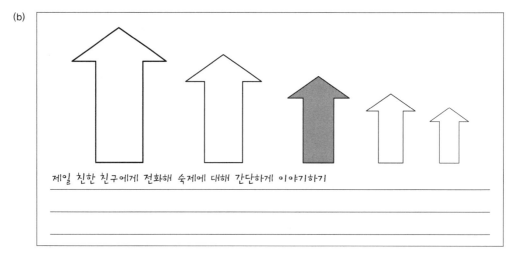

제일 친한 친구에게 전화해 숙제에 대해 간단하게 이야기하기

(c)

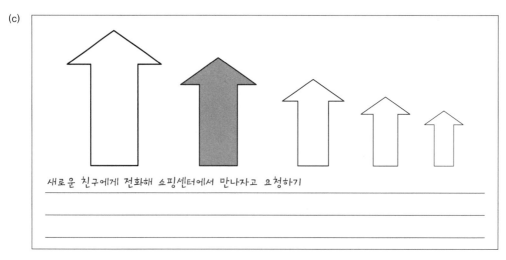

새로운 친구에게 전화해 쇼핑센터에서 만나자고 요청하기

| 그림 2.5 a~c | '공포를 차례대로 나열하기'의 예

오리거나 사진을 사용할 수 있다. 나이 든 아동과 청소년은 언어적으로 쓰는 것을 선택할 수 있다. 어떤 경우에는 아동이 자신의 공포를 말로 표현하면 치료자가 받아 적는 것이 멋진 협력적 활동이 될 수 있다. 치료자는 "만약 ~라면 너의 불안수준은 얼마일까?", "수준 4는 무엇일까?"와 같은 질문을 통해 아동이 공포 항목을 찾도록 도울 수 있다. 일단 카드가 만들어지고 차례대로 나열되면 작은 상자 혹은 봉투를 활용해서 그것들을 정리하거나 혹은 '순서대로 나열'할 수 있다. 앞선 사례에서 13세 아동은 처음에 다양한 과제에 대한 예기된 불안을 색칠하기로 나타냈다. 그가 만든 위계의 일부를 예시하기 위해 세 단계가 선택되었다(그림 2.5 a~c).

각 항목에 대한 노출절차가 진행되면서 아동은 카드에 적힌 불안수준에 동그라미를 치거나 색칠하기를 할 수 있으며, 혹은 단순히 손가락으로 가리킬 수도 있다. 불안 강도에 대한 이러한 시각적인 단서는 감정의 강도 변화에 대해 아동과 치료자가 주의를 기울이도록 돕는다. 상황이 적힌 카드를 코팅하고 그 위에 잘 지워지는 수성마커로 평가점수를 쓰면 동일한 상황을 반복적으로 제시해야 하는 경우에 유용하다. 대안으로 아동이 자신의 공포 강도 변화를 시각적으로 알아볼 수 있도록 하기 위해 상이한 색깔 펜/마커로 순위를 매길 수도 있다.

그림 2.6은 어린 아동에게 **공포를 차례대로 나열하기**를 적용한 것을 보여준다. 6세 알렉샤는 수영장에 들어가는 것이 너무 무서워 심지어 얕은 물에서조차 수영하기를 거부했다. 그녀의 공포는 욕조로 일반화되기 시작했고 심지어 얕은 욕조에 들어가는 것조차 거부해 그녀의 어머니는 그냥 수건으로 아이 몸을 닦던 참이었다. 알렉샤는 카드에 그림을 그렸다. 가장 낮은 수준의 공포카드는 아동이 얕은 물을 바라보는 그림이었다. 그다음, 물속에 발가락을 넣는 것을 그렸다. 가장 공포스런 그림은 아동이 물속에 서 있는 것이었다.

위로, 위로, 더 높이

연령 : 모든 연령
목적 : 위계 구성
준비물 :

- 독서카드
- 실 혹은 끈(신발 끈 같은)
- 구멍 펀치
- 그리기 위한 마커/크레용
- 선택사항 : 게임 말 혹은 토큰, 위계상의 표시 지점에 사용할 동전

(a)

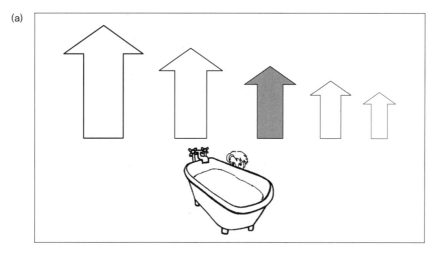

(b)

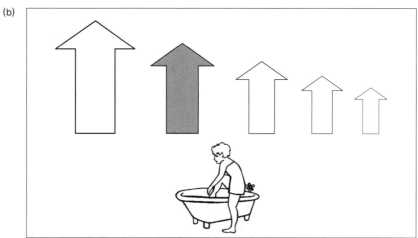

(c)

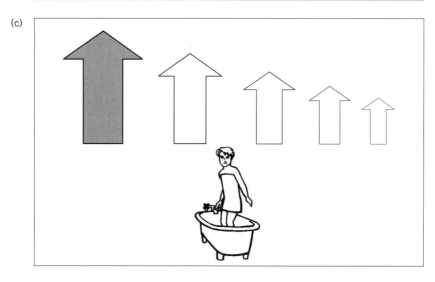

| **그림 2.6** | 알렉샤의 '공포를 차례대로 나열하기'

어떤 아동은 자기-모니터링과 위계를 제작하고 완성하기 위한 과정에서 활동적인 접근을 좋아하거나 혹은 요구할 수 있다. 위로, 위로, 더 높이(Up, Up, and Away)는 위계 구성의 기본적 요소를 갖추면서 게임 같은 특징을 취한다. 이 접근은 복합형 ADHD를 가진 아동과 같은 활동적인 아동이나 치료 작업에 집중시키기 위해 높은 수준의 주의 환기나 자극을 요하는 아동에게 이상적이다. 이 기법은 위계단계 완성에 대한 강화를 포함한다. 위로, 위로, 더 높이 기법은 **공포를 차례대로 나열하기** 기법에서처럼 독서카드를 이용해 활동적인 게임을 하면서 아동이 자신의 공포를 '사라지게' 하도록 체계적 둔감법을 시행하는 것이다.

위계항목들을 파악한 후 카드에 그리거나 적는다. 그 후 카드들을 위계적 순서대로 줄에 펜다. 그 줄을 땅에 놓으면 항목들이 사다리 계단처럼 보일 것이다(그림 2.7 참조). 줄 끝에 도달했을 때 완수에 대한 강화를 부가하면 동기를 높여주고 끝까지 따라가는 데 도움이 될 것이다. 동기를 진정으로 북돋우기 위해서는 아동과 의논해서 강화를 선택해야 한다. 그 후 아동은 첫 번째 카드에 서거나 앉은 채 노출 혹은 심상을 시작한다. 그 위계항목을 완수하면 아동은 다음 항목으로 몸을 옮겨 이동한다. 대안으로 게임 말을 사용하여 위계상의 지점을 표시할 수 있다. 필요시 강화를 위계의 여러 부분에 더해도 된다.

예를 들어, 9세 소년 토니는 폭풍에 대한 공포가 있었다. 천둥소리가 나면 집 지하실로 뛰어가 귀를 막고 울었다. 그의 공포 강도가 커진 나머지 비나 먹구름의 징조만 있어도 정상적인 일상 활동을 할 수가 없었다. 그를 돕기 위해 먼저 회기 중에 위계를 만들었다. 위계는 가장 낮은 수준의 공포로 시작했다. 토니는 가장 낮은 수준의 고통으로 천둥에 대하여 말하는 것과 자기말 연습하기를 꼽았다. 이 항목이 첫 번째 카드에 기록되었다. 치료자가 반복해서 책상을 가볍게 두드리는 것을 듣는 것이 두 번째 카드에 기록됐고, 이어서 더 큰 두드림이 세 번째 카드에 기록됐다. 네 번째부터 일곱 번째 카드는 매우 부드러운 소리(카드/항목 4)로 시작해서 점점 커지는(카드/항목 7) 식으로, 여러 크기로 녹음된 천둥소리를 듣는 것이 포함됐다. 마지막 두 카드는 처음엔 맑은 날에 그리고 마지막엔 구름 낀 날 지하실에 가지 않고 집에서 녹음된 천둥소리를 듣는 것이 포함됐다. 토니는 자신의 강화를 골랐고, 어머니의 동의를 얻어 카드의 단계에 끼워 넣었다. 다섯 번째 카드 완수 후 친구를 초대해서 노는 것을 허락받을 수 있고, 마지막 카드 후에 토니는 자신이 가장 좋아하는 음식점에 갈 수 있다. 위계를 제작한 후에 카드들을 모두 신발 끈으로 연결했다. 토니는 항목을 성공적으로 완수하고 자기-모니터링이 일어남에 따라 지점을 쉽게 이동하기 위해 위계상에 포스트잇으로 지점을 표시했다. 두 번의 치료회기 후와 집에서 수회에 걸친 노출로 토니는 위계를 완성했고 자신의 성공을 자랑스러워했다. 토니는 자신이 완성한 카드의 줄을 보면서 그의 공포를 극복하기 위해 얼마나 높이 '오르기'를 했는지 쉽게 알 수 있었다.

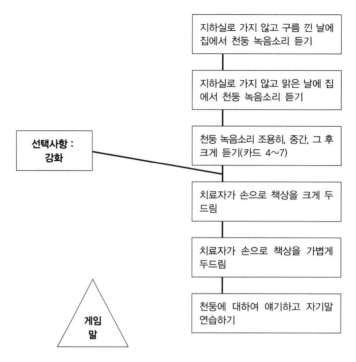

| 그림 2.7 | 토니의 '위로, 위로, 더 높이'

인지적 자기-모니터링

인지적 자기-모니터링은 전형적으로 아동의 '뜨거운(hot)' 생각을 확인하기 위해 사용되는 생각일기를 포함한다. 생각일기는 인지를 상황맥락에 연결하고, 생각과 그에 수반되는 감정을 결합시켜준다. 청소년을 위한 다양한 유형의 생각일기가 있다(J. S. Beck, 1995; Friedberg, Mason & Fidaleo, 1992; Greenberger & Padesky, 1995). 아동을 위한 생각일기는 일반적으로 만화와 생각풍선을 사용한다. 대처하는 고양이(Kendall et al., 1992), PANDY(Friedberg et al., 2001), Stallard(2002)의 인물 만화는 아동에게 친근한 생각일기의 훌륭한 예이다. 아주 어린 아동을 위해서는 생각화원(thought flower gardens)을 사용하는 것이 좋다(Bernard & Joyce, 1984).

생각일기마다 차이가 있지만 다음과 같은 공통된 요소가 있다. 첫째, 선행사건 혹은 상황이 나열된다. 둘째, 아동은 자신의 감정/정서를 기록하고 그 강도에 따라 점수를 준다. 마지막으로 아동은 "네 머릿속에 뭐가 맴돌고 있니?" 혹은 "네 마음속에 뭐가 스치고 지나가고 있니?" 또는 "네 자신에게 뭐라 말하고 있니?"와 같은 질문에 답함으로써 '뜨거운 생각'을 파악한다.

이 절차가 비교적 간단하긴 하지만 생각파악을 제대로 활용하기 위해 기억해야 할 중요 사항들이 있다. 첫째, 아동과 치료자는 반드시 구체적인 상황을 파악해야 한다. 모호한 기술(예 : 학교에서 기분 나쁜 날)이 아닌, 조작적이고 구체적인 기술(예 : "2명의 아이가 복도에서 나를 괴롭혔다.")이어야 한다. 둘째, 상황을 객관적으로 기술하고(예 : "지미가 복도에서 나에게 인사를 하지 않았다."), 혹시 주관적인 자동 사고(예 : "지미가 나를 거부했다.")가 들어간 것은 아닌지 확인해야 한다. 셋째, 감정을 생각과 혼돈하지 않도록 분명히 한다. Friedberg 등(1992)은 훌륭한 의사결정 규칙을 제안했다. 생각은 결론과 평가, 판단, 해석이기 때문에 항상 의문의 여지가 있다는 점이 차별화된다. 치료자는 인지가 이 장 초반에 기술된 내용-특수성 가설에 부합해야 함을 명심해야 한다.

🎵 뭐가 문제지

연령 : 8~11세
목적 : 부정적인 자동적 사고에 대한 자기-모니터링
준비물 :
● 뭐가 문제지 기록지(양식 2.4)
● 펜 혹은 연필

뭐가 문제지(What's Buggin' you?)는 아동에게 생각기록지를 제시하고 적용하는 한 가지 방법이다. 부정적 자동사고는 아동의 머릿속에 맴도는 벌레들처럼 짜증나고 성가시다. 실제로 아동 전문 행동치료자들은 인지포착을 '모기 잡아채기(catching NATS)'(negative automatic thoughts; Shirk, 2001, p.157)에 비유한다. 뭐가 문제지는 이 비유를 활용해서 아동이 힘들어 할 때 그들의 머릿속에 윙윙 맴도는 생각을 포착하도록 돕는 방법이다. 이는 또한 제5장에 제시된 자기지시 기법인 **벌레 잡기**(Swat the Bug)와 멋지게 통한다.

뭐가 문제지는 전통적인 생각일기의 요소를 포함한다. 아동은 날짜, 상황, '그들을 괴롭히는 생각'을 기록한다. 기록지 서식에 그려진 벌레 만화는 짜증나는 인지의 성가시고 혐오적인 성질을 보여준다. 다음 레지나와의 대화는 그 사용법을 보여준다.

> **치료자** : 레지나, 벌레가 네 주변에서 윙윙대던 경험이 있니?
> **레지나** : 예, 주로 제가 아이스크림을 먹을 때면 괴롭혀요.
> **치료자** : 네 신경을 건드리지?
> **레지나** : 머리끝까지요!
> **치료자** : 자, 그것은 네가 슬프고, 화가 나고, 걱정될 때 네 마음에 스치고 지나가는 것들과 같아.
> **레지나** : 전 그놈들을 찰싹 때리고 싶어요.
> **치료자** : 안 그래도 그렇게 할 거야. 그런데 네가 때리기 전에 먼저 그놈들을 잡아야 해. 그

날짜	상황	감정	어떤 벌레가 머릿속에서 윙윙거리나요?
10/10	여동생을 때려서 부모님이 내게 몹시 화를 내셨음	슬픔	부모님은 나보다 동생을 더 사랑해.

| **그림 2.8** | 레지나의 '뭐가 문제지' 기록지

렇지?

레지나 : 맞아요.

치료자 : 이 기록지 좀 봐. 날짜, 상황, 네 감정을 적는 칸이 있어. 그리고 이 벌레를 봐. 이건 생각 벌레야. 너를 괴롭히는 생각을 적는 곳은 여기란다. 그 벌레 밑에 있는 질문을 읽어볼래?

레지나 : "어떤 벌레가 머릿속에서 윙윙거리나요?"

치료자 : 잘했어. 한번 해보자. 오늘이 며칠이지?

레지나 : 10월 10일이요.

치료자 : 오늘 너를 슬프게 만들었던 일이 있었니?

레지나 : 여동생을 때린 일로 부모님이 제게 몹시 화를 내셨어요.

치료자 : 무엇이 네 머릿속에서 윙윙거렸니?

레지나 : 부모님은 나보다 동생을 더 사랑해.

치료자 : 바로 그거야. 네가 벌레를 잡은 거야.

대화는 기록지를 소개하는 점진적 방법을 보여준다. 치료자는 레지나가 생각을 낚아채는 과정을 거치도록 체계적으로 단계를 옮겨갔다. 일단 레지나가 생각을 낚아채자, 치료자는 레지나에게 강화를 제공했다. 그림 2.8은 회기 동안에 채워진 레지나의 기록지를 보여준다. 벌레를 찰싹 때리고 싶다는 레지나의 말은 자연스럽게 벌레를 잡는 절차(벌레 잡기, 제5장 참조)로 이끈다.

상황	감정	강도(1~10)	뇌폭풍
치료 중	분노	9	제기랄! 난 이 시답지 않은 게 정말 싫어. 엄마가 나를 이런 시답지 않은 곳에 데려오지 않았으면 좋겠어.

| **그림 2.9** | 테란스의 '너의 뇌폭풍' 기록지

📓 너의 뇌폭풍

연령 : 11~16세

목적 : 부정적 자동사고의 자기-모니터링

준비물 :

● 너의 뇌폭풍 기록지(양식 2.5)

● 펜 혹은 연필

너의 뇌폭풍(Your Braninstorm)은 생각기록지의 또 다른 유형이다. 이것은 뭐가 문제지와 유사하지만 나이 든 아동에게 좀 더 적합하다. 너의 뇌폭풍은 주의, 경보, 폭풍!에서 나왔다. 이것은 아동용 증거검증인 긴가 민가 보고서(제6장)와 같은 쉬운 합리적 분석 절차를 실시하기 전에 그 터를 닦아준다. 너의 뇌폭풍은 아동의 정서적 기후를 교란시키는 부정적인 자동사고와 이미지를 '폭풍'으로 비유하는 데 근거한다. 분노, 슬픔, 불안, 그리고/혹은 부끄러움을 포함하는 다양한 폭풍이 있을 수 있다. 아동의 과제는 정서 기상캐스터 혹은 기상학자가 되는 것이다. 아동은 감정 일기예보를 할 때 뇌폭풍에 대해 설명하면 된다.

너의 뇌폭풍은 완성하기가 쉽다. 날짜와 감정, 감정의 강도, 그리고 인지적 요소를 함께 기록한다. 그림 2.9는 완성된 너의 뇌폭풍 기록지를 예시한다. 아동에게 TV 일기예보를 만들게 함으로써 과제를 한 수준 더 증강시킬 수 있다. 아동이 일기예보 하는 모습을 녹화하여 집단치료나 가족치료 시에 사용할 수 있다. 이때 아동이 청중에게 자신의 뇌폭풍을 발표하게 한다. 다음 예는 치료자가 10세 아동 테란스에게 너의 뇌폭풍 기법을 소개하는 것을 보여준다. 테란스의 기록지는 그림 2.9에서 볼 수 있다.

> **치료자** : 테란스, 주의, 경보, 폭풍! 기록지에서 네가 잘했던 것 기억나니?
>
> **테란스** : 네, 생각나요.
>
> **치료자** : 너를 위한 다른 기록지가 있어.

테란스 : 저는 진짜 운이 좋네요.

치료자 : 별로 흥미로워하지 않는 것 같구나.

테란스 : 와! 그거 알려고 대학 나왔나요? 이건 지루해요.

치료자 : 지금 기분이 어떠니?

테란스 : 약간 열 받았어요.

치료자 : (기록지에 적으며) 좋아. 네가 지금 '뇌폭풍'을 겪고 있구나.

테란스 : 뭐라고요?

치료자 : 뇌폭풍…. 네가 강한 감정을 느낄 때 네 머릿속에 지나가고 있는 그 무엇 말이야. 있잖니, 우리는 계속해서 네가 기분 기상캐스터가 되도록 도와야 해.

테란스 : 이거 엉터리예요. 쓰레기예요! 싫어요. 제길 엄마가 나를 이런 시답지 않은 곳에 데려오지 않았으면 좋을텐데.

치료자 : (기록지에 적으며) 이해가 돼. 네가 이것을 시답지 않다고 보아서 얼마나 열 받는지 알겠어. 넌 뇌폭풍을 포착하는 데 유능하구나. (기록지를 테란스에게 보여주며) 이런 것이 얼마나 시답지 않은지 얘기하고 좀 더 많은 뇌폭풍이 있나 보자. 그리고 그 뇌폭풍을 여기에 적을 거야.

이 대화는 자기-모니터링의 경험주의적 특성을 보여준다. 치료자는 회기 중에 뇌폭풍 기록지의 자료를 제공하기 위해 테란스의 짜증을 이용했다. 그의 자발적인 표현에 뇌폭풍을 적용함으로써 치료자는 손쉽게 기록지를 완성하는 것을 가르쳤다. 기록지는 빠르고 비위협적인 방식으로 완성되었고, 그것은 테란스의 좌절감에 대해 더 얘기할 수 있도록 이끌었다. 결과적으로 테란스는 기록지가 대화, 이해, 문제해결을 촉진하는 데 유용함을 알게 되었다.

📓 나의 세상

연령 : 모든 연령

목적 : 인지, 행동, 정서에 대한 자기-모니터링

준비물 :

- 게시판
- 색 매직펜
- 게임 말
- 백지 카드
- 주사위

나의 세상(My World)은 게임 개념에 기초한 자기-모니터링 기법으로, 심한 OCD를 겪는 매우 회피적인 8세 아동에게 특히 유용했다. 코트니와 그의 부모, 그리고 치료자는 코트니의 위험 및 안전지대에 기초하여 게임판과 말, 게임카드를 만들었다. 커다란 게시판은 모노폴리 게임판과 매우 유사하게 여러 공간으로 나뉘어졌다. 게임판 위에 안전지대(침대)를 그리고 초록색으로 칠했다. 마찬가지로 위험지대(벽장 바닥, 그네)를 그리고 빨간색으로 칠했다. 회기 중에 게임판을 만들기 시작했고 숙제로 완성했다.

일단 판이 그려지면 게임이 시작된다. 모든 사람이 코트니의 세상에서 사는 것이 어떤 것인지 감을 잡게 하는 것이 목적이다. 참가자가 공간에 착륙하면 자신에게 묻는다. "코트니의 세상에 산다는 게 어떨 거 같아? 그녀의 마음속에 뭐가 지나가고 있을까? 어떤 느낌일까?" 부모님이 그녀의 공간에 착륙할 때 당연히 그들은 하나도 모른다. 이 시점에서 코트니는 종종 그들의 잘못된 지각을 수정해주었고, 이것은 그녀에게 매우 필요한 통제감과 효능감을 주었다. 더 중요하게는, 이 게임을 통해 여러 다른 상황에 대한 코트니의 생각과 감정을 보다 명료하게 이해할 수 있었다. 이 게임 덕분에 코트니는 이해받는다고 느꼈고, 그녀의 증상에 대해 덜 부끄럽게 느끼게 되었다.

결론

이 장에서 우리는 자기-모니터링을 위한 다수의 공식적 척도와 비공식적 기법들에 대해 서술했다. 이것들은 개입뿐만 아니라 데이터 수집의 역할을 한다. 데이터는 사례개념화와 가설검증을 명확히 하도록 돕는다. 이 접근은 또한 협력적이며 치료가 지속적으로 치료목표에 초점을 맞추도록 돕는다. 증상을 모니터링하면 변화와 그 변화를 일으킨 선행사건을 파악할 수 있게 되며, 결과적으로 치료를 이끌어주고 재발방지를 돕는다. 자기-모니터링과 평가는 치료의 전 과정에서 시행되어야 하고, 가족들에게 정보의 중요성을 전달하고 수집된 데이터를 충분히 활용하기 위해 회기 중 안건으로서 지속적으로 다루어져야 한다. 따라서 데이터는 회기 빈도, 종결/퇴원, 약물처방 의뢰에 관한 치료계획을 결정할 때 안내자의 역할을 맡는다.

양식 2.1 주의, 경보, 폭풍! 기록지

날짜 (시간)	정서	주의	경보	폭풍

From *Cognitive Therapy Techniques for Children and Adolescents: Tools for Enhancing Practice* by Robert D. Friedberg, Jessica M. McClure, and Jolene Hillwig Garcia. Copyright 2009 by The Guilford Press. Permission to photocopy this form is granted to purchasers of this book for personal use only (see copyright page for details).

양식 2.2

행동차트

날짜 (시간)	행동	빈도	기간	장소	사람	계기	행동의 결과

From *Cognitive Therapy Techniques for Children and Adolescents: Tools for Enhancing Practice* by Robert D. Friedberg, Jessica M. McClure, and Jolene Hillwig Garcia. Copyright 2009 by The Guilford Press. Permission to photocopy this form is granted to purchasers of this book for personal use only (see copyright page for details).

양식 2.3 | **공포를 차례대로 나열하기**

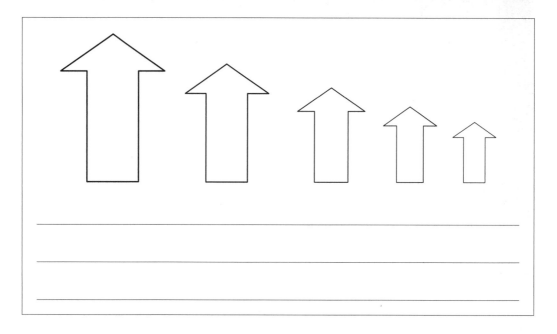

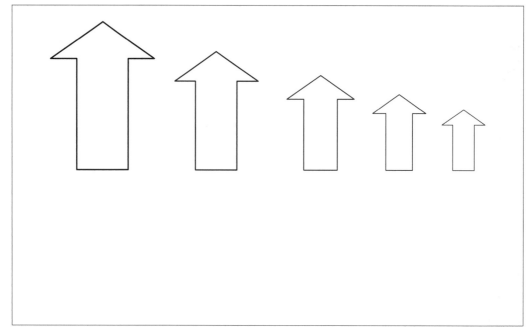

From *Cognitive Therapy Techniques for Children and Adolescents: Tools for Enhancing Practice* by Robert D. Friedberg, Jessica M. McClure, and Jolene Hillwig Garcia. Copyright 2009 by The Guilford Press. Permission to photocopy this form is granted to purchasers of this book for personal use only (see copyright page for details).

양식 2.4   뭐가 문제지 기록지

날짜	상황	감정	어떤 벌레가 머릿속에서 윙윙거리나요?

From *Cognitive Therapy Techniques for Children and Adolescents: Tools for Enhancing Practice* by Robert D. Friedberg, Jessica M. McClure, and Jolene Hillwig Garcia. Copyright 2009 by The Guilford Press. Permission to photocopy this form is granted to purchasers of this book for personal use only (see copyright page for details).

양식 2.5 | 너의 뇌폭퐁 기록지

상황	감정	강도(1~10)	뇌폭퐁

From *Cognitive Therapy Techniques for Children and Adolescents: Tools for Enhancing Practice* by Robert D. Friedberg, Jessica M. McClure, and Jolene Hillwig Garcia. Copyright 2009 by The Guilford Press. Permission to photocopy this form is granted to purchasers of this book for personal use only (see copyright page for details).

심리교육

심 리교육은 인지치료에서 중심적인 역할을 하며, 아동과 청소년, 그리고 가족들이 CBT에 적응하도록 도와준다. 심리교육의 목적은 증상과 치료 및 진단에 대한 가족들의 이해를 돕고, 치료과정을 촉진하기 위한 정보를 전달하는 데 있다. 심리치료를 할 때 치료자는 내담자가 많이 알고 박식한 파트너가 되길 바란다. Goldfried와 Davila(2005)가 말했듯이 심리교육의 방법과 이를 다룬 책들은 내담자의 마음에 희망을 불어넣어야 한다. 정보는 쉽게 접근할 수 있어야 하며, 이해하기 쉽고 매력적으로 전달되어야 한다. 그리고 전문용어를 사용하지 않아야 한다(Piacentini & Bergman, 2001). Piacentini와 Bergman(2001)은 또한 이야기와 일화, 비유 등을 사용함으로써 정보를 축약해서 예시하라고 했다.

이 장에서 우리는 치료의 한 부분인 심리교육을 의미 있고 기억하기 쉬우며 효과적으로 만드는 데 도움이 되는 다양한 비유와 창의적인 활동지를 제공하려고 한다. 또한 이 장에서는 내담자 가족의 호소문제와 학습양식에 적합한 자원을 선택하는 데 도움이 되는 도서나 웹사이트 같은 다양한 자원을 제시할 것이다.

부모를 위한 정보

심리교육은 수동적인 과정이 아니다. 치료자는 내담자를 단순히 정보의 수혜자로 취급하기보다 적극적인 소비자로 취급해야 한다. 그렇게 해야 심리교육이 치료의 역동적인 요소로 역할

심리교육을 위한 팁

글상자 3.1

- 심리교육은 적극적인 과정이다.
- 자료는 타당하며 발달적·문화적으로 적합하고 매력적이어야 한다.
- 구체적인 은유는 유용하다.
- 사례개념화를 염두에 두어야 한다.

을 하게 된다. 예컨대 회기 중에 인쇄물을 나눠주기만 하고 치료 중에 살펴보지 않는 일은 없어야 한다. 자료를 나눠준 후에는 반드시 설명을 해주고 반복적으로 인용해야 한다(예 : "어떤 부분이 당신에게 적용되는가?", "어떤 부분이 당신에게 적용되지 않는가?", "당신은 어떤 부분에 동의하는가?", "당신은 어떤 부분에 동의하지 않는가?").

이러한 과정은 내담자에게 매우 중요한 메시지를 전달한다. 첫째, 심리교육은 처방하고 지시하는 것이 아니라 협력적인 노력이다. 둘째, 내담자는 단순히 정보를 받아들이는 것이 아니라 정보를 읽고 자신의 요구에 맞추어야 한다. 치료자는 내담자가 자료에 대해 깊이 생각해보길 원한다. 아무 생각 없이 자료를 받아들이길 원하지 않는다. 마지막으로 치료자는 내담자에게 어떤 부분에 동의하고 동의하지 않는지 물어봄으로써 절대적 사고를 감소시키기 위한 교육을 시작하게 되는 것이다.

치료자가 심리교육 자료를 나눠줄 때 이것은 치료의 초기 단계에서 관계를 향상시키는 데 중요한 메시지를 함께 전달하는 것이다. 치료자는 정보를 공유함으로써 내담자의 이익을 염두에 두고 있음을 알려준다. 내담자는 문자 그대로 이러한 도구들을 '받아가며', '치료로부터 무엇인가를 얻을 수 있음'을 구체적으로 알게 된다. 또한 내담자는 치료가 치료시간 이후에도, 그리고 치료실 밖에서도 계속된다는 것을 알게 된다.

저자들은 다음과 같이 제안한다. 심리교육 숙제를 처음 내줄 때 내담자와 가족들에게 읽을 자료와 형광펜을 나누어주고, 자신에게 적용할 수 있는 모든 내용에 밑줄을 그어보게 한다. 그리고 다음 치료시간에 밑줄이 그어진 내용, 그리고 밑줄이 그어지지는 않았으나 중요한 부분에 대해 의견을 나눈다.

특정 장애에 관한 부모용 정보

내담자용 교육자료로 채운 서가를 만드는 것은 좋은 생각이다. 다행히도 치료자가 활용할 수 있는 자원들이 많다. 표 3.1에는 특정 장애에 관한 정보를 얻을 수 있는 대표적인 온라인 자원들이 제시되어 있다. 뉴욕대학교 아동연구센터(New York University's Child Study Center)의

| 표 3.1 | 부모교육 자료를 제공하는 주요 웹사이트

자원	주소	주제
뉴욕대학교 아동연구센터	www.aboutourkids.org	장애, 발달, 양육, 약물치료, CBT
미국아동청소년정신과학회	www.aacap.org	장애, 발달, 약물치료, 양육
미국국립정신보건원	www.nimh.org	장애, 치료
인지치료학회	www.academyofct.org	인지치료, 장애
미국심리학회 53분과	www.clinicalchildpsychology.org	장애, 치료
행동 및 인지치료학회	www.abct.org	장애, 치료
물질남용 및 정신건강 서비스 관리국	www.samsha.gov	장애, 치료, 양육 정보
미국불안장애학회	www.adaa.org	장애, 치료
워리와이즈 키즈	www.worrywise.org	장애, 치료, 양육 정보
오티즘 스피크스	www.autismspeaks.org	양육정보와 치료

웹사이트(aboutourkids.org)는 특히 유용하다. 이 사이트는 부모에게 여러 유형의 장애와 선택가능한 치료들을 친절하게 안내하는 자료들을 다수 포함하고 있다. 미국국립정신보건원(National Institute of Mental Health, NIMH)과 물질남용 및 정신건강 서비스 관리국(Substance Abuse and Mental Health Services Administration, SAMHSA)은 장애와 치료에 관한 정보뿐만 아니라 아동 친화적인 색칠그림책과 스티커, 활동 등을 제공하고 있으며, 주문을 하거나 또는 무료로 다운받을 수 있다. 미국심리학회의 53번째 분과인 임상아동심리학(Clinical Child Psychology) 분과도 장애, 그리고 경험에 근거한 치료법에 관한 다양한 정보를 제공하고 있다. 미국아동청소년정신과학회(American Academy of Child and Adolescent Psychiatry)는 장애, 약물치료, 그 밖의 여러 치료방법 등에 관한 정보를 다운 받을 수 있는 유용한 웹사이트를 운영하고 있다. 인지치료학회(Academy of Cognitive Therapy)와 행동 및 인지치료학회(Association for Behavioral and Cognitive Therapies) 웹사이트는 권위 있는 CBT 사이트이다. 미국불안장애학회(Anxiety Disorders Association of America)는 아동기 불안과 치료에 관해 풍부한 정보를 제공하고 있다. 마찬가지로 워리와이즈 키즈(Worrywise Kids)는 불안장애 아동의 부모에게 유용한 자료를 제공하는 종합적 사이트이다. 오티즘 스피크스(Autism Speaks)는 자폐증과 발달장애에 관한 양육 정보를 제공하는 권위 있는 사이트이다. 마지막으로 이러한 사이트들은 다른 사이트들에 관한 유용한 링크도 제공하고 있다.

지금까지 살펴본 자원들은 다음과 같은 장점을 갖고 있다. 첫째, 자료를 무상으로 제공한다. 둘째, 연구에 근거한 최신의 정보를 제공한다. 셋째, 내담자용 정보는 읽기 쉬우며, 아동용은 재미있게 만들어져 있다. 정보에 대한 접근성이 좋고 비용이 들지 않기 때문에 내담자들이 자료를 집에 가져갈 수 있다.

부모훈련과 교육

부모훈련은 분명히 어려운 일이다. 대부분의 부모들은 처음 치료받으러 왔을 때 주뼛주뼛하며 자신이 자녀를 '망쳐버렸다'고 걱정한다. 부모교육과 훈련을 권고하면 부모의 자기-비판적 인지("치료자가 모든 것이 나의 잘못이라고 생각할 거야.")와 회피적/방어적 행동("왜 내가 달라져야 하지?")이 촉발되기 쉽다. 치료자는 이러한 생각과 감정 및 행동을 다루어야 한다. 예컨대 이 점을 인식하고 있는 치료자는 부모에게 심리교육 자료를 그냥 나눠주는 대신 "제가 양육에 관한 챕터를 읽어보시라고 말씀드렸을 때 마음속에 무엇이 스쳐 지나갔나요?", 또는 "저의 제안을 어떻게 해석하셨나요?"라고 물어본다.

> **치료자** : 제가 *SOS: Help for Parents*라는 책을 권해드리려고 합니다. (부모가 한숨을 쉬며 아래를 내려다본다.) 이 책에 관해 말씀드렸을 때 마음속에 무엇이 스쳐 지나갔나요?
>
> **아버지** : 모르겠어요. 선생님께서는 우리 부부를 형편없는 부모라고 생각하시겠죠?
>
> **어머니** : 저희가 이 모든 것을 이미 알고 있었어야 하는 것 아닌가요? 저희가 잘못하고 있는 거죠?
>
> **치료자** : 부모님께서 자녀를 위해 정말로 잘하고 싶어 하신다는 것을 알 수 있네요. 그런 만큼 제 권고가 때로는 비판처럼 들릴 수도 있을 거예요. 새로운 기법을 배우는 것에 대해 다르게 보실 수도 있지 않을까요?
>
> **어머니** : 그냥 기분이 나빠요.
>
> **치료자** : 이해합니다. 어려우실 거예요. 하지만 부모님께서 무엇인가 잘못하셨다는 것 말고 부모교육을 바라볼 수 있는 방법이 있을까요?
>
> **아버지** : 우리는 부족하고 느리게 배우는 사람들이에요.
>
> **치료자** : 와, 그것 참 큰 압박감이네요. 부모님께서는 좋은 부모이면서 여전히 실수를 하거나 새로운 것을 배울 수도 있다고 생각하시는지요?
>
> **어머니** : (잠시 멈췄다가) 저는 항상 제가 완벽해야 한다고 생각했어요.
>
> **치료자** : 그렇다면 일이 잘못될 때 당신은 스스로를…
>
> **어머니** : 나쁜 엄마라고 생각해요.
>
> **치료자** : 따라서 어머님의 공식은 완벽하지 못한 엄마는 나쁜 엄마랑 같은 것이네요.
>
> **아버지** : 저도 마찬가지예요.
>
> **치료자** : 그러시군요. 혹시 두 분께서는 자녀를 양육한다는 것이 시행착오와 변화, 융통성을

포함하는 과정으로 보실 수 있으신지요?

어머니 : 아, 좀 다르네요. 그렇게 볼 수도 있을 것 같아요.

아버지 : 네, 그것 새롭네요.

치료자 : 따라서 만약 두 분의 자녀양육이 시행착오와 학습의 과정이라면 책을 통해 새로운 기법을 배우는 것이 더 좋은 부모가 되기 위해 노력하는 한 방법이 될 수 있지 않을까요?

어머니 : 한번 해볼게요.

이 대화는 심리교육 과정의 중요한 부분을 보여주고 있다. 첫째, 공감과 이해가 전달되었다. 둘째, 암시된 비판의 지각에 관한 부모의 자동적 사고를 끌어냈다. 셋째, 치료자가 부모의 가정을 검증하기 위해 소크라테스식 대화를 실시했다.

부모교육의 초기 단계에서 우리는 종종 스포츠 팬에 대한 비유를 사용한다. 스포츠 팬은 팀의 패배나 슬럼프, 성적 부진에도 불구하고 팀을 응원한다. 팬이라면 패배하지 않는 팀은 없으며 완벽하게 싸우는 선수도 없다는 것을 쉽게 인정한다. 가끔 실망할지언정 진정한 팬의 관심과 충성은 약해지지 않는다. 때로 팀이 팬의 마음을 아프게 하지만, 여전히 희망과 낙관을 유지한다(예 : "또 내년이 있으니까.").

이 비유는 특히 자녀양육에 적절하다. 어떤 자녀도 완벽하지 않으며 늘 이기기만 하지도 않는다. 자녀는 어쩔 수 없이 부모를 실망시키거나 심지어 격노하게 만드는 무언가를 할 것이다. 그렇지만 부모는 결국 자녀의 팬으로 남아 자녀의 성공을 응원하며 포기하지 않고 실패를 받아들인다. 다음의 대화는 이 비유를 어떻게 사용하는지 보여준다.

치료자 : 제 기억으로 두 분은 뉴욕 자이언츠 팀의 팬이시지요.

아버지 : 우리는 자이언츠 팀을 좋아해요. 선생님은요?

치료자 : 저 역시 팬이에요. 아시다시피 자이언츠 팀은 몇 년간 힘든 시기를 겪었지요.

어머니 : 그래도 우리는 늘 그들 편에 있었어요. 고통을 함께하면서요.

아버지 : 몇 년 동안은 험난한 길이었어요.

치료자 : 그런데 두 분은 그런 오랜 동안의 부진에도 어떻게 팬으로 남아 있으신가요?

아버지 : 우리는 좋을 때만 팬인 사람들이 아니에요. 우리는 **진정한** 팬이죠. 우리는 우세한 팀에 편승하지 않아요.

어머니 : 우리의 충성은 절대로 약해지지 않을 거예요.

치료자 : 팀이 엉망으로 할 때도요?

부　모 : (웃으며) 예.

치료자 : 두 분은 제니퍼가 지금 '힘든 시간'을 보내고 있다는 것을 잘 알고 계실 거예요. 두

분이 어떻게 하면 이 시기를 따님과 함께하실 수 있을까요?

어머니 : 글쎄요, 우리가 제니퍼를 진정으로 믿어줘야 할 거예요.

치료자 : 예, 자녀나 스포츠 팀은 우리를 실망시고 때로는 우리의 마음을 아프게도 하지요.

아버지 : 제니퍼가 학교를 빼먹거나 남자 친구랑 자는 것처럼 말이죠.

치료자 : 그것이 두 분의 마음을 아프게 한다는 걸 알아요. 하지만 힘든 시기 동안 자이언츠 팀을 떠나시지 않는 것처럼 제니퍼를 포기할 수 없으시겠죠?

어머니 : 이 문제를 그런 식으로 생각해본 적은 없었어요.

아버지 : 제가 제니퍼에게 고함을 치는 건 야유를 퍼부으며 경기장에서 쫓아내는 것과 마찬가지겠네요.

이 대화는 제니퍼의 부모가 갖고 있는 관점을 전환하는 데 도움을 주었다. 비유는 제니퍼의 부모로 하여금 자신들이 자녀에 대한 신뢰를 잃었다는 메시지를 보내고 있었다는 것을 깨닫게 했다. 마지막으로 스포츠 팀 비유는 부모의 방어를 줄이는 데 도움을 주었다.

부모훈련은 추상적인 활동이 아니다. 대부분의 경우 교육자료만으로는 많은 변화를 이끌어내기 힘들다. 부모는 새로운 전략을 습득하고 연습할 필요가 있다. 그들은 치료자로부터 잘못된 것을 바로잡아주는 피드백을 받아야 한다. 저자들은 **실제로**(in vivo) 해보는 연습이 매우 효과적임을 발견했다. 행동적 개입과 노출/경험을 소개하는 장에서 몇 가지 부모양육 전략을 소개할 것이다. 심리교육이라는 양식이 부모의 기술습득에 도움을 주는 것은 사실이나 기술습득과 변화를 촉진하는 것은 피드백과 실제로 해보는 연습이다.

발달과 특정 장애에 대한 정보는 부모가 현실적이고 성취 가능한 목표를 세우도록 돕는다. 선행연구에서 밝혀졌듯이 아동이 자라나는 환경은 증상과 분명 관련이 있다. 부모는 심리교육을 통해 어떻게 자녀의 긍정적 행동을 강화해야 하는지, 그리고 부적응적 패턴에 대한 강화를 피할 수 있는지 이해하게 된다. 부모용 도서 또한 유용한 보조 수단이다. 부모들은 자신들만 어려움을 겪고 있는 것이 아니라는 것을 아는 데서 큰 위안을 받는다. 또한 연구가 뒷받침된 책은 치료에서 이루어지는 작업을 입증하는 데 도움을 준다. 어떤 사람에게는 책에서 정보를 얻는 것이 더 잘 맞으며, 이들은 여러 시간에 걸쳐 치료자와 만나 특정 이슈를 살펴보는 것을 피하려고 한다. 자녀양육에 대한 책을 활용할 때 치료자가 명심해야 할 점은 치료시간 중에 요점을 전달한 후 반드시 양육기술을 이해했는지, 적용하고 있는지 점검해야 한다. 다음의 대화는 치료회기 중에 어떻게 자녀양육 도서를 거론하는지 보여준다.

치료자 : 어머님, 지난 시간에 제가 추천해 드린 자녀양육 도서를 잘 읽고 계신지요?

어머니 : 지난주에 그 책을 살 때 약간 당황했어요. 서점직원이 저를 못난 부모로 생각하는 것 같았어요. 하지만 서점 한 구역에 전부 자녀양육 도서들이 꽂혀 있는 것을 보면

서 이런 책들을 많이 팔고 있구나 생각했어요! 며칠 전부터 읽기 시작했어요.

치료자 : 지금까지 읽으신 내용 중에서 가장 흥미로운 점은 무엇이었나요?

어머니 : 책 속에 제시된 예들이 실제와 똑같아서 흥미로웠어요. 마치 저자가 제 아들 토미의 행동과 문제에 대해 쓰고 있는 것 같았어요.

치료자 : 책을 읽으실 때 어떤 기분이 드셨나요?

어머니 : 안심이 되었어요. 만약 토미와 같은 아이들이 책을 쓸 만큼 많다면 토미를 도울 수 있는 희망이 있을 거란 생각이 들었어요. 그리고 제 자신을 너무 비난하지 않게 되어 도움이 되었어요. 제가 다르게 해볼 수 있는 것들이 있다는 걸 알게 되었어요. 하지만 그렇게 하기 위해서는 먼저 토미가 어떤 아이인지 알아야 하고, 그 아이에게 맞는 양육방식을 찾아야 할 것 같아요.

치료자 : 말씀을 들으니 책을 잘 활용해 새로운 것을 배우고 또 토미에게 적합한 양육방식에 대해 생각해보신 것 같네요.

어머니 : 맞아요. 이제는 치료를 시작할 때 선생님께서 단지 토미를 1주일에 한 번씩 '데려와' '고치는' 것이 아니라, 저와 제 남편이 토미를 위한 치료의 일부가 되어야 한다고 하신 말씀의 의미를 알 것 같아요.

치료자 : 그럼 지금까지 댁에서 어떤 것들을 시도해보셨나요?

이 대화는 치료자가 부모용 도서를 활용하여 부모의 생각과 기분을 파악하고, 가족이 책에서 얻은 정보를 가정에서 어떻게 적용하는지를 평가하는 방법을 보여주고 있다. 치료자는 내담자의 어머니와 책에 대해 이야기하는 시간을 가짐으로써, 책에서 얻는 정보가 중요하며 그것이 치료에 통합될 것이라는 점을 전달한다. 이렇게 하면 어머니가 책을 계속해서 읽고 전략을 적용하도록 동기를 북돋을 수 있다.

표 3.2에는 가족들을 위한 다양한 도서가 제시되어 있다. *Parents Are Teachers*(Becker, 1971)와 *Living with Children*(Patterson, 1976)은 행동주의 개념과 기법을 제시한 고전적 자녀양육 도서이다. 이 책에는 풍부한 예와 샘플양식이 들어 있다. *SOS: Help for Parents*(L. Clark, 2005)는 부모를 위한 기본적인 자녀관리 전략을 읽기 쉽고 풍자적인 만화 형식으로 제공하고 있다.

First Feelings(Greenspan & Greenspan, 1985), *The Essential Partnership*(Greenspan & Greenspan, 1989), *Playground Politics*(Greenspan, 1993)는 어린 자녀를 둔 부모에게 매우 유용하다. 이 책들은 정신역동이론에 기반을 두고 있지만 인지행동치료에서도 사용될 수 있다. 이 책들은 행동관리를 훌륭하게 보조해주며, 부모들에게 자녀의 발달, 정서, 대인관계에 대한 새로운 시각을 제공한다. 이 책들은 또한 자녀의 발달장애로 도전받고 있는 부모에게도 도움

| 표 3.2 | 자녀양육에 관한 추천도서

도서(저자 및 출간년도)	적용
SOS: Help for Parents, Third Edition(L. Clark, 2005)	부모를 위한 기초적 행동전략
Parents Are Teachers(Becker, 1971)	자녀관리를 위한 행동전략을 쉽게 학습할 수 있는 프로그램 형태로 제시
Living with Children(Patterson, 1976)	자녀관리를 위한 행동전략을 쉽게 학습할 수 있는 프로그램 형태로 제시
Your Defiant Child(Barkley & Benton, 1998)	반항하는 자녀를 둔 부모를 위한 도서로 자녀양육에 관한 정보, 행동관리 기법 및 의사소통 기술 제공
Your Defiant Teen(Barkley, Robin, Benton, 2008)	반항적인 자녀를 둔 부모를 위한 도서로 자녀양육에 관한 정보, 행동관리 기법 및 의사소통 기술 제공
Taking Charge of ADHD(Barkley, 1995)	ADHD 자녀의 양육전략
Parents and Adolescents(Patterson & Forgatch, 1987)	청소년의 반항, 불순종, 저항을 관리하는 전략
Parenting Your Out of Control Child(Kapalka, 2007)	성질부림, 불순종, 반항, 공격성을 관리하는 전략
The Explosive Child(Greene, 2001)	화를 잘 내고 반항적인, 불순종하며 말 안 듣는 행동을 위한 양육전략
What Childhood Is All About(Vernon & Al-Mabuk, 1995)	정상발달과 양육전략에 대한 정보
First Feelings(Greenspan & Greenspan, 1985)	부모-자녀 관계 향상(특히 전반적 발달장애, 자폐스펙트럼장애를 지닌 아동에게 유용함)
The Essential Partnership(Greenspan & Greenspan, 1989)	부모-자녀(영아~4세) 관계 향상(특히 전반적 발달장애, 자폐스펙트럼장애를 지닌 아동에게 유용함)
The Hurried Child(Elkind, 1981)	정상 발달에 관한 정보, 부모의 비현실적인 기대와 압력을 감소시키는 전략
All Grown Up and No Place to Go(Elkind, 1984)	정상 발달에 관한 정보, 빨리 어른이 되고 싶어 하는 자녀의 압력을 감소시키는 전략
Stressed-Out Girls(Cohen-Sandler, 2005)	기대, 압력, 10대 소녀들
Helping Your Child with Autism Spectrum Disorder(Lockshin, Gillis, & Romanczyk, 2005)	자폐아 자녀를 둔 부모를 위한 안내서
If Your Adolescent Has Depression or Bipolar Disorder(Evans & Andrews, 2005)	양극성(조울증) 자녀 양육하기
Raising a Moody Child(Fristad & Goldberg-Arnold, 2004)	양극성(조울증) 자녀 양육하기

| 표 3.2 | 자녀양육에 관한 추천도서(계속)

도서(저자 및 출간년도)	적용
The Optimistic Child(Seligman, Reivich, Jaycox, & Gillham, 1995)	자녀가 힘든 상황에 대처하도록 가르치기 위한 양육정보와 기술
Help for Worried Kids(Last, 2006)	불안과 걱정 많은 자녀를 위한 양육전략
Helping Your Child with Selective Mutism (McHolm, Cunningham, & Vanier, 2005)	선택적 무언증 자녀를 둔 부모를 위한 팁
Freeing Your Child from Obsessive-Compulsive Disorder(Chansky, 2000)	강박장애 자녀를 둔 부모를 위한 팁
Talking Back to OCD(March, 2007)	강박장애 자녀를 둔 부모를 위한 팁
If Your Adolescent Has an Anxiety Disorder (Foa & Andrews, 2006)	불안장애 자녀를 둔 부모를 위한 팁
Getting Your Child to Say "Yes" to School (Kearney, 2007)	등교회피와 거부에 대한 양육전략
Helping Your Child Overcome Separation Anxiety or School Refusal(Eisen & Engler, 2006)	분리불안장애와 등교거부에 대한 양육전략
If Your Adolescent Has an Eating Disorder (Walsh & Cameron, 2005)	섭식장애에 대한 양육정보
Help Your Teenager Beat an Eating Disorder (Lock & le Grange, 2005)	섭식장애에 대한 양육전략
Playground Politics(Greenspan, 1993)	초등학교에서의 대인관계 문제를 다루는 양육전략

이 될 것으로 생각된다.

표 3.2에는 또한 우울, 강박장애, 불안장애, 섭식장애, 파괴적 행동장애, 전반적 발달장애 같은 특정 장애와 관련된 양육도서도 포함되어 있다. 각각의 도서는 발달에 관한 정보, 장애에 관한 배경 지식, 그리고 유용한 팁을 제공하고 있다. *Stressed-Out Girls*, *The Hurried Child* 와 *All Grown Up and No Place to Go*는 자녀들이 경험하는 발달상의 어려움을 다루고 있다. 이 도서들은 부모가 자녀의 행동을 발달적 맥락에서 바라보도록 도와준다.

양육도서는 아동과 청소년을 치료할 때 유용한 역할을 한다. 첫째, 양육도서를 추천하고 그것에 대해 의견을 나누게 되면 부모가 치료에서 중요한 역할을 해야 한다는 메시지가 전달된다. 즉 공동치료자로서의 부모 역할을 직접적으로 다룸으로써, 부모가 협력적인 자세를 갖도록 해준다. 또한 정보는 부모에게 권한을 부여해준다. 매뉴얼에서 얻은 정보는 부모의 자신감과 아울러 치료에 대한 참여의식을 높여준다. 즉 부모가 치료에서 수동적 관찰자가 아닌 적극적 역할을 담당해야 한다는 것을 전달한다.

아동과 청소년의 특정 장애에 관한 자료

이야기책

많은 아동용 이야기책이 다양한 장애와 대처기술을 다루고 있다. 이야기는 내담자와 가족들이 CBT와 친해지도록 만드는 장점을 갖고 있다(Friedberg & McClure, 2002). 이야기는 아동의 삶 속에 스며들어 있다. 아동은 대부분 이야기를 직접 읽거나 다른 사람이 읽어주는 것에 익숙하다. Otto(2000)는 이야기가 직접적인 교육에 비해 방어와 회피를 덜 일으키는 경향이 있다고 했다. Cook, Taylor와 Silverman(2004)은 이야기가 동기와 대리학습을 증진한다고 말했다. 이야기는 심지어 작업동맹까지도 증진시킨다(Blenkiron, 2005). 아동과 그의 가족에게 다양한 장애와 치료에 관해 가르칠 수 있는 많은 이야기책이 있다. 이들 중 어떤 것은 분명하게 CBT에 초점을 맞추고 있다(Shaw & Barzvi, 2005; Wagner, 2000; Waters, 1979, 1980).

표 3.3에는 복잡한 정보를 단순하게 제시한 다양한 이야기책들이 제시되어 있다. 치료자는 아동이 이야기를 읽는 동안 등장인물에 색칠을 하라고 할 수도 있다. 그리고 특정 페이지에 잠시 머물며 아동의 경험을 증진하는 질문을 할 수도 있다(예 : "○○의 기분은 어떨까?", "그의 마음에 무엇이 스쳐 지나가고 있을까?", "다음에는 무슨 일이 일어날까?").

또한 등장인물에 대한 동일시를 증가시키고 정보를 내면화하도록 촉진하는 질문을 할 수 있다(예 : "너는 언제 ○○랑 같은 기분이 드니?", "~이 일어날 때 마음속에 무엇이 스쳐 지나갈까?", "~이 일어나면 무엇을 할 수 있을까?").

| 표 3.3 | 심리교육을 위한 이야기책

도서(저자 및 출간년도)	적용
Rational Stories for Children(Waters, 1980)	흔한 왜곡
Color Us Rational(Waters, 1979)	흔한 인지왜곡
Who Invented Lemonade?(Shaw & Barzvi, 2005)	비관주의, 파국화
Up and Down the Worry Hill(Wagner, 2000)	강박장애(8~14세)
What to Do When Your Brain Gets Stuck(Huebner, 2007b)	강박장애(6~12세)
What to Do When You Grumble Too Much(Huebner, 2007a)	범불안장애(6~12세)
Worry Wart Wes(Thompson, 2003)	걱정
When Fuzzy Was Afraid of Losing His Mother(Maier, 2005b)	분리불안(3~7세)
Catchin Cooties Consuelo(Thompson, 2004a)	건강염려증, 병에 대한 걱정
Mookey the Monkey Gets over Being Teased(Lonczak, 2007)	놀림에 대처하기(4~8세)

| 표 3.3 | 심리교육을 위한 이야기책(계속)

도서(저자 및 출간년도)	적용
Mind over Basketball(Weierbach & Phillips-Hershey, 2008)	걱정과 스트레스(8~12세)
Too Nice(Pellegrino, 2002)	자기주장 부족(8~12세)
What to Do When You Worry Too Much(Huebner, 2006)	범불안장애(6~12세)
The Lion Who Lost His Roar(Nass, 2000)	두려움에 대한 CBT(6~10세)
The Koala Who Wouldn't Cooperate(Shapiro, 2006b)	불순종에 대한 CBT(4~9세)
The Bear Who Lost His Sleep(Lamb-Shapiro, 2000)	걱정에 대한 CBT(4~9세)
Loud Lips Lucy(Thompson, 2002)	자기통제
Busy Body Bonita(Thompson, 2007)	ADHD
When Fuzzy Was Afraid of Big and Loud Things(Maier, 2005a)	크고 갑작스러운 소리에 대한 민감성(3~7세)
The Rabbit Who Lost His Hop(Nass, 2004)	자기통제에 대한 CBT(4~8세)
The Penguin Who Lost Her Cool(Sobel, 2000)	분노관리(6~10세)
The Chimp Who Lost Her Chatter(Shapiro, 2004)	수줍음(4~8세)
The Horse Who Lost Her Herd(Shapiro, 2006a)	사회기술(4~8세)
What to Do When Your Temper Flares(Huebner, 2008)	분노관리(6~12세)
Full Mouse, Empty Mouse(Zeckhausen, 2008)	섭식장애(7~12세)
The Hyena Who Lost Her Laugh(Lamb-Shapiro, 2001)	부정적 사고, 완벽주의(6~10세)
When Lizzy Was Afraid of Trying New Things(Maier, 2005c)	완벽주의(3~7세)
Blue Cheese Breath and Stinky Feet(DePino, 2004)	괴롭힘(6~12세)
The Putting on the Brakes Activity Book for Young People with ADHD (Quinn & Stern, 1993)	ADHD(8~13세)
Annie's Plan(Kraus, 2006)	숙제 끝내기(6~11세)
Clouds and Clocks(Galvin, 1989)	유분증(4~8세)
It Hurts When I Poop(Bennett, 2007)	유분증(3~6세)
Feeling Better(Raskin, 2005)	심리치료에 대한 설명(8~14세)
In Grown Tyrone(Thompson, 2004b)	놀램에 대처하기

| 표 3.4 | 청소년의 개인 경험에 맞는 옥스퍼드대학교 청소년 정신건강 계획 시리즈의 예

도서(저자 및 출간년도)	적용
Mind Race(Jamieson, 2006)	양극성 스펙트럼 장애
Eight Stories Up(Lezine & Brent, 2008)	자살
Monochrome Days(Irwin, Evans, & Andrews, 2007)	우울
What You Must Think of Me(Ford, Liebowitz, Andrews, 2008)	사회불안
The Thought That Counts(Kant, Franklin, & Andrews, 2008)	강박장애
Next to Nothing(Arnold & Walsh, 2007)	섭식장애
Chasing the High(Keegan, 2008)	물질사용

청소년용 도서

청소년기의 다양한 정신건강 장애에 관한 흥미로운 도서 시리즈가 있다. 이 시리즈는 옥스퍼드대학교 출판부에서 발간한 것이다. 청소년 정신건강 계획(Adolescent Mental Health Initiative)이라는 이 시리즈는 섭식장애(Arnold & Walsh, 2007), 우울증(Irwin, Evans, & Andrews, 2007), 조현병(Snyder, Gur, & Andrews, 2007), 사회불안(Ford, Liebowitz, & Andrews, 2007), 강박장애(Kant, Franklin, & Andrews, 2008), 양극성장애(Jamieson, 2006), 자살(Lezine & Brent, 2008), 물질사용(Keegan, 2008) 등에 대한 청소년용 도서들을 포함하고 있다. 이 도서들은 장애에 대한 청소년의 주관적 경험을 담고 있다. 따라서 청소년 내담자들이 자신만 고통을 받고 있는 것이 아니라는 것을 구체적으로 상기시켜준다. 즉 보편성(universality)의 메시지를 전달한다. 또한 이 도서들은 인지행동치료 패키지에 쉽게 통합될 수 있는 유용한 대처기술들을 제공하고 있다. 표 3.4에는 이러한 가치 있는 도서들이 제시되어 있다.

게임

심리교육 과정에 도움이 되는 게임이 많이 있다. Berg(1986, 1989, 1990a, 1990b, 1990c, 1992a, 1992b, 1992c)가 개발한 인지행동 게임들은 특히 유용하다. 이 게임들에는 게임용 보드와 부속품, 주사위, 칩, 카드 등이 딸려 있다. 각 카드는 생각과 기분의 관련성, 문제해결, 변화의 인지적 모형을 가르칠 수 있는 기회를 주며, 문제가 보편적이라는 것을 전달한다. 표 3.5에는 저자들이 추천하는 게임이 제시되어 있다.

　게임은 많은 장점을 갖고 있다(Friedberg, 1996). 첫째, 게임은 대부분 아동들에게 친숙하며 위협적이지 않다. 간단히 말해 누구나 어린 시절에 게임을 한다. 따라서 '생태학적으로 타당'하다. 둘째, 게임은 전통적인 '말하기' 방법에만 의존하지 않으며, 활동과 상호작용을 포함한

| 표 3.5 | 인지행동 게임

게임	연령	적용
자기주장 게임(Assertiveness Game)(Berg, 1986)	8~13세	사회기술, 자기주장
감정 게임(Feelings Game)(Berg, 1992b)	8~13세	생각과 감정의 관련성 학습
분노조절 게임(Anger Control Game)(Berg, 1989)	8~13세	불안 촉발요인 확인, 분노관리, 문제해결
불안관리 게임(Anxiety Management Game)(Berg, 1990a)	8~13세	부정적인 인지 확인, 자기지시 기법 학습
자기조절 게임(Self-Control Game)(Berg, 1990c)	8~13세	ADHD 증상, 대처방법 학습
행동문제 관리 게임(Conduct Management Game)(Berg, 1992a)	8~13세	행동문제에 대한 심리교육 자료
자기개념 게임(Self-Concept Game)(Berg, 1992c)	8~13세	부정적인 자기개념 감소

다. 셋째, 게임에서 얻는 정보는 쉽게 전달된다. 치료자는 보통 아동에게 자기 자신의 실제 생활을 반영하는 카드를 만들어 오라는 숙제를 내주기도 한다.

정서교육

정서교육은 심리교육의 핵심 요소이다. 다양한 장애와 호소문제를 갖고 있는 아동들은 정서교육을 필요로 한다. 심리적 어려움을 겪고 있는 아동 중에는 정서를 이해하는 기술이 부족한 경우가 많다(Suveg, Kendall, Comer, & Robin, 2006). 정서교육은 아동에게 다양한 종류의 감정에 관해 가르치고, 부정적인 정서도 인간 경험의 일부라는 것을 보여주며, 정서를 표현하도록 촉진한다(Deblinger, Behl, & Glickman, 2006). 아동이 감정을 파악하고 인식하는 것은 인지적 기술과 기술 적용에 대한 최초의 단서 역할을 한다(Friedberg & McClure, 2002). Suveg 등(2006)은 정서를 조절하기 위해서는 정서 파악이 선행되어야 한다고 강조했다.

도서, 영화, TV 및 음악

아동은 정서에 대해 다양한 방식으로 학습한다. 도서와 영화, TV 프로그램, 음악, 연극, 혹은 그 밖의 모든 매체가 훌륭한 자극이 된다. 이러한 매체들은 융통성이라는 이점을 더해준다. 치료자는 아동의 발달 및 인종·문화적 맥락에 근거하여 자료를 선택할 수 있다. Cartledge와 Milburn(1996)은 문화적 감수성이 담긴 자료들을 다양하게 제공했다.

영화와 TV 프로그램은 아동과 청소년의 흥미를 끄는 교육적 자료라는 점에서 이점을 갖는다(Davis & Pickard, 2008; Finamore, 2008; Gallo-Lopez, 2008; Hesley & Hesley, 2001; Robertie, Weidenbenner, Barrett, & Poole, 2008; Wedding & Niemiec, 2003). 영화는 아동과 청소년이 정서를 파악하는 데 도움을 주며, 정서경험의 보편성을 전달해준다. 표 3.6은 치료에 도움이 되는 몇몇 도서와 영화, TV 프로그램, 노래 가사를 제시하고 있다. Hesley와 Hesley (2001)는 도움이 되는 영화들과 그 안에 담겨져 있는 심리적 내용에 대한 요약을 제공했다. 치료자는 아동과 청소년에게 영화나 TV 프로그램을 보여주고 노래를 들려주기 전에 먼저 부모의 동의를 받아야 한다.

영화 오즈의 마법사(Fleming, 1939)는 아동의 정서교육과 인지적 경험을 위해 가장 선호되는 자료이다(Friedberg & McClure, 2002). 이 영화에 등장하는 인물들은 다양한 정서를 쉽게 파악할 수 있게 보여준다. 아동은 치료자와 함께 영화를 본다. 치료자는 정서적으로 중요한 순간에 영화를 멈추고 아동이 감정을 파악하도록 돕는다.

청소년은 영화보다 노래 가사에 더 잘 반응한다. 인기가요와 랩은 일반적으로 정서가 실린 내용으로 가득 차 있다. 최근의 브로드웨이 록뮤지컬 **스프링 어웨이크닝**[1](Slater & Sheik, 2006)은 10대의 고뇌와 자살, 가출, 이성교제, 임신, 성적 학대 같은 다양한 청소년기 경험의 도발적 측면들을 다루고 있다. 특히 이 뮤지컬에 나오는 'My Junk Is You'라는 노래는 정서를 건드리는 많은 가사를 담고 있어서 정서교육을 할 때 훌륭한 자료로 사용될 수 있다.

다음의 대화는 17세 소녀 타샤에게 노래 가사를 사용해 정서교육을 하는 방법을 보여준다. 타샤는 오랫동안 사귀었던 남자 친구와 헤어진 후 우울증상을 겪어왔으며 그로 인해 마지못해 치료를 받게 되었다. 타샤는 치료에 대해 무엇을 기대해야 좋을지 몰랐으며 자신의 정서적·인지적 경험으로부터도 상당히 거리를 두고 있었다.

> **치료자** : 네가 남자친구와 헤어져 힘들어한다는 걸 알고 있단다. 그 일에 대한 너의 생각과 감정을 말로 표현하는 건 어려울 거야. 우리 조금 다른 것을 해보도록 하자. 내가 지금부터 노래를 들려줄 거야. 이 노래는 네가 현재 겪고 일을 대변해주고 있다고 생각해. 한번 들어볼래?
>
> **타 샤** : 좋아요. 어떤 노래인데요?
>
> **치료자** : 이 노래는 뮤지컬 스프링 어웨이크닝에 나오는 'My Junk Is You'야. 이 곡은 10대들이 겪고 있는 여러 가지 어려움에 관한 거란다. (노래를 틀어주며) 어떻게 생각해?
>
> **타 샤** : 좋았어요. 하지만 저를 슬프게 만드네요.
>
> **치료자** : 좋아, 훌륭한 출발이야. 무엇이 너의 마음을 움직였을까?

---

1) 역자 주 : 스프링 어웨이크닝(Spring Awakening)은 독일 표현주의 작가 프랑크 베데킨트의 동명 희곡을 원작으로 한 브로드웨이 뮤지컬로, 10대 청소년의 불안한 심리와 이를 억압하려는 기성세대의 권위의식을 그리고 있다. 2006년 미국에서 첫 선을 보인 후 세계적으로 큰 반향을 일으켰으며, 우리나라에서도 공연되었다.

| 표 3.6 | 정서교육을 위한 영화, 연극, TV 프로그램과 도서

출처	초점
Feeling Scared(Berry, 1995)(도서)	두렵고 불안한 감정 확인하기
Feeling Sad(Berry, 1996)(도서)	슬픈 감정 확인하기
Alexander and the Terrible, Horrible, No good Very Bad Day(Viorst, 1972)(도서)	좌절 인내하기
Smoky Night(Bunting, 1994)(도서)	불안과 외상, 유색인종 아동
Amazing Grace(Hoffman, 1991)(도서)	감정 확인하기, 아프리카계 미국 아동
The Feeling Book(Madison, 2002)(도서)	감정 확인하기, 소녀
The Meanest Thing to Say(Cosby, 1997)(도서)	놀림, 또래관계, 아프리카계 미국 소년
위대한 승부(Zaillian, 1993)(영화)	압력, 수행불안, 영재성
스탠드 업(Menendez, 1988)(영화)	학업성취, 패거리, 라틴계 아동
꼬마 천재 테이트(Foster, 1991)(영화)	영재성, 또래 거부
조찬 클럽(Hughes, 1985)(영화)	10대 문제, 정체성
굿 윌 헌팅(Van Sant, 1997)(영화)	정체성
브룩클린의 아이들(Lee, 1994)(영화)	상실, 대처, 아프리카계 미국 가정
아름다운 비행(Ballard, 1996)(영화)	가족 갈등
앤트원 피셔(Washington, 2002)(영화)	아동학대, 정체성, 아프리카계 미국 남자
이 소년의 삶(Caton-Jones, 1993)(영화)	아동학대, 품행장애
파인딩 포레스터(Van Sant, 2000)(영화)	정체성 문제, 아프리카계 미국 남자
하프 넬슨(Fleck, 2006)(영화)	물질남용
스탠 바이 미(Reiner, 1986)(영화)	우정, 정체성
미녀와 야수(Trousdale & Wise, 1991)(영화)	자기효능감, 분리, 독립
라이온 킹(Allers & Minkoff, 1994)(영화)	두려움, 상실, 정체성
뮬란(Bancroft & Cook, 1998)(영화)	자기효능감, 분리, 독립
알라딘(Clements & Musker, 1992)(영화)	자기효능감, 분리, 독립
인어공주(Clements & Musker, 1989)(영화)	자기효능감, 분리, 독립
신부의 아버지(Shyer, 1991)(영화)	독립, 놓아주기
페넬로피(Palansky, 2008)(영화)	자기수용, 신체상, 10대 문제, 관계
주노(Reitman, 2007)(영화)	10대 임신, 우울, 관계
13살의 반란(Hardwicke, 2003)(영화)	청소년기, 약물, 성, 품행문제, 가족 갈등

(계속)

| 표 3.6 | 정서교육을 위한 영화, 연극, TV 프로그램과 도서(계속)

출처	초점
아키라 앤 더비(Atchison, 2006)(영화)	스트레스 대처, 가정생활, 성취, 아프리카계 미국인
미스 리틀 선샤인(Dayton & Faris, 2006)(영화)	부정적인 상황 다루기, 가족관계, 상실
인크레더블(Bird, 2004)(영화)	가정생활
마이 패밀리(Nava, 1995)(영화)	라틴계 가정생활, 10대 문제
달콤한 열여섯(Glatzer & Westmoreland, 2006)(영화)	10대 문제, 10대 임신, 가족 갈등
에브리바디 헤이츠 크리스(LeRoi & Rock, 2005) (TV 프로그램)	중학생 문제, 아프리카계 미국 청소년
조안 오브 아카디아(Hall, 2003)(TV 프로그램)	10대 문제, 가정생활
아메리칸 패밀리(Nava, 2002)(TV 프로그램)	라틴계, 가정생활
스프링 어웨이크닝(Slater & Sheik, 2006)(뮤지컬)	10대 문제, 성, 우울, 관계, 가족갈등, 성적 학대

타　샤 : 가사와 음악이요. 제가 느끼는 기분과 비슷해요.

치료자 : (가사를 적은 종이를 타샤에게 건네주며) 이 노래의 어떤 부분이 너의 생각과 감정을 가장 잘 말해주는 것 같니?

타　샤 : 남자 친구가 없으면 아무것도 아니라고 말하는 부분이요. 남자 친구랑 사귀는 것이 그 사람을 특별하게 만든다는.

치료자 : 그리고 보니까 눈물을 조금 흘린 것 같구나.

타　샤 : 맞아요. 제 감정을 잘 표현해주네요.

치료자 : 어떤 부분이 감동적이었니?

타　샤 : 주인공이 남자 친구에게 빠져버린 것 같은 부분이요.

치료자 : 빠져버렸다고?

타　샤 : 마치 중독된 것 같아요. 저도 안드레한테 빠졌었던 것 같아요. 마치 걔가 아니면 내가 아무것도 아닌 것처럼 작게 느껴져요. 노래 가사처럼 제 인생은 엉망이에요.

치료자 : 이런 것들이 네 머릿속을 스쳐 지나갈 때 어떤 기분이 드니?

타　샤 : 외로워요. 희망도 없고 슬프고 두려워요. 절망스러워요. (눈물을 글썽인다.)

치료자 : 지금은 힘들고 고통스럽겠지만, 너는 이미 기분이 나아지는 방향으로 첫 발을 내디딘 거야. 네 생각과 감정을 말로 표현하고 있잖니.

위 대화는 몇 가지 중요한 점을 보여주고 있다. 첫째, 노래는 치료자로 하여금 위협적이지 않은 방식으로 생각과 감정을 다룰 수 있게 해주었다. 또한 선택된 노래는 이성교제가 청소년들에게 얼마나 중요한지를 치료자가 이해했다는 것을 전달해줌으로써 치료적 동맹을 강화시켜주었다. 또한 음악은 기분을 유도하여 뜨거운 생각(hot throught)과 감정이 표면으로 끓어오르게 해주었다. 그리고 노래 가사는 내담자의 고통스러운 생각과 감정이 보편적이라는 것을 전달해주었다. 마지막으로 타샤는 유쾌하지 않은 생각과 감정을 공유하는 것이 심리치료의 일부라는 것을 배우게 되었다.

📋 화산

연령 : 6~18세
목적 : 정서교육
준비물 :

- 화산 과학키트

  혹은

- 플라스틱 원뿔
- 제빵용 소다
- 식초

정서표현 억제와 폭발은 종종 화산에 비유된다. 표현되지 않고 억압된 정서는 화산과 마찬가지로 부글부글 끓어올라 표면 위로 넘치게 되며, 결국 통제 불가능하게 되어 폭발해버린다.

대부분의 아동들에게 친숙한 초등학교 과학 프로젝트는 이 개념을 자연스럽게 깨닫게 해준다. 이 활동에서 치료자와 아동은 함께 화산을 만든다. 준비물은 직접 준비할 수도 있고, 교구 상점이나 공예점에서 화산 과학키트를 구입할 수도 있다. 치료자는 아동의 생각과 감정은 제빵용 소다와 같고, 스트레스 요인은 식초와 같다고 설명한다. 그런 다음 화산 안에 고요하게 숨어 있는 제빵용 소다에 식초를 붓는다. 감정을 적절하게 모니터하고 표현하며 조절하지 않으면 흘러넘칠 수 있다는 것을 이 '과학의 법칙'은 자연스럽게 보여준다. 다음의 대화는 이 과정을 보여준다.

치료자 : 너 화산이 뭔지 알지?

뮬　릭 : 그럼요. 화산은 폭발하는 산이에요.

치료자 : 화산을 한번 만들어볼까?

뮬　릭 : 네. 과학시간에도 만들었었어요.

(치료자와 내담자는 준비물을 자져와 화산 안에 제빵용 소다를 붓는다.)

치료자 : 만약 우리가 식초를 부으면 어떻게 되는지 말해볼래?

　뮬　릭 : 폭발해요.

치료자 : 그게 무슨 뜻이야?

　뮬　릭 : 용암이 넘쳐흘러요.

치료자 : 한번 해보자. (식초를 붓는다.)

　뮬　릭 : 멋지네요.

치료자 : 있잖니, 이 화산은 너랑 똑같단다.

　뮬　릭 : 그게 무슨 말인데요?

치료자 : 그러니까 네가 너무 많은 것을 너무 오랫동안 간직하고 있으면 폭발하는 거야.

　뮬　릭 : 제가 화내는 것처럼 말이죠.

치료자 : 맞아, 네가 화내는 것처럼.

　뮬　릭 : 화는 문제를 만들어요.

　뮬릭은 이 활동을 통해 심리적 억제가 가져오는 부정적 결과에 대해 구체적으로 이해하게 되었다. 화산은 뮬릭의 관심을 집중시켰으며, '문제'로 표현된 억눌린 감정이 폭발할 수 있음을 시각적으로 보여주었다. 치료자는 화산의 비유를 개별화시켜 사용했다("있잖니, 이 화산은 너랑 똑같단다.").

📓 적군 확인하기

연령 : 8~18세

목적 : 정서교육

준비물 :

● 종이

● 펜 혹은 연필

적군 확인하기(Naming the Enemy)는 Fristad와 동료들(Fristad & Goldberg-Arnold, 2003; Goldberg-Arnold & Fristad, 2003)이 개발한 심리교육 절차이다. 이 활동은 간단하지만 매력적이며 가족들에게 깨달음을 준다. 아동은 종이의 양면 중앙에 선을 그어 분리한다. 앞면의 오른쪽 칸에는 '내가 좋아하는 나의 모습'이라는 제목을 붙인다. 그리고 종이를 뒤집어 오른쪽 칸에 '나의 증상(또는 문제)'이라는 제목을 달고 자신의 증상이나 문제를 나열한다. 그런 다음 종이를 뒤집어 '내가 좋아하는 나의 모습' 밑에 자신의 장점과 강점을 나열한다. 마지막 단계에서 아동은 종이를 반으로 접어 증상이 강점을 가리거나 덮도록 한다. 이제 내담자와 가족들은 증상이 강점을 가려 보이지 않게 할 수 있다는 증거물을 갖게 된 것이다.

인지모델에 관한 교육

인지모델 소개는 CBT 심리교육에 있어서 표준적 요소이다. 인지모델에 대한 학습은 아동과 청소년 내담자가 치료에 친숙해지고 치료과정을 이해하기 쉽게 해준다. CBT의 단순하고 상식적인 언어는 아동과 청소년이 복잡한 문제를 쉽게 이해하도록 해준다. 내담자는 자신의 증상을 바라보는 틀이 있다는 것을 알게 됨으로써, 문제를 좀 더 잘 묘사할 수 있게 되고 협력적인 목표를 세울 수 있게 된다. 치료자가 소개해야 할 인지모델의 주요 요점은 다음과 같다.

1. 신체적 · 정서적 · 인지적 · 행동적 증상은 모두 인과적으로 관계가 있다. 따라서 이 중 한 가지만 달라져도 다른 세 가지의 변화를 가져온다.
2. 세상을 이해하려고 하는 것은 자연스러운 과정이다.
3. 때로는 이러한 과정에 문제나 오류가 생긴다.
4. 결론이 정확하면 내담자와 치료자가 함께 문제를 해결할 것이다.
5. 결론에 오류가 있다면 더 나은 결론을 내릴 수 있도록 치료자가 안내해줄 것이다.
6. 결론을 검증하기 위해 행동실험(모험)을 사용할 것이다.

인지모델을 소개하는 방법은 전통적인 CBT 패러다임(J. S. Beck, 1995; Greenberger & Padesky, 1995), 전화 비유(Friedberg & McClure, 2002), 다이아몬드 커넥션(Friedberg et al., 2001) 등 매우 다양하다. 가장 기본적인 인지모델에서는 서로 연결된 네 가지 요소가 심리적 어려움에 기여한다고 본다. 이 네 요소란 정서, 생리, 행동, 인지를 말한다. 각각의 요인은 인과적으로 상호작용하면서 서로 영향을 주고받는다.

다이아몬드 커넥션(Diamond Connections)은 복잡한 인지모델 패러다임을 재미있는 야구경기에 비유해 제시한다. 이 비유에서는 인지모델의 각 요인을 다이아몬드처럼 생긴 야구경기장의 베이스로 나타낸다. 각 요인의 중요성은 다이아몬드가 반드시 4개의 베이스를 갖고 있다는 개념을 통해 전달된다. 아동은 자신의 증상을 적합한 베이스에 적는다(예 : 자신의 감정을 '감정'이라고 적힌 두 번째 베이스에 적는다).

전화 비유는 상황, 감정, 생각이라 이름 붙인 3개의 칸을 활용한다. 치료자는 상황 밑에 "전화벨이 울린다."라고 적는다. 치료자와 내담자는 전화를 받는 것과 관련이 있을 수 있는 다양한 감정을 함께 적어본다(예 : 기쁘다, 걱정된다, 화가 난다). 그런 다음 누가 전화를 거는지 가설을 세운다(예 : 남자 친구, 엄마, 보호관찰관, 교장 선생님). 감정과 생각은 연결되어 있다(예 : "만약 보호관찰관이라고 생각하면 어떤 기분이 들까?"). 또한 소크라테스식 대화법을 통해 정서반응을 결정하는 것은 사건이 아니라 해석이라는 개념을 보여준다(예 : "얼마나 많은 생각이 있을까?", "감정은 얼마나 많은가?", "상황은 얼마나 많은가?", "만약 상황만으로 감정이 결정된다면 어떻게 한 상황이 그렇게 많은 감정을 일으킬 수 있을까?"). 마지막으로 실제로는 남자 친구 전화였는데 보호감찰관 전화라고 잘못 예측했을 때 어떤 일이 일어날지를 생각해보게 한다(예 : 불필요하게 고통을 받는다). 치료자는 또한 누구 전화인지를 알 수 있는 유일한 방법은 전화를 받거나 혹은 발신자를 확인하는 것이라는 개념을 강조한다(예 : 데이터 수집). 지금부터 제시하는 절차들은 이러한 전통적인 개입을 보강하기 위해 만든 것들이다.

Kendall(2006)은 생각과 감정이 연결되어 있다는 것을 보여주기 위해 개의 배설물을 밟는 상황을 만화로 표현하여 극대화시킨 유머스토리를 제시한다. 이 이야기는 다양한 생각과 결론, 해석을 떠올리게 한다. 어떤 아동은 자기-비판적이며("나는 바보야. 거기에 개 배설물이 있다는 걸 봤어야지."), 그로 인해 슬픈 감정을 느낄 것이다. 다른 아동은 창피하고 불안해하며 부정적인 평가를 두려워할 것이다("만약 엄마가 보고 나에게 소리를 지르면 어떡하지?"). 또 다른 아동은 화를 낼 것이다("이런 제기랄! 어떤 멍청이가 개똥을 치우지 않은 거야? 누군가 일부러 그런 게 틀림없어."). 아동과 청소년은 대부분 이런 예를 재미있어 한다. 그리고 상황을 어떻게 해석하는지에 따라 감정과 행동이 형성된다는 것을 쉽게 이해하게 된다.

화재경보 비유는 불안장애에 대해 가르칠 때 유용하다(A. T. Beck, Emery, & Greenberg, 1985; Friedberg et al., 2001; Piacentini, Langley, & Roblek, 2007a, 2007b; Piacentini, March, & Franklin, 2006; Shenk, 1993). A. T. Beck 등(1985)은 불안의 경우 화재경보가 화재 자체보다 더 해롭다는 것에 주목했다. 이것은 내담자가 거짓 경보(실제의 위험을 정확하게 예측하지 않는 경보)에 시달릴 경우 특히 더 그렇다. Piacentini 등(2006, pp.309-310)은 다음과 같이 설명했다.

"거짓 화재경보. 무슨 일이지? 맞아. 화재가 나지 않았는데도 시끄러운 소음이 모든 사람을 불안하게 만들어. 마치 진짜 불이 난 것처럼. 사람들은 건물 밖으로 나가길 원해. 사람들은 사실과 달리 자신이 위험한 상황에 놓여 있다고 생각해. 강박장애도 거짓 화재경보와 똑같아. 네가 세균에 대해 걱정하기 시작하는 것은 화재경보가 울리는 것과 같아. 너는 긴장하게 되고 뭔가 나쁜 일이 일어날 거라 생각해. 그러나 거짓 화재경보와 마찬가지로 나쁜 일은 전혀 일어나지 않아. 치료에서 너는 너의 강박장애 두려움이 거짓 화재경보라는 것, 그리고 네가 그것을 무시하면 없어질 것이고 아무런 나쁜 일이 일어나지 않을 거란 것을 알게 될 거야."

🎴 봉지 속에 들어 있어요

연령 : 6~18세
목적 : 인지모델 교육
준비물 :

- 마술지팡이
- 2개의 종이봉지
- 음료수 캔

봉지 속에 들어 있어요(It's in the Bag) 활동은 유머러스한 마술 속임수를 활용한 심리교육 절차이다. 이 활동에서는 속임수 뒤에 숨겨진 진실을 발견하려면 데이터를 수집해야 한다는 것을 알려준다. 이 활동에서 아동은 마술사 흉내를 낸다. 아동은 마술지팡이를 흔들며 음료수 캔을 한 봉지에서 다른 봉지로 옮긴다. 청중은 실제로 옮겼다는 증거를 보지 않고도 수긍한다. 이러한 '착각'은 아동이 일반적으로 갖고 있는 부정적 신념과 같은 맹목적 믿음에서 비롯된다. 이 활동을 위해서는 2개의 종이봉지와 1개의 음료수 캔, 그리고 마술지팡이가 필요하다. 치료자는 아동에게 이 절차에 대해 다음과 같이 소개한다.

> "내가 마술을 할 수 있다는 걸 알고 있었니? 지금부터 내가 보여줄게. 내가 음료수 캔을 이 종이봉지에서 옮긴 후에 다시 제자리에 돌려놓을 거야. 우리에게 필요한 것은 주문을 외우는 것뿐이란다. 너 혹시 외울 주문이 있니?"

다음 단계에서 치료자는 마술사가 실제로 하듯이 이 과정을 증폭시킨다. 치료자는 다음과 같이 말한다.

> "나는 도움이 필요해. 먼저 음료수 캔을 확인해보렴. (내담자에게 건네주며) 이상한 점이 있니? 이제 종이봉지를 살펴보렴. (내담자에게 건네주며) 뭐 이상한 점 있어?"

내담자가 종이봉지를 검사한 후에 치료자는 마술을 실시한다.

> "내가 마술을 할 테니 잘 보렴. 아브라카다브라. 음료수 캔이 이 봉지에서 저 봉지로 옮겨졌어. (아동이 확인하지 않도록 한다!) 이제 내가 내 마술지팡이를 흔들면 음료수 캔이 원래 봉지로 돌아간단다. 아브라카다브라. (지팡이를 흔들며) 봐, 제자리로 옮겨졌어!"

아동은 속임수를 금방 알아채고 음료수 캔이 움직이지 않았다는 것을 지적한다. 이때 치료자는 "캔이 움직이지 않았다는 것을 어떻게 알았지?", "내가 보여준 마술이 틀렸다는 것을 어떻게 증명할 수 있을까?"라고 묻는다. 아동은 추측한 것을 확인하기 위해서는 데이터를 확인해야 한다는 것을 배운다. 이 '속임수'는 부정적 신념과 데이터 수집에 관해 이야기를 나눌 수 있도록 아동을 준비시킨다. 이것을 아동에게 기억시킨 다음 이후의 개입을 미리 알려준다.

▥ 내 마음의 12가지 비겁한 속임수

연령 : 8~15세
목적 : 인지왜곡에 대한 교육
준비물 :

● 내 마음의 12가지 비겁한 속임수 활동지(양식 3.1)

인지왜곡을 명명하는 기법은 전통적 심리교육 개입의 하나이다(Burns, 1980; Persons, 1989). 아동에게 자신의 생각 속에 담겨 있는 오류를 찾는 방법을 가르치는 것은 심리교육에서 중요한 단계이다. 그러나 용어와 과정을 이해하는 것이 아동에게는 어려울 수 있다. 청소년 내담자에게는 다수의 인지치료 교재에 있는 인지오류 혹은 인지왜곡 목록(J. S. Beck, 1995; Burns, 1980)과 워크북(Friedberg et al., 1992; Greenberger & Padesky, 1995)을 사용할 수 있다. '흐릿한 생각일기(Blurry Thinking Diary)'(Friedberg et al., 1992)는 청소년을 위한 인지왜곡 명명 개입이다. 어린 아동에게는 재미있는 비유를 활용한 접근이 도움이 될 것이다. 저자들은 인지왜곡을 마음이 자신에게 거는 속임수라고 아동에게 제시할 것을 권고한다. 우리는 인지왜곡 명명 절차를 단순화시켜서 내 마음의 12가지 비겁한 속임수, 그리고 함께 사용되는 비겁한 속임수 찾기 일기를 만들었다.

　내 마음의 12가지 비겁한 속임수(Dozen Dirty Tricks Your Mind Plays on You) 활동지는 인지왜곡에 대해 알려주기 위해 아동과 부모에게 나누어주는 유인물이다(양식 3.1). 제5장에서 소개될 인지재구성 절차 속임수 혹은 진실(Trick or Truth)과 생각 청소(Clean Up Your Thinking)는 이 12가지 비겁한 속임수를 참고한 것이다.

　아동에게 내 마음의 12가지 비겁한 속임수를 가르친 후 치료자는 게임을 통해 인지왜곡을 직접 확인해보는 연습을 시킨다. 먼저 12개의 작은 봉지를 준비해 각각의 봉지에 '비겁한 속임수'를 하나씩 적는다. 그런 다음 아동에게 왜곡된 생각이 적힌 종이 혹은 독서카드를 준다. 아동의 과제는 어떤 비겁한 속임수가 그 생각에 들어 있는지를 결정하는 것이다. 아동이 선택하면 그 생각을 해당 봉지에 넣는다. 이 활동은 자신의 생각에 비겁한 속임수가 들어 있는지 살펴보고, 그것을 적절한 범주로 분류하는 법을 아동에게 가르친다.

　음악과 TV 프로그램은 청소년이 인지왜곡을 학습할 때 도움을 줄 수 있다(Friedberg et al., 1992). 치료자는 먼저 비겁한 속임수를 가르친 후에 청소년이 좋아하는 노래를 듣거나 TV 프로그램을 시청하게 한다. 그리고 노래 가사나 대화 속에 비겁한 속임수가 있는지 주목하라고 안내한다. 이 활동은 내담자가 사고에 관심을 기울이고 사고가 정확한지 파악하도록 돕는다. 숙제를 내줄 때는 재미있고 좋아하는 활동(음악 듣기, TV 보기)과 심리교육(인지왜곡에 관한 학습)을 짝짓도록 한다.

▤ 비겁한 속임수 찾기 일기

연령 : 8~15세

목적 : 인지왜곡 확인하기

준비물 :

- 내 마음의 12가지 비겁한 속임수 활동지(양식 3.1)
- 비겁한 속임수 찾기 일기(양식 3.2)

비겁한 속임수 찾기(Spot the Dirty Trick) 활동은 인지왜곡에 이름을 붙이는 활동으로, '흐릿한 생각일기'와 개념적으로 유사하다(Friedberg et al., 1992). 내담자는 4개의 칸에 날짜와 상황, 감정, 생각을 적는다. 다섯 번째 칸에는 비겁한 속임수를 적는다. '흐릿한 생각일기'와 마찬가지로 아동은 좋아하는 TV 프로그램을 보거나 음악을 듣고 난 후에 가사나 대화에 들어 있는 비겁한 속임수를 찾아보는 연습을 한다. 인지왜곡 명명 기법을 연습한 다음 아동은 비겁한 속임수 찾기 일기에 적힌 자신의 자동적 사고에 적용해본다.

다음의 대화는 우울증을 겪고 있는 13세 소년 오마에게 비겁한 속임수 찾기 일기를 어떻게 사용했는지 보여준다. 오마가 작성한 비겁한 속임수 찾기 일기는 그림 3.1에 제시되어 있다. 양식 3.2는 빈 일기 양식이다.

날짜	상황	감정	생각	비겁한 속임수
9/23	여자아이 2명이 나에게 뚱뚱하다고 말했다.	슬픔	나는 못생겼어. 아무도 나랑 댄스파티에 가자고 하지 않을 거야.	어설픈 비난, 너무 빨리 감기
9/23	아빠께서 내가 공을 너무 무서워한다고 말하셨다.	슬픔	아빠는 내가 겁쟁이라고 생각하셔. 그리고 나를 좋아하지 않으셔.	비극적 마술 생각, 애꾸눈 괴물
9/24	말레나에게 말할 때 긴장했다.	나쁨	나는 쿨하지 않아.	감정의 포로

| **그림 3.1** | 오마의 '비겁한 속임수 찾기 일기'

치료자 : 오마, 비겁한 속임수 목록을 이용해 네 생각 속에 들어 있는 속임수를 찾아보자.

오 마 : 좋아요.

치료자 : 어제 여자애 2명이 너에게 뚱뚱하다고 말했다고 적었구나.

오 마 : 네. 응원전에서요. 너무 슬펐어요. 제가 좋아하는 애들이었거든요.

치료자 : 그때 너 자신에게 뭐라고 말했니?

오 마 : 나는 가장 못생긴 애라고요. 그리고 아무도 나랑 댄스파티에 가자고 하지 않을 거라고요.

치료자 : 비겁한 속임수 목록을 보자. 그중에서 하나를 찾아볼까?

오 마 : 음, 어설픈 비난과 너무 빨리 감기요.

치료자 : 좋아. 정말 잘했어. 하나 더 해볼까?

오 마 : 좋아요.

치료자 : 어젯밤에 무슨 일이 있었기에 네가 속상했을까?

오 마 : 농구 게임할 때 아빠께서 제가 공을 너무 무서워한다고 말씀하셨어요. 슬펐어요. 아빠는 저를 좋아하시지 않아요. 그리고 제가 겁쟁이라고 생각하세요.

치료자 : 속임수를 찾아볼까?

오 마 : 비극적 마술 생각과 애꾸눈 괴물이요.

치료자 : 네가 전문가가 되어가고 있구나. 오늘 있었던 일을 갖고 한 번 더 해볼까?

오 마 : 제가 말레나를 만났는데, 긴장하고 당황해 말을 잘 못했어요. 제가 너무 쿨하지 못한 것 같아 기분이 나빴어요. 이런, 이건 감정의 포로네요!

오마는 점진적으로 비겁한 속임수를 발견할 수 있게 되었다. 대화의 마지막에서 오마는 치료자의 격려 없이도 스스로 인지왜곡을 파악할 수 있었다.

결론

심리교육은 효과적인 CBT에서 필수적인 첫 단계이다. 그러나 심리교육이 건조하거나 강의처럼 이루어질 필요는 없다. 표 3.7에는 심리교육을 실시할 때 적용할 수 있는 재미있는 상호작용 기법들이 제시되어 있다. 이런 기법들은 아동과 청소년이 기억하기 쉬우며, 따라서 앞으로의 치료회기에서도 적용하기 쉽다. 즉 앞으로의 치료 개입을 효과적으로 만드는 데 필요한 토대를 제공한다. 치료자는 심리교육 단계에서도 사례개념화를 염두에 두어야 한다. 그렇게 함으로써 치료자는 적합한 심리교육 전략을 선택하고, 그것을 융통성 있게 적용하고 필요할 때 수정할 수 있게 된다.

| 표 3.7 | 심리교육 기법

기법	연령	기법 적용
이야기책	3~13세	가족들이 CBT와 친해지게 하며 동기를 증가시키고 학습을 촉진
청소년 개인의 경험에 맞는 도서	13~18세	10대 청소년에게 자신이 겪고 있는 장애의 성격과 자조 기술을 소개
게임	8~13세	기술을 가르치면서 라포를 형성
화산	6~18세	정서교육
적군 확인하기	8~18세	증상이 어떻게 강점을 가릴 수 있는지에 대한 예시를 제공
영화, 연극, TV 프로그램, 음악(표 3.6 참조)	모든 연령	정서교육
다이아몬드 커넥션	8~13세	인지모델 교육
전화 비유	13~18세	인지모델 교육
봉지 속에 들어 있어요	6~18세	인지모델 교육
내 마음의 12가지 비겁한 속임수	8~15세	인지왜곡 명명 기법
비겁한 속임수 찾기 일기	8~15세	인지왜곡을 명명하는 기술을 가르친 후에 사용하며, 자신의 자동적 사고를 확인하는 연습을 제공

양식 3.1 │ 내 마음의 12가지 비겁한 속임수 활동지

애꾸눈 괴물(one-eyed ogre) : 상황을 한 측면에서만 바라보며 다른 측면들을 무시함

감정의 포로(prisoner of feeling) : 감정을 행동과 생각의 길잡이로 사용하는 것

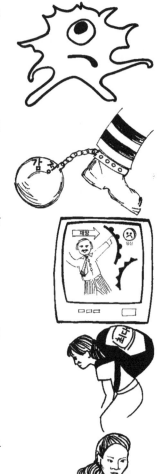

재앙 캐스터(disaster forecaster) : 증거가 없음에도 불구하고 끔찍한 일이 일어날 것이라고 잘못 믿는 것

맥시-미 생각(maxi-me thinking) : 자신이나 다른 사람들에게 일어난 나쁜 일이 자신의 잘못 때문이라고 잘못 믿는 것

어설픈 비난(lame blaming) : 자신에게("나는 나쁜 애야.") 혹은 다른 사람에게("그녀는 못됐어. 이건 모두 그녀의 잘못이야.") 이름을 붙이는 것

(계속)

From *Cognitive Therapy Techniques for Children and Adolescents: Tools for Enhancing Practice* by Robert D. Friedberg, Jessica M. McClure, and Jolene Hillwig Garcia. Copyright 2009 by The Guilford Press. Permission to photocopy this form is granted to purchasers of this book for personal use only (see copyright page for details).

양식 3.1 │ 내 마음의 12가지 비겁한 속임수 활동지(계속)

고집쟁이 노새의 규칙(mules rules) : 자기 자신과 다른 사람, 세상에 대하여 자신의 생각만이 유일하게 옳다고 고집스럽게 주장하는 것

헤아릴 수 없는 생각(countless thinking) : 강점과 성공, 좋은 경험이 중요하지 않다고 믿는 것

비극적 마술 생각(tragic magic thinking) : 다른 사람에게 묻거나 확인하지 않고 그 사람의 마음속 생각을 자신이 정확하게 알고 있다고 잘못 믿는 것

믿을 수 없는 생각(tall-tale thinking) : 증거가 없는데도 사실이라고 믿는 것

중간이 없는 수수께끼(no middle riddle) : 자신이 완벽하거나 혹은 실패자라고 믿는 것처럼 모든 일을 두 측면에서만 바라보는 것

서커스 거울 생각(circus mirror thinking) : 자신이나 다른 사람들, 혹은 자신에게 일어난 일에 대해 긍정적인 점(+)은 축소하고 부정적인 점(−)은 확대하는 것

너무 빨리 감기(too fast forward) : 필요한 모든 정보나 결과를 기다리지 못하고 작은 조각의 정보만을 가지고 성급하게 결론에 도달하는 것

양식 3.2 비겁한 속임수 찾기 일기

날짜	상황	감정	생각	비겁한 속임수

From *Cognitive Therapy Techniques for Children and Adolescents: Tools for Enhancing Practice* by Robert D. Friedberg, Jessica M. McClure, and Jolene Hillwig Garcia. Copyright 2009 by The Guilford Press. Permission to photocopy this form is granted to purchasers of this book for personal use only (see copyright page for details).

행동 개입

대부분의 아동기 문제를 치료할 때 일단 행동 개입으로 시작하는 데는 그럴 만한 이유가 있다. 치료받으러 온 아동들은 자기조절 기술이 부족한 경우가 많기 때문에 자신의 기분을 진정시키고 행동을 통제하는 법을 초기에 학습하면 유용하다. 이 아동들은 감당할 수 없을 정도로 불안하거나 화가 날 때 대개 인지에 주의를 기울일 수 없으므로 복잡한 인지 개입을 힘겨워하기 마련이다. 또한 치료 초기 단계에 행동적 접근을 도입하는 것은 라포를 형성하고 아동의 동기와 치료 참여를 북돋우며 대처양식을 확장하고, 이후의 개입에 대해 아동을 준비시킨다. 행동 개입은 변화와 치료 완수를 촉진시킨다. 행동 기법은 또한 치료회기 밖 행동들도 수정해서 일반화를 도모하고자 애쓰는 부모들에게 도움이 된다.

행동 기법은 바람직하지 않은 행동의 빈도와 심각성은 줄이고, 바람직한 행동은 증가시킨다. 행동변화에 이어 아동의 태도, 정서 및 인지의 변화가 뒤따를 수 있고, 결과적으로 전반적인 기능 향상으로 이어진다. 행동 개입은 회기 내 기법 적용/연습뿐만 아니라 직접적 기술교육과 부모훈련을 포함한다(Friedberg & McClure, 2002). 행동 기법은 구체적이기 때문에 다양한 연령층과 문제들에 빠르고 쉽게 사용될 수 있다.

이 장에서 우리는 여러 효과적인 행동 기법을 제시한다. 우리는 기법 자체와 사용의 근거를 간략히 설명할 것이다. 그런 뒤 여러 응용사례들을 제시할 것이다. 우리는 치료자가 쉽게 시행할 수 있는 설명서를 고안했는데, 첨부된 유인물들은 내담자에게 기법들을 소개하는 데 도움이 될 것이다. 각 섹션의 끝에는 다양한 문제에의 가장 적절한 접근을 선택하는 데 있어서 치료자를 안내하기 위한 도표를 제시할 것이다. 마지막으로 이 장의 끝에 아동이 기법들을 사용하도록 촉진하거나 강화하기 원하는 부모와 선생님들을 돕기 위한 설명이 있다. 이 유인 물들을 활용하면 치료자가 회기와 일상생활의 간격을 줄이는 데 도움이 될 것이다.

이완 기법

아동이 강렬한 감정에 맞닥뜨린 상태에서 감정을 조절하고 자신을 진정시키는 기술 없이는 치료 개입을 완수하기 어려울 것이다(Goidfried & Davision, 1976). 그러므로 이완은 간과해서 는 안 되는 기본적인 행동 기법이다. 이완전략들은 증상을 감소시킴으로써 이후에 사용할 기 법들이 성공하도록 돕는다. 또한 아동들은 이완전략들을 재미있어 한다. 그러므로 이러한 기 법들은 정서적 기능을 향상시키는 것에 더하여 치료적 동맹을 굳게 맺어준다.

점진적 근육 이완

점진적 근육 이완(Progressive Muscle Relaxation, PMR; Jacobson, 1938)은 내담자에게 근육을 먼 저 긴장시키고 이어서 이완하기를 가르치는 전통적인 이완전략이다. 아동은 먼저 다양한 근 육군에 힘을 주어보라는 지시를 받는다. 5~8초 동안 힘을 준 후 아동은 긴장을 완전히 풀고 근육을 이완하라는 지시를 받는다. 일반적인 **점진적 근육 이완** 절차는 신체 말단의 근육에서 다른 말단 근육으로 한 번에 한 부위씩 차례로 진행된다. 이 과정을 돕기 위해 구체적인 설명 과 치료자의 시범(Goldfried & Davison, 1976), 시각화, 그리고 비유(Koeppen, 1974)가 종종 동원된다. 시범과 함께 "너의 팔이 느슨해져 국수 가락처럼 축 늘어진 것 같이 느껴져."와 같 은 설명으로 아동이 느낄 수 있는 변화를 잘 전달하면 된다. 레몬 짜는 것을 마음속에 그려보 고 즙을 모두 꽉 짜보라고 아동에게 말하는 것(Koeppen, 1974)은 좋은 예로서, 아동이 긴장 절차 동안 제대로 긴장할 수 있도록 도와준다. 이완기술을 쌓기 위해서는 일반적으로 반복연 습이 필요하다. 그래서 회기에서와 가정에서의 연습 둘 다 활용해야 한다.

이완을 돕기 위해 PMR과 함께 심호흡을 부가적으로 시행하는 경우가 많다. 호흡연습에 대 한 동기를 높이고 잘 따라 하도록 돕기 위해 창의적인 방법으로 심호흡을 아동에게 소개한다. 예를 들어, Wexler(1991)의 '10개의 촛불'에서는 아동이 10개의 초가 나란히 있는 것을 상상하 도록 한 후 그것들을 차례로 불어 끄게 한다. 또한 비누방울 막대기를 가지고 비누방울을 실 제로 불도록 아동에게 설명하는 것으로 심호흡을 가르칠 수 있다(Warfield, 1999). 둘 다 어린 아이들이 천천히 그리고 깊게 호흡하도록 독려하는 재미있는 방법이다. 심호흡과 함께 시각 화(예 : 10개의 촛불), 혹은 실제 시각적 단서(예 : 비누방울)를 결합한다면 아동의 적극적 참 여를 이끌어낼 가능성이 커질 것이다. 더군다나 시각적 단서는 아동의 노력을 강화해줄 뿐만 아니라 아동들이 자신의 호흡을 관찰하는 수단을 제공한다. 한 예로 아동은 자신이 부는 비누방울의 흐름을 주시함으로써 호흡을 관찰할 수 있다. 비누방울이 막대기에서 부드럽게 흐르지 않으면 아동은 좀 더 느리고 좀 더 부드러운 날숨을 위해 호흡의 힘과 속도를 감소시키는 연습을 할 수 있다. 또 다른 이점은 비누방울이 아동들에게 즐거움을 제공한다는 것이다.

어떤 아동들은 비누방울 대신 탁자 혹은 마룻바닥 위의 솜을 빨대로 불기를 좋아한다. 호흡으로 생긴 움직임은 시각적 단서와 강화물의 역할을 할 뿐 아니라 재미를 주어 아동을 더욱 이완시킨다. 더 큰 아동에게 이완을 가르칠 때는 타인들과 함께 있는 환경(예 : 학교)에서 사용하기 위해 전략을 변형할 필요가 있다. 아동이 또래의 눈에 띄어 놀림을 받게 될 거라 여기면 심호흡이나 다른 훈련들을 하지 않을 것이기 때문이다.

우리는 아동들에게 창의성을 발휘해 일상생활에서 기술을 적용하기 위한 방법을 찾아보라고 가르친다. 다음 대화에서 한 불안한 아동은 좌절될 때 사용하는 심호흡 기술을 휘파람으로 변형시켰다.

사 라 : 비누방울은 집에서는 재미있고 저의 몸을 진정시켜주지만 학교에서 비누방울을 불 수는 없잖아요. 쉬는 시간에도요. 학교에 그런 것을 가져갈 수 없어 문제예요.

치료자 : 쉬는 시간 동안 무엇을 할 수 있을까?

사 라 : 모르겠어요. 그저 엄마와 차에서 하던 것처럼 비누방울 부는 흉내만 내도 멍청하게 보일 거고 다른 아이들은 저를 더 놀릴 거예요.

치료자 : 네가 다른 아이디어를 생각해보다니! 그래 좋아! 그밖에 해볼 수 있는 게 뭘까?

사 라 : 아! 휘파람을 불 수 있어요. 공기를 내뱉는 느낌일 거구요, 제가 뭘 하는지 아무도 모를 거예요.

치료자 : 와, 사라, 창의적인 생각이구나! 이번 주에 해보고 어떤지 볼래?

위의 예에서 치료자는 문제해결 과정을 지지해줌으로써 사라의 걱정을 인정했다. 치료자는 그녀의 노력을 강화하고 나서 실제로 기법을 수행해볼 가능성을 높이고 그 기법이 그녀에게 도움이 되는지 알아보기 위한 데이터를 제공해주는 행동실험을 설계하기 시작했다.

다른 이완기술

이 섹션의 나머지에 아동을 위한 더 많은 다양한 이완기술을 소개하고자 한다. 표 4.1은 특정 아동에게 적합한 기술을 고를 수 있도록 안내한다. 나열된 기술 모두 거의 동일한 기술을 가르치기 때문에 치료자는 아동의 발달수준과 흥미에 가장 잘 맞는 것으로 고르기만 하면 된다.

| 표 4.1 | 이완기술 선택하기

기술	연령	용도	적합한 문제/진단	형식
진정장비/ 비상장비	4~10세 : 그림과 물품 사용 9세 이상 : 글이 있는 물품이 추가될 수 있음	이완 자기-모니터링 자기조절	분노 불안 충동성 감각통합장애 과민성/우울	개인 가족 집단
점진적 근육 이완	4세 이상	이완 자기조절	분노 불안 충동성	개인 가족 집단
단서카드	4세 이상(어린 아동을 위해서는 그림, 나이 든 아동은 낱말)	이완전략 사용을 위한 비언어적 단서. 기술의 개별적 사용 증 가와 기술의 일반화 돕기	분노 불안 충동성 감각통합장애 과민성/우울	개인 가족 집단
이완 대본	모든 연령	자기말과 대처문장을 기억하는 기회 제공	분노 불안 충동성 감각통합장애 과민성/우울	개인 가족 집단

이완 대본

연령 : 모든 연령

목적 : 이완

준비물 :

● 사전에 작성된 대본

이완은 비교적 간단한 절차지만 많은 아동들은 직설적인 지시문(예 : "턱을 최대한 긴장시킨 후 긴장을 풀고 이완하세요.") 때문에 어려움을 겪는다. 그러므로 구체적이고도 발달 단계에 맞는 지시문이 진행에 도움을 줄 수 있다. 이미 아동과 청소년을 위한 훌륭한 이완 대본(Relaxation Script)이 많이 나와 있다(Geddie, 1992; Kendall et al., 1992; Ollendick & Cerny, 1981).

어린 아동에게 의미 있으려면 이완 대본에 시각적 이미지가 들어가야 한다. 이때 아동이 경험하는 사물과 상황을 활용한다. 치료자가 시범으로 보여주는 것 또한 유용하다. Koeppen (1974)은 아동에게 레몬을 짜는 척해보라고 말함으로써 손과 팔의 근육을 긴장시키는 방법을 가르쳤다. '고양이가 스트레칭하는 이미지'는 팔과 어깨를 목표로 사용되었고, '거북이가 껍질 안으로 머리를 당기는 것'은 목과 어깨 긴장하기를 가르칠 때 사용되었다. 예를 더 들면 턱을 긴장시키기 위한 '커다란 껌 씹기'와 얼굴과 코를 긴장시키기 위한 '코 위의 파리'가 있다. Kendall 등(1992)은 단계별로 자세한 이완 대본을 제시한다. 대본은 치료자 혹은 부모가 읽어 줄 수 있다. 아동은 각각의 근육을 긴장시키고 이완하는 과정을 거친다. 적절한 대본을 선택하는 것은 아동에게 적합한 다른 기법들을 선택할 때와 유사하다. 즉 치료자가 사례개념화를 염두에 두어야만 선택된 특정 대본이 특정 아동의 흥미를 끌 것이고 의미 있을 것이다.

'공룡 대본'(Geddie, 1992)은 매우 흥미 있고 매력적인 이완 대본이다. 아동은 자신이 공룡인 척 가장하는데, 이 절차는 구체적이고 이해하기 쉽다. 예를 들어, 이마 근육을 긴장시키기 위해 "네가 달콤한 나뭇잎이 달린 나무 사이를 천천히 지나가면서 딸기를 본다고 생각하렴. 하지만 태양 속을 걷기 때문에 너는 눈을 가늘게 뜨고 딸기를 봐야만 해."처럼 말하거나 팔을 위한 지시문으로 "네가 물웅덩이에 이르렀을 때 바위가 웅덩이를 덮고 있는 것을 보게 될 거야. 너는 팔로 바위를 치워야 해. 네 커다란 공룡 팔을 구부려 바위를 들어 올려 치워버리렴."이라고 이야기할 수 있다.

▧ 진정장비

연령 : 모든 연령
목적 : 이완, 자기-모니터링, 자기조절
준비물 :

- 신발상자 혹은 백(종이 쇼핑백 같은).
- 다음 중 하나 이상 : 비누방울, 초(예 : 생일 초), 빨대, 솜뭉치
- 스트레스 볼(squeeze ball)/탱탱볼(Koosh ball)
- 작은 베개 혹은 봉제 인형
- 종이, 가위와 크레용 혹은 매직

임상장면에서 일하다 보면 이 휴대용 **진정장비**(calming-down kit)가 아동에게 도움이 되는 것을 자주 보게 된다. 이 장비는 아동의 연령, 흥미, 임상적 증상에 따라 다양한 형태를 취할 수 있다. 이완기술을 아동에게 가르친 후 아동은 그 기술을 연습하고 장비를 모아 자신만의 창의적인 '진정(calming-down)' 아이디어를 더하고 장식한다. 장비가방 혹은 신발상자는 회기 중에 역할극과 노출을 할 때 사용될 수 있다. 때때로 집과 학교를 위한 별도의 장비가 필요할 수도 있다. 아동의 취향에 따라 장비는 지갑, 비상장비(survival kit), 연장상자, 배낭 혹은 보물상자의 형태를 취할 수 있다. 표 4.2는 각 장비가방 안에 들어갈 내용물을 위한 아이디어를

| 표 4.2 | 진정장비 내용물

물품	심호흡	근육 이완	감정 확인하기/점수	오락
비누방울	X			X
초	X			X
빨대와 솜뭉치	X			X
스트레스 볼 또는 탱탱볼		X		X
베개/동물인형		X		X
단서카드	X	X	X	X
감정나침반			X	X

제공한다. 각 아동을 위한 맞춤장비에 주의전환 전략이 추가될 수 있다.

인기 있는 방법으로 비상장비를 들 수 있다. 이 장비에는 전통적 이완기술을 위한 단서로서 사용될 수 있는 야영물품들이 포함될 수 있다. 초는 심호흡용 상징인데, 아동이 초의 '불꽃'을 불어 끄는 흉내를 낼 수 있다. 작은 베개를 쥐어짜는 것은 근육을 긴장하고 이완하는 단서가 될 수 있다. 제2장에서 제시된 자기 감찰용 감정나침반을 장비에 추가할 수 있다. 아동이 자신의 감정 변화를 알아채고 감정나침반에 그 변화를 나타내면, 그것이 바로 장비의 다른 물품들을 사용해서 이완을 하라는 단서 역할을 할 수 있다.

재료가 너무 많아 보인다면 스마일메이커(SmileMaker)와 같은 회사에 주문할 수도 있다. 이들 회사에서 파는 키트에는 장난감 비누방울, 색색의 스트레스 볼, 작은 동물인형이 들어 있다. 초, 솜뭉치, 빨대는 주위에 흔하고 수납이 수월하다. 이렇게 직접 만질 수 있는 물품들은 아동에게 단순하게 강의하듯 PMR과 호흡을 가르치는 것보다 흥미롭고 재미있다. 더군다나 그 물품들을 보면 각각의 기법을 상기하게 되고, 회기 밖에서 전략을 활용하는 데도 도움이 된다. 회기 내에서 장비를 고안하는 실제적인 과정(예 : 상자 장식하기, 장비 구성하기)은 또한 라포를 형성하는 활동이 된다.

진정 단서카드

연령 : 모든 연령
목적 : 이완, 자기조절
준비물 :

- 카드
- 단서 그림들
- 매직, 크레용 혹은 펜

| **그림 4.1** | '진정 단서카드'의 예

어떤 아동과 10대들은 실제 장비를 구성하는 것에 관심이 없다. 그런 아이들을 위해 '장비'는 단서카드의 형태를 취할 수 있다. 즉 카드를 만들어 코팅을 한 후 구멍을 뚫어 끈이나 클립으로 연결하면 된다. 어린 아동들에게는 그림 단서가 재미있는 촉진물인 반면, 큰 아동들은 단어 단서를 선호할 수 있다. 단서카드의 예로는 비누방울이나 스트레스 볼, 평온한 이미지 혹은 그림, 인형과 자기말 진술이 적힌 말풍선 등을 들 수 있다. 이러한 카드들은 배낭이나 지갑에, 혹은 주머니에 쉽게 넣을 수도 있다. 어떤 10대는 자기말 진술과 이완기술을 상기시켜주는 단서카드 미니책자를 지니고 다니면서, 필요시 이러한 카드들을 훑어봄으로써 신속하게 전략을 사용할 수 있었다. 자신에게 가장 유용한 단서카드를 어떻게 만들지 생각해보라고 아동을 격려해준다. 한 예를 들어, 불안한 어떤 아동은 축구경기를 하는 동안 단서카드를 복습하고 자신을 상기시킬 수 있도록 자신의 물병에 단서카드를 붙이겠다고 했다. 그림 4.1은 단서카드의 예시이다.

진정장비와 단서카드 기술을 실행하기

형태가 어떻든 간에 일단 장비를 만든 후에는 일반화를 돕기 위해 집에서 어떻게 장비를 사용할지 가족을 교육시켜야 한다. 우리는 가족에게 장비를 사용하도록 아동을 상기시켜주는 법과 장비를 사용했을 때 강화해주는 법을 가르칠 것을 권장한다. 이 상기시키기/강화하기는 먼저 역할극에서 실시한 후에(먼저 치료자가 모델링한 후 부모와 함께), 집에서 실생활 상황으로 일반화해야 한다.

다음 예에서 8세 아동 타라는 어린 남동생이 자신을 방해할 때 이완전략을 적용하는 법을 배우는 중이다. 치료자는 먼저 가족에게 역할극 사용을 시범으로 보여준 후 가족이 역할극을 마무리하도록 돕는다. 그런 뒤 가정에서의 일반화를 위한 계획을 세운다.

치료자 : 생일선물로 새 미술책을 받았는데 남동생이 거기에 매직으로 온통 낙서해놨다고 상상해보자. 네가 부엌으로 걸어 들어갔는데 엉망이 된 책을 발견했단다. 너는 몹시 화가 나고 근육이 단단해지고 얼굴이 붉어지는 것을 느껴. 이때 네가 어떻게 너의 **진정장비**를 사용할지 보여주렴.

타 라 : 비누방울을 부는 흉내를 내고 스트레스 볼을 꽉 쥐어요.

치료자 : 잘했어! 네 장비를 잘 기억하고 있구나! 어떻게 비누방울을 불고, 그 공을 쥐는지 나에게 보여주렴. (타라는 **진정장비**의 물품들을 사용한다.) 와, 타라 너 정말 근육을 이완시키고 호흡을 진정시키는 것에 능숙해졌구나! 이젠 너와 어머니가 연습했으면 한단다. 그밖에 네 동생에게 화날 만한 일에는 어떤 게 있을까?

타 라 : 그 애가 내 방에 들어올 때 몹시 화나요.

어머니 : 맞아! 그래서 종종 큰 싸움을 하거나 성질을 부리지.

치료자 : 좋아요, 그것에 대해 두 사람이 역할 연습했으면 해요.

어머니 : 좋아요, 해볼게요. 타라, 네가 침대에서 책을 읽는다고 가정하자. 동생이 방문을 열고 그냥 바로 안으로 걸어 들어와.

타 라 : 전 굉장히 화가 날 거예요. 그 앤 노크도 없이 항상 묻지도 않고 들어와요.

치료자 : 좋아, 문제를 해결하기 전에 일단 진정해야 한다는 것을 기억해.

어머니 : 그래. 그렇게, 타라, 이성을 잃지 말고 진정장비 중 어떤 걸 사용할지 보여주렴.

타 라 : (장비를 들어 작은 동물인형을 꺼내며) 동물인형을 꽉 쥘 거예요! 하나쯤 내 침대 위에 있을 것 같아요.

치료자 : (조용히 어머니를 촉구하며) 칭찬하고 격려하세요.

어머니 : 시작이 아주 좋은데! 다음에 뭘 할 수 있을까?

타 라 : 난 이 카드를 사용할 거예요. "진정해야지 사고를 안 쳐." 그리고 나서 엄마에게 갈 거예요.

어머니 : 좋은 생각이야. 그러면 네가 이 문제를 해결하도록 내가 도울 수 있어.

치료자 : 역할극 잘했어요! 이제, 집에서 역할극을 연습하는 것이 중요합니다. 숙제로 뭐가

좋을까요?

(그다음 치료자와 가족은 협력해서 그 주에 집에서 연습하기 위한 계획을 세운다.)

이 대화를 읽으면서 어떻게 역할극을 통해 **진정장비**를 사용하는 연습을 하도록 가족을 돕는지 알게 되었을 것이다. 치료자는 부모가 아동과 함께 회기 중 연습하게 함으로써 집에서 실행할 가능성을 높이고 있다. 치료자는 회기 동안 필요할 때마다 부모와 아동의 행동을 관찰하고 조성(shaping)한다. 위의 예에서 결과적으로 아동은 성공했고 일반화가 일어났다. 덧붙여 숙제에 대한 협력적 접근은 잠재적 장애물을 파악하는 데 도움이 된다.

기술을 쌓도록 돕기 위해 단계적 방법을 사용한다. 즉 초기 시나리오는 가볍거나 중간 정도의 스트레스 유발 인자를 포함하고, 이 후 더 심한 정도의 스트레스 유발 인자를 담게 된다. 시나리오의 뒷부분으로 갈수록 문제 상황의 예와 가족이 말해준 예에서 나온 것처럼 화를 더 많이 유발하는 사건들을 사용한다. 역할극은 아동이 집에서 흔히 일어나는 상황을 다루는 대본을 고안하도록 돕는다. 구체적인 '장비'를 집에 가져가게 하고 가족들에게 전략들을 사용하도록 상기시켜준다. 강한 정서를 경험할 때는 장비를 사용하는 것이 처음에는 어려울 수 있다는 주의사항을 부모와 아동에게 말해주어야 한다.

타라의 예를 다시 보자. 타라가 침대에서 독서 중일 때 어머니는 "이 상황이 오늘 치료에서 우리가 연습했던 것과 같구나. 남동생이 네게 묻지도 않고 바로 네 방에 들어오면 어떻게 될까?"라고 말할 수 있다. 그리고 며칠 후 남동생이 방에 들어온다면 타라가 **진정장비**를 사용할 가능성이 높아질 것이다. 또한 어머니는 '그 순간'에 타라가 적절한 장비를 사용하도록 상기시켜줄 수 있다(예 : "타라, 너 화가 난 것 같구나. 며칠 전 우리가 연습한 것 중에 당장 너를 도울 수 있는 게 있지 않을까?"). 그 후 타라가 **진정장비** 전략을 사용하면 어머니는 타라를 칭찬해준다.

기술을 쌓을 때는 연습도 중요하지만 그 기술을 사용하기에 적합한 때를 예측해보는 것도 중요하다. 이 장의 후반에 나오는 수수께끼 워크시트는 아동들이 장비 사용 결과를 예상해보고 실제 유용성을 평가해보도록 촉구하는 데 사용할 수 있다. 이 접근은 또한 아동이 그 기술들을 사용하는 것에 회의적일 때 증거를 검증하는 유용한 방법이다. 아동이 완성한 수수께끼 워크시트를 검토해보면 가족들의 실행을 평가하고 성공을 방해하는 장애물을 파악하는 데 도움이 될 것이다.

모델링

새로운 행동이 발달하는 데 모델링의 힘은 강력하다. 아동은 그들의 환경을 관찰함으로써 학습한다. 적절한 모델을 제공함으로써 치료자와 양육자는 기술의 성공을 이끌어낼 수 있다. 모델링은 치료자나 양육자와 하는 손가락 인형 놀이나 인형 놀이에서도 일어날 수 있고, 동화책의 등장인물과 줄거리를 통해 예시될 수도 있다. 영화나 드라마에 나온 미디어 이미지 또한 강력한 모델링 대상이 될 수 있다. 가령 치료자가 이완을 가르칠 때 다양한 형태의 감정표현과 자기조절(혹은 자기조절의 결여)을 예시해주는 영화나 드라마의 장면을 사용할 수 있다. 아이들은 장면을 보고 기분의 변화를 일으킨 사건을 찾아내고, 나아가 등장인물들이 자기조절을 위해 사용하거나 사용할 수도 있었던 전략(예 : 심호흡, 주먹 꽉 쥐기, 감정을 언어로 표현하기)을 찾아낼 수도 있다. 아동은 등장인물이 무엇을 느끼고 있는지, 그리고 언제 감정의 강도가 달라졌는지에 대한 언어적 · 비언어적 단서를 파악해보는 연습을 할 수 있다. 덧붙여 특정 장면에서 사용되고 있거나 혹은 사용될 수도 있었던 자기조절/이완 기술들이 무엇인지 맞춰보라고 아동에게 지시할 수 있다. 동화책 또한 유사한 방법으로 활용할 수 있다. 아동들은 등장인물이 일상적 난관에 대처하기 위해 치료 기법을 사용하는 이야기와 손가락 인형극을 좋아한다. 성인의 대처전략과 자기말을 모델링하는 것 또한 매우 강력한 교육 도구이다. 치료자의 자기개방은 또 다른 모델링 기술이다(Gosch et al., 2006). 치료자는 다양한 기법 사용을 예시해주기 위해 가정에서 어려움이나 문제를 어떻게 해결하는지 아동이 보는 앞에서 말로 표현해보라고 부모에게 코치할 수 있다.

예를 들어, 부모가 저녁을 준비하다 무언가를 쏟았을 때 부모는 다음과 같이 말할 수 있다. "오 저런, 바닥에 온통 감자를 쏟았네. 잠깐, 이건 큰 문제가 아니야. 잠깐 숨 한 번 쉬고 생각해보자. 문제를 해결할 방법이 있기 마련이라는 걸 나는 알지. 감자를 더 살 수도 있고 바닥에 떨어진 것들을 그냥 닦아서 써도 돼."

체계적 둔감법

Joseph Wolpe가 1958년 소개한 이래 체계적 둔감법은 불안치료의 중요 요소가 되었다. 이 역조건화 절차의 핵심은 불안유발 자극에 직면하는 동안 이완전략을 사용하는 것이다. 체계적 둔감법은 불안유발 자극을 심호흡, PMR, 혹은 유머와 같은 역조건화 '인자(agent)'와 연결 지음으로써 작동한다. 따라서 체계적 둔감법을 시작하기 전에 먼저 아동에게 역조건화 인자(CounterConditioning Agents, CCAs)부터 가르쳐야 한다.

우선 이완이나 기타 역조건화 인자를 아동에게 가르친 후에 불안위계를 만든다. 제2장에서 언급한 대로 불안위계는 내담자에게 있어 불안을 유발하는 상황에 대한 서술로 구성된다. 각 서술은 구체적이어야 하고, 그 상황들은 각기 해당 내담자의 불안수준을 기준으로 순차적 위계로 배치된다.

체계적 둔감법은 아동이 위계의 가장 낮은 항목에 대한 생각이나 이미지, 혹은 상황에 큰 불안감 없이 직면할 수 있을 때까지 머무르는 것으로 시작한다. 불안 유발자극에 직면하는 동안 이완은 경쟁반응으로 사용된다. 따라서 진정장비나 단서카드를 가지고 있으면 도움이 된다. 아동이 특정 불안항목과 직면할 때마다 이완상태를 불러올 수 있을 때까지 각 항목에 머무른다. 목표항목에 대해 아동이 이완된 상태를 유지하는 능력을 보이면 위계상의 다음 항목으로 이동한다. 이렇게 위계의 각 항목에 숙달된 후 아동은 모든 항목을 완수할 때까지 위계를 밟아 나아간다. 각 항목에 대해 이완이 (공포 대신) 불안의 근원과 짝지어지는 것이다. 결과적으로 일종의 고전적 조건반응이 생성된다. 그래서 불안과 공포 유발자극 사이의 연결은 끊어지고 공포 유발자극과 이완 간의 새로운 연결이 확립된다. 사실상 그 자극에 대한 새로운 반응(이완)은 비적응적인 이전 반응(공포)을 대체한다. 이완이 불안과 대립해서 경합하거나 불안을 억제하기 때문에 불안이 감소하게 된다. 이 접근은 종종 가정에서의 연습까지 합쳐서 여러 차례의 회기를 필요로 한다.

다음 대화는 토니의 체계적 둔감법 과정을 보여준다.

치료자 : 토니, 너는 개에 대한 두려움을 없애고 싶다고 했지.

토 니 : 맞아요. 개 키우는 친구 집에 놀러 가고 싶어요. 밖에 개가 있으면 무섭기 때문에 창피해서 친구들과 밖에서 못 노는데 안 그랬으면 좋겠어요.

치료자 : 좋아, 위로, 위로, 더 높이라는 도구로 오늘 그걸 다루어보자. 우리는 네가 약간 무서워하는 것이 무엇인지, 중간 정도 무서워하는 것이 무엇인지, 매우 무서워하는 것이 무엇인지 알아볼 거야. 그런 다음 우리가 얘기했던 여러 상황에 대하여 생각하는 동안 침착함을 유지하기 위해 너의 진정장비를 사용할 거란다.

토 니 : 그렇지만 그것에 대해 이야기하기 시작하면 정말 무서워질 것 같아요.

치료자 : 그러한 것들을 생각하는 것이 힘들다는 것은 알겠어. 그렇지만 우리는 제일 쉬운 것부터 시작할거고, 네가 다음 단계로 갈 준비가 될 때까지 진정전략을 사용할거야.

토 니 : 그러면 제가 당장 정말 힘든 것을 하지 않아도 되네요. 괜찮을 거 같아요.

치료자 : 우리가 가진 생각들을 적기 위해 이러한 기록카드를 사용할 수 있어. 너의 느낌이 얼마나 강했는지 점수 매겼던 때를 기억하니? 우리는 그 방법을 사용할 거고 카드에 점수를 적을 거야.

토 니 : 좋아요. 제 파일의 감정온도계를 꺼낼게요.

치료자 : 토니, 너의 도구를 사용하다니 훌륭해! 자, 너를 약간만 불안하게 만드는 상황은 무엇일까?

토 니 : 아마도 개를 단지 생각하기만 하는 거요. 그것은 제 감정온도계에서 1일 거예요.

치료자 : 그 개가 어떻게 생겼니?

토 니 : 글쎄요, 순한 개겠지요. 고모네 개처럼. 리키의 개는 아니구요. 리키의 개는 6일 거예요!

치료자 : 좋아 고모네 개로 시작하자. 이 기록 카드에 그 개에 대해 쓰기를 원하니 아니면 그리기를 원하니?

토 니 : 쓸게요. (설명과 점수를 쓴다.)

치료자 : 좋아, 다른 상황들은 어떤 걸까?

이 예에서 치료자는 공포를 일으키는 개 관련 자극에 대해 둔감하게 만드는 위계를 만들도록 토니를 도와준다. 두려운 자극(개)은 이완과 짝지어진다. 치료자는 먼저 토니의 경미한 스트레스 항목을 사용함으로써 토니가 압도당해 공포가 오히려 심해지는 위험을 없앤다. 토니가 그의 첫 번째 위계 항목의 시각화를 언급하면 치료자는 그 항목의 위계상 위치가 적절한지 확인하기 위해 질문한다. 이것은 토니가 시각화할 개를 구분하는 것을 돕고 또한 나중에 위계 끝의 항목을 파악하는 것을 돕는다. 각 항목은 각기 다른 카드에 기록된다. 토니가 그 위계를 따라 진도를 나감에 따라 자신이 끝낸 일렬의 카드를 봄으로써 그의 두려움을 극복하기 위해 얼마나 높이 '올라왔는지' 볼 수 있을 것이다.

체계적 둔감법을 시행할 때 기억해야 할 몇 가지 팁이 있다(Morris & Kratochwill, 1998). 첫 장면이 제시되었을 때 만약 내담자가 고통스러운 이미지에 초기 불안을 더 이상 느끼지 않는다고 보고하면, 그 장면에 5~10초 동안 더 머물러야 한다. 이후 항목들에는 10~20초간 머물러야 한다. 이완 혹은 다른 CCA는 각 장면의 도입 전 혹은 이완이 달성될 때까지 최소 15~20초 지속되어야 한다. 일반적으로 한 회기에 3~4개 장면을 사용한다.

사회기술 훈련

사회기술은 대인관계 어려움, 고립, 배척과 거부를 경험하는 아동에게 중요하다(Erdlen & Rickrode, 2007). 사회기술 훈련은 파괴적 행동장애, 불안, 우울과 전반적인 발달장애(PDD)를 포함한 다양한 문제들을 다루는 데 사용된다. 이러한 장애를 가진 아동들이 보이는 문제행동은 다양하더라도, 그들의 사회기술 결핍은 일반적으로 습득, 수행 혹은 능숙도의 영역으로 나뉜다(Erdlen & Rickrode, 2007). 치료자들은 개입이 필요한 영역을 파악하고, 그에 맞춰서 아동의 기술을 쌓아준다. Beidel과 Turner(2006)는 교육, 모델링, 행동 리허설, 피드백과 정적 강화를 통한 기술 쌓기의 중요성을 지적했다. 치료자에 의한 모델링은 연극에서처럼 과장되어야 하며 아동이 적절한 모델과 부적절한 모델을 둘 다 관찰하고 구분할 수 있도록 두 모델을 모두 포함해야 한다. 모델링은 또한 또래, 손가락 인형, 도서, 영상을 통해 이루어질 수 있다(Cartledge & Milburn, 1996). Beidel과 Turner(2006)는 치료시간의 대부분을 행동 리허설과 기술연습 반복에 할애하라고 권고했다. 집단치료 형태는 이 과정에 유용하다. 기술의 일반화는 개별 아동에게 맞춘 특정한 숙제를 통해 일어난다(Beidel & Turner, 2006).

사회기술 훈련은 PDD 아동과 청소년에게 잘 맞는다. PPD 아동들의 사회적 · 정서적 증상과 이차적인 기분장애 때문에 정서교육과 인지적 재구성을 포함하는 사회기능 훈련이 필요하다(Attwood, 2004). Attwood(2003)는 PDD 아동들이 사회적 발달의 여러 단계에서 도움이 필요하다고 지적했다. 그는 '얼굴을 감정 정보센터에 비유하기' 같은 전략을 사용하는 정서교육을 강조했다. 치료자들은 '메시지 알아채기'를 아동에게 훈련시키기 위해 다양한 활동들을 사용한다. 그런 다음 동일한 비언어적 단서가 가질 수 있는 다양한 의미들을 파악한다. Attwood(2003)는 '주름 잡힌 이마'의 예를 분노, 당혹감 혹은 피부 노화의 신호로 사용한다. 또한 사회성 부족은 사회적 자극을 문자 그대로 해석하거나 잘못 해석하도록 하기 때문에, PDD를 가진 사람들에게 사회기술 훈련을 시행할 때는 인지적 재구성이 특별히 중요하다(Attwood, 2003).

Attwood는 이러한 아동들이 경험하는 여러 어려움, 가령 우연히 일어난 것과 고의적 의도를 구별하는 것에 관해 기술했다. 또한 PDD를 가진 아동들은 상황에 주의를 기울이지 않고 행동 그 자체와 결과에만 신경 쓴다. Attwood는 치료 기법을 상징하는 실제 도구의 시각적 단서를 사용해서 기술을 향상시키는 창의적인 접근을 제안한다. 예를 들어, 미술용 붓은 이완 기술을 상징하고, 2개의 손잡이가 달린 톱은 대인관계 활동을 의미하거나 아동이 부정적인 느낌을 다루도록 도울 수 있는 사람을 상징한다(Attwood, 2003).

다음에서 우리는 사회기술 훈련을 아동에게 실시하는 치료자를 돕기 위한 유용한 전략을 제공한다. **책 만들기**는 다양한 상황에 맞게 수정, 적용될 수 있는 유연한 기법이다. 책 제작을 위한 기본적인 절차는 다양한 상황에서 동일하게 유지되지만, 내용과 복잡성 수준은 각 내담자에 따라 달라진다. **문자 메시지 역할극**은 일반적인 역할극 기법을 사용하나 그것을 아동에게 친숙한 맥락에 적용한다. 많은 아동이 컴퓨터를 사용하고 있고 컴퓨터를 통해 의사소통하는 것에 친숙하다. 그들에게 이미 친숙한 것을 새로운 상호작용에 적용하면 흥미롭게 새로운 기술을 익히도록 도울 수 있다. 매직스크린(2개의 손잡이가 있어 상호 협동하여 그림을 그릴 수 있는 장난감) 또한 집단치료 장면에 도움이 되는 창의적인 사회기술 훈련이다. 마지막으로 **암호** 또한 재미있게, 능동적으로 새로운 조망을 취해 보는 기술을 연마하는 데 사용되는 상호작용 활동이다. 다음에는 이러한 개입법들이 상세하게 제시되어 있다.

📓 책 만들기

연령 : 4~10세
목적 : 사회기술 훈련
준비물 :

- 종이
- 스테이플러
- 쓰기/그리기 위한 매직펜/크레용
- 가위, 풀, 잡지사진

특정 기술에 관한 책을 만드는 것은 어린 아동들에게 흥미롭고 매력적이며 효과적이다. 이런 책 만들기 활동에서 책을 만드는 행동은 개입의 일부분이며, 책에 사용된 예들을 개별 아동에게 특별하게 맞추면 이 활동을 좀 더 의미 있고 적절하게 만들 수 있다. 이 기법은 아동이 그림을 그리며 본문을 만들도록 치료자가 아동을 안내하는 것으로 시작한다. 책의 본문은 직설적 지시문을 제공하고, 책 자체는 회기와 가정에서의 반복 복습을 위한 기회를 제공한다. 기술의 일반화를 위해 아동 혼자서 혹은 부모와 함께 복습하면 좋다. 이 기법은 놀림에 대처하기와 같은 구체적 기술을 익히는 것을 포함한다. 이 기술에 대해 회기에서 논의한 후 자세한 기술을 책에 적기 시작한다. 구체적으로 설명하자면 치료자가 문장을 시작하고 아동이 본문의 나머지를 채운다. 다음의 예는 학교에서 놀림을 받는 제나라는 8세 소녀가 책을 제작한 과정을 보여준다.

> 치료자 : 제나, 우리가 지금부터 할 것은 학교에서 놀림받는 것에 관해 얘기하는 거야 (안건 확인). 넌 멋진 화가더구나. 우리 이 문제를 해결하는 방법에 대한 책을 만들어보면 어떨까?
>
> 제　나 : 그러면 그림을 그릴 수 있나요? 다하면 집에 가져가도 되나요?
>
> 치료자 : 물론이지. 우리는 그 문제에 대해, 또 그 문제를 어떻게 해결할지에 대해 쓸 거고, 그 뒤 그림을 그릴 거야. 그 후 너는 그 책을 읽고 학교생활이 더 나아지도록 돕는 도구를 기억하는 연습을 할 수 있단다.
>
> 제　나 : 좋아요. 그렇지만 뭘 써야 하지요?
>
> 치료자 : 이걸로 시작하자. "매일 학교에서 쉬는 시간에 밖에 나간다. 쉬는 시간 동안 나는 ＿＿＿＿＿를 즐긴다." 빈 칸에 뭘 넣을 수 있을까?
>
> 제　나 : 저는 그네 타기, 걷기, 때때로 다른 애들과 얘기하는 것을 정말 좋아해요.
>
> 치료자 : 좋아. 첫 페이지에 그것을 적자. 자, 무얼 그리고 싶니?

이 대화에서 치료자는 놀림받는 것과 사회기술 형성에 관한 안건을 다루기 위해 **책 만들기 기법을 소개한다.** 치료자는 흥미와 동기유발을 위해 제나의 (미술에 대한) 관심과 재능을 이용한다. **책 만들기에 참여함으로써 제나는 그 책에 대해 주인의식을 가질 가능성이 커지고 회기 밖에서 기법을 실행할 가능성도 커질 것이다. 다음은 이 책의 나머지에 무엇이 포함될지에 관한 예이다. 밑줄은 아동이 채운 본문을 나타낸다.**

- "매일 학교에서 쉬는 시간에 밖에 나간다. 쉬는 시간 동안 나는 <u>그네를 타고, 걷고, 때론 다른 애들과 이야기하기를</u> 즐긴다."
- "내가 그네를 탈 때 가끔 <u>제러드와 그 애 친구들이 그네 앞에 서</u> 있다."
- "<u>제러드는 나를 놀린다. 멍청하고 뚱뚱하다고 한다. 그런 일이 일어나면 나는 슬프고 화가 난다.</u>"
- "제러드가 나를 향해 걸어오는 것이 보이면 나는 <u>일어나서 선생님 혹은 친구에게 간다. 토냐와 친구들은 친절해서 같이 놀자고 할 수 있다.</u>"
- "그게 안되면 나는 <u>제러드에게 나를 내버려두라고 말할 것이다. '고장 난 레코드' 도구를 사용해서 그냥 차분하게 계속 같은 말을 하면 된다.</u>"
- "그래도 제러드가 나를 괴롭히면 <u>선생님에게 도움을 청할 수 있다.</u>"
- "나는 다음을 기억할 것이다. <u>놀이터에서 진정하고 상황을 다룰 수 있도록 나의 '진정 장비'를 사용하는 것을.</u>"
- "나는 놀림받는 것이 싫지만 <u>그런 일이 일어날 때 내가 어떻게 할지를 아니까 좀 낫다.</u>"

또래와의 사회적 상호작용을 향상시키기 원하는 아동은 사회기술 훈련을 연습하려는 동기가 높을 수 있다. 예를 들어, 불안한 아동은 더 많은 친구들을 사귀고 싶어 할 수 있고, 그러기 위해 필요한 기술을 배우고 싶어 할 것이다. 그러나 적대적 반항장애와 같은 외현화 장애를 가진 아동은 종종 문제해결 전략과 사회기술을 시도하려는 동기가 부족하여 동기를 부여하기 위해 심화된 치료적 개입이 필요할 수 있다. 이때 인지재구성이나 유관성 관리가 유용하다. 핵심은 전략 사용을 꺼리는 이유를 파악해서 그에 맞게 개입해야 한다는 것이다. 협력적 접근을 유지함으로써 치료자는 과제에 대한 아동의 관점을 알 수 있고, 따라서 아동의 동기를 북돋우는 효과적인 방법을 설계할 수 있다.

다음 대화는 브래디라는 11세 내담자가 보인 회피행동의 근원을 어떻게 파악하는지 보여 준다.

치료자 : 지난주 네가 점심시간에 옆에 앉은 애들과 대화를 시작하기로 했었지? 그러려고 우리가 역할극을 했었고. 그래, 어땠니?

브래디 : 그거 못했어요.

치료자 : 뭐가 방해가 되었니?

브래디 : 바쁜 한 주였어요. 과학 시험이 있었고, 농구시합도 있었고요…. 하필이면 해야 할 게 많았어요.

치료자 : 대화 시작하는 과제를 생각하면 어떤 느낌이 드니?

브래디 : (아래를 보며 안절부절 못하기 시작하며) 아마도… 재미없다고…. 바보스러운 숙제 같아요. 뭐하러 해요?

치료자 : (브래디의 질문에 초점을 맞추기보다 기분 변화에 주목하며) 어떻게 느꼈는지 물었을 때 넌 아래를 보며 의자에서 몸을 비틀더라.

브래디 : 참 나, 그냥 내버려두세요. 왜 제가 선생님의 바보 같은 숙제에 시간을 낭비해야 하죠? 그 애들은 저를 좋아하지 않아요. 아무도 저를 좋아하지 않는다고요!

치료자 : 와! '그 애들이 날 좋아하지 않아. 한 사람도.'가 너의 생각이라면 네가 대화를 원하지 않는 이유를 알겠다. 머릿속에 그런 생각을 하고 있으면 누구와 얘기하는 것이 어렵게 마련이지.

브래디 : (진정하며) 예.

치료자 : 그것을 네 자신에게 말할 때 어떤 기분이니?

브래디 : 정말 외롭고 기분이 가라앉아요.

회기에서 다룬 사회기술을 브래디가 실생활에서 시행하지 않고 회피하는 것을 탐색했다. 그럼으로써 치료자는 방해가 되는 자동적 사고를 브래디가 파악하도록 도울 수 있었다. 브래디의 초기 장애물은 대화를 시작하고 유지하는 사회기술의 부족이었지만, 그 기술을 배우고 나서도 도전이 남아 있음이 분명해졌다. 회기 동안 기분의 변화를 다룸으로써 치료자는 브래디가 자동적 사고를 알아차리도록 도울 수 있었다. 그 후 인지기술들을 적용해서 이 장애물을 극복하고 향후 숙제를 준수하도록 도우면 된다.

▤ 문자 메시지 역할극

연령 : 10세 이상

목적 : 사회기술 훈련

준비물 :

- 휴대전화
- 문자 메시지 사회기술 워크시트(양식 4.1)

역할극은 여러 문제를 가진 아동들이 자기말과 사회기술을 연습하고 숙달하기 위한 훌륭한 방법이다. 문자 메시지(Instant Message, IM) 시대에 초등학생들과 10대들은 다양한 사회적 반응과 기술의 역할극을 위해 문자 메시지를 사용하는 것을 재미있어 한다. 아동들이 적절히 반응하도록 장면들을 제시하면 된다. 양식 4.1은 회기 내 연습이나 가정에서의 숙제에 유용한 예들을 제공한다. 예들은 다른 사람에게 '반응'하는 것뿐만이 아니라 사회적 상호작용을 '시작'하는 기술들을 다루기 위해 제공된다. 개별 아동에게 필요한 영역을 다루기 위해 추가적인 문자 메시지 장면을 맞춤제작하면 좋을 것이다. 이 흥미롭고 효과적인 접근은 아동의 현재 기술수준에 따라 점진적으로 진행될 수도 있고, 특정 기술 영역을 다루기 위해 각색될 수도 있다. 일부 10대는 관계 맺기가 어렵고, 청소년들은 치료 개입을 지루하고 '시시한' 것으로 볼 수 있다. 10대들에게 친숙한 흥미거리와 소통방식을 담은 비유를 사용함으로써 보다 효과적인 치료적 관계를 형성할 수 있으며, 10대를 과제에 좀 더 동기화시키고 끌어들일 수 있다. 따라서 개입의 효과가 높아질 것이다.

　다음 대화는 불안하고 회의적인 10대 소녀 사리나에게 **문자 메시지** 사회기술 워크시트를 적용한 예를 보여준다.

치료자 : 우리는 학교에서 네 학급친구들에게 대응하는 방법에 대해 얘기해왔고, 넌 잘하고 있는 것 같아.

사리나 : 전 여전히 무얼 해야 하는지, 무얼 말해야 하는지 모르겠어요.

치료자 : 자, 연습을 위한 재미난 방법이 있단다. 온라인 채팅을 매우 좋아한다고 말했지?

사리나 : '너무' 좋아해요. 엄마한테 물어보시면 그렇게 말씀하실 걸요.

치료자 : 학교에서 일어날 수 있는 상황을 네게 알려주는 **문자 메시지** 워크시트가 있어. 네가 어떻게 반응할지 생각해봤으면 해. 그리고 답 메시지를 보내주길 바래. (미소를 짓는다.)

사리나 : 그렇지만 실제로 그렇게 하기는 힘들어요. 뭘 말해야 할지 정말 모르겠어요.

치료자 : 이 워크시트는 네가 말해야 할 것을 더 빠르게 파악하는 연습을 도와줄 거야. 그리고 그것이 효과적이었는지 테스트하기 위해 너의 불안을 사전과 사후에 평가할 수 있어.

사리나 : 좋아요. 저는 지금 7이예요. 제가 이렇게 불안하다니 믿을 수 없어요!

치료자 : 한번 해보자. 첫 번째 메시지는 이러해. "네가 학교에서 복도를 따라 걷고 있는데, 새로 전학 온 학생이 너를 보며 미소 짓고 있어." 자, 답 메시지를 써 보렴.

사리나 : ('안녕 ^^'이라고 쓰며 머리를 끄덕인다.) 보세요. 답 메시지에 미소(^^)를 썼어요. (웃는다.)

치료자 : 지금 농담도 하고 웃기도 하네. 불안은 어떠니?

사리나 : 3으로 내려갔어요. 생각했던 것보다 나쁘지 않네요.

치료자 : 좋아, 다음 것을 해보자.

이 예에서 사리나는 이미 이전에 기본적인 사회기술을 배웠다. 그 기술을 연습할 때가 되자 치료자는 사리나의 흥미를 끌고 동기화시키기 위해 이 창의적인 접근을 선택했다. 사리나가 불안을 표현하자 치료자는 사리나가 그 활동을 잘할 수 있을 것이라는 자신감을 주면서 계속 진행했다. 이 활동을 하기 전과 후에 기분이 어떻게 달라졌는지에 대한 자료를 수집하기 위해 기분에 점수를 주었다.

아동 혹은 청소년이 사회적 반응을 종이에 쓰거나 역할극을 통해 연습하고 나면 생활 속의 실제 상황에서 그 기술들을 시도할 준비가 된다. 따라서 워크시트와 회기 내 역할극은 기술 발달과 적용에 점진적 단계를 제공한다. 청소년 일상생활의 예들을 사용함으로써 치료자는 일상에서의 일반화를 도울 수 있다. 아동은 리허설했던 사회적 반응을 실제로 시도한 후 노출 절차가 어땠는지를 보고하면 된다. 보고 내용에 따라 치료자는 강화와 피드백을 적절하게 제 공한다.

📓 매직스크린

연령 : 4세 이상

목적 : 사회기술 가르치기

준비물 :

● 매직스크린
● 베낄 도안

아이들 장난감인 매직스크린(Etch A Sketch)은 사회기술 훈련에 적합하다. Ginsburg, Grover, Cord와 Ialongo(2006)는 부모-아동 관계에서의 과잉통제와 깎아내리기를 연구하기 위해 이것을 사용했다. 그러나 이 장난감은 또래관계에도 쉽게 적용될 수 있다. 이 과제는 팀워크를 필요로 하는 협력적 활동으로 구성되어 있다. Ginsburg 등(2006)이 권장한 대로, 2명의 아동으로 이루어진 팀에게 매직스크린을 주고 도안을 그대로 베끼라는 지시를 내린다. 팀의 한 아동은 왼쪽 손잡이를, 다른 아동은 오른쪽 손잡이를 조정한다. 따라서 협력을 해야만 과제를 해낼 수 있다. 긴장감을 높이기 위해 시간제한과 평가요인이 더해질 수 있다.

치료자는 이 과제를 팀 구성원들과 함께 진행한다. 치료자는 적절한 행동에 긍정적 피드백 (예 : "잘하네. 너희 둘이 함께 잘하는구나.")을 제공하고, 문제가 되는 사고 및 감정과 행동을 모니터링하도록 돕고(예 : "여기서 뭐가 잘못됐니? 기분이 어때? 공동 작업이 잘 되지 않을 때 네 마음속에 무엇이 스치고 지나갔니?"), 그들이 좌절감 혹은 불안을 느낄 때 적절한 자기말을 사용하도록 안내한다. 또한 치료자는 행동의 유연성을 촉진하며(예 : "너희 둘이 어떻게 하면 더 잘할지 살펴보자. 번갈아서 지시를 내리면 어떨까?"), 부적절한 행동을 교정해준다(예 : 다른 손잡이에 손 뻗는 것을 막기). 마지막으로 치료자는 요약을 적게 하여 아동이 경험을 자기 것으로 확고히 만들도록 돕는다(예 : "이걸 하면서 무엇을 배웠는지 카드에 적어보렴.").

다음 대화는 통제 싸움을 하는 남매 애단과 말리를 대상으로 이 절차를 사용한 예이다.

치료자 : 다음 활동은 애단과 말리가 함께하는 거란다. 여기 매직스크린이 있는데, 너희 둘이 이 모양을 함께 만들면 좋겠구나. (모양을 보여주며) 그런데 규칙이 하나 있는데 꼭 지켜야 한단다. 너희 각각 하나의 손잡이만을 잡고서 작업할 수 있어.

애 단 : 이거 쉬워 보이네요.

말 리 : 네, 쉬워요.

치료자 : 자, 그럼 해보자.

(아이들은 과제를 시작한다. 잘 안 되자 애단이 말리의 손잡이를 사용하기 시작한다.)

애 단 : 이렇게 해! 내가 하는 걸 보라구.

말 리 : 손 치워!

치료자 : 잠깐 멈춰. 애단, 네 마음에 뭐가 스치고 지나갔지?

애 단 : 쟤는 멍청하고 무식해요. 난 쟤를 위해 한 건데.

말 리 : 난 멍청하지 않아. 멍청한 건 너야! 다시 또 그러면 때릴 거야!

치료자 : 좋아. 진정해. 너희가 공동 작업을 힘들어한다는 걸 알겠어. 너희들이 다투거나 때리지 않고 이 작업을 마치려면 어떻게 해야 할까?

애 단 : 쟤는 내가 하라는 대로 해야 되요!

말 리 : 어째서? 네가 선생님이라도 되니?

애 단 : 입 다물어, 버릇없는 게.

치료자 : 뭔가 다르게 해보자. 공동 작업하려면 너희들에게 뭐가 필요할까?

애 단 : (멈추며) 아마 우리가 가려는 방향을 서로 얘기해주는 거요.

말 리 : 그리고 욕하는 것 멈추기요!

치료자 : 좋은 계획인 것 같구나.

말리와 애단은 서로 대화하면서 활동을 시작했고 협동과제를 완성했다. 위에서 보여준 것처럼 이 활동은 통제 싸움과 관련된 사고, 감정, 행동을 드러낸다. 이 경험과제는 성공적인 의사소통과 조망수용과 같은 생산적인 행동을 촉진한다.

▨ 암호

연령 : 6세 이상
목적 : 사회기술 훈련
준비물 :

- 암호 보드 게임
- 색인카드
- 펜 혹은 연필

암호(Password)는 자기중심성과 자기도취를 줄여주는 보드게임이다. 이 활동에서는 한 팀원이 한 단어의 단서를 주면 다른 팀원이 그 비밀 단어를 추측한다. 단어는 아동들의 표현어휘와 수용어휘 수준에 맞춰 선택된다. 성공을 위해서 팀원은 다른 팀원의 관점을 이해하는 데 능숙해야 한다. 논리적이지 않은 단서나 자기만의 독특한 논리에 기초한 단서를 주는 팀원은 잘하지 못할 것이다. 이런 이유로 우리는 종종 고기능 자폐스펙트럼 진단을 받은 아동에게 이 활동을 사용한다.

각 라운드를 치료과정으로 활용할 수 있고, 아동의 수행에 대해 구체적이고 건설적인 피드백을 줄 수 있다. 피드백은 색인카드에 기록하면 된다(예 : 엄마가 보는 것처럼 사물을 보기). 동료가 건설적인 피드백을 줄 수도 있다(예 : "네가 '바나나 대원'이라고 했을 때 그게 뭔지 몰랐어. 우리 둘 다 아는 단어를 사용해야 했어."). 동료는 또한 생산적인 조망수용을 시범으로 보일 수 있다(예 : "나는 네가 알 만한 단서를 주려 했어. 암호가 '로봇'인 걸 네가 알아채게 하려고 네가 **배틀스타 갈락티카**[1]를 좋아한다는 걸 생각해서 **사일런**[2] 말을 사용했어.").

즐거운 활동 계획하기

즐거운 활동 계획하기(Pleasant Activity Scheduling, PAS)는 아동이 일상생활에서 즐거운 활동에 주의를 기울이도록 하면서 더 많은 강화를 경험하도록 하기 위해 한 주 동안 긍정적인 활동을 하도록 계획하는 것이다(A. T. Beck et al., 1979; Greenberger & Padesky, 1995). 치료자는 보통 아동이 향상되었음을 보여주기 위해 즐거운 활동 전후로 자신의 기분을 평가하게 한다. PAS는 우울을 감소시킬 수 있고 다른 방식으로는 관심을 보이지 않는 아동의 동기와 활동을 증가시킬 수 있다. 이는 내적 동기가 부족할 때 치료 참여에 대한 외적인 체계와 보상을 제공함으로써 도움을 준다.

---

1) 역자 주 : 배틀스타 갈락티카(Battlestar Galactica)는 미국의 SF 드라마이다.
2) 역자 주 : 사일런(Cylon)은 배틀스타 갈락티카에 나오는 부족이다.

우울한 아동은 종종 혼자서는 PAS를 생각해내기가 어렵다. 화가 나거나 혹은 불안한 아동 역시 저항적이다. 이러한 아동들은 무언가를 즉각 생각해내게 하기보다 선택지를 만들어 그 목록에서 고르게 하면 수월하다. 다음에서 활동 목록을 만들고, 활동을 계획하고 완수하는 데 아동의 흥미를 끌기 위한 창의적인 방법을 몇 가지 소개한다.

나의 즐거운 활동 재생목록

연령 : 10세 이상
목적 : 긍정적인 기분 증가시키기, 강화 제공하기
준비물 :
● 활동 계획하기 iPod 재생목록(양식 4.2)
　혹은
● 종이와 연필

음악을 듣는 것은 청소년들에게 인기 있는 오락이고 iPod '재생목록' 형태로 활동목록을 만드는 것은 재미있을 수 있다. 창의적인 청소년은 심지어 그들이 완수할 활동을 반영하는 노래 제목을 짓고 싶어 할 수도 있다. 이 재생목록 비유는 치료자가 청소년들과 관계 맺는 것을 돕고, 10대들이 친숙한 용어를 치료 개입에 적용하게 한다. 불안한 아동과 청소년들에게 친근함은 개입과제에 대한 편안함을 높이고 결과적으로 순응행동을 증가시킨다. 게다가 재생목록의 항목들을 완수하기 위해 계획하는 것은 그 과제를 조직화하고 이해하도록 돕는다. 그림 4.2는 재생목록의 예이고, 양식 4.2는 아동이 자신의 재생목록을 만들 때 워크시트로 이용될 수 있다. 다음 대화는 양식 4.2를 사용해서 활동 일정을 짜는 예를 보여준다.

치 료 자 : 넌 음악 많이 듣니?

니콜라스 : 음악 정말 좋아해요. 전 iPod을 어디든 가지고 다녀요. 차, 버스, 심지어 여기 대기실에도요. (웃는다.)

치 료 자 : iPod에서 가장 좋아하는 노래는 뭐니? (니콜라스가 좋아하는 음악에 대해 잠시 대화를 나눈다.)

치 료 자 : 노래 대신에 활동 재생목록을 만들어보면 어떨까?

니콜라스 : 무슨 뜻인가요?

치 료 자 : 자, 음악을 듣는 것이 너의 기분을 좋게 만들지. 그렇지만 목록에는 너의 우울한 기분을 도울 수 있는 다른 것들이 있을 수 있어. 그러니까 그것들을 시도해서 너의 기분이 달라지는지 알아보는 거야.

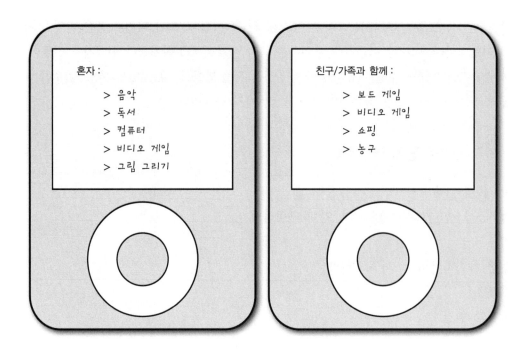

| **그림 4.2** | 완성된 '활동 계획하기 iPod 재생목록'의 예

니콜라스 : (농담과 미소로) 알겠어요. 맨날 우리가 하는 '실험'의 하나군요.

치 료 자 : 정말 너 도사가 되어가는 구나! 감정, 행동, 생각, 신체 사이의 연결성에 대하여
우리가 얘기한 것 기억하니? (니콜라스가 고개를 끄덕인다.) 자, 우리는 행동이
너의 감정에 어떤 효과를 주는지에 초점을 맞출 거야.

니콜라스 : 제가 우울하지 않게요?

치 료 자 : 그게 목표야. 우리는 너의 기분이 가장 잘 변하도록 돕는 것이 뭔지 알기 위해
너의 감정 점수에 주의해야 해. 그래서 네가 혼자 있을 때 할 수 있는 것들의 재
생목록을 만들자.

니콜라스 : 좋아요, 전 음악 듣는 게 좋아요. 너무 우울한 거 빼구요. 공상과학 책을 읽는 것
도 제가 기분이 가라앉은 이유가 뭐건 간에 잊게 하구요. 아, 코미디 쇼는 대체로
웃겨요.

치 료 자 : 근사해! 그것들을 첫 번째 재생목록에 놓자. 자, 언제 그 목록에서 무언가를 선택
할지 결정하자.

이 대화에서 치료자는 니콜라스의 음악에 진정한 관심을 보인다. 니콜라스가 중요하게 여
기는 것에 관심을 기울임으로써 치료자는 니콜라스의 눈높이에서 대화하고 의미 있는 개입방
법을 찾을 수 있다. 니콜라스는 그 후 행동활성화를 위한 아이디어로 재생목록을 언급하고

항목들을 필요에 따라 추가하거나 삭제한다. 가령 감정 점수를 매긴 결과 특정 항목이 일관되게 그의 기분 변화에 비효과적이었으면 니콜라스는 목록에서 그것을 삭제하기로 결정할 수 있다.

▤ 뽑기 주머니 활동계획

연령 : 6세 이상
목적 : 긍정적 기분 증가시키기, 강화 제공하기
준비물 :

- 도시락 가방
- 색인카드 혹은 작은 종이조각
- 쓰기/그리기를 위한 매직 혹은 크레용
- 잡지, 가위, 그림을 위한 풀

활동 그림이 있는 뽑기 주머니는 어린 아동에게 재미있고 유용하다. **뽑기 주머니 활동계획** (Activity Scheduling Grab-bag)은 아동이 즐거울 것으로 예상하는 사건/활동 목록을 만드는 것이다. 그 후 각 항목을 카드 위에 적거나 그림으로 그린다. 대안으로 아동이 잡지에서 그림을 오리고 각각의 카드에 그림을 풀로 붙이기도 한다. 카드를 도시락 가방 같은 작은 가방에 넣고, 그것을 장식한다. 치료자는 아동에게 가방에서 1개의 항목 혹은 카드를 뽑도록 지시한 후, 위의 즐거운 활동계획에서 언급했던 것처럼 결과를 평가한다. 각 카드 뒷면에 날짜와 해당 활동에 대한 평가를 적기 위한 빈칸이 있다. 그 후 각 활동이 아동의 기분을 향상시키는 데 얼마나 유용했는지 판단하기 위해 카드들을 검토한다. 그림 4.3은 만들어서 뽑기 주머니에 넣을 수 있는 카드의 예를 제공한다.

▤ 수수께끼

연령 : 6세 이상
목적 : 즐거운 활동 계획하고 평가하기
준비물 : 수수께끼 워크시트(양식 4.3)

즐거운 활동 후 평가하기 위해 시각적이고 구체적인 방법이 필요할 때가 많은데, 이러한 평가는 '즐거운 활동 계획하기'를 자기 것으로 자연스레 소화하도록 돕는다(J. S. Beck, 1995; Persons, 1989). Friedberg와 McClure(2002)가 논의한 대로 아동은 다양한 것에 대해 부정확한

뽑기 주머니 카드의 뒷면

날짜 : _____	평가 : _____
날짜 : _____	평가 : _____
날짜 : _____	평가 : _____
날짜 : _____	평가 : _____
날짜 : _____	평가 : _____

| **그림 4.3** | 즐거운 활동을 위한 '뽑기 주머니 활동계획'의 예

예측을 한다. 우울한 아동은 종종 그들이 갖게 될 즐거움을 과소평가하고, 불안한 아동은 예상되는 스트레스를 과대평가한다. 그러나 일단 그 일이 끝나도 아동은 좀처럼 자신의 예상에 대해 곰곰이 숙고해보지 않아서 독자적으로 그 정확성을 평가하지 못한다. 결과적으로 이러한 내담자들은 자신의 부정확한 예상으로부터 학습하지 못하고 계속해서 같은 잘못을 저지른다. 아동들이 예상의 (부)정확성 패턴을 찾고 예상과 결과를 좀 더 면밀하게 검증하도록 도움으로써, 치료자는 향후 인지 기법들을 위한 기반을 설립한다. 다시 말해 이 절차를 통해 아동은 그들 사고에 대한 증거 평가하기를 시작할 준비를 갖추게 된다. 예상을 시각적으로 설정하면 미래의 참조를 위한 서면 기록을 제공할 뿐만 아니라 내담자가 쉽게 그들의 예상을 지켜보게 한다.

수수께끼(Guessing Game)는 즐겁고 흥미로운 방법으로 즐거운 활동을 계획하고 평가하기 위한 틀을 제공한다. 때때로 일정 계획하는 것을 꺼리는 아동에게 '즐거운 활동 계획하기'는 수수께끼 워크시트에서 첫 번째 항목이 될 수 있다. 아동은 왼쪽 끝 열에 사건 혹은 활동을 그리거나 쓴다(예 : 생일파티, 수영강습, 보드 게임). 그다음 중간 열에 활동 중에 그들이 누리게 될 것으로 예상되는 즐거움의 수준을 표시한다. 그 활동을 완수한 후 아동은 실제로 경험한 즐거움의 수준을 표시한다. 따라서 이 워크시트는 예상된 느낌과 실제 느낌의 시각적 기록을 제공하게 되는데, 이는 미래추측을 수정하고 활동에 참여하려는 자발성을 증가시키는 데 기여할 수 있다.

수수께끼는 또한 체계적 둔감법을 수행할 때 도움이 될 수 있다. 즐거운 활동을 평가하는 것 대신 공포 위계의 다양한 항목에 대한 불안을 평가하면 되는 것이다. 각 노출 후에 아동은 실제 경험했던 불안수준을 기록한다. 점수가 줄면 아동이 그 항목을 정복했다는 뜻이므로 위계의 다음 항목으로 넘어가면 된다.

다음은 다가올 사건에 대하여 비관적인 티나라는 10세 아동의 예이다. 치료자는 계획된 활동에 대한 아동의 예상을 검증하기 위해 수수께끼를 소개한다.

티 나 : 아무것도 하고 싶지 않아요. 보나마나 재미없을 거예요. 그냥 안 내켜요.

치료자 : 이전에 네가 즐기던 것조차 하고 싶지 않은 모양이네.

티 나 : 전 무용레슨 가는 것을 정말 좋아했어요. 그렇지만 지금은 하고 싶지 않아요. 사촌과 나는 항상 아메리칸 아이돌[3] 흉내를 내곤 했어요. 그렇지만 지금으로선 이번 주말 그 애의 생일파티조차 가고 싶지 않아요. 제가 전혀 즐기지 못할 거라는 걸 잘 알거든요.

치료자 : 넌 앞으로 어떻게 될지 이미 추측을 끝냈나 보구나.

티 나 : 예. '안 좋음!'이에요.

치료자 : 게임 좀 해볼래? 어떻게 될지에 대해 추측을 해보는 거야. 그리고 나서 그걸 시도해 보고 너의 추측이 맞는지 알아보는 거지.

티 나 : 글쎄요, 괜찮을 거 같아요. 사촌 생일파티에 무슨 일이 있어도 가야 한다고 엄마가 말씀하셔서 실제로 저는 선택권이 없어요.

치료자 : 그래서 너의 추측은? 10점 만점으로 점수를 매긴다면 생일파티에서 얼마나 재미있을 것 같니?

티 나 : 아마 2점이요. (작업지를 채운다. 그림 4.4 참조)

치료자 : 좋아. 파티 후에 실제 얼마나 재미있었는지 숫자를 채울 수 있겠니?

티 나 : 물론요. 쉬운걸요.

수수께끼는 예상과 결과의 시각적 기록을 생성하면서 티나가 자신의 예상을 검증하는 것을 도울 것이다. 이 자료는 긍정적인 결과를 과소평가하고 부정적인 결과를 과대평가하는 패턴을 탐지하고 지적하기 위해 사용될 수 있다.

---

3) 역자 주 : 아메리칸 아이돌(American Idol)은 미국의 가수 오디션 프로그램이다.

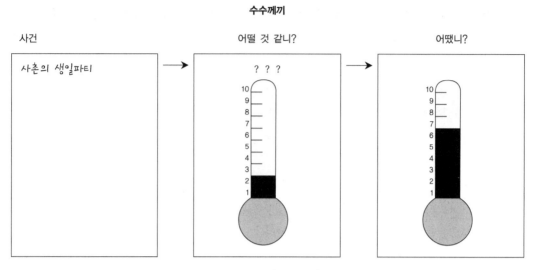

| 그림 4.4 | 티나의 '수수께끼' 워크시트

습관 반전

틱 같은 반복행동은 신체적 · 대인관계의 문제를 낳는다(Miltenberger, Fuqua, & Woods, 1998). 이러한 문제를 보이는 아동은 감정적으로 힘들어하고 대처법에도 자신이 없다. 반복행동이 나타나는 것에 대한 내담자의 자의식은 점점 커지게 되고, 행동 자체가 수업을 산만하게 만들거나 사회활동이나 방과후 활동을 저해할 수 있다. 이러한 이유로 틱 장애아의 틱행동, 강박행동 혹은 다른 상동증적 행동(예 : 발모증, 말더듬, 손톱 물어뜯기와 기타 신경성 습관)을 가진 사람들의 틱 빈도를 줄이기 위해 종종 행동 개입이 사용된다. 습관 반전(habit reversal)은 틱, 말더듬과 신경성 습관에 효과적인 방법으로 알려졌다(Woods & Miltenberger, 1995).

습관 반전은 치료하고자 하는 습관의 '반전' 혹은 반대되는 행동을 개인이 연습하는 것을 포함한다(Azrin & Nunn, 1973). 그래서 자신의 손톱을 반복적으로 깨무는 사람은 손톱을 깨무는 것 대신 사물을 잡고 있도록 가르친다. '반전'행동 시행에 추가해서 Azrin과 Nunn은 단계적 방법을 권장했다. 구체적으로 설명하면 우선 내담자는 습관의 빈도를 기록하도록 교육받는다. 습관에 대한 알아차림을 증가시키는 것이 이 치료에서 중요한 단계인데, 그러기 위해서 내담자가 거울로 자신을 보게 하고 그 습관에 대해 자세히 진술하도록 할 수 있다. Azrin과 Nunn은 또한 그 습관을 저지르게 될 조짐을 파악하고 탐지하도록 내담자를 가르칠 것을 권고했다.

일단 아동이 그 행동이 일어나는 것을 알아차리면 경쟁반응을 하도록 지시한다. 경쟁반응이란 그 습관과 동시에 수행될 수 없으며 그 습관을 대신하는, 그 습관과 경쟁하는 행동이다.

치료 중이나 거울 앞에서 경쟁적 행동을 연습함으로써 아동은 그 행동에 더욱 익숙해질 수 있다. 예를 들어, 아동이 반복적 헛기침을 보이면 심호흡 연습과 물병의 물을 한 모금 마시는 것이 경쟁반응으로 사용될 수 있다. 그 행동이 어떤 스트레스 상황에서 심해지는 것이 발견되면 이 장 초기에 살펴본 이완전략이 스트레스 관리에 유용하다. 마지막으로 내담자의 노력과 성공에 대해 정적 강화를 제공한다(Azrin & Nunn, 1973). 이 기법의 사용을 위해 시각적 혹은 언어적 단서를 제공할 수 있고, 필요하다면 언어나 유관성 관리 프로그램을 통해 대안적 행동에 대한 차별화된 강화를 시행할 수 있다(이 장의 후반 부분, 유관성 관리 참조). 습관의 빈도나 기간을 지속적으로 측정하는 것이 자기감찰과 효과 검토에 유용하다. 시각적 도표나 차트는 그 습관의 빈도 변화를 한 눈에 볼 수 있게 해줘서 치료를 계속하도록 아동의 동기를 한층 북돋울 것이다.

Stemberger, McCombs-Thomas, MacGlashan과 Mansueto(2000)는 틱이나 습관행동과 경쟁하기 위해 단순한 행동 개입들을 추천했다. 이러한 전략들 중에는 자폐스펙트럼장애 내담자가 경험하는 보속증(perseverative behaviors)과 자기자극 행동에도 사용될 수 있는 것들이 많다. 머리카락 뽑기 혹은 입에 손가락 넣기 행동에 대해서는 손가락 밴드 혹은 고무장갑이 사용될 수 있다. '주먹 쥐기' 혹은 '스트레스 볼 같은 장난감을 꽉 쥐기'는 손과 손가락을 써야 하기에 유용하다. '머리 적시기'와 '빗기', '치실, 나일론 낚싯줄, 테니스공의 보풀 등 머리카락 같은 느낌의 물건 만지작거리기' 등이 경쟁반응으로 사용될 수 있다. '물 마시기' 혹은 '심호흡'은 음성 틱이나 끙끙 소리내기와 효과적으로 경쟁할 수 있다(Miltenberger, Fuqua, & Woods, 1998; Woods & Miltenberger, 1995). Woods와 Luiselli(2007)는 음성 틱에 대한 경쟁반응으로 느리고 부드러운 말을 제안했다. 추가적으로 그들은 눈 근육 틱을 다뤄주기 위해 2초마다 리드미컬한, 통제된 눈 깜박임을 사용했다. 목 스트레치 운동은 머리 흔들기에 대한 경쟁반응이 될 수 있다.

Mansueto, Golomb, Thomas와 Stemberger(1999)는 발모증을 치료하기 위한 많은 특정 행동 전략들을 제공했다. 그들은 운동피드백과 감각피드백을 증가시키기 위해 탄력 팔꿈치 보호대뿐만 아니라 손목과 손가락에 향기를 사용할 것을 추천했다. '안경이나 선글라스 쓰기', '머리 뒤로 묶기', '머리 염색'과 '손톱 단장하기'는 반응 예방을 촉진할 수 있다. Mansueto 등은 또한 '주먹 쥐기', '고무 찰흙, 걱정 구슬, 혹은 실리 퍼티 꽉 쥐기', '뜨개질', '구슬 공예'와 '수예'로 경쟁반응 훈련을 시키라고 제안했다. 강화가 감각자극으로부터 얻어진다면 그 부위를 솔로 빗거나 스폰지로 문지르면 유용할 것이다. 또한 Mansueto 등은 아동이 머리카락을 물어뜯거나 먹는다면 질감이 많은 셀러리, 당근 혹은 캔디 같은 '아삭한 음식'을 사용했다.

🗒 후진!

연령 : 6~10세
목적 : 습관 반전
준비물 :

- 후진 지도
- 매직, 크레용, 연필 혹은 펜
- 작은 장난감 차 혹은 자동차를 그리고 오려낼 종이

후진! 기법은 습관 반전의 목적을 아동이 이해하도록 돕기 위해 길을 운전해 내려가는 자동차의 비유를 사용한다. 그림 4.5 같은 지도를 사용하여 누군가 길을 따라 운전하다가 가려던 길을 놓쳤고, 그 운전자는 옳은 경로로 갈 때까지 자동차를 돌려 '후진'할 수 있음을 치료자가 아동에게 설명한다. 주도로는 바람직한 행동과 감소된 틱 혹은 습관으로 가는 경로를 나타낸다. '잘못된 회전'은 그 습관의 사용을 나타낸다. 치료 기법은 아동이 후진하고 '올바른 경로'에 오르도록 돕는다. 아동은 차나 트럭을 그린 후 오려내서 도로를 따라 움직인다. 아주 어린 아동에게는 작은 장난감 차가 적절할 수 있다. 아동에게 길을 따라 간판들이 늘어서 있으니 거기다 습관 반전을 도울 수 있는 이완 기법, 경쟁반응과 자기지시적(self-instructional) 말과 같은 대처기술을 적으라고 지시하면 된다. '목적지'는 아동이 적은 구체적 목표와 관련된 습관의 제거나 감소이다. 차는 교차로에서 멈추게 되는데, 이는 스트레스 상황과 습관의 유발 인자를 상징한다. 아동은 교차로마다 개입기술을 연습한 뒤 바람직한 경로로 계속 전진한다.

고통감내 기술

고통감내 기술은 아동과 청소년이 정서적 불편감을 수용하고 관리하도록 돕는다. 정서적 과민성은 충동성, 취약성, 그리고 낮은 자기조절을 야기한다(Corstorphine, Mountford, Tomlinson, Waller, & Meyer, 2007). Linehan(1993a, 1993b)은 내담자들에게 다양한 기법을 통해 그들의 정서, 행동, 감각의 반응을 변화시키는 법을 가르치는 것을 창시했다. Linehan(1993a)은 **고통 감내**를, 부정적 정서를 수용하고 견딤으로써 생산적인 문제해결을 가져오는 역량이라고 정의했다. 고통감내는 많은 환자들에게 유용한데, 특히 고통스런 감각에 예민한 PDD 아동들에게 유용하다. 또한 섭식장애자도 낮은 고통감내의 특징을 보인다(Corstorphine et al., 2007).

　고통감내 기술의 기본 의도는 환자의 고통과 경합하는 감각경험을 개발하는 것이다. 항목들을 이 장의 초반에 기술된 진정기술과 같은 상자 속에 넣어둘 수도 있다. 또한 Sze와 Wood (2007)는 아스퍼거 증상을 가진 어린 아동을 위해 '박물관 상자(museum box)'에 들어 있는

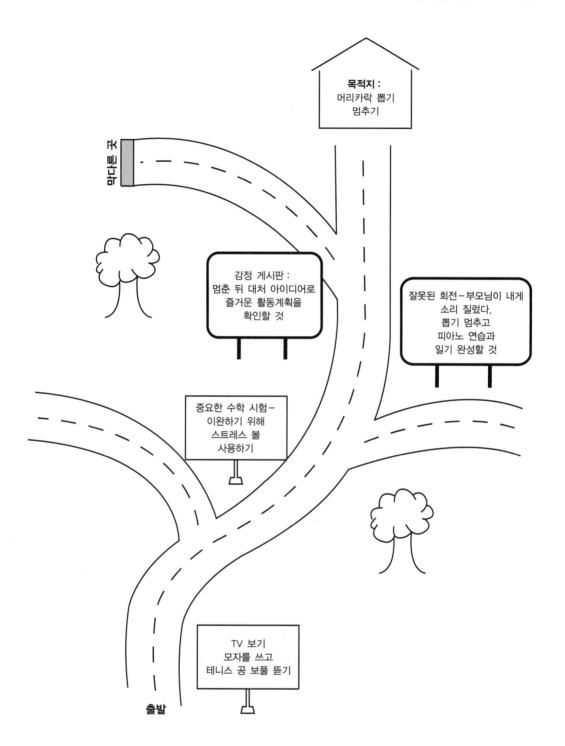

| 그림 4.5 | '후진' 지도의 예

• 손톱/발톱 칠하기	• 얼음 쥐기
• 좋아하는 음악 듣기	• 머리 빗질하기 혹은 땋기
• 손에 로션 바르기	• 실크, 털, 리본, 혹은 좋아하는 천 문지르기
• 비눗방울 불기	• 이마에 차가운 습포 놓기
• 손부채 사용하기	• 향기 나는 초 냄새 맡기
• 좋아하는 화장수, 향수, 바디로션 바르기	• 매운 냄새 맡기(예 : 마늘, 계피)
• 레몬 혹은 오렌지 빨아먹기	• 매운 맛 혹은 매우 시고 딱딱한 캔디 빨아먹기
• 맛있는 껌 씹기(예 : 신 체리, 매운 계피 맛)	• 퍼즐 맞추기
• 거품 목욕하기	• 두피 마사지하기
• 고양이/개 쓰다듬기	• 장난감 혹은 스트레스 볼 쥐기

| **그림 4.6** | **고통감내 기술의 예**

대처기술을 사용할 것을 제안했다. 그림, 스티커, 구슬과 장난감 보석들로 상자와 세트를 장식할 수 있다. 그림 4.6에 나열된 것은 저자들의 임상적 경험뿐만 아니라 Linehan의 작업에서 나온 다수의 기술들이다.

유관성 계약

유관성 관리는 기본적으로 특정 행동에 적용되는 보상과 결과에 대해 계약을 맺는 것이다. 유관성 관리는 바람직한 행동을 증가시키고 조형하는 데 유용하다(Kazdin, 2001). 계약은 아동과 양육자가 목표를 따르도록 돕기 위해 동기와 구조화를 향상시키는 인센티브(강화)를 제공한다. 유관성 관리에서 첫 번째 단계는 구체적이고 현실적인 목표행동을 세우는 것이다(Barkley, 1997; Shapiro, Friedberg, & Bardenstein, 2005). 일단 목표를 세우면 그 목표를 단계나 시간 간격으로 쪼갠다. 예를 들어, 목표행동이 매일 아침 학교 갈 준비를 혼자서 끝내는 것이라면 계약은 아동의 아침 일상 각 단계의 개요를 서술하고 각 단계가 달성되면 강화를 제공하는 것이다. 목표행동이 공격성 감소라면 그 하루를 시간 간격으로 쪼개고 아동이 각 시간 동안 비공격적 행동을 보이면 보상을 준다.

　특정한 목표행동을 파악하는 것에 더해서 목표행동이 달성되거나 달성되지 않았을 때의 결과에 대해서도 분명히 정의해야 한다(Spiegler & Guevremont, 1998). 이것은 행동이 무엇인지뿐만 아니라 언제 얼마나 자주 그 행동이 일어나는지와 목표행동의 다양한 측면에 대해 누가 책임을 맡을 것인지를 포함한다(Spiegler & Guevremont, 1998). 예를 들어, 이 닦기 수행을 향상시키는 목표는 다음과 같이 적을 수 있다. "조이가 월요일부터 금요일까지 아침식사 후 10분 내 이를 닦으면 그의 엄마는 조이가 주말 동안 빌릴 게임을 고를 수 있도록 게임대여 가게에 데려갈 것이다." 이 예는 목표행동(이 닦기), 그것이 일어나는 때(아침식사 후 10분 이 내), 참가자들의 책임(엄마가 그를 상점에 데려가고 조이는 게임을 고른다), 결과/보상(주말을 위해 게임 빌리기) 등을 분명하게 제시한다.

Spiegler와 Guevremont(1998)는 유관성 계약을 사용하는 것에 다양한 이점이 있음을 지적했다. 구체적으로 말하면 계약은 기대를 분명하게 정의함으로써 갈등을 감소시킨다. 또한 계약을 만들고 계약에 서명할 때 가족이 능동적 역할을 맡게 하면 그 계획을 이루기 위한 가족의 노력이 증대될 것이다. 더욱이 유관성 계약은 긍정적 상호작용과 협동을 격려함으로써 부모-아동 관계에 유익하다. 나아가 계약은 바람직한 행동과 바람직하지 않은 행동에 대해 일관된 결과를 갖고 그대로 따라 하면 되도록 부모를 도우며, 또한 경고의 수를 감소시킨다(계약에서 '아동이 말을 들은 첫 번째에 과제 이행하기'처럼 구체적으로 명시한다).

퍼즐용 그림조각

연령 : 4~10세
목적 : 유관성 계약을 의미 있게 만들기
준비물 :

- 판지 혹은 딱딱한 종이
- 접착 천
- 가위 혹은 상자 칼
- 매직
- 퍼즐용 그림조각

퍼즐용 그림조각은 아주 어린 아동들도 유관성 계약을 이해할 수 있도록 돕기 위해 시각적이고 촉각적인 개입을 제공한다. 이 접근법을 통해 아동은 목표를 좀 더 잘 이해할 수 있으며, 또한 보상이 즉각적으로 주어지지 않는 경우에 대해 이해할 수 있다. 어린 아동을 위한 성공적인 유관성 관리의 가장 큰 도전은 아동이 그 체계를 이해하고 그것에 의해 동기가 유발되기에 충분한 구체적이고 직접적인 계획을 만드는 것이다.

퍼즐용 그림조각은 장기적인 보상을 향해 계속 작업하는 동안 아동을 즉각적으로 강화하기 위한 시각적 방법이다. 퍼즐용 그림조각 기법을 사용할 때는 보상 혹은 보상의 일반적인 상징물을 만들고 퍼즐조각으로 자른다. 퍼즐을 조립하는 데 사용되는 판지와 퍼즐조각 뒷면에 벨크로 접착테이프를 붙인다. 아동이 사전에 결정된 행동을 하면 퍼즐용 그림조각을 얻고 나중에 퍼즐이 완성되면 지정된 보상을 얻는다. 조각 뒷면에 쓰인 행동들을 다 수행하여 퍼즐이 완성될 때, 아동은 어떤 행동들이 강화받았는지 되새기기 위해 조각을 살펴본다. 예를 들어, '식기세척기에서 접시 꺼내기', '강아지에게 먹이 주기', '목욕하라고 말하면 다시 말하지 않아도

| **그림 4.7** | 퍼즐용 그림조각 : '곰 만들기' 유관성 관리의 예

목욕하기', '테이블 치우기'가 조각 뒷면에 쓰여 있을 수 있다. 간단히 말해 아동이 각 항목을 수행하면 해당 그림조각을 퍼즐에 덧붙이는 것이다. 서프라이즈를 좋아하는 아동을 위해 부모가 직접 퍼즐을 만들 수도 있다. 그러면 아동이 조각을 하나씩 얻게 되면서 최종적으로 무엇을 받게 될지 추측해보며 재미있어 할 것이다.

취침시간에 해야 할 일들을 거부하는 6세 아동 제니를 생각해보자. 제니의 엄마는 각각의 과제(예 : 잠옷으로 갈아입기, 세수하고 이 닦기)를 완수하라고 여러 번 제니에게 말해도 제니는 여전히 거부하거나 엄마를 무시한다고 보고했다. 유관성 계약은 제니의 취침시간 일과의 순응을 향상시키는 것을 목표로 설정했다. 수행을 위한 세부적 단계가 정해졌다. 제니는 동물을 무척 좋아해서 애완동물 상점을 방문하는 것이 그녀의 동기를 북돋을 수 있었다. 각 그림조각이 취침일과의 각 단계를 나타내는 곰 퍼즐이 만들어졌다(그림 4.7). 제니가 퍼즐용 그림조각을 획득하기 위해서는 단 한 번의 지시로 그 단계를 수행해야 했다. **퍼즐용 그림조각이** 완성되자마자 제니의 엄마는 그녀를 애완동물 상점에 데려갔다. 2주 후 제니는 취침일과를 일관성 있게 수행했다. 따라서 제니가 전체 취침일과를 수행하는 밤마다 하나의 조각을 얻도록 체계를 수정했다. 만일 한 주 내내 수행하면 퍼즐 5개를 받았고 주말 방문을 상으로 얻었다.

강화

행동에 대해 정적 강화를 주는 것은 가장 강력한 행동 개입의 한 방법이다. 강화는 상식적으로 부모훈련의 '첫 단계'이다(Barkley et al., 1999; Becker, 1971; Forehand & McMahon, 1981). 정적 강화는 어떤 행동의 빈도를 증가시키기 위해 그 행동에 대해 긍정적 결과를 주는 것이다. 강화물은 유관성 관리 프로그램을 실시하는 동안 사용되는 스티커 혹은 토큰처럼 눈에 보이거나 만질 수 있는 것일 수 있다. 강화물은 또한 제때에 기분 좋게 해야 할 일을 하고 나면 15분 더 늦게 잠자리에 들 수 있도록 허락받는 것과 같은 '특권'일 수도 있다. 양육자의 언어적 칭찬은 또한 강력한 강화물이다. 칭찬할 때 바람직한 행동을 구체적으로 언급하면, 그러한 칭찬은 적절한 행동을 가르친다(예 : "네가 기분조절을 위해 스트레스 공을 쥐고 심호흡하는 걸 보니 좋구나.").

목표행동은 또한 부적 강화를 사용해 수정될 수 있다. 부적 강화는 어떤 행동의 빈도를 증가시킬 목적으로 매번 그 목표행동이 일어날 때마다 바람직하지 않거나 혐오적인 무언가를 제거함으로써 일어난다. 예를 들어, 아동에게 설거지를 면하게 해줌으로써 저녁식사 동안 차분하게 식탁에 앉아 있는 행동을 강화할 수 있다. 여기에서 부적 강화물은 싫어하는 설거지의 제거이다. 정적 강화와 부적 강화에 관해 기억해야 할 가장 중요한 것은 둘 다 바람직한 행동을 증가시킨다는 점이다.

정적 강화와 부적 강화라는 용어는 양육자에게 혼란스러울 수 있다. 더하기와 빼기 기호(+와 −)는 강화가 바람직한 무언가를 더하는 것(+, 정적 강화)으로 구성되는지 혹은 부정적인 무언가를 가져가는 것(−, 부적 강화)인지를 상징화하기 위한 단서로 도움이 될 수 있다. 존슨 부인과의 다음 대화에서 예시된 것과 같은 방법으로 부모들에게 강화에 대해 소개하면 된다.

> **치료자** : 처음 지시할 때 스티븐이 그대로 따르는 것을 증가시키자는 목표에 동의하셨지요. 스티븐이 첫 지시를 따르는 빈도를 증가시키기 위해 강화물을 사용하려고 해요.
>
> **어머니** : (웃으며) 예, 멋진데요. 효과가 있었으면 좋겠네요.
>
> **치료자** : 자, 어머님과 스티븐이 함께 있는 모습을 지켜보니 저에게 분명한 점은 두 사람이 서로를 깊이 사랑한다는 겁니다. 전 어머님께서 얼마나 스티븐을 잘 돌보고자 하시는지, 또 스티븐이 어머님의 반응에 대해 얼마나 신경을 쓰는지 알겠습니다. 스티븐의 행동을 향상시키기 위해 그 '사랑'을 사용하면 좋겠네요.
>
> **어머니** : 그렇지만 어떻게요?
>
> **치료자** : 자, 먼저 스티븐에게 매우 중요한 게 있는데, 지시하자마자 따랐을 때 무엇인가를 '주는' 겁니다(정적 강화). 어머님의 관심이 스티븐에게 매우 중요하다는·걸 우리가 알잖아요. 그 애가 지시하자마자 따랐을 때 어머님께서 우리가 전에 얘기한 미소,

하이파이브, 칭찬을 주시는 겁니다.

어머니 : "난 네가 지시하자마자 따를 때가 좋단다."라고 말하는 것 같은 거요?

치료자 : 정확해요! 정말 잘 이해하시네요. 잘하셨어요.

어머니 : 고맙습니다. 하지만 전 그 애가 제 미소보다 컴퓨터를 더 좋아한다고 생각해요.

치료자 : 우리는 또한 스티븐에게 컴퓨터를 할 기회를 '줄' 겁니다. 따라서 그 애는 컴퓨터를 할 시간과 어머님의 칭찬을 얻을 기회를 갖게 됩니다. 또한 우리는 스티븐이 좋아하지 않는 것을 제거해줄 거고, 그것이 보상이 될 것입니다. 이렇게 함으로써 스티븐이 지시를 좀 더 따르게끔 돕게 되죠.

어머니 : 네, 확실히 그 앤 쓰레기통 비우는 걸 좋아하지 않아요.

치료자 : 좋은 예에요. 그 애가 뭘 지시하자마자 따르면 그 애는 쓰레기 버리러 나가지 않는 것을 '얻는' 것입니다. 기본적으로 어머님은 지시하자마자 따르는 스티븐의 행동을 보상하기 위해 그 애가 좋아하지 않는 어떤 것을 제거해주게 됩니다.

어머니 : 오, 알겠어요.

치료자 : 좋아요. 자, 그 계획에 대해 세부적으로 얘기해봅시다.

이 예에서 치료자는 직접적 지시와 구체적인 예, 모델링을 통해 강화에 대해 어머니를 가르쳤다. 치료자는 정보에 대한 어머니의 관심을 높이기 위해, 이해했는지 확인하기 위해, 그리고 가족의 일상생활로부터 의미 있는 예를 얻기 위해 어머니를 논의에 참여시켰다.

자극포화 예방하기

부모에게 유관성 관리 계획 실행에 대하여 이야기할 때 부모들은 종종 "그런 것들이 처음에는 되다가도 항상 몇 주 후면 중단돼요."라고 보고한다. 초기 성공 후에 따르는 퇴행이 일어나는 가장 흔한 이유 중의 하나는 자극포화(stimulus satiation)이다. 자극포화는 강화물이 아동에게 효과가 없어질 때 일어나는데, 종종 강화물에 과도한 노출 혹은 지나친 접근성 때문에 일어난다(Barkley, 1997). 하루에 여러 번 사탕으로 보상받은 아동들은 1개의 사탕을 위해 행동을 변화시키려는 동기가 약해진다. 마찬가지로 방과 후(부모님은 여전히 일하는 동안)에 TV 혹은 컴퓨터에 무제한 접근할 수 있는 청소년들은 저녁에 컴퓨터하는 시간을 얻기 위해 심부름을 하는 데 동기화되지 않을 수 있다. 강화물이 적게 사용되거나 강화물에 대한 접근이 제한적일 때 강화물의 가치가 더 오래 유지될 수 있다. 정기적으로 사용되는 강화물의 목록을 재평가하고 수정하는 것이 가족에게 도움이 된다.

5세 리안의 부모는 여름 동안 가정에서 행동계획을 수행하면서 처음에는 특별한 간식(예 : 사탕, 스낵, 껌)을 유용한 강화물로 사용했다. 그러나 부모가 보상규칙을 잘 따랐음에도 불구하고 수 주 후 리안의 수행은 감소했다. 부모가 알아보니 리안이 유치원 갔다 돌아오면 보모가 맛있는 간식을 주고 있었다. 이전에는 드물던 간식이 매일 리안에게 주어졌기 때문에 그것을 얻기 위해 집에서 숙제를 수행하려는 동기가 높아지지 않았다. 리안의 부모는 일단 바람직한 방과 후 간식이 무엇인지, 그리고 어떤 것들만 행동계획의 일부로 줄 수 있는지에 대하여 보모와 이야기를 나누었다. 그 후 보상은 다시 효과를 얻었고 리안의 동기는 다시 높아졌다. 그 결과 리안의 행동은 향상되었다.

타임아웃

"우리는 타임아웃을 시도했지만 잘 안 됐어요."가 이 행동 기법을 논의할 때 부모들이 흔히 보이는 반응이다. 타임아웃은 적절하게 사용하면 꽤 효과적인 기법이기 때문에 폭넓게 사용되지만, 효과를 보이지 않을 때는 무척 좌절된다! 먼저 부모는 타임아웃으로 훈육될 목표행동에 동의해야 한다. 타임아웃은 공격성, 욕설, 불순응과 같은 구체적 행동 1~2개를 목표로 사용해야 한다. 가령 순응문제가 목표가 되면 아동은 명령을 받는다. 아동이 따르지 않으면 경고를 할 수 있다. "넌 _____(부모의 지시)를 할 필요가 있어. 그렇지 않으면 타임아웃을 할 거야." 그럼에도 아동이 이행하지 않으면 즉시 타임아웃을 시작해야 한다. 공격성 같은 다른 행동의 경우에는 그 행동이 일어나면 항상 타임아웃을 시행할 거라고 미리 아동에게 말한다. 따라서 아동이 공격적일 때는 경고가 필요 없으며 아동에게 즉각적으로 타임아웃을 시행한다. 부모는 이러한 개입 동안 중립적인 목소리로 침착하게 통제를 유지할 필요가 있다. 부모가 무심코 보이는 좌절과 고함은 의도치 않게 아동의 부정적 행동을 강화하고 부차적인 부정적 행동을 유발할 뿐만 아니라 추가로 가족 갈등을 낳는다.

타임아웃이 시행될 때 어떤 아동은 그제야 처음의 명령을 따르려하거나 부적절한 행동에 대해 사과를 하려 한다. 그러한 사과나 행동을 칭찬해줄 수는 있지만 타임아웃은 여전히 이행되어야 한다. 부모가 타임아웃 장소에 그 아동을 데려다줘야 할 수도 있다. 타임아웃 장소로 탈 없이 따라오지 않는 아동에게는 타임아웃보다 좀 더 혐오적인 것으로 여겨지는 추가적 처벌을 사용할 수도 있다. 또한 타임아웃 장소로 가라고 말했을 때 아동이 말을 듣지 않는다면 그 아동은 타임아웃보다도 더 마음에 들지 않는 것으로 여겨지는 또 다른 처벌을 받는다. 목표는 아동이 대안을 피하기 위해 타임아웃을 선택하게 되는 것이다(예 : "당장 타임아웃에 가지 않으면 오늘 오후에 스케이트를 타러 갈 수 없을 거다."). 모든 행동 개입과 마찬가지로 실제로 행하는 것이 핵심이다. 부모는 그들이 실제로 실천할 수 있는 처벌만을 주어야지 그렇지 않으면 이런 처벌은 비효과적일 것이다.

효과적인 타임아웃을 설계하는 것과 관련된 세부사항에 관한 책들을 참고하라(Barkley, 1997). '비자극적이고 안전한 장소 선택하기', '짧은 시간 동안 앉아 있게 하기(전형적으로 연령당 대략 1분)', 그리고 '타임아웃 동안 아동에게 그 어떤 관심이나 강화도 주지 않기'가 가이드라인이다. 부모는 종종 타임아웃 동안 훈계를 하거나 혹은 아동에게 지나친 관심을 보이는데, 그것은 부적절한 행동을 일으키고 이 전략의 효과를 감소시킨다.

다음 예에서 치료자는 의심 많은 아버지에게 타임아웃을 사용하라고 제안한다.

> 아버지 : 그 타임아웃은 헛소리예요! 효과 없어요.
> 치료자 : 전에 해보셨나요?
> 아버지 : 예! 그렇지만 항상 엉망으로 끝났어요.
> 치료자 : 얼마나 좌절되셨어요! 어떤 일이 일어났는지 저에게 말씀해주세요.
> 아버지 : 그러지요. 먼저 그 앤 제가 타임아웃 가라고 말했을 때 결코 가질 않아요. 그래서 우린 결국 다투게 돼요. 그 뒤 그 애가 타임아웃 하러 가면 자기 방에서 그냥 놀아요. 애초에 뭣 때문에 타임아웃을 받는지도 잊어버리고 말입니다.
> 치료자 : 알겠어요. 아버님께서 방금 말씀하신 문제를 해결할 수 있는 다른 타임아웃 방법을 알려드리면 어떨까요? 다른 접근을 한번 시도해보시겠어요?

이 예에서 아버지는 타임아웃 사용하는 것을 즉각적으로 거절한다. 치료자는 논쟁하거나 타임아웃이 도움이 된다는 것을 설득하려 들기보다 먼저 아버지의 경험과 감정을 인정한다. 그 후 치료자는 추가정보를 이끌어내고 타임아웃 개입을 효과적이고 의미 있는 방법으로 제시한다. 그렇게 함으로써 치료자는 문제들을 파악하고 나중에 이 문제들을 다룰 수 있게 된다. 이러한 접근을 통해 치료자는 단지 타임아웃을 사용하라고 설득하기보다 아버지와 협력해서 계획을 수립하게 된다.

반응 대가

유관성 관리를 논의할 때마다 반응 대가의 문제가 종종 제기된다. 반응 대가는 바람직하지 않은 행동에 대해 이전에 얻은 강화를 제거하는 것(대가)이다. 예를 들어, 아침에 할 일과 제시간 등교준비를 수행해 17개의 토큰을 얻은 아동은 나중에 여동생을 때려 10개의 토큰을 잃고 7개의 잔고를 남김으로써 처벌받는 것이다. 유관성 관리를 시작할 때 우리는 행동 프로그램이 확립되어 잘 운영될 때까지 보상을 제거하지 말 것을 권장한다(Barkley, 1997). 한 주 혹은 두 주 후에 양육자는 반응 대가 절차를 시작할 수 있다. 강화될 행동이 사전에 정해지는 것처럼 처벌받을 행동도 또한 분명하게 정해져야 한다. 그런 행동이 일어날 때 토큰이나 칩, 점수 등을 뺏으면 된다. 불순응, 마무리 부족, 혹은 거짓말, 공격성, 욕설 등의 바람직하지 못한 행동은 반응 대가로 처벌될 수 있다. 퍼즐용 그림조각 기법이 사용되고 있었다면 그림조각

하나를 뺏는다.

양육자는 반응 대가 절차를 아껴서 사용해야 하며, 반응 대가를 시행하기로 한 행동이 강화체계의 효과를 낮추지 않도록 하는 것이 중요하다. 많은 강화물/점수를 잃은 아동은 그 프로그램을 계속할 동기를 잃을 수 있다. 게다가 부모가 언제/어떻게 강화물/점수를 뺏을지에 대하여 분명한 규칙을 정해놓지 않으면 부모 자신의 좌절감을 해소하기 위해 충동적으로 과도한 양을 제거할 수 있다. Barkley(1997)는 이러한 현상을 '처벌의 소용돌이(punishment spiral)'라고 언급했는데, 이것은 벌금을 물라고 하면 아동이 부적절한 행동을 보임으로써 처벌에 부정적으로 반응하는 것이다. 그러한 부적절한 행동 때문에 또 벌금을 내게 되고, 이것은 다시 나쁜 행동을 유발하며, 벌금을 또 물게 되는 식으로 꼬리에 꼬리를 문다. 따라서 Barkley는 점수체계를 통해 벌금 물리기를 한 번만 사용할 것을 권장한다. 부정적 반응이 뒤따르면 타임아웃과 같은 처벌의 또 다른 형태를 사용해야 한다(앞에서 논의된 타임아웃 참조).

다음 예는 반응 대가를 효과적으로 사용하지 못할 때 어떤 일이 일어나는지 보여준다.

어머니 : 이 토큰체계는 안 돼요. 토니가 어제 문제행동을 했고 칩을 뺏으려 했을 때 되질 않았어요. 그다음엔 그냥 내리막길이었어요. 칩에 더 이상 관심조차 없어요.

치료자 : 저런, 정말 낙담하셨군요. 무슨 일이 있었는지 말씀해주세요.

어머니 : 글쎄, 제가 자러갈 시간이라고 말하자 저에게 고함치기 시작하더군요. 그래서 방금 5개의 칩을 잃었다고 말했어요.

치료자 : 그것은 분명히 지난주에 토니와 함께 짠 계획이군요. 계약을 잘 따르셨네요.

어머니 : 예, 그렇지만 효과는 없었어요. 그 앤 계속 고함쳤고, 그래서 또 칩 5개를 뺏었어요. 그랬더니 진짜 화를 내며 저에게 욕을 해서 다시 20개 칩을 잃었다고 말했지요. 그 앤 쿵쾅거리며 지하실로 내려갔고, 밤새 TV를 봤어요.

치료자 : 알겠어요. 그 계획으로 돌아가서 이 상황이 나아지도록 무엇을 할 수 있었을지 생각해보지요. 어머님의 행동계획에 따라 불순응과 반응 대가를 어떻게 다루면 좋을까요?

이 예에서 치료자는 어머니가 갈등에 대해 자세하게 이야기하도록 촉구한다. 치료자는 어머니의 좌절을 인정했고, 그녀가 실행한 반응 대가의 문제가 드러났다(그녀는 칩 제거를 지속했고 필요시 다른 처벌로 이행하는 행동계획을 지키지 않았다). 치료자는 그 후 안내된 발견을 사용하여 그 문제를 해결하도록 돕기 시작했다. 이 전략은 장기적으로 어머니에게 중요할 것이다. 뭐가 잘못됐는지 스스로 이해하게 되면 미래에 그 계획을 더 잘 사용하게 될 것이다.

부모를 위한 조언/교사를 위한 정보

아동을 돕는 치료자의 도전 중 하나는 치료 기법과 기술을 치료회기 밖으로 일반화시키는 것이다. 아동이 회기 중에 잘 반응하는데도 부모들은 아동이 집이나 학교에서 그 기법들을 사용하지 않는다고 보고한다. 집과 학교 환경에서 아동을 상기시키고 강화하는 방법, 그리고 특정 기법의 목적과 사용에 대해 양육자를 교육하는 것은 일반화의 성공을 증대시킬 것이다. 양육자와의 의사소통은 계획하기도 어렵고 시간도 많이 들게 마련이다. 치료의 현재 초점과 양육자의 역할이 적힌 분명하고 간결한 요약본을 양육자에게 제공함으로써, 우리는 협력적이고도 현실적인 방법으로 양육자들과 작업한다. 양식 4.4는 개입에 대해 쉽게 기술한 유인물로, 양육자를 교육할 때 사용된다. 양육자들이 치료기술을 사용하고 일반화에 대해 아동과 작업할 수 있도록 이러한 유인물을 부모나 선생님 혹은 다른 양육자들에게 보내면 좋을 것이다.

결론

행동전략은 치료자와 부모, 교사에게 강력한 도구이다. 행동 기법을 사용할 때의 장점은 그것을 실행할 때 부딪히는 도전을 훨씬 넘어선다. 구체적으로 말하자면 목표행동에서 긍정적인 변화가 일어남에 따라 부모와 교사의 만족도가 증가하며, 부모-아동의 상호작용과 관계도 향상되는 경우가 많다. 행동전략의 목표를 분명하게 명시하고 모든 참가자에게 그 목표를 확실히 전하는 것은 부모와 치료자를 위해 중요하다. 행동계획의 효과를 극대화하기 위해서는 가족의 의견을 듣고 아동이 흥미로워하는 것을 사용하며 피드백을 요청해야 한다는 것을 기억해야 한다. 치료자는 다음과 같은 도전적인 작업을 해야 한다. 행동의 원리를 분명하게 전달하고 가족이 분명하게 목표를 정의하도록 도움으로써 아동을 위한 '생생한' 전략을 유지하며 강력한 강화물을 확보하고 개입을 일관성 있게 실행해야 한다. 이를 시작하기 위해 이 장에서는 창의적이고 흥미로운 방법들을 제공했다. 표 4.3에는 그러한 전략들이 요약되어 있다.

행동 기법에 대한 요약

글상자 4.1

언제 사용하는가?
- 치료를 시작할 때 유용함
- 더 빠른 변화를 낳고 치료의 철저한 이행을 촉진하고자 할 때
- 치료회기 밖에서 행동수정을 위해 애쓰는 부모를 돕기 위해

어떤 목적을 위해 사용하는가?
- 라포를 형성하고, 치료에 대한 동기와 흥미를 증가시키며, 대처양식을 넓히고, 그다음에 이어지는 개입에 아동을 준비시킴
- 바람직한 행동의 빈도를 증가시키고 바람직하지 않은 행동의 빈도와 심각성을 줄임
- 아동의 태도, 정서, 인지 변화를 가져오기 위해

어떻게 사용하는가?
- 기술에 대한 직접적인 교육 및 부모훈련을 통해
- 기술 적용의 회기 내 연습
- 창의적이고 협력적으로

| 표 4.3 | 행동 개입의 요약

행동 개입의 종류	특정 기술	연령	적합한 문제/진단	형식
이완	점진적 근육 이완(PMR)	4세 이상	분노 불안 충동성	개인 가족 집단
	이완 대본	모든 연령	분노 불안 충동성 감각통합장애 PDD	개인 가족 집단
	감정나침반	7~16세	분노 불안 충동성 감각통합장애 PDD	개인 가족 집단
	진정 단서카드	모든 연령	분노 불안 충동성 감각통합장애 PDD	개인 가족 집단

(계속)

| 표 4.3 | 행동 개입의 요약(계속)

행동 개입의 종류	특정 기술	연령	적합한 문제/진단	형식
체계적 둔감법	위로, 위로, 더 높이	모든 연령	범불안 OCD 특정공포증 사회 불안	개인 가족 집단
사회기술 훈련	책 만들기	4~10세	PDD 불안 충동성/ADHD 우울	개인 가족 집단
	문자 메시지 역할극	10세 이상	PDD 불안 충동성/ADHD 우울	개인 가족 집단
	매직스크린	4세 이상	불안 분노/좌절 내성	개인 가족 집단
	암호	6세 이상	PDD(고기능)	개인 가족 집단
즐거운 활동 계획하기 (PAS)	나의 즐거운 활동 재생 목록	10세 이상	우울 불안 PDD	개인 가족 집단
	뽑기 주머니 활동계획	6세 이상	우울 불안 PDD	개인 가족 집단
	수수께끼	6세 이상	우울 불안 PDD	개인 가족 집단
습관 반전	후진!	6~10세	충동 통제 불안/OCD 틱장애 PDD	개인 가족 집단
유관성 관리	퍼즐용 그림조각/ 곰 인형 만들기	4~10세	ADHD/파괴적 행동 ODD 발달지연 불안/우울	개인 가족 집단

양식 4.1 | 문자 메시지 사회기술 워크시트

학교 복도를 걸어가고 있는데 새로 전학 온 학생이 너를 보고 미소 짓는다.

> 문자 메시지 반응 :

수학시간에 옆자리에 앉은 학생이 금요일에 풋볼 게임에 갈 건지 묻는다.

> 문자 메시지 반응 :

호감을 가지고 있는 남자애가 보너스점수 숙제를 할 건지 묻는다.

> 문자 메시지 반응 :

수업과제를 함께 완수할 짝을 찾아야 한다고 선생님께서 공표한다. 왼쪽을 보니 옆자리에 앉은 학생이 너를 보고 있다.

> 문자 메시지 반응 :

농구 게임 후 댄스파티가 있는데 동급생들 중 누가 참석할 예정인지 알고 싶다.

> 문자 메시지 반응 :

From *Cognitive Therapy Techniques for Children and Adolescents: Tools for Enhancing Practice* by Robert D. Friedberg, Jessica M. McClure, and Jolene Hillwig Garcia. Copyright 2009 by The Guilford Press. Permission to photocopy this form is granted to purchasers of this book for personal use only (see copyright page for details).

양식 4.2

활동 계획하기 iPod 재생목록

혼자 :

친구/가족과 함께 :

From *Cognitive Therapy Techniques for Children and Adolescents: Tools for Enhancing Practice* by Robert D. Friedberg, Jessica M. McClure, and Jolene Hillwig Garcia. Copyright 2009 by The Guilford Press. Permission to photocopy this form is granted to purchasers of this book for personal use only (see copyright page for details).

양식 4.3 | **수수께끼 워크시트**

수수께끼

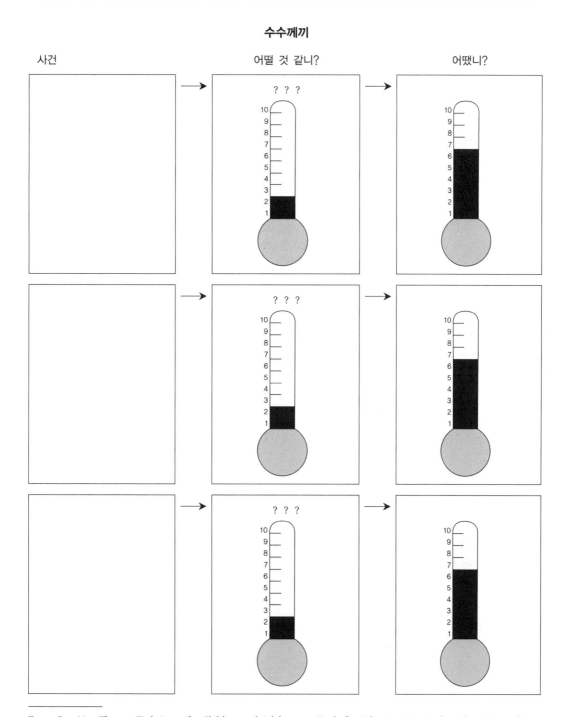

From *Cognitive Therapy Techniques for Children and Adolescents: Tools for Enhancing Practice* by Robert D. Friedberg, Jessica M. McClure, and Jolene Hillwig Garcia. Copyright 2009 by The Guilford Press. Permission to photocopy this form is granted to purchasers of this book for personal use only (see copyright page for details).

양식 4.4　부모를 위한 조언/교사를 위한 정보

당신의 자녀/학생은 치료에서 많은 기술을 쌓고 있는 중입니다. 집과 학교에서의 지지와 격려는 성공의 중요 요소입니다. 현재 우리는 아래 체크된 영역에서 행동전략을 작업 중입니다. 아동이 기술을 사용하도록 상기시키고 잘했을 때 강화하는 방법에 대한 아이디어를 얻기 위해 다음을 읽어주십시오.

당신이 할 수 있는 중요한 방법

<u>모델링</u> : 자녀/학생에게 당신은 강력한 모델입니다. 당신의 감정과 반응을 말로 표현하면 도움이 될 수 있습니다.

<u>상기시키기</u> : 자녀/학생이 화내기 시작한 것을 알아차릴 때 당신은 자녀에게 기법을 사용하라고 상기시킬 수 있습니다. 선택을 주는 것 또한 도움이 될 수 있습니다. 종종 아동은 직접적 지시보다 이러한 선택적 촉구에 더 잘 반응합니다.

<u>강화하기</u> : 특히 어린 아동이라면 습관을 바꾸는 것은 어렵습니다. 아동이 치료 기법을 사용하려고 시도한다면 처음에 완벽히 성공하지 못할지라도 그런 노력에 대해 칭찬을 해줘야 합니다.

<u>예상과 문제해결</u> : 상황이 어려울 것이라고 예상되신다면 가상의 예나 역할극을 통해 아동을 준비시켜보십시오.

이완은 아동 자신의 신체적 반응을 진정시켜서 보다 효과적으로 자기조절을 하도록 돕기 위해 사용됩니다. 이완은 심박율 천천히 낮추기, 근육 이완하기, 더 나은 대처를 떠올리기 위한 자기말과 시각적 단서를 위한 전략들을 포함합니다.

<u>모델링</u> :
- "난 몹시 실망했어. 그래서 심호흡을 좀 할 거야."
- "소방훈련을 할 때면 불안하거든. 스트레스 볼을 사용하면 내 근육이 풀어질지 모르겠네."

<u>상기시키기</u> :
- "너 화나 보인다. 치료에서 배운 방법 중에서 뭐가 도움이 될 수 있을까?"
- "지금이 너의 진정장비를 사용할 좋은 기회인 것 같구나."
- "비눗방울이나 스트레스 볼이 너를 진정시키는 데 도움이 될 것 같니?"

좀 더 나이 든 아동/10대는 창피함이나 '잔소리' 없이 기법 사용이 떠오르도록 돕는 비언어적 단서나 암호를 부모와 함께 만들고 싶어 할 수 있습니다.

From *Cognitive Therapy Techniques for Children and Adolescents: Tools for Enhancing Practice* by Robert D. Friedberg, Jessica M. McClure, and Jolene Hillwig Garcia. Copyright 2009 by The Guilford Press. Permission to photocopy this form is granted to purchasers of this book for personal use only (see copyright page for details).

양식 4.4 | 부모를 위한 조언/교사를 위한 정보(계속)

강화하기 :
- "너의 장비를 사용하다니. 네가 자랑스럽다. 계속 연습하면 더 쉬워질 거야."

예상과 문제해결 :
- "생일파티에서 클라라가 다른 친구들과 함께하느라 너무 분주해서 너하고 어울리는 것에 관심이 없어 보여서 네가 화가 났다고 가정하자. 어떤 도구들이 너를 진정시키는 데 사용될 수 있을까? 그걸로 어떻게 할지 나에게 보여주렴."

체계적 둔감법은 점진적 단계를 거쳐 아동이 공포 상황에 직면하도록 돕기 위해 사용됩니다. 체계적 둔감법은 불안을 다루기 위해 이완을 사용하면서 사전에 결정된 불안 위계에 직면하는 것입니다.

모델링 : 아동이 미리 정한 공포에 직면하는 동안 기법들을 사용하려는 아동을 돕기 위해 자기말 및 기타 이완 기법들을 시범으로 보여줍니다.

상기시키기 :
- "기억해, 네가 연습을 계속한다면 너의 걱정들이 어떻게 될까?"

강화하기 :
- "와! 너 그 두려움에 직면하는 연습을 하는 동안 열심히 진정하려고 노력했구나."

예상과 문제해결 :
- "만약 네가 두려워하는 것에 직면해야 하는 시간인데 네가 그것을 할 수 없을지 모른다는 걱정이 들기 시작한다면?"

대인관계 기술

모델링 :
- "새 직장에 나가는 게 좀 떨리는걸. 그렇지만 눈을 잘 맞추고 미소를 지어야 한다는 것을 기억하면 대화를 잘 시작할 수 있고 새로운 친구를 사귈 수 있을 거야."

상기시키기 :
- "너의 반 친구들 중 한 아이가 걸어오는 것을 봤을 때 그 친구와 대화를 시작하도록 너를 도울 만한 게 뭐지? 지금까지 연습해온 것 중에 말이야."

강화하기 :
- "나는 네가 나와 얘기할 때 나와 눈을 맞추는 것이 정말 좋구나."
- "이모가 집에 들어왔을 때 네가 인사하고 안부를 묻는 것을 봤단다. 잘했어."

(계속)

예상과 문제해결 :
- "너의 역사 프로젝트는 집단 프로젝트야. 집단에서 잘 모르는 아이들이 있다면 그들에게 뭐라 말할 수 있을까?"
- "오늘 방과 후 모임에 많은 학생들이 있을 거야. 대화에 끼는 데 도움이 되는 걸 배웠지? 어떤 거였지?

즐거운 활동 계획하기

모델링 :
- "오늘 마당 치우는 일을 그리 기대하지 않았다만 예상했던 것보다 훨씬 재미있었어. 우리가 함께 일하는 동안 대화 나눈 게 정말 즐거웠단다."

상기시키기 :
- "자유시간에 컴퓨터와 책 중 어떤 것을 하고 싶니?"
- "자유시간이 얼마나 즐거울 거라고 생각되니?"

강화하기 :
- "비록 그것이 그리 재미있지 않을 거라 여겨도 네가 (그 활동을 위해) 노력하는 것이 난 좋구나. 지금 그걸 즐기는 것 같구나."

예상과 문제해결 :
- "친구와 함께 쇼핑하러 가기로 계획했는데, 그 애가 갈 수 없다면? 기분이 어떨까? 그 문제를 어떻게 해결할 수 있을까? 활동을 끝마쳤는데 재미가 없었다면? 무엇을 기억해볼 수 있겠니?"

유관성 관리

모델링 :
- "난 '해야 할 목록'을 일찍 해내기 위해 정말 열심히 했으니까 이번 주에 영화 보러 가는 것으로 내 자신에게 보상하려 해."

상기시키기 :
- "기억하렴, 네가 규칙을 따르면 더 오래 컴퓨터를 사용할 수 있는 토큰을 얻게 될 거야."

강화하기 :
- "첫 번에 지시를 따르다니 대단히 잘했어! 여기 토큰 2개."

예상과 문제해결 :
- "오늘 방과 후에 친구 집에 정말 가고 싶은데 그렇게 하기에는 칩이 부족하다면?"

자기지시 및 인지재구성 기법

자기지시(self-instructional) 기법은 고통을 주는 부정확한 생각을 다루는 개입방법이다. 이 개입은 자기말(self-talk) 기법 훈련을 포함한다. 자기말은 "사람들이 생각할 때 자기 자신에게 하는 말 혹은 인지내용"을 나타낸다(Spiegler & Guevremont, 1998, p.306). 자기말 기법은 불편한 정서나 문제 상황을 경험할 때 아동과 청소년이 자기 자신에게 하는 말을 수정하도록 돕는다. 인지재구성(cognitive restructuring)은 아동에게 생각을 바꾸면 감정도 바뀐다는 것을 알려준다(Deblinger et al., 2006). 이처럼 인지적 개입은 내적 언어(inner speech)를 다룬다.

자기말과 인지재구성 개입은 대처를 위한 템플릿을 구성할 때 사용된다(Kendall & Suveg, 2006). 인지적 개입의 핵심은 부정적 인지와 정서적 불편을 완전히 없애는 것이 아니라 줄여주는 것이며, 보다 적응적인 관점으로 바꿔주는 데 있다. Padesky(1988)는 CBT의 목표가 "한 때는 확실했던 믿음에 의문을 던지는 데 있다."고 했다.

자기말 개입은 오랜 전통을 갖고 있다(Bailey, 2001; Kendall & Suveg, 2006). 자기말 기법은 불안장애와 우울, 분노조절, 섭식장애, 심지어 전반적 발달장애를 치료할 때도 적용되어 왔다. 어둠을 무서워하는 아동을 치료할 때 유능감과 대처를 강조하는 자기말 개입이 효과적임을 보여준 연구가 있다(Kanfer, Karoly, & Newman, 1975). Kendall과 동료들의 중요한 업적인 대처하는 고양이(Coping Cat) 프로그램은 자기말 개입에 기반을 두고 있으며, 널리 연구되어 그 효과가 검증되었다(Flannery-Schroeder & Kendall, 2000; Kendall, Aschenbrand, & Hudson,

2003; Kendall et al., 1992, 1997). 또한 이 프로그램은 대처하는 코알라(Coping Koala; Barrett et al., 1996)와 쿨 키즈(Cool Kids; Allen & Rapee, 2005; Rapee, Wignall, Hudson, & Schniering, 2000) 등과 같은 속편들을 탄생시켰다. 대처하는 고양이 프로그램의 인지 모듈은 두려움을 느끼는 것(Feeling), 좋지 않은 일이 일어날 것이라 기대하는 것(Expecting), 도움이 되는 태도와 행동(Attitudes and Actions), 결과와 보상(Results and Rewards)의 첫 글자로 이루어진 FEAR를 약어로 사용한다.

아동기 강박장애를 위한 CBT는 중요한 인지재구성 모듈을 포함하고 있다. 이것은 노출과 반응예방(exposure and response prevention) 단계에 앞서 시행되는 촉진적 전략이다(March & Franklin, 2006; March & Mulle, 1998; Piacentini & Langley, 2004; Piacentini et al., 2006). 인지재구성을 촉진하기 위해 스포츠 비유(예 : 야구, 축구)나 만화가 사용되기도 한다. 인지재구성은 강박적인 생각과 행동의 의미를 재해석해주는 역할을 한다(Clark, 1999). 강박장애의 인지재구성을 위한 주요 대상으로는 개인적 책임에 대한 귀인, 과대평가, 사고-행위의 융합(fusion), 위험에 대한 과대평가, 불확실성을 참지 못하는 것, 통제 상실에 대한 두려움, 완벽주의 등을 들 수 있다(Clark, 1999).

Flannery-Schroeder(2004)는 인지재구성 기법이 범불안장애 아동을 효과적으로 치료할 수 있음에 주목했다. 범불안장애 아동을 위한 인지재구성은 불안을 일으키는 자기말을 수정하고 불안에 대처하는 새로운 전략을 갖게 하는 것을 포함한다. 앞에서 언급된 대처하는 고양이(Kendall et al., 1992, 1997; Mendlowitz et al., 1999)와 대처하는 코알라(Barrett et al., 1996) 프로그램의 CBT 프로토콜에서는 인지재구성 기법으로 범불안장애를 치료할 수 있다고 언급하고 있다.

Wachtel과 Strauss(1995)는 분리불안장애를 위한 자기지시 전략을 제안했다. 이들이 제안한 자기지시의 예로는 "나는 혼자서도 할 수 있어요."와 "부모님은 무사할 것이고, 나는 혼자 있을 때도 용감하다."가 있다. 사회불안을 위한 다수의 치료 프로그램들은 대처전략에 초점을 맞추고 있다. 그리고 부정적 평가에 대한 두려움을 다스리기 위한 인지재구성 기법도 포함하고 있다(Albano, 1995, 2000; Beidel & Turner, 2006).

인지재구성 개입은 외상 후 스트레스 장애의 치료에도 사용된다(Cohen, Deblinger, Mannarino, & Steer, 2004; Deblinger & Heflin, 1996). Deblinger 등(2006)은 성적 학대를 경험한 아동을 치료할 때 적용할 수 있는 인지적 대처 기법에 대해 기술했다. 이들은 소크라테스식 대화법, 증거 확인, 그리고 '친한 친구 역할연기' 등의 기법들을 적용했다.

Stark와 동료들은 아동기 우울을 치료하기 위해 자기말 개입을 적용했다(Stark, 1990; Stark, Swearer, Kurowski, Sommer, & Bowen, 1996). 이들이 사용한 자기말 모듈은 긍정적 자기진술 증가시키기, 건설적인 문제해결 촉진하기, 비현실적인 사고를 보다 현실적인 평가로 바꾸기 등을 포함하고 있다. 그리고 인지적 개입으로 증거 확인, 자기지시, 자기통제, 재귀인, 탈재앙화 등을 활용했다.

아동과 청소년의 우울에 대한 일차적 및 이차적 통제향상 훈련(Primary and Secondary Control Enhancement Training, PASCET)도 자기말 모듈을 활용한 좋은 프로그램이다(Weisz, Southam-Gerow, Gordis, & Connor-Smith, 2003; Weisz, Thurber, Sweeney, Proffitt, & LeGagnoux, 1997). 이 프로그램은 아동기 우울을 특징짓는 '생각의 습관'을 다룬다. 인지재구성은 이차적 통제전략으로 간주된다. 이 프로그램에서는 부정적인 인지를 변화시키고 재앙화를 감소시키며, 다양한 문제해결 대안을 끌어내고 반추(rumination)를 감소시키는 방법을 가르친다.

Clarke와 동료들이 개발한 청소년용 우울대처(Coping with Depression for Adolescents, CWD-A) 프로그램 역시 자기말 요소를 포함하고 있다(Clarke, DeBar, & Lewinsohn, 2003; Clarke, Lewinsohn, & Hops, 1990a, 1990b; Clarke, Rohde, Lewinsohn, Hops, & Seeley, 1999). 이 프로그램에서는 내담자들이 과장과 과잉반응, 비합리적 기대를 하지 않도록 돕기 위해 부정적인 생각을 논박하는 방법을 가르친다. 따라서 내담자들은 우울할 때 자기 스스로 사용할 수 있는 중요한 질문들을 배운다.

자기말 개입은 분노조절 훈련에서도 필수적인 요소이다(Feindler & Ecton, 1986; Feindler, Ecton, Kingsley, & Dubey, 1986; Feindler & Guttman, 1994; Feindler, Marriott, & Iwata, 1984). 자기말 개입은 자기지시와 재귀인, 그리고 적대적 해석을 대신할 수 있는 대안적 사고에 초점을 맞춘다. Lochman과 동료들이 개발한 분노대처 프로그램(Anger Coping Program; Boxmeyer, Lochman, Powell, Yaros, & Wojnaroski, 2007; Larson & Lochman, 2002; Lochman, Barry, & Pardini, 2003; Lochman, Fitzgerald, & Whidby, 1999)과 대처능력 프로그램(Coping Power Program; Lochman & Wells, 2002a, 2002b)은 보다 강력한 인지적 개입을 포함하고 있다. 이 프로그램들은 적대적 편향의 재귀인, 왜곡된 대인지각의 수정, 그리고 무망감 감소에 초점을 두고 있다.

Attwood(2004)는 아스퍼거 환자들이 갖고 있는 상황 및 다른 사람에 대한 잘못된 가정들을 인지재구성을 통해 수정할 수 있다고 했다. 또한 자기말 개입이 이들의 지나치게 경직된 해석을 감소시킬 수 있다고 보았다. 아스퍼거 증후군이 갖고 있는 특징 중의 하나인 경직된 인지도 인지재구성 기법을 통해 약화될 수 있다. 자기말 개입은 또한 아스퍼거 증후군 환자들의 불안과 우울, 분노를 관리하는 데도 도움이 된다. Attwood는 연재만화의 대화와 스토리보드가 아동의 사회적 해석을 증진하는 데 도움이 된다고 제안했다. Myles(2003)도 아스퍼거 증후군 아동의 스트레스 관리에 도움을 줄 수 있는 단순한 인지적 전략들을 제안했다. 예컨대 화가 났을 때 "말하지 말고 걸어가."와 같은 자기지시 기법을 사용하는 것이다. 자기말 기법에 기반을 둔 게임이나 활동으로는 '메시지 찾기', '메시지 추측하기', '감정 고치기', '정서 도구상자' 등이 있다. Anderson과 Morris(2006)는 인지적 개입을 할 때 시각자료를 많이 사용하라고 권고했다.

Turk(2005)는 발달장애 아동을 위한 인지재구성 절차에 대해 기술했다. 그는 "아동과 그의 가족들이 실제적인 방식으로 대안적 가설을 고려하고 검증하도록 돕는 것"이 치료의 목표라고 했다(Turk, 2005, p.246). 치료자는 아동의 절대적인 흑백논리 사고와 귀인오류, 개인화를 감소시키는 데 집중한다. 또한 인지적 전략은 자폐스펙트럼장애 아동의 정서교육, 특수한 관심의 관리, 불안대처 등을 촉진한다(Sofronoff, Attwood, & Hinton, 2005). Sze와 Wood(2007)는 Wood와 McCleod(2007)의 *Building Confidence Manual*의 인지모듈을 이용해 11세의 고기능 자폐증 여아를 치료했다. 이들은 인지재구성을 촉진하기 위해 역할연기와 비유를 사용하라고 강조했다.

인지재구성과 자기말 개입은 최근 들어 섭식장애와 비만에도 적용되고 있다. Wilfrey, Passi, Cooperberg와 Stein(2006)은 과체중 아동에 대한 인지적 접근에 대해 기술했다. 이 접근은 파국적 사고와 흑백논리 사고에 대응하는 전략을 포함하고 있다. Lock과 동료들은 거식증과 폭식증 치료를 위한 혁신적인 인지적 개입을 개발했다(Lock, 2002; Lock & Fitzpatrick, 2007; Lock, le Grange, Agras, & Dare, 2001). Lock과 Fitzpatrick(2007)은 인지적 개입을 통해 통제상실에 대한 걱정, 죄책감과 수치심, 자기비판 등을 변화시킬 수 있다고 했다. Stewart(2005)도 자신의 몸매와 체중, 음식에 대한 섭식장애 내담자의 왜곡된 생각들에 대한 증거를 평가하는 방법에 대해 기술했다.

효과적인 자기말 절차의 특징

Spiegler와 Guevremont(1998)에 따르면 자기지시는 (1) 준비, (2) 주의의 재초점화(attentional refocusing), (3) 행동 안내, (4) 격려 제공, (5) 수행 평가, (6) 고통 감소의 여섯 요소를 포함한다. 자기지시는 종종 자기말과 더불어 문제해결을 함께 결합해 사용한다.

인지치료의 목표는 생산적이며 기능적인 생각, 그리고 항상 100%는 아닐지라도 긍정적인 생각을 하도록 돕는 데 있다(Padesky, 1988). Friedberg 등(2001)은 지나치게 긍정적이며 단순한, 그리고 극단적으로 낙천적인 자기말은 피하는 것이 좋다고 권고했다. 자기지시 중에서 자기말 기법을 실시할 때는 스트레스를 유발시킨 원인을 분명하게 다루어야 하며, 문제해결 또는 대처반응을 대안반응으로 반드시 포함시켜야 한다. 대처사고는 아동과 청소년이 실제로 사용하는 언어에 가깝도록 해야 한다.

이 장에서는 전통적인 인지적 개입에 기반을 둔 다양한 혁신적 기법들을 소개하고 있다.

| 표 5.1 | 인지재구성 기법

기법	목적	연령	양식
슈퍼영웅 망토	자기효능감, 스트레스 면역력 향상	5~10세	개인, 가족, 집단
생각 왕관	자기말 과정 상상하기	6~9세	개인, 가족, 집단
토스 어크로스	인지재구성, 자기지시	7~12세	개인, 가족, 집단
대처 목걸이	인지재구성	7~11세	개인, 가족, 집단
가슴에 새긴 손자국	분리불안 관련 신념에 대한 인지재구성	7~11세	개인, 가족
당분간 혹은 영원히	비관적 관점에 대한 인지재구성	8~18세	개인, 집단
관심 혹은 통제	부모의 행동이 관심 또는 통제/강압에 의해 동기화된다는 것을 정확히 구분하도록 함으로써 부모-자녀 간의 갈등을 감소시킴	8~18세	개인, 가족, 집단

만화와 게임, 흥미로운 활동 등은 인지 개입에 활기를 불어넣어준다(Friedberg & Gorman, 2007; Stallard, 2005). 다음에 소개되는 개입들은 아동과 청소년 내담자들이 잘 받아들이도록 돕기 위해 공예와 미술, 노래 가사, 비유 등을 사용하고 있다. 이 기법들은 표 5.1에 요약되어 있다.

슈퍼영웅 망토

연령 : 5~10세
목적 : 자기효능감, 스트레스 면역력 향상
준비물 :

- 마분지
- 펜, 크레용, 스티커
- 리본
- 가위
- 알루미늄 호일
- 막대 풀
- 구멍 뚫는 기구

슈퍼영웅 망토(Superhero Cape)는 아동의 자기효능감과 스트레스 면역력을 높이기 위해 고안된 자기지시 기법이다. 슈퍼영웅 인물을 동일시 모델로 활용하는 기법은 이미 널리 알려져 있다(Kendall et al., 1992; Rubin, 2007). 실제로 만성질환 아동을 위한 CBT에서는 자신을 슈퍼영웅으로 보고 특별한 힘을 불러일으켜서 자신의 고통과 두려움, 불안과 싸워 이기도록 지도한다(Kendall et al., 1992; Rubin, 2007). 흔히 배트맨, 스파이더맨, 원더우먼 등과 같은 인물을 슈퍼영웅으로 사용한다. 아스퍼거 증후군을 갖고 있는 한 아동은 드라마에 등장하는 닥터 후[1]를 슈퍼영웅 인물로 선택했다(Attwood, 2003, 2004). 연예인이나 운동선수를 자신의 슈퍼영웅으로 선택하는 아동도 있다. Allen과 Rapee(2005)는 연예인 제니퍼 로페즈를 대처모델로 선택했던 한 불안한 아동에 대해 보고했다. 이처럼 모델의 범위는 무한하다.

슈퍼영웅 망토 기법은 심상(imagery)과 자기지시, 공예활동을 함께 결합해 활용한다. 먼저 아동에게 자신만의 슈퍼영웅 인물을 정하게 한 후, 그 인물을 그림으로 그려보라고 한다. 이로써 치료자는 아동이 슈퍼영웅에 대해 명확한 그림을 갖고 있다는 확신을 갖게 된다. 일단 슈퍼영웅이 만들어지면 아동은 그 인물에 초능력을 부여한다. 아동은 자신에게 파괴적이거나 다른 사람에게 공격적이거나 해가 되지 않는 한 모든 능력을 부여할 수 있다. 특별한 능력의 예로는 다른 사람의 눈에 보이지 않는 것, 스스로 사이즈를 줄이거나 늘릴 수 있는 것, 좌절 같은 부정적 기분이 들어도 참는 것, 멈추고 생각하기 같은 자기통제 기술을 사용하는 것, 의사소통, 문제해결 등을 들 수 있다.

재미있는 부분은 그다음에 이어진다. 치료자와 아동, 때로는 양육자나 부모가 함께 망토를 만드는 것이다. 망토는 아동이 슈퍼영웅 역할을 할 때 입기 위한 것이다. 망토를 만들 때는 잘 찢어지지 않는 두꺼운 마분지를 사용한다. 아동은 힘을 부여하는 상징이나 인물의 그림을 망토 위에 그린다. 스티커나 그림을 망토 위에 붙여도 좋다. 보호를 위해 종이의 한쪽 면에는 알루미늄 호일을 풀로 붙인다. 망토의 위쪽에 구멍을 2개 뚫고, 그 구멍에 리본을 넣어 묶는다. 그런 다음 아동이 망토를 입고 크기를 조절한다!

다음의 예는 외상 경험을 가진 7세 소년 애셔에게 슈퍼영웅 망토를 사용하는 방법을 보여준다. 애셔는 친부모에게 신체적·정서적·성적 학대를 반복적으로 당했다. 이러한 비극적 상황은 애셔에게 불안감과 함께 "나는 무력해.", "나는 공격에 노출되어 있어.", "나는 보호받지 못하고 있어." 같은 반추를 하도록 만들었다. 그는 지금까지의 어려움을 이겨내도록 만들었던 대처기술을 스스로 갖고 있음을 평가절하 하고 있었다.

슈퍼영웅 기법은 이 활동에 대한 소개로부터 시작된다. 애셔는 스파이더맨이 좋다고 했다. 다음의 대화는 이 기법을 어떻게 시작하는지 보여준다.

치료자 : 애셔, 정말 스파이더맨처럼 보이는구나.
애 셔 : (웃으며) 정말요?

---

1) 역자 주 : 닥터 후(Dr. Who)는 영국 BBC에서 제작, 방영하고 있는 SF 드라마 시리즈이다. 이 드라마는 닥터라는 주인공이 타디스라는 타임머신을 타고 여행하면서 겪는 이야기를 그리고 있다.

치료자 : 너도 알다시피 스파이더맨은 많은 일을 겪었지. 너처럼 말이야. 그리고 너 이것 아
　　　　 니? 스파이더맨은 그 모든 일 때문에 특별한 힘을 갖게 되었단다.

애　셔 : (흥분하며) 예, 스파이더맨은 특별한 감각을 갖고 있고 거미집을 만들 수 있어요.

치료자 : 맞아. 그러니까 너도 슈퍼영웅이라 할 수 있어.

애　셔 : 제가요? 제가 슈퍼영웅 이름을 붙여도 되나요?

치료자 : 그럼. 어떤 이름을 붙이고 싶은데?

애　셔 : 카주바요.

치료자 : 그럼 네가 갖고 있는 초능력에 대해 말해본 다음 너의 힘을 보여주고 안전하게 지
　　　　 켜줄 망토를 만들어보자.

애　셔 : 좋아요!

　이렇게 시작한 후에 애셔와 그의 양부모는 슈퍼영웅이 갖고 있는 초능력을 나열하기 시작
했다. 사례에 따라 부모를 포함해도 좋고 포함하지 않아도 된다. 애셔의 가족은 슈퍼영웅이
강인함과 영리함, 사랑, 빠른 속도의 초능력을 갖는 것으로 결정했다. 각각의 능력은 상징으로
표현되어 망토에 그려지거나 붙여졌다(힘=흙, 영리함=불빛, 사랑=심장, 속도=불). 그런 다
음 각각의 상징 밑에 구체적인 대처기술을 적는다(영리함=공부 잘하기 · 기분에 대해 이야기
하기, 사랑=다른 사람에게 친절하기 · 엄마와 아빠에게 뽀뽀하고 안기기 · 애완동물 돌보기).
이런 대처기술들을 써넣은 다음 마분지의 다른 면에 알루미늄 호일 종이를 덧대었다. 알루미
늄 호일은 침투할 수 없는 보호막을 비유적으로 나타낸다. 그런 다음 망토의 위쪽에 2개의
구멍을 뚫어 리본을 묶는다. 애셔는 망토를 입고 클리닉을 뛰어다니며 "나는 카주바다. 불과
흙, 심장, 빠른 속도의 힘을 갖고 있다!"라고 외쳤다.

생각 왕관

연령 : 6~9세

목적 : 자기말 과정 상상하기

준비물 :

- 마분지 또는 포스터 보드
- 가위
- 스테이플러
- 펜, 크레용
- 테이프, 찍찍이
- 오려진 생각풍선

| 그림 5.1 | 생각 왕관

생각 왕관(Thought Crown)은 자기지시 기법으로, 아동이 자기말 과정과 부정적인 자동적 사고를 시각화할 수 있도록 도움을 준다. 이 기법은 두꺼운 종이로 왕관을 만드는 것으로 시작된다. 그런 다음 치료자는 종이에 빈 생각풍선을 몇 개 그린 후 오려낸다. 왕관과 생각풍선의 예는 그림 5.1에 제시되어 있다.

왕관을 아동의 머리 위에 씌운 후에 치료자와 아동은 함께 생각풍선에 다양한 자동적 사고를 적는다. 그런 다음 자동적 사고가 적힌 생각풍선을 테이프나 찍찍이로 왕관에 붙인다. 생각풍선이 왕관에 붙여지면 아동의 머리에서 그 생각이 튀어나오는 것 같은 시각적 인상을 준다(그림 5.1 참조).

그런 다음 치료자는 소크라테스식 질문법을 이용해 아동의 경험에 대해 이야기를 나눈다. 다음의 대화는 이 기법의 예를 보여준다.

치료자 : 생각 왕관에 '나는 실패자야'라는 생각을 붙여보자. (왕관에 붙이며) 어떤 기분이 드니?

앤　디 : 슬퍼요.

치료자 : 그 기분을 표정으로 나타내보렴. 정말 그렇구나. '나는 실패자야.'라는 생각이 머리 속에서 튀어나오는 순간 네 기분이 슬퍼지는구나. 우리 이 자리에 다른 생각을 찾아서 붙여볼까?

앤　디 : 좋아요.

　다음 단계는 자기지시 또는 자기말 개입이다. 아동과 치료자는 부정확한 생각으로 인한 고통을 완화시키기 위해 대안적인 대처사고를 함께 만든다. 대안적인 반응이 만들어지면 생각풍선에 적는다. 그 후 치료자와 아동은 생각의 교체를 구체화하는 작업을 진행한다. 다음의 대화는 이 과정을 보여준다.

치료자 : 좋아. 이렇게 해보자. '나는 실패자야.'라는 생각을 네 **생각 왕관**에서 떼어내고 '단지 선생님 심부름을 하지 못한다고 해서 실패자라는 것을 의미하지 않아.'라는 새로운 생각을 붙여보자. (치료자가 먼저 것을 떼어낸 후 새로운 생각을 왕관에 붙이며) 지금은 어떤 기분이 드니?
앤　디 : 그렇게 슬프지 않아요.
치료자 : 별로 슬프지 않은 표정을 지어보렴. 이제 앞의 생각으로 되돌아가 보자. 어떤 기분이 들지?
앤　디 : 다시 슬픈 기분이 들어요.
치료자 : 이제 **생각 왕관**을 바꿔보자. 새로운 생각을 붙이니까 기분이 어때?
앤　디 : 그렇게 슬프지 않아요.
치료자 : 여기서 얻을 수 있는 메시지가 무엇일까?
앤　디 : 내가 선생님의 도우미 역할을 하루 동안 하지 못한다고 해서 실패자가 되는 것은 아니라는 생각을 하니까 기분이 슬프지 않아요.
치료자 : 네가 느끼는 기분이 얼마나 너에게 달려 있는 것 같니?
앤　디 : 정말로 나에게 달려 있네요.

　이 대화에서 보여주고자 하는 요점은 다음과 같다. 첫째, 앤디는 생각풍선 속의 생각을 바꾸면 기분이 달라진다는 것을 배웠다. 둘째, 앤디는 자신의 기분을 스스로 통제할 수 있음을 깨달았다. 마지막으로 이 활동은 앤디의 효능감을 증가시켰다.

▓ 토스 어크로스

연령 : 7~12세
목적 : 인지재구성
준비물 :
● 오자미

- 종이쪽지/독서카드
- 펜, 종이

토스 어크로스(Toss Across)는 재미있는 인지재구성 활동이다. 이 기법에서는 자기-모니터링 모듈에서 아동이 작성한 생각기록지에서 수집된 9개의 부정적인 자동적 사고를 활용한다(제2장 참조). 9개의 자동적 사고를 독서카드에 적은 다음 방바닥에 놓고 틱택토[2) 보드처럼 배열한다. 아동은 카드를 향해 오자미를 던진다. 오자미가 카드 위에 떨어지면 아동은 카드에 적힌 자동적 사고를 읽은 다음, 그것을 대처진술문으로 바꿔야 한다. 아동이 적절하게 반응하면 카드의 반대쪽에 대처진술문을 적고, 반대쪽이 위로 오도록 놓는다. 게임은 아동이 연속해서 3점을 얻을 때까지 계속된다. 이 게임은 치료자와 아동이 개별적으로 할 수도 있고 또는 집단으로 실시할 수도 있다.

　토스 어크로스 게임은 게임 후에 아동이 대처카드를 집으로 가져갈 수 있어서 편리하다. 해결되지 않은 카드들은 숙제로 내준다. 친구나 치료자와 게임을 할 경우 이들의 반응은 아동에게 모델 역할을 한다. 다음의 대화는 이 게임을 어떻게 활용하는지를 보여준다.

　　치료자 : 크리스, 오자미를 던진 다음 그것이 사각형 판 위에 떨어지는지 보자. 만약 사각형 판 위에 떨어지면 생각카드를 뒤집은 다음 도움이 되는 새로운 생각을 말해보는 거야. 네가 원한다면 그 사각형에 머무를 수도 있어. 네가 만약 어떤 방향이든 연속해서 3점을 얻으면 네가 이기는 거야. 준비 됐니?

　　크리스 : 제가 이길 거예요.

　　치료자 : 그것 참 자신감 있는 태도로구나.

　이 대화는 **토스 어크로스** 게임을 짧지만 분명하게 소개하는 방법을 보여주고 있다. 치료자는 게임을 빨리 시작하며, 아동의 자발적인 긍정적 자기말에 강화를 제공한다.

　　치료자 : 좋아 크리스, 오자미를 던져보렴. (크리스가 던진다.) 여길 봐. 네 오자미가 '나는 모든 일을 내 뜻대로 해야 해. 그렇지 않으면 끔찍해.' 위에 떨어졌네. 그 생각을 어떻게 바꿀 수 있을까?

　　크리스 : 좀 어려운데요. 선생님이 해주실래요?

　　치료자 : 먼저 네가 해본 다음 필요하면 내가 도와줄게.

　　크리스 : 음, "모든 일을 내 뜻대로 할 필요는 없어."는 어떨까요?

---

2) 역자 주 : 틱택토(tic-tac-toe)는 2명이 번갈아가며 O와 X를 3×3 판에 써서 같은 글자를 가로, 세로, 혹은 대각선상에 놓이도록 하는 게임이다.

치료자 : 거의 맞았어. 그 생각을 바꾸기 위해 네 자신에게 또 무슨 말을 할 수 있을까? 끔찍하다는 부분은 어떻게 하지?

크리스 : 음, 그렇게 끔찍하지 않아. 참을 만해.

치료자 : 어떻게 할 수 있을까?

크리스 : 그냥 이 또한 지나가겠지 생각하고 기다려요.

치료자는 크리스가 인지재구성 과정을 거치도록 안내했다. 크리스는 처음에는 주저했지만 자기지시 기법을 잘 시도했다. 치료자는 뼈대만 있는 첫 반응에 살을 붙이도록 크리스를 도왔으며 문제해결 요소를 포함시켰다.

대처 목걸이

연령 : 7~11세
목적 : 인지재구성
준비물 :

- 리본 또는 플라스틱 줄
- 포스터 보드 또는 튼튼한 판지
- 마커
- 접착식 장난감 보석

대처카드는 CBT에서 널리 사용된다. 대처카드는 건설적인 문제해결 전략과 적절한 귀인을 기억하도록 해준다. 대처카드가 효과적이긴 하지만 아동들은 종종 잊어버리거나 다른 곳에 두고 오거나 잃어버린다. 대처 목걸이(Coping Necklace)는 대처카드를 기억하기 쉽고 재미있게 해준다.

이 게임을 하려면 리본과 플라스틱 줄, 튼튼한 판지나 포스터 보드, 접착식 장난감 보석, 그리고 마커가 필요하다. 준비물은 공예품이나 교구를 파는 가게에서 구할 수 있다. 튼튼한 판지의 한 면에는 문제사고를, 다른 면에는 대처사고를 적는다. 대처사고를 적은 후에 아동은 '보석'으로 장식을 한다. 종이 위쪽에 구멍을 뚫고 리본이나 줄을 구멍에 넣어 목걸이를 완성한다.

아동에게 보석으로 장식된 것이 건설적인 전략이나 대처반응이라는 것을 상기시켜준다. 고통스런 생각으로 괴롭힘을 당할 때마다 부정적인 생각을 뒤집으면 보석으로 장식된 대처사고를 볼 수 있다고 알려준다. 목걸이를 매고 있으면 대처카드를 볼 수 있다. 대처카드를 보석으로 장식하면 기억하기가 더 쉬워진다. 마지막으로 화려한 대처카드를 목걸이로 만들어 목에

젊으로써 아동은 대처반응을 그대로 받아들이고 내면화시킨다.

📓 가슴에 새긴 손자국

연령 : 7~11세
목적 : 분리불안 관련 신념에 대한 인지재구성
준비물 :

● 가슴에 새긴 손자국 워크시트(양식 5.1)
● 마커 또는 펜

가슴에 새긴 손자국(Handprint On Your Heart)은 분리불안을 겪고 있는 아동과 부모를 위한 기법이다. 이 기법은 비유와 더불어 구체적인 자기지시를 활용한다. 이 활동은 기법에 부모와 자녀 사이의 따뜻한 정서를 연결시킨다. 준비물은 매우 간단하다. 가슴에 새긴 손자국 워크시트(양식 5.1)와 마커 또는 펜만 준비하면 된다.

　가슴에 새긴 손자국은 유명한 브로드웨이 뮤지컬 위키드[3]에 나오는 'For Good'이라는 노래를 바탕으로 한다(Schwartz, 2003). 이 노래의 비유는 아동에게 정서가 영원하다는(손자국) 것을 구체적으로 느끼게 해주기 때문에 아주 적절하다. 또한 이 기법에서 부모가 남기는 손자국은 격려와 자기지시라는 독특한 '도장' 역할을 한다.

　절차는 매우 간단하다. 첫째, 가슴에 새긴 손자국의 비유를 제시한다. 다음은 어떻게 시작하는지를 보여준다.

> "손자국이 뭔지 아니? 그것은 사람마다 다른 매우 특별한 것이야. 똑같은 손자국을 갖고 있는 사람은 없어. 네 엄마의 손자국은 하나밖에 없단다. 누군가가 네 가슴에 손자국을 남기면 너는 항상 그 사람이 가까이 있다고 느끼게 된단다. 멀리 떨어져 있을 때도 말이야."
>
> 　"지금부터 이 워크시트에 그려진 네 가슴에 엄마의 손자국을 만들려고 해. 이것은 엄마가 항상 네 곁에 있다는 것을 의미한단다. 손자국에 있는 각각의 손가락에 뭔가를 붙이려고 해. 이것은 엄마가 항상 곁에 계시다는 것, 그리고 네가 얼마나 용감한지를 기억나게 해줄 거란다. 어때?"

　둘째, 부모에게 손자국을 찍도록 한다. 그런 다음 아동과 부모, 치료자는 함께 아동의 분리를 돕는 지시문을 만든다(예 : "내가 학교에서 돌아왔을 때 엄마는 집에 계실 거야. 아빠는 위

---

3) 역자 주 : 위키드(Wicked)는 '오즈의 마법사'를 기발한 상상력으로 유쾌하게 뒤집은 그레고리 맥과이어의 베스트셀러 위키드를 기반으로 한 브로드웨이 뮤지컬이다.

험할 때 보호해주실 수 있어. 엄마와 아빠가 가까이 계시지 않아도 나는 용감할 수 있어.").
그 후 아동은 워크시트를 집의 특별한 곳에 보관할 것인지, 학교에 가지고 갈 것인지, 혹은
둘 다 할 것인지를 선택한다. 다음은 8세 여아 킴과 어머니와의 대화를 보여주고 있다.

> 치료자 : 여길 보렴, 킴. 여기 가슴 위에 엄마의 손자국이 있어.
>
> 킴　　 : 좋아요.
>
> 치료자 : 이제 네가 엄마와 함께 각각의 손가락에 무엇인가를 적는 거야. 이것은 엄마가 너
> 　　　　 를 생각하고 있다는 것, 그리고 엄마가 항상 곁에 계시지 않아도 괜찮다는 것을 기
> 　　　　 억하게 해줄 거야.
>
> 어머니 : 킴, 네가 집에 오면 항상 학교에서 일어난 일을 얘기한다는 걸 기억하렴.
>
> 킴　　 : 좋아요. 우린 항상 브라우니를 먹으며 얘기해요.
>
> 치료자 : 어떤 손가락에 그걸 적을까?
>
> (킴과 어머니가 손가락을 선택한다.)
>
> 치료자 : 자, 엄마가 함께 계시지 않아도 괜찮다는 걸 기억하게 도와주는 건 무엇일까?
>
> 킴　　 : 나는 학교를 좋아하고 숙제도 혼자 해요.
>
> 어머니 : 맞아, 그렇고말고.
>
> 치료자 : 친구를 사귀는 것과 쉬는 시간에 노는 건 어때?
>
> 킴　　 : 재미있어요. 그것도 나 혼자서 해요.

이 과정을 나머지 3개의 손가락에 대해서도 계속했다. 킴과 어머니는 기억을 도와주는 암시
와 학교에 있는 동안의 분리를 극복할 수 있는 자기지시를 적어보았다. 손자국은 킴이 책가방
에 갖고 다닐 수 있는 대처의 시각적 단서 역할을 했다.

▋ 당분간 혹은 영원히

대상 : 8~18세
목적 : 오랫동안 지속될 스트레스 사건과 금방 사라질 스트레스 사건을 구분함
준비물 :
● 앞에서 작성한 생각일기(제2장 참조) 또는 다른 종이
● 펜 또는 연필

당분간 혹은 영원히(For Now or Forever)는 상황이 변하지 않을 것이라는 비관적 관점을 갖고
있는 아동과 청소년을 위한 인지재구성 개입이다. 이 기법은 '영원한 것 대 일시적인 것

(Permanent versus Temporary)'과 동일한 가정에 기초한다(Friedberg et al., 2001). 따라서 아동에게 항상 존재하는 문제와 일시적인 문제를 구분하도록 가르친다. 이 개입에서는 학습된 무력감 귀인모델에 포함된 안정/불안정 귀인, 일반적/구체적 귀인차원을 직접적으로 다룬다 (Abramson, Seligman, & Teasdale, 1978). **당분간 혹은 영원히** 활동은 브로드웨이 뮤지컬 애비뉴 Q[4])에 수록된 강렬한 노래 'For Now'(Lopez & Marx, 2003)에서 영감을 받았다. 이 노래는 단순하지만 인생에서 변화는 불가피하다는 메시지를 감동적으로 전달하고 있다. 이 개입은 확인된 자동적 사고를 다루기 때문에, 제2장에서 소개되었던 생각일기를 완성한 후에 실시한다. 다음의 대화는 이 기법을 어떻게 시작하면 좋은지를 보여준다.

> "딜란, 너는 많은 문제의 덫에 빠져 있다는 느낌이 든다고 말했어. 너는 그 문제들이 영원히 계속될 것이며 절대로 변하지 않는다고 보고 있어. 나는 네가 스스로를 얼마나 무력하다고 생각하는지 이해할 수 있단다. 때로는 문제를 모두 나열하고 이 문제들이 단지 '당분간'의 문제인지, 아니면 '영원히' 지속될 문제인지 구분해보면 도움이 될 수 있을 거야."

이 절차는 다음의 단계들을 거쳐 완료된다. 첫째, 치료자와 아동은 빈 종이나 생각일기에 고민스러운 문제나 이슈들을 나열한다. 그런 다음 치료자는 문제목록 옆에 2개의 새로운 칸을 만든다. 첫 번째 칸에는 '당분간'이라는 제목을, 두 번째 칸에는 '영원히'라는 제목을 붙인다. 그리고 각 문제가 '당분간'의 문제인지 아니면 '영원히' 계속될 문제인지 아동에게 물어본 후, 문제별로 각 칸에 체크 표시를 하도록 한다. 아동이 '당분간'과 '영원히'의 차이를 구분하도록 돕기 위해 소크라테스식 질문이 필요할 수도 있다. 아동이 완성하면 치료자가 어떤 칸의 체크 표시가 더 많은지 묻는다. 그런 다음 "어떤 결론을 끌어낼 수 있을까?", "이것에 대해 어떻게 생각하니?", "이것에서 무엇을 얻을 수 있을까?"와 같은 종합적인 질문을 한다. 그 후 대처카드에 결론을 적어본다.

다음의 대화는 우울한 기분으로 힘들어하며 자신을 무능하다고 보는 15세 딜란에게 이 활동을 어떻게 적용하는지를 보여준다.

치료자 : 딜란, 네가 힘들어하고 있는 일들을 한번 나열해보자.
딜 란 : 저한테 스트레스를 주는 일 말인가요?
치료자 : 맞아.
딜 란 : 성적, 엄마와 아빠의 기대, 학교의 형편없는 패거리들, 고약한 여자애들, 나를 압박

---

4) 역자 주 : 애비뉴 Q(Avenue Q)는 2003년 브로드웨이에서 흥행에 성공한 소극장용 코믹 뮤지컬이다. 우리나라에서도 2013년에 공연되었다. 이 뮤지컬은 뉴욕을 배경으로 청춘들의 보편적인 고민과 사회의 부조리를 직설적인 가사로 유쾌하게 보여준다.

하는 축구 코치, 홈커밍이 다가오는데 여자 친구가 없다는 것, 군것질을 너무 많이 하는 것, 내 성질을 건드리는 동생. 이만하면 충분한가요?

치료자 : 출발로는 충분해. 이 문제들이 모두 큰 문제일까?

딜 란 : 글쎄요. 대학에 들어가는 것, 운전면허증 따는 것, 평생 동안 우울하지 않을 수 있는지도 문제예요.

치료자 : 좋아, 이제 문제들을 살펴보도록 하자. 어때? (딜란이 말한 것을 적는다.)

딜 란 : 좋아요.

치료자 : 각 문제가 지금 현재 힘든 것인지 아니면 항상 문제인지 X 표시를 해보자. (용지를 딜란에게 준다. 그림 5.2에 제시된 딜란의 용지 참조)

치료자 : 지금만 문제가 되는 것은 몇 개이고, 영원히 지속될 문제는 몇 개이지?

딜 란 : '당분간' 칸에는 9개, '영원히' 칸에는 3개가 있네요.

치료자 : 이게 뭘 의미한다고 생각하니?

딜 란 : 모르겠어요. (잠시 멈췄다가) 아마도 내 문제가 대부분 당분간의 문제라는 것…. 하지만 아직도 영원히 칸에 세 가지 문제가 있어요.

치료자 : 이 점에 대해 얘기해보자. 부모님의 기대, 여자 친구 사귀는 것에 대한 걱정, 우울한 것에 대한 고민.

딜 란 : 나는 단지 정상이고 싶어요. 부모님은 변하지 않을 거예요. 나는 완벽해야 해요. 그렇지 않으면 부모님을 실망시켜드릴 거예요. 친구들은 항상 날 질겁하게 해요. 걔들을 이해할 수 없어요.

치료자 : 이것들이 너를 지속적으로 힘들게 하고 있구나. 이 문제들에 어떻게 대처해야 할지 배우고 있니?

딜 란 : 약간요. 근데 힘들어요.

치료자 : 이 모든 것을 요약할 때 네 스스로에게 무슨 말을 할 수 있을까?

딜 란 : (잠시 멈췄다가) 모르겠어요. 내 문제들은 대부분 당분간의 문제들이다. 이 문제들은 그렇게 비정상이지 않다.

치료자 : 다른 문제들은 어떤데?

딜 란 : 부모님은 항상 나를 압박해요. 여자 친구 문제는 지겹고 어려워요. 내 기분이 나쁜 것은 어찌 보면 정상인 것 같긴 해요. 하지만 노력하고 있어요.

치료자 : 그걸 말하고 나니까 기분이 어떠니?

딜 란 : 덜 힘드네요.

치료자 : 그럼 그 말을 카드에 적어보자.

문제	당분간(당분간만 힘들게 하는 것)	영원히(앞으로도 항상 힘들게 할 것)
성적	×	
부모님의 압력		×
학교 패거리들	×	
못된 여자애들	×	
축구 코치의 압력	×	
홈커밍 행사	×	
여자 친구 사귀기		×
군것질 많이 하기	×	
성질 건드리는 여동생	×	
대학교 입학	×	
운전면허 따기	×	
우울증 문제		×

| 그림 5.2 | 딜란의 '당분간 혹은 영원히' 일지

이 대화는 치료자가 당분간 혹은 영원히 기법을 딜란에게 얼마나 체계적으로 적용하고 있는지 보여주고 있다. 치료자는 문제목록을 길게, 있는 그대로 만들게 했다. 그런 다음 딜란에게 "지금만 문제가 되는 것은 몇 개고, 영원히 지속될 문제는 몇 개지?"라는 질문을 통해 데이터를 수집하도록 했다. 그 후 "이게 뭘 의미한다고 생각하니?", "이 모든 것을 요약할 때 네 스스로에게 무슨 말을 할 수 있을까?"라는 질문을 통해 데이터를 종합적으로 해석하도록 했다. 그런 다음 치료자는 "그걸 말하고 나니까 기분이 어떠니?"라고 질문함으로써 인지재구성과 더불어 기분이 향상되었는지를 확인했다. 마지막으로 딜란은 그 말을 대처카드에 적어보았다.

관심 혹은 통제

연령 : 8~18세
목적 : 부모의 행동 동기가 관심 때문인지 혹은 통제/강압 때문인지를 정확하게 변별함으로써 부모-자녀 간의 갈등을 감소시킴
준비물 :
● 이미 작성한 생각일기 또는 다른 기록지
● 펜 또는 연필

부모와 교사, 아동은 종종 통제 싸움의 함정에 빠진다. 이러한 갈등이 있을 때 양쪽은 상대방의 의도를 오해한다. 염려로 인해 교사와 부모는 제한하고 요구하며, 귀에 거슬리고 지나치게 참견하는 질문들을 소란스럽게 퍼붓는다. 아동들은 공통적으로 관심을 통제로 성급하게 지각

한다. 따라서 통제에 맞서 싸우는 것이 정당하다고 생각한다. 이것은 관심을 갖고 있는 부모를 어리둥절하게 만들고 좌절시키며, 관심과 우려를 거부하는 자녀를 원망하게 만든다. 그리고 부모의 분노를 증가시키고 더 많이 제한하게 하며, 부모의 관여와 권위를 더욱 확대시킨다. 따라서 갈등이 확산되고 그에 따라 자녀의 반항도 당연히 증가한다. 아동과 부모가 통제와 관심의 차이를 변별하도록 도우면 갈등이 줄어든다.

당분간 혹은 영원히 기법과 마찬가지로, 관심 혹은 통제(Caring or Control) 기법도 생각기록지 또는 생각일기에 3개의 칸을 그려 이용한다. 아동은 첫 번째 칸에 통제하거나 또는 관심을 보인다고 생각되는 부모나 어른을 적는다. 두 번째 칸에서는 어른의 행동에 대해 자신이 지각한 통제의 정도를 10점 척도로 평정한다. 세 번째 칸에서는 관심의 정도를 평가한다. 마지막으로 치료자와 아동이 함께 데이터를 분석한다.

화를 잘 내고 우울한 15세 소녀 아날리는 어머니의 행동에 분노하고 있었다. 아날리는 어머니가 매우 강압적이고 지배적이라고 생각했다. 이전에 작성한 생각일기에서 아날리는 "엄마는 만사를 자기 뜻대로 하는 사람이다.", "엄마는 나에게 자신의 분신처럼 행동하라고 한다.", "엄마는 내가 정확히 엄마의 뜻에 따를 때만 관심을 갖는다."와 같은 생각을 기록했다. 따라서 치료자는 어머니의 행동에 대한 아날리의 흑백논리 사고를 감소시키기 위해 관심 혹은 통제를 실시하기로 결정했다.

치료자는 아날리에게 자신을 화나게 만드는 어머니의 행동을 나열하게 했다. 그런 다음 "지금부터 엄마의 행동이 얼마나 통제인지 아니면 관심인지 알아보자. 어떻게 평가할까? 10점 만점으로 할까 아니면 100점 만점이 좋을까?"라고 설명했다. 아날리는 10점 척도를 선택했다. 치료자는 계속해서 "엄마가 너를 화나게 만드는 행동을 하실 때마다 통제 또는 관심 점수를 매기는 거야."라고 말했다. 아날리는 그림 5.3과 같이 어머니의 행동을 기록하고 통제와 관심의 정도를 점수로 매겼다. 다음의 대화는 관심 혹은 통제 워크시트를 이용한 치료과정을 보여주고 있다.

치료자 : 아날리, 네가 작성한 관심 혹은 통제 워크시트를 보자. 작성할 때 어땠어?

아날리 : 조금 힘들었어요. 제가 맞게 했는지 모르겠어요.

치료자 : 한번 살펴보자. 먼저 너는 아침식사를 할 때 엄마의 행동을 통제로 보지 않고 관심으로 보고 있구나. 이 점에 대해 이야기해보자.

아날리 : 엄마는 내가 하루를 잘 시작하길 원하세요. 엄마는 제가 먹고 싶어 하는 것을 충분히 먹도록 하세요.

치료자 : 그렇구나. 또한 너는 엄마가 귀가시간이나 물리수업, 운동복에 대해 질문하는 것을 통제로 보지 않고 관심으로 보고 있구나.

아날리 : 엄마는 걱정이 많으세요.

치료자 : 네 스커트에 대한 지적은 관심과 통제의 혼합으로 보고 있네.

아날리 : 저는 열다섯 살이에요! 엄마는 내가 56세처럼 옷을 입길 원하세요. 세상이 변했는데 말이에요. 엄마는 남자애들이 나랑 사귀자고 할까 봐 걱정하세요.

치료자 : 샤워와 온라인 채팅에 대해서는 매우 통제적이라고 보고 있네.

아날리 : 엄마는 완벽주의라서 모든 일을 정확히 하길 원하세요. '정확히'란 엄마의 뜻대로 하는 것을 의미해요. 그중의 하나가 샤워예요. 내가 어떻게 닦는지 도대체 누가 관심을 갖느냐고요? 그리고 엄마는 제가 친구를 사귀길 원하지 않으세요. 때론 엄마는 내가 엄마로부터 떨어져 내 생활을 갖는 걸 원치 않으신다는 생각이 들어요.

치료자 : 그것 참 흥미로운 생각이구나. 그걸 적어보자. "엄마는 내가 엄마로부터 떨어져 내 생활을 갖는 걸 원치 않으신다."

아날리 : 그게 바로 엄마예요.

치료자 : 아빠의 경우에는 감자칩에 대해서는 통제적인데 발표에 대해서는 관심을 갖고 계신 것으로 보고 있구나.

아날리 : 아빠는 결벽증이 있어요. 과자 부스러기에 대해서는 정신병자 같아요. 하지만 성적에 대해서는 관심을 보여요.

치료자 : 그래서 너는 이 모든 것에 대해 어떻게 생각하니?

아날리 : 엄마는 만사를 자기 뜻대로 하려는 사람이에요.

치료자 : 그것 역시 흥미로운 생각이구나. 그것도 적어보자. 이런 생각들이 정확한지 아닌지를 어떻게 알 수 있을까?

아날리 : 모르겠어요.

치료자 : 만약 엄마가 만사를 자기 뜻대로 하려 하고 네가 너만의 생활을 갖는 것을 원하지 않는다면, 이 중에서 관심보다 통제인 것이 얼마나 많아야 할까?

아날리 : 아마도 대부분이 통제여야 하겠죠.

치료자 : 한번 세어보자. 몇 가지가 통제 때문이지?

아날리 : 7개 중에서 2개요.

치료자 : 이것이 대부분이 통제이고 너만의 생활을 갖지 않길 원하는 것일까?

아날리 : 저도 방금 그렇게 생각했어요. 아마도 엄마가 관심을 너무 갖고 계시고, 나를 좀 더 믿어주실 필요가 있는 것 같아요. 저도 이제는 컸고, 엄마는 그걸 받아들이셔야 해요.

치료자 : 화나는 기분은 좀 어때?

아날리 : 조금 나아졌어요.

어른의 행동	관심수준 (1~10)	통제수준 (1~10)
엄마가 아침식사로 롤빵을 먹으라고 하셨다.	9	5
엄마가 언제 집에 돌아오느냐고 물으셨다.	9	3
엄마가 물리시험에 관해 물으셨다.	9	2
엄마가 축구 게임에 갈 때 운동복을 입으라고 하셨다.	9	2
엄마가 내 치마 길이가 너무 짧다고 하셨다.	7	6
엄마가 샤워할 때 닦는 법을 고치라고 하셨다.	3	9
아빠가 감자칩을 치우라고 하셨다.	2	9
아빠가 발표 연습을 하라고 하셨다.	7	3
엄마가 온라인 채팅을 멈추고 숙제를 하라고 하셨다.	4	8

| 그림 5.3 | 아날리의 '관심 혹은 통제' 워크시트

치료자 : 화가 덜 날 때 엄마에게 너를 좀 더 믿어주고 15세에 맞게 관심을 가져달라고 말씀
드리면 어떨까?

아날리와의 대화는 몇 가지 중요한 점을 보여주고 있다. 첫째, 치료자는 서술적인 언급과
질문으로 대화를 이끌어갔다. 둘째, 치료자는 인내심을 갖고 천천히 아날리와 함께 데이터를
탐색했다. 셋째, 치료자는 "만약 엄마가 만사를 자기 뜻대로 하려 하고 네가 너만의 생활을
갖는 것을 원하지 않는다면, 이 중에서 관심보다 통제인 것이 얼마나 많아야 할까?"라는 구체
적이고 종합적인 질문과 함께 인지재구성을 시작했다.

공평한 것 혹은 내가 원하는 것

연령 : 8~18세
목적 : 공평한 것과 자신이 원하는 것을 갖거나/하는 것을 혼동하는 데서 비롯되는 아동의 좌
절과 분노를 감소시킴
준비물 :
● 종이
● 펜 또는 연필
● 자

화를 잘 내고 불순종하며 반항적인 아동은 종종 자신에게 일어나는 일이 공평하지 않다고 생
각한다. 이런 아동은 합리적인 요구를 불공평한 요청으로 왜곡해서 받아들인다. 요약하면 이
들은 공평한 것과 자기 마음대로 하는 것이 같다고 본다. 당분간 혹은 영원히, 관심 혹은 통제와

마찬가지로, **공평한 것 혹은 내가 원하는 것**(Fair or What I Want)에서는 세 칸짜리 양식을 사용한다. 첫 번째 칸에는 속상하게 하는 상황이나 사건을 나열한다. 두 번째 칸과 세 번째 칸에는 상황이 불공평한지 아니면 단지 자신이 원치 않는 것인지를 적는다. 세 칸을 모두 작성한 후에 치료자와 내담자는 데이터를 분석한다.

다음의 대화는 11세 아동 코스타스에게 적용한 과정을 보여준다. 이 아동은 짜증을 자주 내며 "다른 사람이 희생하더라도 나의 요구는 항상 충족되어야 해."라는 신념을 지키기 위해 높은 수준의 정서를 표현한다.

코스타스 : (눈물을 글썽이며) 모든 것이 불공평해요! 나는 내 인생이 정말 싫어요.

치 료 자 : 코스타스, 무엇이 그리 불공평한지 얘기해보렴.

코스타스 : 선생님이 숙제를 너무 많이 내주셨어요.

치 료 자 : 나도 숙제가 정말 지겹다는 걸 안단다.

코스타스 : 정말 싫어요. 뿐만 아니라 엄마는 집에서 심부름을 시켜요. 나는 휴식시간이 필요해요.

치 료 자 : 그럼 그것도 불공평하니?

코스타스 : 예. 때로는 에드가와 아론, 아눕이 내 유희왕 게임⁵⁾카드를 뺏어가요.

치 료 자 : 그것도 불공평하다고 생각하니?

코스타스 : 네. 내 뜻대로 되는 것이 하나도 없는 것 같아요.

치 료 자 : 네가 눈물을 글썽이며 속상해하는 이유를 알 것 같구나. 너는 공평하다는 것과 네가 원하는 것을 갖는다는 것이 똑같다고 보고 있어.

코스타스 : 잠깐만요. 그게 무슨 말이에요? 약간 알 것 같긴 하지만요.

치 료 자 : 한번 물어볼게. 너는 대부분의 속상한 일이 불공평하다고 보니, 아님 네가 원치 않는 것이라고 보니?

코스타스 : 양쪽 다요.

치 료 자 : 그건 좀 혼란스러울 수 있어. 네가 좀 더 명확하게 볼 수 있도록 도와줄게. 괜찮겠니?

코스타스 : 좋아요.

치 료 자 : 자, 너를 속상하게 하는 것들을 한번 나열해보자. 너는 선생님이 내주신 숙제의 양이 불공평하다고 말했지?

코스타스 : 예.

---

5) 역자 주 : 유희왕 게임은 미국 어린이들 사이에서 폭발적인 인기를 끈 일본 게임업체 코나미 사의 카드 게임으로, 캐릭터 '유희'가 괴물들과 싸우며 퍼즐을 푼다는 내용이다.

치 료 자 : 그런데 무엇이 불공평하게 만들까?

코스타스 : 나는 숙제가 싫어요.

치 료 자 : 네가 숙제를 싫어한다는 것은 이해해. 하지만 숙제가 싫긴 해도 해야 하는 아이들이 얼마나 될까?

코스타스 : 아마도 모든 아이들이요.

치 료 자 : 그럼 그것은 불공평하다는 걸 의미할까, 아님 단지 네가 좋아하지 않는다는 것을 의미할까?

코스타스 : 아마도 그것은 내가 좋아하지 않는 걸 의미할 거예요.

치 료 자 : 다음으로 엄마가 너에게 심부름을 시켜서 충분한 휴식시간을 가질 수 없다는 것을 보자.

코스타스 : 예. 나만의 시간이 필요해요.

치 료 자 : 그렇구나. 집에서 심부름을 해야 하는 사람이 너뿐이니?

코스타스 : 아니요. 누나 브리짓도 해요.

치 료 자 : 브리짓은 숙제가 얼마나 되지?

코스타스 : 브리짓은 10학년이라 숙제가 많아요.

치 료 자 : 그럼 심부름은 불공평한 걸까 아니면 네가 원치 않는 걸까?

코스타스 : 그만하세요. 선생님이 무엇을 하시려는지 알겠어요.

치 료 자 : 좀 참아봐. 몇 가지가 더 있어. 아놉이나 아론, 에드가는 어떨까?

코스타스 : 걔네들은 제멋대로예요.

치 료 자 : 그럴지도 모르지. 조금만 더 얘기해보자. 게임카드로 뭘 하려고 한 건데?

코스타스 : 맞교환하기로 되어 있었는데, 걔네들이 그냥 내 카드를 뺏어갔어요.

치 료 자 : 그건 불공평한 것으로 들리는데, 네 생각은 어떠니?

코스타스 : 심해요. 완전 불공평해요.

치 료 자 : 그럼 이 목록에 대해 어떻게 생각하니?

코스타스 : 대부분 제가 공평한 것과 제가 원하는 것을 헷갈리고 있네요.

위의 대화에서 치료자는 아동이 불공평한 것과 원치 않는 것 간의 차이를 변별하도록 도와주었다. 치료자는 공감을 해주며 비판단적 방식으로 아동의 신념을 끌어냈다. 그런 다음 코스타스에게 어떻게 생각하는지 부드럽게 질문했다. 마지막으로 "그럼 이 목록에 대해 어떻게 생각하니?"라고 묻는 종합적 질문을 통해 대처 진술을 끌어내었다. 코스타스가 완성한 워크시트는 그림 5.4에 제시되어 있다.

속상한 일	불공평	단지 원하는 것이 아님
숙제		×
심부름		×
아놉과 에드가가 카드를 그냥 가져간다.	×	

| **그림 5.4** | 코스타스의 '공평한 것 혹은 내가 원하는 것' 워크시트

▤ 변화할 준비가 되었니

연령 : 8~18세

목적 : 아동의 동기를 증가시키기

준비물 :

● 변화할 준비가 되었니 질문지(양식 5.2)

● 펜 또는 연필

변화할 준비가 되었니(Are You Ready for Some Changes?)는 변화에 대한 내담자의 동기를 증가시키기 위한 인지재구성 활동이다. 이것은 동기면담(Miller & Rollnick, 1991), 변화의 단계(DiClemente, 2003; Geller & Drab, 1999; Prochaska, 1979; Prochaska & DiClemente, 1992; Prochaska, DiClemente, & Norcross, 1992), 그리고 수용전념치료(Schulte et al., 2002)에 근거한다. 내담자들은 문제를 얼마나 고통스럽게 여기는지, 자신이 얼마나 변화할 수 있다고 보는지, 변화를 위해 얼마나 노력하는지에 있어서 차이를 보인다. 치료에서 내담자가 보이는 저항과 회피, '진전 없음' 등은 본질적으로 양가감정(ambivalence)으로 해석된다(Zinbarg, 2000). 변화할 준비가 되었니 활동은 내담자의 양가감정을 노력 혹은 헌신(commitment)으로 변환시키려는 것이다. 이 활동에 포함되어 있는 질문들은 Geller와 Drab(1999)이 개발한 준비도 및 동기면담, 그리고 Schulte 등(2002)이 언급했던 내담자의 기본적 행동조건에 근거하고 있다. 변화할 준비가 되었니 질문지는 양식 5.2에 제시되어 있다.

이 활동은 호소문제에 대한 정의로 시작한다. 다음의 일곱 가지 질문은 변화의 다양한 요소를 어떻게 지각하는지에 관한 것이다. 첫 번째 질문("이 문제는 나를 힘들게 한다.")은 문제와 관련된 주관적 불편감 수준에 관한 것이다. 주관적 불편감이 높을수록 동기도 높아진다(Schulte et al., 2002). 두 번째 질문은 첫 번째 질문과 개념적으로 유사한데, 문제에 대한 무력감과 통제결여에 관한 것이다. 세 번째 질문은 문제에 의해 유발된 이상성(abnormality) 혹은 차이에 대한 느낌을 평가한다("내 또래의 아이들도 이런 문제를 갖고 있다고 생각한다."). 자기 자신이 평범하지 않다고 보는 것은 동기를 갖게 만든다(Schulte et al., 2002). 그다음 질문은 치료과정에 대한 내담자의 믿음, 성과에 대한 희망감에 관한 것이다. 치료에 대한 믿음이 강할수록 동기도 높아진다(Schulte et al., 2002). 마지막 세 가지 질문은 변화에 대한 헌신, 변화할 수 있는 능력에 대한 내담자의 주관적 평가에 관한 것이다. 헌신의 결여와 낮은 자기효능감은 동기를 떨어뜨린다(Bandura, 1977a, 1977b, 1986; Geller & Drab, 1999; Prochaska & DiClemente, 1992).

아동과 청소년의 반응 패턴은 인지재구성의 견고한 토대를 제공한다. 예컨대 만약 문제가 약한 것일 때는 내담자가 노력할 가능성이 적을 것이다. 만약 문제가 고통스러움에도 불구하고 내담자가 무력감이나 통제감 상실을 경험하지 않는다면, 소크라테스식 질문법으로 이러한 불일치를 다루어야 한다. "이 문제가 너를 힘들게 하는데도 네가 무력감을 거의 느끼지 않는다는 것을 설명해주었으면 해.", "많이 힘든데도 어떻게 그렇게 침착할 수가 있을까?" 특히 치료과정에 대한 믿음과 변화에 대한 지각된 자기효능감에 대해서는 반드시 개입해야 한다. 문제는 내담자를 힘들게 하면서 또한 희망이 없고 자신이 이상하다는 느낌을 줄 수 있는데, 만약 내담자가 치료의 효과에 대해 의심을 품는다면 치료가 진전을 보이지 않을 것이다. 이때 치료자는 내담자가 지각하는 치료에 대한 믿음에 초점을 맞추어 동기를 높여주어야 한다. 마지막으로 내담자가 문제로 힘들어하면서 무력감과 자신이 이상하다는 느낌을 갖고 있을 수 있다. 이러한 내담자는 치료에 대해서는 믿음을 갖고 있지만, 변화에 대한 자신의 능력을 의심하기 때문에 여전히 치료에 대한 양가감정과 낮은 동기를 보일 수 있다. 이런 경우에는 인내심을 갖고 변화에 대한 자기효능감을 높여주는 것이 열쇠이다.

다음의 대화는 거식증을 갖고 있는 15세 소녀 자스민의 변화에 대한 자기효능감을 어떻게 높여주는지 보여준다. 자스민은 치료에서 진전을 보이지 않고 있으며, 이제 막 **변화할 준비가 되었니** 질문지(그림 5.5)를 작성했다.

치료자 : 자스민, 질문지를 작성해주어 고맙구나. 네가 동그라미 친 것을 한번 살펴보자. 먹지 않는 것이 매우 힘들다, 통제할 수 없다고 느낀다, 감정과 생각, 행동을 변화시키고 싶다에 동그라미를 쳤네. 그러나 치료가 도움이 될 거라고 생각하지 않고 감정과 생각, 행동을 변화시킬 수 없을 거라고 생각하는구나. 맞니?

자스민 : 네, 그렇게 보셔도 돼요.

치료자 : 너도 그렇게 보니?

자스민 : 확실해요.

치료자 : 이것을 보니 네가 얼마나 힘들어하는지 알 것 같아. 거식증이 너를 힘들게 하고 기분도 나쁘게 만든다니, 네가 왜 치료를 받지 않으려 하는지 이해가 가는구나.

자스민 : 어떻든 도움이 안 될 거예요.

치료자 : 그렇구나. 그런데 무엇 때문에 치료가 너에게 도움이 되지 않고 네가 기분과 생각, 행동을 변화시킬 수 없다고 생각하는 걸까?

자스민 : 과거에도 변화시키지 못했고 다른 치료자나 병원에서도 도움을 주지 못했어요.

치료자 : 그것이 너에 관해 무엇을 의미하는 것일까?

자스민 : 나는 구제불능이다.

치료자 : 그래서 그 구제불능인 너에게 에너지를 쏟고 싶지 않은 거니?

자스민 : 맞아요.

치료자 : 어떤 일에 가망이 없어 보일 때 너는 아무것도 하고 싶지 않나 보구나.

자스민 : 그래요.

치료자 : 그렇다면 무엇이 너를 구제불능으로 만든 걸까?

자스민 : 이건 다람쥐 쳇바퀴 돌리는 것과 같아요. 나는 먹을 수가 없다!

치료자 : 맞아. 그건 정말 힘든 문제야. 네가 어떻게 달라져야 할지 모르겠다는 것이 얼마나 가능한 일일까?

자스민 : 가능해요. 아마도.

치료자 : 좋아. 너는 네가 얼마나 진전을 보일 수 있을 거라 생각하니?

자스민 : 나는 거의 항상 원래로 되돌아가요.

치료자 : 그러니까 네가 대처할 수 있을 거란 자신이 없다는 거니?

자스민 : 나는 내가 모든 일에 대처를 잘하지 못한다고 생각해요. 나는 그냥 기겁해버린 적이 많아요.

치료자 : 그래서 어떻게 변화해야 할지도 모르겠고 꾸준히 계속하기도 어렵다는 거지?

자스민 : 그게 바로 나예요.

치료자 : 기술이나 자신감 면에서는 얼마나 달라질 수 있을까?

자스민 : 아마도 달라질 수 있겠죠.

치료자 : 그러니까 만약 기술이나 자신감이 달라질 수 있다면 너는 얼마나 구제불능일까?

자스민 : 모르겠어요. 한번도 생각해본 적이 없어요…. 아마도 구제불능이 아닐 수도 있겠네요. (웃는다.)

치료자 : 방금 웃었네.

자스민 : 한번도 그런 식으로 생각해본 적이 없어요.

치료자 : 새로운 기술을 배우고 나서 자신감이 커지는지 알아보고 싶은 생각은 얼마나 드니?

이 대화는 회피적인 청소년 내담자에게 워크시트 적용하는 방법을 보여준다. 첫째, 치료자는 자스민의 반응을 자료로 사용해 그녀가 갖고 있는 무력감을 명료화시키고 강조했다. 둘째,

나의 문제는 <u>먹지 않는 것이다.</u>

이것이 나를 힘들게 한다. (번호 하나에 동그라미를 치세요.)

1	2	3	4	5	⑥	7
전혀 그렇지 않다			보통			매우 그렇다

나는 이 문제 때문에 통제할 수 없고 무력하다고 느낀다.

1	2	3	4	5	⑥	7
전혀 그렇지 않다			보통			매우 그렇다

내 또래의 아이들도 이런 문제를 갖고 있다고 생각한다.

1	2	3	4	⑤	6	7
전혀 그렇지 않다			보통			매우 그렇다

나는 치료가 도움이 될 거라고 믿는다.

1	②	3	4	5	6	7
전혀 그렇지 않다			보통			매우 그렇다

나는 생각과 기분, 행동을 변화시키길 원한다.

1	2	3	4	⑤	6	7
전혀 그렇지 않다			보통			매우 그렇다

나는 생각과 기분, 행동을 변화시키기 위해 노력하고 있다.

1	2	3	④	5	6	7
전혀 그렇지 않다			보통			매우 그렇다

나는 생각과 기분, 행동을 변화시킬 수 있다고 생각한다.

1	②	3	4	5	6	7
전혀 그렇지 않다			보통			매우 그렇다

| **그림 5.5** | 자스민의 '변화할 준비가 되었니' 질문지

치료자는 내담자가 낮은 자기효능감에 대항하도록 지지해주었다. 셋째, 치료자는 자신을 구제불능으로 보는 자스민의 신념에 부드럽게 의문을 제기했다. 그러기 위해 구제불능이라는 자스민의 신념과 자신감 및 기술 부족을 분리해 다루었다.

▤ 속임수 혹은 진실

연령 : 8~15세
목적 : 부정확한 사고를 파악하는 능력을 증가시킴
준비물 :
● 속임수 혹은 진실 일기(양식 5.3).
● 내 마음의 12가지 비겁한 속임수 활동지(양식 3.1)

이 활동은 내 마음의 12가지 비겁한 속임수에 근거한다. 이것은 인지왜곡에 이름을 붙이는 아동용 활동으로 인지재구성 요소를 포함하고 있다. 또한 이 기법은 아동에게 자동적 사고가 왜곡되었는지 살펴보도록 가르치며, 자신의 해석이 정확한지 의심을 품게 만든다. 이 활동은 자동적 사고와 불편한 감정, 문제행동 사이의 관련성을 차단해준다.

　속임수 혹은 진실(Trick or Truth)은 제2장에서 소개된 생각일기의 네 칸(날짜, 상황, 감정, 생각)으로 시작한다. 다섯 번째 칸에는 아동에게 비겁한 속임수를 확인해 적으라고 한다. 여섯 번째 칸에는 생각이 속임수인지 아니면 진실인지를 기록하게 한다. 만약 생각이 정확하다면 문제해결이 뒤따른다. 만약 생각이 비겁한 속임수라면 치료자는 그 생각의 정확성에 대해 의문을 던진다. 이 과정은 문제해결 전략이나 새로운 대처사고를 카드에 적는 활동으로 끝난다.

　다음의 대화는 속임수 혹은 진실 활동으로 의심을 이끌어내는 방법을 보여준다. 9세 된 인도계 미국 아동 안자니는 외로움을 느끼며 극심하게 자기를 비판하고 인종과 관련된 욕설을 하며 괴롭히는 또래들 때문에 외톨이로 지내고 있다. 안자니의 속임수 혹은 진실 일기는 그림 5.6에 제시되어 있다.

　안자니 : 속임수 혹은 진실 일기를 작성했어요. 보실래요?
　치료자 : 물론이지. 한번 보자. 남자애들과 술래잡기를 하고 있었는데, 네 피부색이 검다고 놀렸구나. 너는 슬픔을 느꼈고, 네가 잘 어울리지 못하고 아무도 너를 있는 그대로 보아주지 않는다고 생각했어. 그리고 넌 이것을 속임수라고 했어.
　안자니 : 애꾸눈 괴물이요.
　치료자 : 만약 그것이 속임수라면 네가 그것에 대해 얼마나 믿어야 할까?

날짜	상황	감정	생각	비건강한 속임수	진실 혹은 속임수	문제해결
12/6	한 남자아이가 나의 검은 피부를 놀렸다. 내 피부가 검기 때문에 이 당황스러운 수밖에 없었다.	슬픔	피부가 검지 않았으면 좋겠다. 나는 여기에 안 어울려. 아무도 진정한 내 모습을 결코 볼 수 없을 거야.	애꾸눈 괴물	속임수	
12/7	크리스마스 트리를 만들 때 다른 아이들이 끼워주지 않았다.	슬픔	토니가 나는 기독교인이 아니라서 트리 만들기를 도와줄 수 없다고 말했다. 아무도 나를 좋아하지 않나 봐.	재앙 캐스터	속임수	
12/11	모두 A를 받아서 이달의 최고 학생으로 뽑혔다. 아이들이 야유했다.	슬픔	나에게 뭔가 문제가 있어.	맥시-미 생각	속임수	
12/12	아이들이 나를 쫓아오며 내 피부가 검고, 내가 이상하게 말한다고 놀렸다.	슬픔	아이들은 대부분 못되게 군다. 개네들은 나를 두려워하고 약간 질투하는 것 같다.		진실	본 조 선생님에게 말한다. 선생님 근처에 있는다. 착한 여자아이들을 주위에 머문다. 엄마에게 말한다.

| 그림 5.6 | 안자니의 '속임수 혹은 진실' 일기

안자니 : 아주 조금이요.

치료자 : 그 아이들이 너를 놀리고 괴롭혔을 때 너는 애꾸눈 괴물을 얼마나 믿었니?

안자니 : 아주 많이요! 나는 울었어요.

치료자 : 그랬구나. 그때 아무도 진정한 네 모습을 보지 못하고, 친구들과 어울리지 못할 거란 생각이 들었던 것 같구나. 그런데 네가 생각을 해보고 나서 속임수를 믿지 않게 되었네.

안자니 : 네.

치료자 : 그것을 모두 카드에 적어보자.

안자니 : 내가 친구들과 어울리지 못한다는 것을 믿지 않는다고 적어야 하나요? 그건 단지 저의 애꾸눈 괴물 생각이에요.

치료자 : 물론이야.

치료자는 12월 7일과 12월 11일에 대해서도 대화를 계속해나갔다. 그러나 12월 12일에 작성한 것은 인지왜곡이 아니었기 때문에 문제해결 개입을 필요로 했다.

안자니 : 하나 더 남았어요.

치료자 : 이것을 한번 보자. 아이들이 너를 쫓아오며 별명을 불렀어. 너는 슬프다고 느꼈고, 그 아이들이 못됐고 질투심 많은 겁쟁이라고 생각했어.

안자니 : 하지만 나는 그것이 진실이라고 생각해요.

치료자 : 나도 그렇단다. 일기 쓰기를 정말 잘했어. 많은 아이들이 자기와 다른 점을 갖고 있는 사람들을 두려워하고 그런 두려운 기분을 화풀이한단다.

안자니 : 상대방을 두렵게 만들려고 하는 것 말이죠?

치료자 : 맞아. 그렇다면 네가 상처받지 않고 기분도 나쁘지 않으려면 어떻게 해야 할까?

안자니 : 보조 선생님한테 말하고 그 선생님 곁에 있어요. 나한테 잘해주는 여자애들과 놀아요. 그리고 엄마한테도 말해요.

치료자 : 좋은 생각이야. 그것을 카드에 적어보자.

▨ 강박장애가 아니라 나야

연령 : 8~12세

목적 : 아동의 개인적인 특성과 강박장애 증상을 구분하기

준비물 :

● 넓적한 나무스틱(예 : 설압자, 페인트 섞는 기구)

- 그림 그리기용 마커
- 잡지책 그림 혹은 클립아트
- 가위
- 풀

CBT 임상가들이 강박장애 내담자들에게 자주 사용하는 인지재구성 기법은 논박하는 법을 가르치는 것이다(Chansky, 2000; March & Mulle, 1998; Piacentini & Langley, 2004). March와 Mulle(1998)은 그림이나 만화 그리기를 통해 장애를 객관화시킴으로써 아동이 OCD와 거리를 두게 하라고 권고했다. 강박장애가 아니라 나야(It's Me, Not OCD) 활동은 논박과 만화 그리기를 활용하는 인지재구성 기법이다.

March와 Mulle(1998)의 매뉴얼에서 첫 단계는 먼저 아동에게 OCD를 시각적으로 표현하도록 하는 것이다. 아동은 만화를 직접 그리거나 잡지책에서 그림(예 : 못생긴 거미)을 선택하거나 혹은 클립아트(예 : 괴물)를 사용할 수도 있다. 그런 다음 아동과 치료자는 설압자나 페인트 섞는 기구의 한쪽 면에 그 그림을 붙인다. 만약 더 멋지게 만들고 싶으면 떼어 붙일 수 있는 작은 그림들을 문방구에서 구입할 수도 있다. 반대편에는 아동의 학교 그림이나 만화 초상화를 붙인다. 두 면에 그림을 붙인 후에 OCD 면에 중요한 생각을 적는다. 그런 다음 내담자에게 '나' 면에 반박 전략을 적게 한다. 다음의 대화는 9세 소녀 아니스에게 이 활동을 어떻게 적용하는지 보여준다.

> **치료자** : 아니스, 네가 그림 그리기를 좋아한다고 알고 있어.
>
> **아니스** : 네, 좋아해요. 잘 그려요.
>
> **치료자** : 좋아. 이것 보이지? (떼어 쓸 수 있는 사람 그림을 들어 보여주며) 이 면에 OCD에 대한 너의 생각을 그림으로 그려보자.
>
> **아니스** : 우리가 OCD를 똥벌레라고 불렀던 것 기억나시죠. (한 면에 그것을 그린다.)
>
> **치료자** : 잘 그렸네. 이제 다른 면에 네 사진이 필요한데 어떻게 할까?
>
> **아니스** : 학교 사진을 사용할게요. 방금 받았거든요. (어머니가 아니스에게 건네준다.)
>
> **치료자** : 반대쪽 '나' 면에 붙여보자. 이제 네가 한 면에 있네….
>
> **아니스** : 네, 그리고 반대편에는 똥벌레가 있어요.
>
> **치료자** : 이제 OCD가 너에게 뭐라고 하는지 냄새나는 똥벌레 면에 적어보자.
>
> **아니스** : 기도를 처음부터 끝까지 완벽하게 해야 해.
>
> **치료자** : 또는 뭐라고 할까?
>
> **아니스** : (작은 소리로) 우리 가족이 다칠 거야.

치료자 : 적어보렴.

아니스 : (적으면서) 이 냄새나는 나쁜 생각아!

치료자 : 이제는 네가 그 똥벌레에게 뭐라고 반박할지를 학교 사진이 붙여 있는 '나' 면에 적어보자.

아니스 : 나는 너처럼 냄새나는 똥벌레의 명령을 따르지 않을 거야.

치료자 : 잘했어. 이걸 집에 가져가서 다시 읽어보는 거야. 그리고 숙제가 있는데, 양쪽 면에 조금 더 적어보는 거야.

위의 대화에서 치료자와 내담자는 한편이 되어 OCD에 대항했다. 아니스는 공예활동 같은 이 활동에 흥미를 갖고 참여했다. 아니스는 자신을 괴롭히는 OCD 명령과 자기말 전략을 파악할 수 있었다. 치료자는 아니스에게 논박진술문을 더 만들도록 숙제를 내주었다.

생각 청소

연령 : 8~13세
목적 : 인지재구성
준비물 :

● 생각 청소 일기(양식 5.4)
● 내 마음의 12가지 비겁한 속임수 활동지(양식 3.1)
● 펜 또는 연필

생각 청소(Clean Up Your Thinking)는 비겁한 속임수 찾기에 기반을 둔 기법이다. 이것은 심각한 수행불안을 겪고 있는 조숙한 8세 여아를 치료한 경험에서 영감을 받아 만들어졌다. 이 여아는 자기-모니터링 과정을 거쳐 비교적 신속하게 자신의 생각 속에 들어 있는 비겁한 속임수를 발견할 수 있었다. 아동은 비겁한 속임수 찾기 일기를 살펴본 후에 자발적으로 "나는 비겁한 속임수를 내 머릿속에서 싹 지워버릴 거야."라고 말했다. 생각 청소 활동은 아동이 스스로 비겁한 속임수를 제거하도록 돕는 구체적인 방법이다.

이 활동은 날짜와 상황, 기분, 생각, 그리고 비겁한 속임수의 5개 칸과 청소전략 또는 반대 생각을 포함하고 있다. 청소전략은 소크라테스식 대화법을 통해 구성된다. 일기는 무엇이 생산적인 질문이었는지 치료자가 확인할 수 있게 해준다. 그리고 기록을 통해 내담자가 자신의 생각을 청소할 수 있는 질문을 스스로 하도록 함으로써 일반화를 촉진한다. 다음의 대화는 반감과 슬픔, 분노에 대한 두려움과 싸우고 있는 13세 소녀 폴라에게 이 활동을 어떻게 적용하는지를 보여준다. 폴라의 생각 청소 일기는 그림 5.7에 제시되어 있다.

치료자 : 폴라, 네가 작성한 **생각 청소 일기**를 한번 보자(그림 5.7 참조).

폴 라 : 다 했는데, 청소전략만 못했어요. 무엇을 써야 할지 정말 모르겠더라고요.

치료자 : 좋아. 그것을 함께해보도록 하자. 네가 첫 번째로 쓴 것은 "나는 화가 나. 그 기분을 없애야 해. 나는 그 기분이 싫어. 그냥 그 애를 때려려 할 것 같아."구나. 무엇 때문에 감정의 포로라고 썼을까?

폴 라 : 마치 분노가 나를 붙잡고 있는 것 같았어요. 그래서 충분히 생각하는 것을 잊어버리고 그 애를 때렸어요.

치료자 : 좋아, 그렇다면 그것을 청소해버리자. 너와 분노 중 누가 더 강할까?

폴 라 : 나요. 감정은 사람들에게 상처를 줄 수 없지만 행동은 상처를 줄 수 있어요. 나는 감정을 참을 수는 있어요. 하지만 감정을 좋아하지는 않아요.

치료자 : 그래, 너는 청소할 수 있어. 이번에는 두 번째 것을 보자. "나는 못생겼어. 코가 너무 크고 키도 너무 작아. 그리고 다리도 너무 굵어."

폴 라 : 예, 나는 가장 예쁘고 귀티 나는 여자애는 아니죠. 끝내주게 매력적인 애가 아니라구요.

치료자 : 그런데 어째서 이것이 서커스 거울 생각일까?

폴 라 : 글쎄요. 나는 더럽거나 흉측하게 생기지는 않았지요.

치료자 : 그래, 이것이 네가 너 자신에게 하는 말 아니니?

폴 라 : 비슷해요. (한숨을 쉰다.)

치료자 : 어째서?

폴 라 : 왜냐하면 제가 오스카를 좋아하는데, 걔가 나를 차버렸거든요.

치료자 : 좋아. 그러니까 네가 못생겼는지 그리고 네가 너 자신에 대해 생각하는 것을 결정하는 사람은 오스카구나.

폴 라 : (잠시 멈췄다가) 못난 맹꽁이 같은 애한테 그렇게 많은 힘을 주고 싶지는 않아요. 오스카가 나랑 춤을 추지 않는다고 해서 내가 못생겼다는 걸 의미하지는 않아요. 제가 슬픈 건 그게 저의 약점을 보도록 만들기 때문이에요.

치료자 : 이제 마지막으로 적은 것을 보자. "엄마는 내가 엄마의 인정을 필요로 한다는 것을 아셔야 해. 엄마는 나에게, 그리고 내가 원하는 것에 좀 더 관심을 가지셔야 해." 왜 이것이 고집쟁이 노새의 규칙일까?

폴 라 : 엄마에게는 규칙이 너무 많아요.

치료자 : 엄마가 그 규칙들에 대해 얼마나 알고 계실까?

폴 라 : 그렇게 많지는 않아요. 그 규칙들은 저만 알고 있어요.

치료자 : 소리 없는 규칙이구나.

날짜	상황	감정	생각	속임수	청소전략	새로운 생각
11/7	브라이가 내게 기분 나쁘게 말하라고 말했다.	분노	나는 화파는 게 싫어. 이 기분을 없애야 해. 화파난 기분이 나는 걸 배우고 있어.	감정의 표로	너와 분노 중에서 누가 더 강항까?	감정은 사람들에게 신호를 줄 수 있지만 행동은 신호를 줄 수 있어. 나는 가끔을 참을 수 있어. 하지만 감정을 참을 수 있는 건 좋아하지는 않아.
11/8	오스카한테 차이인 후 체육시간에 거울을 보았다.	슬픔	나는 못생겼어. 코도 너무 크고 다리도 굵어.	서커스 거울 생각	오스카가 나를 차 버렸다고 해서 내가 못생겼다는 걸 의미하지는 않아.	이건 나의 아둔증이 말하는 거야. 나는 못난 맹꽁이 오스카에게 이 그렇게 마음 줄 수 없음을 거야.
11/9	엄마가 내 자른 머리를 비판하셨다.	슬픔, 화남	엄마는 내가 엄마이길 원하는 것을 아세야 해. 나에게 괜찮을 더 가치있어야 해.	고집쟁이 노새의 규칙	규칙이 언제나 도움이 되는가?	나의 규칙은 침묵이야. 나에게 조차도 규칙이 분명하지가 안아. 내가 원하는 것을 엄마에게 하도록 둘 수 있어.

| 그림 5.7 | 폴라의 '생각 청소' 일기

폴　라 : 넵.

치료자 : 어떻게 하면 엄마도 그 규칙들을 아실 수 있을까?

폴　라 : (웃으며) 아마도 제 마음을 읽어야겠죠.

치료자 : 엄마는 다른 사람의 마음을 얼마나 잘 읽으실까?

폴　라 : 형편없으세요.

치료자 : 고집쟁이 노새의 규칙이 얼마나 도움이 되니?

폴　라 : 별로요. 엄마가 제 규칙을 어떻게 알겠어요. 엄마한테 한번도 얘기한 적 없거든요. 이 규칙들은 저한테도 분명하지가 않아요. 아마도 제 규칙이 도움이 되지 않는 것 같아요. 제가 원하는 것을 엄마가 하게 할 수는 없어요.

위의 대화에서 치료자는 체계적인 질문을 통해 폴라가 청소전략을 구성하도록 도왔다. 각각의 비겁한 속임수를 확인함으로써 질문을 위한 발판을 만들었다. 또한 치료자는 폴라가 취조당하는 느낌을 가지지 않도록 질문을 할 때 반영을 해줌으로써 인지재구성을 촉진했다(예 : "그러니까 네가 못생겼는지 그리고 네가 너 자신에 대해 생각하는 것을 결정하는 사람은 오스카구나.", "소리 없는 규칙이구나.").

벌레 잡기

연령 : 8~13세

목적 : 인지재구성

준비물 :

● 뭐가 문제지 기록지(양식 2.4)

● 벌레 잡기(양식 5.5)

● 연필 또는 펜

벌레 잡기(Swat the Bug)는 자기-모니터링 기법인 뭐가 문제지(제2장) 다음에 실시하는 자기말 개입이다. 대처사고를 신경을 거슬리게 하는 벌레들을 잠잠하게 만드는 '파리채'가 제시된다. 이 절차는 March와 동료들(March, 2007; March & Mulle, 1998)의 반박(talk-back)전략과 유사하다. 반박전략은 Hayes, Strosdahl과 Wilson(1999)의 인지적 분산(cognitive difusion) 전략과 마찬가지로 자기 비판적 사고로부터 거리를 두게 하는 활동이다. 대처사고 가운데 어떤 것은 Elliot(1991)이 제안했던 '단지 ~하다고 해서'를 활용하기도 한다. 이 활동은 다음과 같이 실시된다.

　먼저 만화로 그린 파리채를 제시한다(양식 5.5 참조). 그런 다음 아동은 파리채 위에 자기만의 반박전략을 적는다. 다음의 대화는 벌레 잡기 활동을 어떻게 사용하는지 보여준다.

치료자 : 전에 뭐가 문제지 기록지에 네 생각을 적었던 것 기억하지? 지금부터 너를 성가시게
하는 벌레를 잠잠하게 만드는 방법을 배울 거야. 준비 됐니?

에 반 : 예.

치료자 : 좋아. 지금부터 너에게 알려줄 기법은 벌레 잡기라고 해. 벌레 잡기 양식을 보자. 여
기 파리채가 보이지? 파리채 위에 너를 귀찮게 해서 때려잡고 싶은 생각을 적어보
는 거야. 어떤 애들은 때려잡고 싶은 생각을 시작할 때 '단지 ~하다고 해서'로 시작
하면 도움이 된다고 해. 한번 네 생각을 적어보자. 어때?

에 반 : 그 생각을 때려잡고 싶어요!

치료자 : 네가 뭐가 문제지 기록지에 적었던 것을 가지고 시작해보자. 여동생이 네가 보는 야
구잡지에 계속 그림을 그리면서 너를 성가시게 하고 있었어. 너는 화가 났고 "여동
생이 자기가 더 우월하다는 것을 증명하려 하고 있어. 그리고 나에게 누가 더 힘이
있는지 보여주려 해. 나는 걔를 때려서 누가 더 힘이 있는지 보여줘야 해. 그렇지
않으면 걔가 나를 개떡으로 알거야."라고 생각했어. 너의 생각을 날려버리고 화를
진정시킬 수 있는 생각을 파리채에 한번 적어볼까?

에 반 : 내 잡지에 그림을 그리다니, 내 여동생은 개떡 같아요!

치료자 : 그걸 여기에 적어보자. 그런데 그 생각이 네 화를 진정시켜줄까?

에 반 : 아니요. 더 화나게 만들어요.

치료자 : 나도 그렇게 생각해. 그러면 우리 '단지 ~하다고 해서'를 사용해 적어보면 어떨까?
내가 시작하면 네가 마무리해보렴. 단지 내가 여동생을 때릴 수 있다고 해서 내가
걔보다 힘이 있다는 것을 의미하는 것은 아니야. 나는 _____함으로써
내가 더 우월하다는 것을 보여줄 수 있어. (잠시 멈춘다.)

에 반 : 잡지를 치우고 엄마에게 말해요. 이것을 용지에 적을 거예요.

이 대화는 인지재구성 개입이 점진적인 성격을 갖고 있음을 보여준다. 치료자는 대화의 초
반에서 개방적 질문을 사용했지만 건설적인 반응을 끌어내지 못했다. 치료자가 에반에게 대
처사고를 만들도록 도움을 주자 이 과제가 에반에게 조금 쉬워졌다. 이 전략은 어린 아동이나
합리적 분석능력이 부족한 아동에게 특히 적합하다.

🗒️ 트래쉬 토크

연령 : 8~18세
목적 : 반박 기법
준비물 :
- 트래쉬 토크 워크시트(양식 5.6)
- 연필 또는 펜

트래쉬 토크(Trash Talk)는 동일한 명칭의 스포츠 상황에 근거해 만들어진 인지재구성 기법이다. 운동선수가 트래쉬 토크를 할 때 그는 상대편 선수들의 기분을 상하게 해서 경기를 망치게 하려고 도발적이며 사실이 아닌 것을 말한다. 고통을 주는 내적 대화라 할 수 있는 부정적 자동적 사고는 트래쉬 토크와 같다고 할 수 있다. 이 활동은 본질적으로는 반박(talk-back) 기법으로, 어설픈 비난이나 애꾸눈 괴물 같은 인지왜곡에 대처하는 데 도움을 준다. 치료자는 내담자가 트래쉬 토크에 대항하는 진술문을 만들도록 돕는다.

트래쉬 토크 활동을 소개할 때 치료자는 다음과 같이 말한다.

"트래쉬 토크가 뭔지 알고 있니? 트래쉬 토크란 다른 사람을 기분 나쁘게 하려고 사실이 아닌 것을 말하는 거란다. 트래쉬 토크를 믿지 않는 것이 중요해. 네가 속상할 때 마음속에 떠오르는 부정적인 자동적 사고를 확인하는 법을 배웠던 것 기억나지? 지금부터 너에게 슬프고 화나고 불안한 감정을 가져다준 트래쉬 토크에 반박해볼 거야. 어때?"

아동과 치료자는 트래쉬 토크를 기록하고 그것에 대한 반박진술문을 만든다. 트래쉬 토크 워크시트의 작성 예는 그림 5.8에, 빈 워크시트는 양식 5.6에 제시되어 있다. 다음의 대화는 이 절차를 어떻게 실시하는지 보여준다.

치료자 : 레미, 네가 속상할 때 마음속에 떠오르는 부정적인 자동적 사고를 확인하는 법을 배웠던 것 기억하니?
레　미 : 예, 아직 기억하고 있어요.
치료자 : 좋아. 오늘은 트래쉬 토크 워크시트를 사용해서 함께 이야기를 해볼 거야. 어떻게 생각해?
레　미 : 좋아요, 해보죠.
치료자 : 네 마음속에 스쳐 지나가는 트래쉬 토크를 적어보자. 네가 자신에게 했던 트래쉬 토크 중의 하나만 말해볼까?

나 자신에게 하는 트래쉬 토크	나의 반박
나는 실패자야. 나는 기대에 미치지 못할 거야.	나의 문제는 나의 전부가 아니야. 나는 기분이 좋지 않을 때는 나의 강점을 잊어 버리고 부족한 점에 초점을 맞춰. 나는 다른 애들이 나를 쿨하지 않다고 생각하는지 확실히 알 수 없어.

| **그림 5.8** | 레미의 '트래쉬 토크' 워크시트

레 미 : 나는 실패자이고, 여자애들의 마음에 들지 못해요. 아무도 나랑 어울리길 원하지 않아요.

치료자 : 그것은 네 마음이 너에게 보내는 좀 강한 **트래쉬 토크**로구나. 거기에 반박해보자.

레 미 : 어떻게 해야 할지 모르겠어요. 선생님이 보여주세요.

치료자 : 네가 이 **트래쉬 토크**를 너무 오랫동안 들어왔기 때문에 새로운 시도가 힘들 거란 건 이해해. 하지만 반박하기를 네가 직접 하면 훨씬 더 효과적이란다.

레 미 : 제가 무슨 말을 하길 원하시는지 잘 모르겠어요.

치료자 : 네가 생각하는 것이 무엇이든 **트래쉬 토크**를 가라앉히는 데 도움이 될 거야.

레 미 : "나는 실패자가 아니야."

치료자 : 그것이 **트래쉬 토크**를 가라앉힐까?

레 미 : 아니요.

치료자 : 네가 시작할 수 있도록 도와줄게. "나의 문제는 나의 전부가 아니다. 나는 기분이 나쁠 때 나의 강점을 잊어버리고 부족한 점에만 초점을 맞춘다."는 어떨까? 너는 다른 애들이 너를 쿨하지 않다고 생각하는지를 확실히 알 수 있니?

레 미 : 이제 좀 알겠네요. 우리가 전에 이야기한 것처럼 이 **트래쉬 토크**는 우울 토크네요. 저는 어떤 것도 확실히 알 수 없어요.

치료자 : 이제 네가 **트래쉬 토크**에 반박해보는 거야! 이런 형태의 반박이 효과를 볼 것 같니?

치료자는 처음에 레미가 스스로 대처반응을 만들 수 있는지 검증하기 위해 비지시적인 입장을 취했다. 레미가 막히자 치료자는 보다 지시적이 되었고 첫 반응을 모델링해주었다. 그런 다음 치료자는 "너는 확실히 알 수 있니?"라고 질문함으로써 레미의 신념이 확실한지에 대해 의문을 던졌다.

▤ 뜨거운 슛, 차가운 생각

연령 : 모든 연령
목적 : 분노를 위한 인지재구성
준비물 :

- 장난감 농구공과 골대
- 뜨거운 슛, 차가운 생각 워크시트(양식 5.7)
- 펜과 연필

뜨거운 슛, 차가운 생각(Hot Shots, Cool Thoughts)은 분노문제를 가진 아동과 청소년을 위한 인지재구성 기법이다. 이것은 재미있는 농구 활동을 포함하며 절차도 매우 간단하다. 필요한 것은 장난감 농구공과 골대, 뜨거운 슛, 차가운 생각 워크시트(양식 5.7), 펜과 연필이다.

　이 절차는 아동이 자리에 서서 농구골대에 슛을 던지는 것으로 시작한다. 슛을 던지기 전에 치료자는 "네가 진짜로 화날 때 마음속에 무엇이 스쳐 지나가니?"라고 묻는다. 치료자는 분노인지를 기록한다. 아동이 차가운 인지를 만들면 그것을 기록하고, 아동에게 자신의 차가운 슛을 시도하게 한다. 다음의 대화는 9세 소년 에밀리오에게 적용하는 과정을 보여준다(그림 5.9 참조).

에밀리오 : 저는 화가 나요. 그리고 그것이 자랑스러워요.
치 료 자 : 그런 것 같구나! 뭔가 다른 것을 한번 시도해보겠니?
에밀리오 : 모르겠어요. 저는 있는 그대로의 저 자신에 대해 만족해요.
치 료 자 : 에밀리오, 네가 그림 그리기와 미술을 좋아한다고 알고 있어. 나는 네가 창의적이라고 생각했단다.
에밀리오 : 창의적인 거 맞아요! 친구들이 만화를 그려달라고 부탁해요.
치 료 자 : 그래, 창의적이구나.
에밀리오 : 확실해요.
치 료 자 : 분노감정에 대해서도 창의적으로 해보면 어떨까?
에밀리오 : 어떻게요?
치 료 자 : 뜨거운 슛, 차가운 생각이라는 게임을 해볼 거야.
에밀리오 : 그게 뭔데요?

뜨거운 슛	차가운 생각
주먹으로 걔네들의 입을 막을 거야. 그 누구도 나보다 강하지 않다는 것을 보여줄 거야. 나는 싸우기 챔피언이야. 나는 걔네들의 엉덩이를 발로 걷어 찰 거야.	나는 걔네들의 입이 꿰매져 아무 말도 할 수 없는 그림을 그릴 수 있어. 나는 발로 걔네들의 엉덩이를 걷어차고 싶지만, 그렇게 하면 힘과 통제력을 잃게 돼. 일단 자리를 옮기고 걔네들을 무시하면 통제력을 유지할 수 있을 거야.

| **그림 5.9** | 에밀리오의 '뜨거운 슛, 차가운 생각' 워크시트

치 료 자 : 네가 해야 할 것은 바로 이거야. 여기 줄에 서서 농구골대로 슛을 던지는 거야. 그리고 너의 분노생각을 하나 말해야 해. 그러면 네가 1점을 받는 거야. 그런 다음 만약 네가 그 분노생각을 열 받지 않게 할 차가운 생각으로 바꾸면 2점을 받게 돼. 그리고 다시 골대로 슛을 하는 거야. 공이 골에 들어가면 추가의 점수를 받게 돼. 목표는 먼저 20점을 받는 거야.

에밀리오 : 좋아요. 우리가 보통 때 하는 것보단 낫네요.

치 료 자 : 좋아. 한번 해보자. 여기 공이 있어. 교실에서 다른 애들이 너를 놀릴 때 마음속에 무엇이 스치고 지나가니?

에밀리오 : 주먹으로 걔네들 입을 닥치게 할 거예요.

치 료 자 : 그것 확실히 뜨거운 생각이로구나. 너에게 1점을 줄게. 어떻게 하면 창의적으로 그것을 식힐 수 있을까?

에밀리오 : 걔네들 입이 꿰매져 아무 말도 할 수 없는 것을 만화로 그릴 수 있어요.

치 료 자 : 그러니까 걔네들을 때리는 대신 그림으로 그리자고 네 자신에게 말하는 거네.

에밀리오 : 예.

치 료 자 : 좋은 생각이야. 하지만 그림이 폭력적이어서는 안 된다는 걸 기억했으면 해.

에밀리오 : 예. 그렇게 하면 즉각 정학을 받게 돼요.

치 료 자 : 2점을 더 줄게. 슛을 하도록 해. (에밀리오가 실패한다.) 좋은 시도야. 너는 이미 3점이나 받았어. 다른 것을 하나 더 해보자. 학교버스에서 화가 났던 것은 어떨까?

에밀리오 : 애들이 나를 동성애자라고 놀렸어요. 그리고 연필로 내 팔을 찔렀어요. 걔네들은 그런 몹쓸 짓을 해요.

치 료 자 : 그리고 네 마음속에 스쳤던 것은?

에밀리오 : 내가 보여주겠어. 아무도 나보다 강하지 않아. 나는 싸우기 챔피언이야.

치 료 자 : 걔네들한테 보여줄 수 있는 게 더 있을까?

에밀리오 : 걔네들 엉덩이를 발로 걷어차는 거요.

치 료 자 : 그러면 이 모든 생각들이 너에게 도움이 되는 것일까?

에밀리오 : 정학당했어요. 그러니까 아니네요.

치 료 자 : 좋아 너의 뜨거운 생각에 대해 1점을 줄게. 2점을 더 받으려면 너 자신에게 무엇이라고 말해야 할까?

에밀리오 : 생각이 안 나네요. 선생님은요?

치 료 자 : 나는 걔네들한테 보여주기 위해 엉덩이를 걷어차고 싶지만 그러면 통제력을 잃게 돼. 일단 자리를 옮기고 걔네들을 무시하면 아마도 통제력을 유지할 수 있을 거야.

에밀리오 : 그런 식으로는 생각해본 적 없어요.

치 료 자 : 네가 뭔가 다른 것을 하고 있는 거야. 그러니까 창의적인 거지. 2점 더 줄게.

에밀리오 : (슛을 하고 골대 안에 공을 넣으며) 좋아, 7점이네. 선생님은 언제 슛을 하세요?

이 대화에서 치료자는 먼저 에밀리오의 협력을 이끌어냈다. 그런 다음 그의 분노를 다루기 위해 에밀리오의 창의력을 도구로 사용했다. 에밀리오가 뜨거운 생각에 막혀 있을 때 치료자는 모델링을 통해 적절한 자기지시를 보여주었다. 그런 다음 에밀리오의 창의성에 강화를 제공했다.

앙푸에고

연령 : 8～15세

목적 : 분노에 대한 인지재구성

준비물 :

- 앙푸에고 일기(양식 5.8).
- 연필 또는 펜

분노문제를 가진 아동은 종종 마치 그들의 마음과 가슴이 '불타는(스페인어로 'en fuego'라고 함)' 것처럼 보인다. 인지재구성은 성급한 분노사고를 식히는 것을 목표로 한다. 앙푸에고는 분노폭발을 일으키는 귀인과 해석, 명명, 도덕적 당위 등을 씻어버리도록 돕는 활동이다. 이 활동에서 내담자는 **앙푸에고** 생각을 냉정하고 침착한 해석으로 바꾸는 작업을 한다.

앙푸에고 일기의 처음 세 칸에는 날짜와 상황, 그리고 분노의 정도를 점수로 나타낸다. 그런 다음 아동은 자신을 앙푸에고로 만들었던 생각을 확인한다. 치료자와 아동은 그 생각을 식혀 줄 대처사고를 함께 만든다. 다른 인지재구성 절차와 마찬가지로 이 활동에서도 아동이 선택한 단어표현을 사용하는 것이 가장 좋다. 마지막으로 아동 스스로 분노의 정도를 다시 평가한다. 대안적 사고를 제공하는 것은 아동에게 대처할 수 있는 기회를 늘려준다. 아동은 생활 속에서 만날 수 있는 **앙푸에고** 순간에 의지할 수 있는 대안적 대처사고 목록을 독서카드나 비닐로 코팅한 종이에 적어 가지고 다닐 수 있다.

다음의 대화는 분노가 점화될 때 화를 버럭 내는 11세 소녀 오브리에게 이 절차를 적용한 예를 보여준다(그림 5.10 참조).

치료자 : 오브리, 앙푸에고가 무슨 뜻인지 아니?

오브리 : 아빠가 시청하는 스포츠 프로그램에서 들었어요. 나는 한나 몬타나⁶⁾를 보고 싶은데 아빠가 스포츠 프로그램을 시청하시면 정말 싫어요.

치료자 : 자, 앙푸에고는 스페인어로 '불타는(on fire)'을 뜻한단다.

오브리 : 저는 내년이 되어야 스페인어 수업을 들어요.

치료자 : 그렇구나. 화가 날 때 너는 마치 불타는 것처럼 보일거야.

오브리 : 완전 불타버리죠.

치료자 : 다른 애들이 불을 지피고.

오브리 : 정말 싫어요.

치료자 : 보스 기질이 있는 너에게는 정말 힘들겠구나.

오브리 : 맞아요.

치료자 : 다른 애들이 너에게 불을 지피지 않도록 이 **앙푸에고** 일기를 한번 작성해볼래?

오브리 : 좋아요.

치료자 : 좋아. 너를 정말로 화나게 만드는 것들을 적어보자. 오늘 너를 화나게 만든 일이 있었니?

오브리 : 몇몇 여자애들이 쉬는 시간에 나랑 놀지 않았어요. 걔네들은 내가 들어갈 수 없는 클럽을 만들었어요. 그래서 걔네들한테 돌을 던졌어요. 걔네들이 정말 미워요!

치료자 : 이제 어려운 부분으로 가보자. 너는 화를 어떻게 식혔니?

오브리 : 몰라요.

---

6) 역자 주 : 한나 몬타나(Hannah Montana)는 미국 디즈니채널에서 방영했던 뮤지컬 시트콤 방송이다.

날짜	상황	얼마나 화가 났었나?	앙푸에고 생각	차가운 생각	새로운 감정
6/5	여자애들이 나랑 놀지 않았다.	8	걔네들이 미워. 걔네들한테 돌을 던져야 해.	돌이 친구를 만들어주지는 않아. 돌은 상황을 더 나쁘게 만드니까 의지할 수 없어. 나는 걔네들을 변화시킬 수 없어.	5
6/6	여자애들이 나를 집단에 들어오지 못하게 했다. 그래서 책상을 뒤집었다.	10	걔네들이 내게 상처를 주었으니까 나도 걔네들한테 상처를 줘야 해. 복수할 거야. 나는 무력해.	걔네들에게 상처를 줘서 걔네들이 달라지게 할 수는 없어. 내가 다른 집단에 들어가면 그렇게 무력하고 외롭지 않을 거야.	

| **그림 5.10** | 오브리의 '앙푸에고' 일기

치료자 : 돌이 친구들과 놀게 만들었니?

오브리 : 절대로 아니죠!

치료자 : 좋아. 그것에 대해 무슨 말을 할 수 있을까?

오브리 : 돌은 친구를 만드는 데 도움을 주지 않는다.

치료자 : 훌륭한 출발이야. 친구를 사귀려면 혹은 다른 애들이 너랑 친구하고 싶어 하지 않을 때 화를 내지 않으려면 무엇을 할 수 있을까?

오브리 : 다른 애를 찾으면 되지요. 어떤 애들은 정말 못됐어요. 그런 식으로 행동하는 애들은 싫어요.

치료자 : 네가 그 아이들을 변화시킬 수 있을까?

오브리 : 아니요. 하지만 돌은 할 수 있어요!

치료자 : 이제 네가 얼마나 돌에 의지하는지 알겠구나. 하지만 그것이 효과가 있었니?

오브리 : 아니요.

치료자 : 그러니까 돌은 도움이 되지 않았구나. 너는 돌에 의지할 수 없었을 뿐만 아니라 심지어 상황을 더 나쁘게 만들었어. 그것을 적어보자. 그렇게 생각하니 네 분노가 어때?

오브리 : 조금 내려갔어요. 운동장에서도 이렇게 생각할 수 있으면 좋겠어요.

치료자 : 나도 그래. 그렇게 할 수 있게 될 거야. 우리가 지금 하고 있는 것처럼 연습이 필요하단다. 다른 것도 해보자. 학교에서 책상을 뒤집었던 것은 어떨까?

오브리 : 어제 있었던 일이요? 그건 나쁜 행동이었어요. 제가 뚜껑이 열렸어요.

치료자 : 앙푸에고 불꽃이 너를 녹여버렸구나, 그렇지?

오브리 : 예, 그랬어요.

치료자 : 그래서 무슨 일이 일어났고 마음속에 무엇이 스쳐 지나갔니?

오브리 : 국어시간에 켈시, 미카엘라, 토리, 엘리스가 자기네 집단에 내가 들어오는 게 싫다고 말했어요. 내 치마랑 윗도리가 따로 논다면서요. 걔네들이 내가 찌질이같이 옷을 입는다고 말했어요. 또 내가 겨드랑이에 뿌리는 데오드란트를 사용할 줄 모른다고도 했어요. (약간 눈물을 글썽인다.)

치료자 : 친구들이 너를 놀리고 또 집단에도 들어오지 못하게 해서 정말 상처를 받았구나.

오브리 : 나도 걔네들한테 상처를 주고 싶었어요.

치료자 : 그건 뜨거운 앙푸에고 생각이야! 어떻게 그것을 식힐 수 있을까?

오브리 : (잠시 멈췄다가) 교장실에 불려갔기 때문에 상처를 받았어요.

치료자 : 맞아. 너는 얼마나 친구들의 마음을 변화시켜서 집단에 들어가고 싶었니?

오브리 : 많이요.

치료자 : 네가 걔네들의 마음을 변화시킬 수 있었니?

오브리 : 아니요. 정말로 기분이 나빴어요.

치료자 : 외롭다고 느끼고 네가 무력하다고 생각했고?

오브리 : 예.

치료자 : 너처럼 외롭다고 느끼고 무력하다고 생각하는 애들은 종종 터프하고 거칠게 행동하고 책상을 뒤집기도 해. 그건 이해가 가. 하지만 내가 질문을 하나 할게. 책상을 뒤집은 것이 너의 무력감과 외로운 기분을 나아지게 했니?

오브리 : 더 나쁘게 한 것 같아요.

치료자 : 그렇다면 친구들이 너를 끼어주지 않아서 외로움을 느끼고 네 자신이 무력하게 보이고 그 친구들을 변화시킬 수 없을 때 열을 식히기 위해 무슨 말을 할 수 있을까?

오브리 : 나는 그 아이들을 변화시킬 수 없어요. 그냥 브린, 첼시, 아브라함의 집단에 들어갈 수 있을 거예요. 걔네들은 나와 친구하자고 물어봤었어요. 그러면 외롭지 않고 무력하지도 않을 거예요.

오브리와의 이 대화는 몇 가지 중요한 점을 보여주고 있다. 우선 치료자는 오브리를 참여시키면서도 오브리가 한 말 때문에 옆길로 빠지지는 않았다. 치료자는 오브리가 자신의 반응을 구성할 수 있도록 돕기 위해 소크라테스식 질문법을 사용하며 격려했다. 그 결과 치료자와 오브리는 인지재구성 기법을 통해 협력적으로 대안적 사고를 발견할 수 있었다.

▤ 분노 연고

연령 : 8~15세
목적 : 분노를 위한 인지재구성으로, 왜곡된 대인지각을 다루는 데 유용함
준비물 :

● 분노 연고(양식 5.9)

● 분노 연고 일기(양식 5.10)

● 펜 또는 연필

화를 잘 내는 아동과 청소년은 자신이 불공평한 규칙과 요구로 공격받고 있다고 지각한다. 또한 그들은 다른 사람들이 고의로 자신을 모욕하며 해를 입힌다고 생각한다. 정의와 통제에 대한 이들의 감각은 무너지고, 자신의 자존감이 위협을 받고 있다고 여긴다(A. T. Beck, 1976). 이들의 분노 감정 밑에 상처와 무력감이 깔려 있다는 것은 놀랍지 않다(Padesky, 1988). 화가 난 아동과 청소년은 통제감과 유능감을 회복하기 위한 수단으로 책임을 외부로 돌리고 다른 사람들을 비난하며 공격적으로 몰아붙인다.

분노 연고(Mad at 'Em Balm)는 아동이 경험하는 실제의 상처와 지각된 상처를 진정시키는 데 초점을 둔 인지재구성 절차이다. 또한 이 절차는 내담자가 자신의 분노사고를 재해석하도록 함으로써 상실된 통제감을 회복하도록 돕는다. 이 활동은 나이 많은 아동과 청소년들이 재미있게 여기는 단어 놀이이다. 이것은 주로 왜곡된 대인지각으로 인해 자극받는 나이 많은 아동들에게 추천된다.

이 활동의 영어표현인 'Mad at 'Em Balm'은 치료자가 설명해주기 전에는 '화난 원자폭탄 (mad atom bomb)'으로 들린다. 대부분의 아동과 청소년은 원자폭탄(atom bomb)이 무엇인지 알지만 *balm*(연고)란 단어에 대해서는 잘 알지 못한다. 치료자는 설명을 해주면서 아동과 청소년을 준비시킨다. 다음의 대화는 영리하지만 폭발적인 성질과 극도로 낮은 인내심을 가진 11세 소녀 탈리아에게 이 절차를 어떻게 적용하는지 보여준다.

치료자 : 탈리아, 너에게 설명해주고 싶은 게 있어. 때론 어떤 단어들이 서로 비슷하게 들리지만 매우 다른 철자와 의미를 갖고 있단다.
탈리아 : 국어시간에 배운 것 같아요.
치료자 : 여기에 있는 것이 너에게 흥미로웠으면 좋겠구나. *bomb*과 *balm*. (화이트보드에 적으며) 너는 B-O-M-B이 무슨 뜻인지 알고 있을 거야. 폭탄을 말하지. 하지만 B-A-L-M이 무엇인지 아니?
탈리아 : 전혀 모르겠어요.

치료자 : B-A-L-M은 상처가 났을 때 덜 아프라고 상처 위에 바르는 연고란다.

탈리아 : 네오스포린7) 같은 거네요.

치료자 : 맞았어. 그러니까 발음은 같아도 의미는 전혀 다를 수가 있단다. 상황을 바라보는 방식도 이처럼 다양할 수 있단다. 그래서 상황을 이해할 때 조심해야 하는거야.

치료자는 먼저 발음이 같은 두 단어가 상이한 의미를 가질 수 있다는 것을 이해하도록 도움으로써 개입을 위한 준비 작업을 했다. 탈리아는 연고가 고통을 감소시키고 진정시켜주는 방법이란 것을 알게 되었다. 치료자는 또한 상황을 해석할 때 주의해야 한다는 개념을 강조했다.

일단 준비가 완료되면 **분노 연고 일기**(양식 5.10)를 사용해 실제 절차를 소개한다. 앙푸에고와 마찬가지로 양식의 처음 네 칸에는 날짜와 상황, 분노 강도, 분노귀인을 기록한다. '연고' 과정에서는 아동에게 공격적인 행동을 일으키는 왜곡된 대인지각에 대해 의문을 가지도록 가르친다. 왜곡된 지각으로는 적대적 귀인, 불공평감, 도덕적 규칙과 명령 위반, 다른 사람에 대해 흑백논리적으로 명명하기, 자기 자신을 불편한 감정(예 : 수치감, 분노, 슬픔)으로부터 해방시켜야 한다는 압력, 지각된 무력감, 피해의식 등이 있다. **분노 연고**(양식 5.9)에는 내담자가 자신의 공격행동 및 충동적 정서반응과 관련된 상처에 적용할 수 있는 질문들이 제시되어 있다. 아동은 다섯 번 째 칸에 연고를 적용한다. 마지막 칸에는 이러한 연고 진술문의 결과로 달라진 분노 강도를 기록한다. 앙푸에고와 마찬가지로 내담자는 여러 상황에서 적용할 수 있도록 많은 연고 진술문을 만들어야 한다. 다음의 대화는 탈리아에게 인지재구성 요소를 어떻게 적용했는지 보여준다. 탈리아의 **분노 연고 일기**는 그림 5.11에 제시되어 있다.

치료자 : 탈리아, 여기 있는 질문들이 너의 분노에 도움을 주는 연고가 될 수 있는지 한번 살펴보자. (탈리아에게 보여주며) 이 질문들은 너와 다른 사람들에게 상처를 주는 분노사고를 가라앉히는 연고를 발견하는 데 도움이 될 수 있을 거야. 첫 번째 상황에 맞는 질문으로 어떤 것이 좋을까?

탈리아 : 나를 힘들게 했던 첫 번째 상황은 앰버가 나를 기분 나쁘게 쳐다볼 때 그 아이가 새 친구 스테이시 앞에서 나에게 망신을 주려 한다고 생각했던 거예요.

치료자 : 좋아. 이 목록의 어떤 질문을 네 자신에게 물어볼 수 있을까?

탈리아 : 내가 추측한 사실이 얼마나 확실한가?

치료자 : 좋아. 얼마나 확실한 것 같아?

탈리아 : 약간요.

치료자 : 그걸 적어보자. 그것이 너의 분노에 어떤 영향을 미쳤지?

---

7) 역자 주 : 네오스포린(neosporin)은 상처의 감염을 예방하고 회복을 돕기 위한 항생제 연고이다.

날짜	상황	얼마나 화가 났었나?	상처를 주는 생각	도움이 되는 연고 생각	새로운 기분
3/7	엄마가 나를 기분 나쁘게 쳐다보았다.	9	그 아이는 스테이시가 보는 앞에서 나에게 망신을 주려고 해.	엄마가 친구 앞에서 나에게 망신을 주려고 하는거는 아닐거야 확실해.	6
3/8	엄마가 나의 사생활을 침범했다.	10	엄마가 먼저 내 규칙을 깼으니까 꽃병을 깨서 엄마에게 복수해야 해.	엄마가 나 존중해주는 때 줄게 있어. 하지만 엄마도 실수를 할 수 있어. 엄마는 용서하라고 하지만 나쁜 사람은 엄마니까 모르겠어.	5
3/10	선생님이 나에게 소리를 질렀다.	8	이것은 불공평해. 선생님은 나만 지저분하고 떠든다고 혼내. 나만 혼내는 것은 정말 좋지 않아.	그냥 나 자신과 내 일에 주의집중 하면 돼. 떠드는 애들 때문에 피해 가는 애는 이것은 나한테 달려있는 일이야.	3

| 그림 5.11 | 탈러 아이 '구름, 연고' 일기

탈리아 : 조금 줄여주었어요.

치료자 : 다른 것도 해보자.

탈리아 : 엄마는 내 핸드폰을 열어 문자 메시지를 확인하고 내가 친구들과 얘기할 때 엿들어요. 정말 싫어요. 엄마는 내 사생활을 침범해요. 그래서 제가 엄마에게 복수하려고 아끼시는 화병을 깼어요.

치료자 : 좋아. 연고를 시도해보자.

탈리아 : 두 가지를 생각해볼 수 있어요. 나는 다른 사람들이 나의 규칙을 완벽하게 따라야 한다고 기대하는가? 내가 얼마나 용서를 잘하는가?

치료자 : 그래서 이 질문에 어떻게 답변할래?

탈리아 : 나는 엄마가 내 뜻에 따라주시길 기대해요. 그리고 나는 용서를 잘 못해요.

치료자 : 그렇구나. 이 상처를 어떻게 진정시킬 수 있을까?

탈리아 : 엄마가 나를 존중해주길 원하지만 엄마도 실수할 수 있어요. 엄마는 제가 실수하는 걸 원치 않지만요.

치료자 : 엄마의 실수에 대해 복수하지 않고 용서할 수 있겠니?

탈리아 : 그렇게 하고 싶어요.

치료자 : 그것을 적어보자. 그것이 너의 분노에 어떤 영향을 미칠까?

탈리아 : 조금 도움이 되었어요.

치료자 : 하나 더 해보자.

탈리아 : 선생님이 제가 떠들고 수업을 방해한다며 조용히 하라고 하셨을 때 제가 벌컥 화를 냈어요. 선생님은 항상 저만 지적하고 예쁜 애들만 좋아하세요.

치료자 : 어떤 연고를 사용할 수 있을까?

탈리아 : 내가 해야 하는 일은 무엇이고 나는 얼마나 무력한가?

치료자 : 좋아, 어떻게 생각해?

탈리아 : 그냥 내 일에 주의집중하고 인형 같은 애들과 항상 경쟁하지 않으면 될 것 같아요. 이것은 저한테 달려 있는 일이에요.

치료자 : 그것이 너의 분노와 통제감에 어떤 영향을 미칠까?

탈리아 : 도움이 많이 돼요. 하지만 이것을 그 자리에서 할 수 있으면 좋겠어요.

치료자 : 그것이 바로 우리가 다음에 하려고 하는 것이란다. 먼저 새로운 연고 진술문들을 여기 독서카드에 적어서 하루에 세 번씩 읽는 거야. 이 연고 진술문들을 가지고 다니면서 화가 난다고 느껴질 때마다 너를 진정시키는 질문을 생각하는 거야. 그리고 화가 날 때마다 분노 연고 일기에 적는 거야.

앞의 대화는 치료자가 연고 질문을 사용해 탈리아의 대처반응을 만드는 과정을 보여주었
다. 또한 치료자는 탈리아에게 숙제를 내주어 자연스럽게 일어나는 상황 속에서 자신이 배운
기술을 적용해보도록 했다.

▥ 충동괴물 길들이기

연령 : 8~13세
목적 : 충동성과 정서적 추론에 대한 인지재구성
준비물 :

● 충동괴물 길들이기 워크시트(양식 5.11)
● 펜 또는 연필

충동괴물 길들이기(Taming the Impulse Monster)는 정서적 추론(예 : 감정의 포로)과 충동적 행
동문제를 보이는 아동을 위한 인지재구성 개입이다. 충동적 행동은 원래 미리 생각하지 않고
행동하는 것을 의미한다. 즉 인지적 매개(cognitive mediation)가 결여되어 있는 것이다. **충동
괴물 길들이기** 활동은 충동적인 아동이 인지적 매개를 통해 좀 더 건설적이고 적응적인 행동을
할 수 있도록 돕는 방법이다.

이 책에서 소개된 다른 활동들과 마찬가지로 이 활동은 몇 단계의 점진적 과정으로 제시된
다. 먼저 아동에게 충동괴물 만화 그림을 보여주고 아동의 충동적인 생각을 기록한다.

치료자 : 렉시, 이 만화 그림을 보렴. 차례가 아닌데도 말을 하고 싶을 때 또는 다른 아이의
학용품을 만지고 싶을 때, 충동괴물이 너에게 그렇게 하라고 하는 것과 같아. 다음
에 무슨 일이 일어날지 생각하지 않는 네 안의 목소리야. 어떻게 생각해?

렉　시 : 약간 헷갈려요. 내 머릿속이 그렇게 보이나요?

치료자 : (웃으며) 아니야. 그냥 네 안의 목소리를 그렇게 표현한 것뿐이야. 이렇게 하면 네
생각을 파악하기가 조금 더 쉬워질 거야.

렉　시 : 오, 알겠어요.

치료자 : 네 차례가 아닌데 말을 할 때 혹은 학급 친구의 펜을 말하지 않고 가져올 때 네
머릿속에서 무슨 일이 일어나는지 적어보자. 책상 위에 놓인 펜이 정말 멋져 보일
때 너의 충동괴물이 너에게 뭐라고 말을 할까?

렉　시 : 가져와 봐. 그것 참 재미있게 생겼네.

치료자 : 잘했어. 충동괴물이 했던 말을 여기에 적어보자(그림 5.12 참조).

상황 : 친구의 펜이 보인다.

충동괴물이 하는 말	조련사가 하는 말
가져 와. 그것 참 재미있게 생겼네.	만지지 말고 눈으로만 봐.

| **그림 5.12** | 렉시의 '충동괴물 길들이기' 워크시트

그런 다음 치료자는 트레이너 또는 조련사 요소를 소개한다. 트레이너 또는 조련사는 인지 재구성 요소를 나타낸다.

> **치료자** : 이 사람을 봐. 충동괴물을 훈련시키는 직업을 가진 조련사야. 너는 이 조련사가 충동괴물을 어떻게 훈련시킬 수 있을 거라 생각하니?
>
> **렉 시** : (침묵한다.)
>
> **치료자** : 충동괴물이 친구의 펜을 가져오지 않도록 돕기 위해 조련사가 뭐라고 말할 수 있을까?
>
> **렉 시** : 아마도 "만지지 말고 눈으로만 봐."라고 말할 수 있을 거예요.
>
> **치료자** : 좋은 출발이야. 그것을 조련사 칸에 적어보자. 너는 충동괴물을 길들이기 시작했어.

위의 대화에서 치료자는 인내심을 갖고 렉시를 자기-모니터링과 자기지시 과정으로 안내한다. "조련사가 충동 괴물을 어떻게 훈련시킬 수 있을 거라 생각하니?" 같은 개방형 질문에는 렉시가 반응을 보이지 않았다. 따라서 치료자는 "충동 괴물이 친구의 펜을 가져오지 않도록 돕기 위해 조련사가 뭐라고 말할 수 있을까?"라는 구체적인 질문으로 바꾸어 물어보았다. 그리고 렉시의 대처 노력에 강화를 제공했다.

걱정 순위 매기기

연령 : 8~18세

목적 : 예상되는 위험의 정도와 가능성에 대한 과대평가 감소시키기, 재앙화 감소시키기

준비물 :

● 걱정 순위 매기기 워크시트(양식 5.12)

● 펜 또는 연필

제2장에서 언급했듯이 불안한 아동과 청소년은 위험이나 위협의 정도와 가능성을 과대평가하는 경향이 있다. 이러한 경향성은 재앙화(예 : 재앙 캐스터 생각)에 영향을 미친다. 걱정 순위 매기기(Rank Your Worries)는 위험이 일어날 가능성과 정도에 대한 아동의 추측을 검증하는 인지재구성 절차이다. 이 활동은 측정 절차와 단순한 소크라테스식 질문법을 사용한다.

걱정 순위 매기기는 몇 단계로 나뉘어 진행된다. 1단계에서는 걱정과 두려움을 나열한다. 2단계에서는 만약 위험이 실제로 발생한다면 얼마나 나쁘고 끔찍할지를 평가한다. 3단계에서는 위험이 일어날 가능성 혹은 개연성의 순위를 매겨보게 한다. 2단계와 3단계에서 시행한 측정 절차는 인지재구성 과정을 준비시켜주며, 동시에 아동의 흑백논리 추론을 도전한다(애꾸눈 괴물 생각). 자신이 추측한 걱정들을 순위로 매길 때 아동은 자신의 걱정을 연속선상에서 바라보게 된다.

인지재구성 과정은 끔찍한 정도 순위에 대한 평가로부터 시작된다. 그런 다음 위험이 발생할 가능성의 순위를 검토하는 것으로 옮겨간다. 마지막 종합 단계에서는 아동이 가능성 순위와 정도 순위를 비교하고 결론을 내린다. 다음의 대화는 범불안장애와 분리불안을 겪고 있는 10세 소녀 이디나의 인지재구성 과정을 보여준다.

치료자 : 이디나, 걱정 순위 매기기 워크시트를 다 작성했구나(그림 5.13 참조).

이디나 : (한숨을 쉬며) 네, 다했어요. 걱정을 정말 많이 적었어요.

치료자 : 이 걱정들에 대해 새롭게 살펴보면 어떨까?

이디나 : 괜찮을 것 같아요.

치료자 : 네 머릿속에서 일어나고 있는 이 모든 걱정들을 보니 무엇 때문에 네가 그렇게 피곤하고 배도 아팠는지 알 수 있을 것 같구나. 이 목록을 어떻게 이해하면 좋을지 한번 보자. 먼저 이 걱정들은 일어날 가능성이 얼마나 될지 살펴보자꾸나. 가능성 칸에서 5점 이상을 받은 걱정이 몇 개지?

이디나 : (개수를 세며) 5개요.

치료자 : 5점 이하는 몇 개지?

이디나 : 10개요.

치료자 : 어떤 게 더 많지? 일어날 가능성이 높은 것 아니면 낮은 것?

이디나 : (흥분하며) 가능성이 낮은 게 2대1로 더 많아요!

치료자 : 그렇다면 이 결과에서 얻을 수 있는 결론이 무엇일까?

이디나 : 제가 갖고 있는 많은 걱정들이 일어날 가능성이 매우 적다는 거요.

치료자 : 이것을 카드에 적어보자. 이번에는 끔찍한 정도 칸과 가능성 칸 둘 다를 보자. 정말

걱정	끔찍한 정도	일어날 가능성
엄마가 뱀한테 물리는 것	9	2
아빠에게 심장발작이 일어나는 것	10	3
엄마와 아빠가 납치되는 것	10	1
집에 불이 나는 것	9	2
자동차 사고	8	3
회오리바람	7	3
쓰나미	8	1
낙제점수 받는 것	8	1
토하는 것	5	7
친구들이 못되게 구는 것	5	7
학교에서 말썽을 일으키는 것	8	3
좋아하는 장난감을 잃어버리는 것	5	8
집에 도둑이 드는 것	9	2
엄마가 나에게 소리지르는 것	4	9
자전거를 타다 넘어지는 것	5	9

| **그림 5.13** | 이디나의 '걱정 순위 매기기' 워크시트

로 끔찍한 걱정, 다시 말해 7점 이상의 걱정만 보자. 몇 개나 되지?

이디나 : 10개요.

치료자 : 이 10개 중에서 가능성 칸에서 5점 이상을 받은 것은 몇 개나 되지?

이디나 : (놀라며) 하나도 없는데요?

치료자 : 그런 것 같구나. 이번에는 별로 끔찍하지 않은 걱정 중에서 일어날 가능성이 높은
것은 몇 개나 되지?

이디나 : 모두 다요!

치료자 : 이것에 대해 어떻게 생각하니?

이디나 : 제가 갖고 있는 진짜 '끔찍한' 걱정들은 일어날 가능성이 매우 낮아요. 일어날 가능
성이 많은 걱정들은 별로 끔찍하지 않은 걱정들이에요.

치료자 : 그것을 다른 카드에 적어보자!

앞의 대화는 몇 가지 중요한 점을 보여준다. 첫째, 치료자는 공감적인 반응과 구체적인 질문을 통해 이디나가 이 절차를 따라오도록 안내했다. 이 과정의 중간쯤에 그리고 마지막 무렵에 치료자는 종합적인 질문을 던진다(예 : "이 결과에서 얻을 수 있는 결론이 무엇일까?", "이것에 대해 어떻게 생각하니?"). 마지막으로 치료자는 이디나가 카드에 결론을 적도록 격려했다.

쾌도난마

연령 : 8~13세
목적 : 자기존중과 관련된 부정확한 관련성 끊기
준비물 :

- 도화지
- 가위
- 마커 또는 펜
- 줄 또는 끈

쾌도난마(Cut the Knot)는 자기 자신과 다른 사람들에 대한 내담자의 관점과 비현실적인 기준 사이의 부정확한 유관성(contingency)을 단절하기 위한 자기지시 활동이다. 문헌에서는 종종 이것을 '조건적 자존감(contingent self-worth)'이라고 한다(Kuiper, Olinger, & MacDonald, 1988). 대부분의 인지오류 혹은 '비겁한 속임수'는 '마술적 사고'를 포함하고 있다(Einstein & Menzies, 2006)(예 : 비극적 마술). 인지치료에서 마술적 사고란 우연일 뿐인 상관에 근거해서 두 요소 간의 관계를 미신처럼 믿는 것을 말한다. 이러한 마술적 사고의 과정은 강박장애 증상에 만연해 있다. 예를 들어 '만약 내가 보도의 검은 부분을 본다면 나한테 암이 생길거야.' '만약 내가 시계바늘을 7이나 3에 놓으면 평생 불행해질 거야.' 같은 생각들이다.

쾌도난마 활동의 첫 단계에서는 '만약 ~하면 ~하다', '나는 ~하다' 그리고 '사람들은 ~해야 한다' 같은 다양한 어간(stem)을 확인한다. 종종 이러한 어간과 조건들은 제1장에서 상세히 설명한 사례개념화를 통해 쉽게 파악된다. 두 번째 단계에서는 반드시 완벽하게 충족되어야 하는 비합리적 조건들을 결정한다(예 : "만약 내가 완벽하다면 항상 내가 통제하고 있어야 해. 따라서 완벽함은 모든 것에 대한 절대적인 통제에 의해 결정되는 거야."). 그림 5.14는 몇 가지 어간과 조건들의 예를 제공한다. 일단 이러한 어간과 조건들을 명명한 후에 긴 도화지 조각에 붙인다.

다음 단계에서는 어간의 뒷면과 조건 진술의 앞면에 구멍을 뚫는다. 그런 다음 어간과 조건을 함께 묶고 끈이나 리본 혹은 플라스틱 밧줄로 매듭을 짓는다. 이들을 연결시킨 후에 치료

자는 이러한 잘못된 관련성을 깨기 위해 소크라테스식 대화를 시작한다. 소크라테스식 대화를 끝낸 후에 치료자는 아동에게 매듭을 끊고 절대적인 요구를 보다 기능적인 대안으로 대체하도록 안내한다.

완벽주의를 갖고 있는 11세 소년 드마커스와의 다음 대화는 이 과정을 보여준다.

치 료 자 : 좋아. 드마커스, 너는 '기대에 부응하는 것'의 의미를 집에서는 가장 모범적인 아이로, 학교에서는 철자법 대회에서 항상 우승하는 아이로, 매년 리틀리그 올스타 팀에 이름을 올리는 선수로, 학급에서 가장 인기 있는 친구로, 그리고 항상 최고점을 받는 학생으로 규정하고 있구나.

드마커스 : 제가 적은 거예요.

치 료 자 : 좋아. 이것들을 함께 묶어보자. (이 진술문들을 함께 묶는다. 그림 5.15 참조)

드마커스 : 와, 이거 무겁네요.

치 료 자 : 그래, 이 모든 기대를 네가 짊어지기에는 엄청난 무게야. 이 중에서 떼고 싶은 것이 있을까?

드마커스 : 물론요.

치 료 자 : 어떤 걸 먼저 떼고 싶니?

드마커스 : 철자법 대회에서 항상 이기는 거요

치 료 자 : 좋아, 그것을 자르렴. (드마커스가 잘라낸다.) 이제 너를 너무 무겁게 하지 않는 다른 것으로 바꾸어야 해. 철자법 대회 우승자가 되는 것에 대해 네 스스로에게 뭐라고 말할 수 있을까?

드마커스 : 최선을 다하는 것과 항상 최고여야만 하는 것은 다르다.

치 료 자 : 좋아, 드마커스, 그것을 이 종이에 적어보자. (치료자와 드마커스는 종이에 구멍을 뚫고 그것을 '기대에 부응하는 것'과 묶었다.)

치료자는 비합리적인 요구가 얼마나 드마커스를 '짓누를' 수 있는지 보여주기 위해 도화지가 '무겁다'고 말한 드마커스의 느낌을 활용했다. 이러한 비현실적인 요구를 제거할 때는 그냥 없애는 것이 아니라 다른 것으로 대체해야 한다. '기대에 부응하는 것'(예 : 집에서 가장 모범적인 아이일 것, 학교에서는 철자법 대회에서 항상 우승할 것, 리틀리그 올스타 팀에 이름을 올리는 것, 학교에서 가장 인기 있는 남자아이일 것, 그리고 항상 A를 받을 것)의 조건들을 작은 종이에 하나씩 적은 다음 '기대에 부응하는 것'이라고 적힌 더 큰 종이와 연결시켰다.

소크라테스식 대화를 통해 치료자는 드마커스가 부담을 주는 조건들과 기대에 부응한다는 생각을 분리하도록 도와주었다. 치료자는 기대에 부응하는 것과 역기능적 조건들 사이의 줄을 끊음으로써 이 과정을 구체화시켰다. 이 절차는 부담스런 조건을 대체하기 위해 치료자와

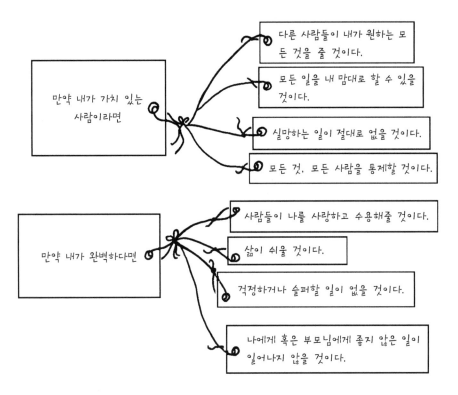

| 그림 5.14 | '쾌도난마'를 위한 어간과 조건의 예

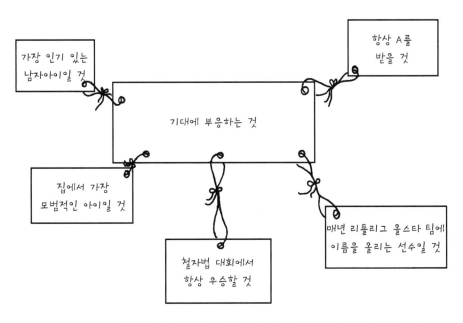

| 그림 5.15 | 인지재구성 이전에 드마커스가 갖고 있던 '쾌도난마' 어간과 조건

드마커스가 좀 더 기능적인 조건(예 : "최선을 다하는 것은 항상 최고여야만 하는 것과 다르다.")을 빈 종이에 적어서 그것을 '기대에 부응하는 것'이라 적힌 종이와 묶음으로써 새로운 연결을 만드는 것으로 마무리되었다. 드마커스와의 위 대화와 과정은 절대적인 기준이 모두 대체될 때까지 계속되었다(그림 5.16 참조).

쾌도난마를 활용하는 또 다른 방법은 가위와 연필, 종이를 필요로 한다. 1단계에서 내담자의 목표를 확인한다(예 : "네가 그 어떤 것보다 가장 원하는 것은 무엇이지? 네가 무엇보다도 가장 일어나기를 바라는 것은 무엇이지?"). 그런 다음 종이의 중앙에 있는 직사각형 안에 아동의 목표를 근본적인 동기라고 적는다(예 : 통제, 인정, 성공, 완벽 등). 3단계에서는 직사각형의 둘레에 내담자가 목표를 추구하는 마술적 방법(예 : 손을 7번 씻기, 포켓몬스터 카드 주문하기, 논쟁 회피하기, 특정 펜만 선택하기)를 적는다(그림 5.17 참조). 4단계에서는 목표와 목표를 달성하기 위한 방법 간의 가설적 관계에 대해 의문을 던진다(예 : "이런 것들이 성공과 얼마나 관련이 있을까? 너는 이런 것들이 성공을 위해 가장 강력한 방법이라고 생각하니? 만약 더 강력한 것이 성공을 결정한다면 여기에 적은 것들이 성공과 관련이 있을까?"). 마지막 단계에서 치료자는 직사각형을 자름으로써 목표를 가변적인 결정요인들로부터 효과적으로 분리시킨다. 그런 다음 치료자는 내담자에게 직사각형 안에 들어 있는 목표(예 : 통제)를 건네줌으로써 이 활동에서 얻은 교훈을 확인시킨다. 이 과정은 소크라테스식 대화로 끝을 맺는다(예 : "네 손에 들고 있는 게 무엇이니?", "~하지 않고도 통제에 집착하는 것이 가능할까?", "이런 행동과 너의 목표가 서로 다른 것으로 보이지 않니?").

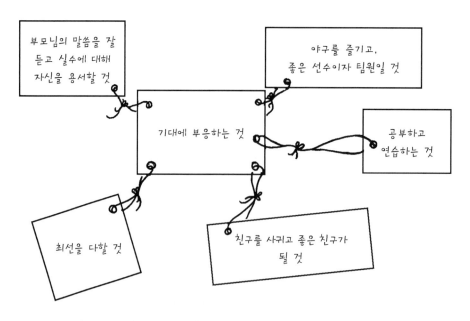

| **그림 5.16** | 인지재구성 이후에 드마커스가 갖게 된 '쾌도난마' 어간과 조건

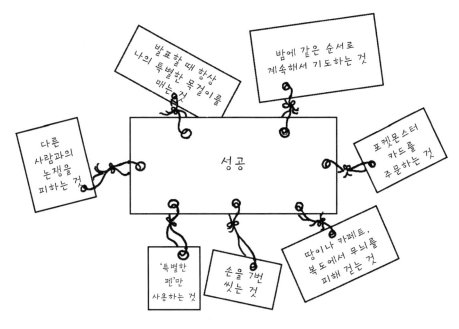

| 그림 5.17 | 근본적인 동기에 대한 '쾌도난마'

이 활동은 증상에 대해 아동을 비난하지 않기 때문에 좋다. 이 절차는 아동이 좋은 의도를 갖고 있지만 잘못 이해했었다는 것을 전달해준다. 목표는 좋은 것이지만(예 : 성공, 통제, 인정), 그 목표를 성취하기 위한 전략에 문제가 있었던 것이다.

▦ 욕구 대 의지

연령 : 8~18세

목적 : 의지와 욕구를 구분하도록 돕고 불편함과 고통에 직면하려는 의지를 증가시킴

준비물 :

• 욕구 대 의지 워크시트(양식 5.13)

• 연필 또는 펜

아동과 청소년은 대부분 불편함과 고통을 경험하고 싶어 하지 않는다. 그들은 종종 자기 자신을 방어하기 위해 혹은 보호하기 위해 정서자극과 부정적 정서를 적극적으로 회피한다. 따라서 그들은 때로 감정이 없는 것처럼 보이며 자신의 부정적 감정을 차단하려고 애쓴다. 이런 아동과 청소년들은 고통에 직면하기 위해서는 그것에 대한 욕구가 있어야 한다고 잘못 믿고 있다. 그러나 고통에 접근하기 위해서는 직면하고자 하는 의지만 있으면 된다. 저자들의 관점에서 볼 때 인지행동치료의 과제는 내담자의 의지를 증진시키는 것이다. 욕구 대 의지(Wanting

행동	욕구	의지
부정적인 감정에 대해 이야기하기	2	5
불안, 슬픔, 화 느끼기	2	4
자해행동 멈추기	5	6
귀가시간 지키기	2	5
숙제하기	3	5
수업 빼먹지 않기	3	6

| 그림 5.18 | 다나의 '욕구 대 의지' 워크시트

Versus Willing) 활동은 욕구와 의지를 분리시키고 의지를 증진시켜준다.

내담자가 의지와 욕구를 혼동할 것이라는 개념은 전통적인 인지행동치료뿐만 아니라, 수용전념치료(acceptance and commitment therapy, ACT)와 같은 새로운 제3세력 CBT 접근에서도 받아들여지고 있다(ACT; Hayes et al., 1999). 우리는 의지와 욕구가 상황 및 맥락의 영향을 받는다고 믿는다. 따라서 우리는 의지와 욕구를 상대적으로 평가하여 순차적으로 다룬다.

이 활동은 욕구와 의지를 구분하는 것에서 시작한다. 우울과 자해행동, 정서적 과민성을 갖고 있는 16세 소녀 다나와의 다음 대화는 시작 단계의 예를 보여준다. 다나의 욕구 대 의지 워크시트는 그림 5.18에 제시되어 있다.

치료자 : 다나, 너는 마치 덫에 걸려 있는 것처럼 보이는구나. 마치 그 자리에 얼어붙어서 어느 쪽으로도 움직일 수 없는 것처럼 말이야.

다　나 : 아무것도 달라지는 게 없어요. 그게 정말 싫어요.

치료자 : 그러면 얼어붙은 너를 한번 녹여보도록 하자. 무엇에 대해 말해볼까?

다　나 : 저는 말하는 것도 싫고 기분이 나쁜 것도 정말 싫어요.

치료자 : 너는 상황을 좋은 쪽으로 변화시키기 전에 잠시 불편한 감정을 느낄 의향이 있니?

다　나 : 아니요, 하고 싶지 않아요.

치료자 : 너는 정말 성급하구나. 나는 네가 빨리 기분이 나아지고 싶어 한다고 알고 있어. 나는 네가 기분이 나쁘길 원하는지 물어보지 않았어. 기분이 나쁘길 원하는 사람은 없단다. 너는 그러고 싶니?

다　나 : 도대체 무슨 차이가 있어요?

치료자 : 그러니까 욕구란 무엇을 하길 좋아하거나 선호한다는 뜻이야. 어때?

다　나 : 맞아요.

치료자 : 그런데 의지는 욕구와는 다르단다. 너는 어떻게 다르다고 생각해?

다　나 : 모르겠어요.

치료자 : 의지는 새로운 도전에 마음을 여는 것, 실험에 동의하는 것과 같다고 생각해. 약간의 모험 같은 것까지도 말이야.

다　나 : 위험을 감수하는 일 같은 것 말인가요?

치료자 : 맞아.

이 대화에서 치료자는 다나의 치료적 정체에 대해 꺼내기 힘든 말을 부드럽게 꺼냈다. 다나는 정서적으로 매우 민감한 청소년이기 때문에 치료자는 서서히 진행했으며 공감을 많이 사용했다. 또한 치료자는 얼어붙었다는 비유를 사용해 다나의 무력감을 나타냈다. 마지막으로 치료자는 모델링을 통해 욕구와 의지의 개념을 정의하고 다나에게 협력할 것을 격려했다. 욕구 대 의지 활동은 다음과 같이 보다 구체적인 대화로 진행되었다.

치료자 : 다나, 너를 덫에 걸려 꼼짝 못하게 하는 일들을 한번 나열해보자.

다　나 : 어디에서부터 시작해야 할까요?

치료자 : 네 마음대로 하렴.

다　나 : 아까도 말씀드렸듯이 저는 부정적인 감정에 대해 얘기하는 것을 싫어해요.

치료자 : 실제로 부정적 감정을 갖고 있는 것부터 시작하면 어떨까?

다　나 : 그것도 밥맛이에요.

치료자 : 너의 자해행동은 어떨까?

다　나 : 예, 저는 그걸 계속하고 있어요.

치료자 : 우리는 지금 목록을 만들고 있는 거야.

다　나 : 저는 귀가시간을 자꾸 어기고 숙제도 하지 않아요.

치료자 : 학교에 관해 다른 것은 없니?

다　나 : 수업을 빼먹는 게 큰일이죠.

치료자 : 좋아. 이제 여기 이 칸들을 보자. 내가 '욕구'와 '의지'라고 제목을 붙였단다. 10점 만점으로 점수를 매겨보자. 어때?

다　나 : 좋아요.

치료자 : 너는 부정적인 감정에 대해 얘기하고 싶은 정도가 얼마나 될까?

다　나 : 음, 2점이요.

치료자 : 얘기하고자 하는 의지는?

다　나 : 아마도 5점쯤요.

치료자 : 너는 얼마나 불안하고, 슬프고, 화가 나기를 원하지?

다　나 : 1점이요.

치료자 : 그걸 경험하고자 하는 의지는?

다 나 : 3점이요.

치료자 : 너는 자해행동을 얼마나 멈추고 싶니?

다 나 : 5점이요.

치료자 : 의지는?

다 나 : 6점이요.

치료자 : 귀가시간을 지키는 것은?

다 나 : 욕구는 2점, 의지는 6점이요.

치료자 : 하나만 더 해보자.

다 나 : 수업 빼먹지 않기. 흠, 욕구 3점, 의지 6점이요. 이젠 뭘 하죠?

치료자 : 이 칸들을 비교해보자. 어떤 칸의 점수가 더 높니?

다 나 : 의지요. 그래서요?

치료자 : 너는 이 결과에 대해 어떻게 생각하니?

다 나 : 모르겠어요.

치료자 : 자, 너의 평가점수를 살펴보자. 만약 네가 무엇인가를 하려면 그것을 좋아해야 한다고 믿었다면 이 숫자들이 같아야 할까 달라야 할까?

다 나 : 같아야겠죠. 아마도요.

치료자 : 그렇다면 한번 확인해보자.

다 나 : 흠, 많이 다른데요…. 무엇인가를 하기 위해서 반드시 그것을 좋아할 필요가 없는 것 같네요.

치료자 : 그것을 카드에 적어보자.

다나와 작업을 하는 동안 치료자는 협력적인 입장을 유지했다. 그런 다음 치료자는 다나가 복잡한 정보를 분석할 수 있도록 돕기 위해 단순한 종합적 질문들을 사용했다("너는 무엇인가를 하기 위해서는 그것을 좋아해야 한다고 생각하니?", "만약 네가 무엇인가를 할 때 그것을 좋아해야 한다고 믿었다면 이 숫자들이 같아야 할까 달라야 할까?").

📓 피하지 말고 직면해

연령 : 8~18세

목적 : 노출과 행동실험을 위한 준비

준비물 :

• 종이

• 연필 또는 펜

피하지 말고 직면해(Don't Avoid, Rather Engage, DARE)는 아동과 청소년 내담자의 노출과 행동 실험을 준비시키기 위한 인지재구성 활동이다. 경험 회피(experiential avoidance)는 정서적인 도전에 직면했을 때 내담자들이 선택하는 전형적인 접근방법이다. 경험 회피에는 혐오적인 생각과 감정, 신체반응에서 도피하기 위한 부적응적 행동들이 포함된다(Hayes, 1994; Hayes et al., 1999). 경험 회피에는 정도의 차이가 있는데, 이러한 생각과 감정·생리적 반응에서 도피하기 위해 과도한 시간과 노력을 기울일 때 문제가 된다(Kashdan, Barrios, Forsyth, & Steger, 2006). Kashdan과 동료들은 이러한 회피가 목표달성을 어렵게 만들고 자기 자신을 다른 사람들로부터, 그리고 자신의 경험으로부터 거리를 두게 만든다는 데 주목했다.

내담자가 원치 않는 생각과 감정을 억압하면 할수록 그러한 생각과 감정이 역설적으로 더 심해진다(D. Clark, 2004; Gross, 2002). 따라서 경험 회피는 자신의 경험으로부터의 분리는 물론 타인과의 분리를 악화시키기 때문에 많은 즐거움을 앗아간다(Gross & John, 2003). Hayes와 동료들(1999)은 경험 회피가 심해지면 자신의 가치와 일치하는 방식으로 살며 행동하는 개인의 능력을 방해한다고 했다. 따라서 개인은 자유롭지 않게 되고 건설적인 행위도 점점 더 할 수 없게 된다.

경험 회피는 다양한 신념에 의해 매개된다(Leahy, 2007). 어떤 내담자는 자신에게 특정 정서를 느끼도록 허용하면 통제를 상실하게 될 것이라고 믿고 있다. 다른 내담자는 분노나 수치감, 슬픔, 불안, 죄책감 같은 부정적 정서가 나쁜 것이라고 믿고 있다. 따라서 정서를 경험하고 표현하면 자기 스스로 혹은 다른 사람들로부터 벌을 받게 된다고 생각한다. 또한 부정적 정서를 개인의 결함으로 보는 일종의 정서적 완벽주의를 갖고 있는 내담자들도 많다. 쉽게 말해 이들은 인간의 고통이 보편적이며 불가피하다는 현실을 무시하는 것이다(Hayes et al., 1999; Leahy, 2007).

DARE는 내담자가 고통스런 정서에도 이점이 있다는 것을 보도록 돕는다. 치료자와 내담자는 고통을 경험하는 것에 관해 여러 가지 대처진술문을 함께 만든다. 그림 5.19에는 DARE 진술문의 예들이 제시되어 있다. 그런 다음 내담자는 DARE 진술문 중 일부를 카드에 적는다. 그리고 새로운 대처진술문을 더 만들어 역시 카드에 적는다. 다음의 대화는 우울증과 자해행동, 심각한 정서적 회피를 보이는 17세 소녀 그레이스에게 어떻게 DARE를 적용하는지 보여준다.

치 료 자 : 그레이스, 너의 생각과 감정에 대해 이야기하는 것이 무엇 때문에 그렇게 어려울까?
그레이스 : 그냥 고통스러워요. 차라리 내버려두는 게 나아요.
치 료 자 : 그리고 나쁜 감정을 갖는 게 뭐가 그리 나쁘지?
그레이스 : 나쁜 감정을 가져서는 안 돼요. 나쁜 감정은 약점이에요. 부정적인 감정을 가져서

- 누구나 때로는 부정적인 감정을 느낀다. 그것은 나를 더 인간적으로 만들어준다.
- 나쁜 감정을 피하지 않고 대처하면 내가 더 강해질 것이다.
- 고통은 불편하지만 끔찍한 것은 아니다.
- 고통은 일시적이다. 감정은 변하기 마련이니까.
- 내가 불편한 감정을 다룰 수 있다는 것이 내가 항상 편안하게 느낀다는 것보다 나에 대해 더 많은 것을 말해준다.
- 불편한 감정을 느낀다는 것은 내가 나 자신에 도전하고 있다는 것을 의미한다.
- 나는 불편함으로부터 도망가지 않고 그 안에 들어갈 수 있다.
- 고통은 내가 무엇인가를 소중하게 여긴다는 것을 의미한다.

| **그림 5.19** | 'DARE' 진술문의 예

는 안 돼요. 항상 행복해야 해요. 산다는 건 디즈니 영화와 같아요.

치 료 자 : 디즈니 영화? 어떤 영화?

그레이스 : (웃으며) 저는 알라딘을 좋아해요. 어렸을 때 쟈스민은 저의 영웅이었어요.

치 료 자 : 정말? 그 영화에서 쟈스민은 모든 것이 완벽했었니?

그레이스 : (잠시 멈췄다가) 아니요. 그녀는 외로웠고 아버지가 그녀를 과잉보호 했어요.

치 료 자 : 약간 너랑 비슷하구나.

그레이스 : 그렇게 생각해본 적은 없지만 그런 것 같네요.

치 료 자 : 너는 외로움을 느꼈던 이 공주에 대해 어떻게 생각하니?

그레이스 : 저는 그녀가 쿨하다고 생각했어요.

치 료 자 : 쿨하다고?

그레이스 : 예. 그녀는 아주 강했어요. 그래서 왕궁에서 도망칠 수 있었어요.

치 료 자 : 그러니까 그녀가 강하다는 것이 네 마음에 와 닿았구나.

그레이스 : 예. 그녀는 겁도 없고 용감했어요.

치 료 자 : 그녀가 강할 수 있던 것이 나쁜 기분을 회피한 데서 온 것일까 아니면 직면한 데서 온 것일까?

그레이스 : 그녀는 직면했어요.

치 료 자 : 나는 네가 사용한 단어 '용감하다'가 정말 맘에 든다. 내가 너에게 알려주고 싶은 기법으로 DARE라는 게 있어. 그것은 "피하지 말고 직면해."라는 뜻을 나타내. 피하지 않고 행동하려면 네가 도망치고 싶은 것에 직면할 수 있도록 네 스스로에게 말을 해야 해. 여기에 DARE 진술문 목록이 있단다. 이밖에 우리가 함께 몇 가지 더 만들어보도록 하자.

치료자는 먼저 경험 회피를 지지하는 그레이스의 신념들을 끌어내었다("그건 고통스러워요. 그냥 내버려두는 게 차라리 나아요.", "나쁜 감정은 약점이에요."). 그런 다음 치료자는 그레이스의 회피("산다는 건 디즈니 영화와 같아요.")에 맞추어 대처 모델(쟈스민)을 이끌어 내었다. 그레이스는 '용감하다'라는 단어를 우연히 사용하였고, 이것이 자연스럽게 DARE 기법으로 이끌었다.

결론

이 장에서는 여러 가지 흥미롭고 효과적인 인지재구성 개입들을 제시했다. 여러 개입들 중에서 내담자에게 가장 효과적인 개입을 선택하는 것은 치료자의 몫이다. 사례개념화는 치료자를 적절한 개입으로 안내할 것이다. 또한 사례개념화는 기법을 내담자에게 맞추어 생동감 있고 의미 있는 개입으로 만드는 데 도움이 되는 중요한 정보를 제공할 것이다.

기법을 내담자의 흥미와 기술수준, 호소문제에 맞추는 일은 쉽지 않다. 따라서 치료자는 개입을 재미있게 유지하고 아동의 관점과 언어를 포함하며, 자주 사례개념화를 떠올리고 고려해야 한다. 아동과 청소년의 '뜨거운 생각'을 다루기 위한 인지재구성 개입을 실시할 때는 이 기법들이 단순히 부정적인 생각을 긍정적인 것으로 대치하는 것이 아니라, 인지를 수정하고 문제해결 계획을 수립하는 데 도움을 준다는 점을 기억해야 한다. 이런 과정을 통해 내담자는 자신의 인지과정과 행동, 정서기능에서 변화를 이끌어낼 수 있다.

글상자 5.1

인지재구성/자기지시에 대한 요약

언제 사용하는가?
- 아동/청소년에게 인지모형을 교육한 후에(심리교육)
- 아동/청소년이 생각과 감정, 행동을 확인한 후에(자기-모니터링)
- 합리적 분석을 하기 전에

어떤 목적으로 사용하는가?
- 부정확하고 비건설적인 자기말을 보다 정확하며 건설적인 행동으로 이끄는 내적 대화로 바꾸는 것

어떻게 사용하는가?
- 비유와 이야기, 손가락 인형, 장난감 등이 포함된 단순한 절차를 사용하며 내담자를 참여시킬 것
- 재미있게 만들 것
- 내담자 자신의 언어를 사용할 것
- 반드시 내담자의 부정적 생각과 문제 상황, 고통스런 상황을 다룰 것
- 절대적 자기말(예 : "나는 좋은 사람이야.", "모든 것이 잘 될 거야.")을 피할 것
- 행동계획(예 : "나는 생각기술을 연습할 거야.")을 포함시킬 것

양식 5.1 | **가슴에 새긴 손자국 워크시트**

From *Cognitive Therapy Techniques for Children and Adolescents: Tools for Enhancing Practice* by Robert D. Friedberg, Jessica M. McClure, and Jolene Hillwig Garcia. Copyright 2009 by The Guilford Press. Permission to photocopy this form is granted to purchasers of this book for personal use only (see copyright page for details).

| 양식 5.2 | 변화할 준비가 되었니 질문지 |

나의 문제는 _____이다.

이 문제는 나를 힘들게 한다. (번호 하나에 동그라미를 치세요.)

1	2	3	4	5	6	7
전혀 그렇지 않다			보통			매우 그렇다

나는 이 문제 때문에 통제할 수 없고 무력하다고 느낀다.

1	2	3	4	5	6	7
전혀 그렇지 않다			보통			매우 그렇다

내 또래의 아이들도 이런 문제를 갖고 있다고 생각한다.

1	2	3	4	5	6	7
전혀 그렇지 않다			보통			매우 그렇다

나는 치료가 도움이 될 거라고 믿는다.

1	2	3	4	5	6	7
전혀 그렇지 않다			보통			매우 그렇다

나는 생각과 기분, 행동을 변화시키길 원한다.

1	2	3	4	5	6	7
전혀 그렇지 않다			보통			매우 그렇다

나는 생각과 기분, 행동을 변화시키기 위해 노력하고 있다.

1	2	3	4	5	6	7
전혀 그렇지 않다			보통			매우 그렇다

나는 생각과 기분, 행동을 변화시킬 수 있다고 생각한다.

1	2	3	4	5	6	7
전혀 그렇지 않다			보통			매우 그렇다

From *Cognitive Therapy Techniques for Children and Adolescents: Tools for Enhancing Practice* by Robert D. Friedberg, Jessica M. McClure, and Jolene Hillwig Garcia. Copyright 2009 by The Guilford Press. Permission to photocopy this form is granted to purchasers of this book for personal use only (see copyright page for details).

양식 5.3 | 속임수 혹은 진실 일기

날짜	상황	감정	생각	비겁한 속임수	진실 혹은 속임수	문제해결

From *Cognitive Therapy Techniques for Children and Adolescents: Tools for Enhancing Practice* by Robert D. Friedberg, Jessica M. McClure, and Jolene Hillwig Garcia. Copyright 2009 by The Guilford Press. Permission to photocopy this form is granted to purchasers of this book for personal use only (see copyright page for details).

양식 5.4 | 생각 청소 일기

날짜	상황	감정	생각	속임수	청소전략	새로운 생각

From *Cognitive Therapy Techniques for Children and Adolescents: Tools for Enhancing Practice* by Robert D. Friedberg, Jessica M. McClure, and Jolene Hillwig Garcia. Copyright 2009 by The Guilford Press. Permission to photocopy this form is granted to purchasers of this book for personal use only (see copyright page for details).

양식 5.5 | **벌레 잡기**

From *Cognitive Therapy Techniques for Children and Adolescents: Tools for Enhancing Practice* by Robert D. Friedberg, Jessica M. McClure, and Jolene Hillwig Garcia. Copyright 2009 by The Guilford Press. Permission to photocopy this form is granted to purchasers of this book for personal use only (see copyright page for details).

양식 5.6	트래쉬 토크 워크시트

나 자신에게 하는 트래쉬 토크	나의 반박

From *Cognitive Therapy Techniques for Children and Adolescents: Tools for Enhancing Practice* by Robert D. Friedberg, Jessica M. McClure, and Jolene Hillwig Garcia. Copyright 2009 by The Guilford Press. Permission to photocopy this form is granted to purchasers of this book for personal use only (see copyright page for details).

양식 5.7 | 뜨거운 숯, 차가운 생각 워크시트

뜨거운 숯	차가운 생각

From *Cognitive Therapy Techniques for Children and Adolescents: Tools for Enhancing Practice* by Robert D. Friedberg, Jessica M. McClure, and Jolene Hillwig Garcia. Copyright 2009 by The Guilford Press. Permission to photocopy this form is granted to purchasers of this book for personal use only (see copyright page for details).

양식 5.8 앙푸에그 일기

날짜	상황	얼마나 화가 났었나?	앙푸에그 생각	차가운 생각	새로운 감정

From *Cognitive Therapy Techniques for Children and Adolescents: Tools for Enhancing Practice* by Robert D. Friedberg, Jessica M. McClure, and Jolene Hillwig Garcia. Copyright 2009 by The Guilford Press. Permission to photocopy this form is granted to purchasers of this book for personal use only (see copyright page for details).

양식 5.9　분노 연고

나는 우연히 일어난 일과 의도적인 일을 혼동하고 있는가?

사람들의 행동에 대한 나의 추측이 진실이라고 얼마나 확신하는가?

나는 불공평한 것과 내 마음대로 되지 않는 것을 혼동하고 있는가?

이것이 나에게만 일어난 일이라고 생각하는가, 아니면 다른 사람에게도 한 번쯤은 일어나는 일이라고 생각하는가?

나는 다른 사람들이 반드시 나의 규칙에 따라줄 것을 기대하고 있는가?

다른 사람들이 나의 규칙을 알고 있는가?

나는 사람들이 나의 규칙을 깰 때 얼마나 잘 용서할 수 있는가?

나는 사람들을 한쪽 면에서만 보고 있는가? 모든 사람이 항상 한 면만 갖고 있는가?

나는 부정적인 감정을 얼마나 수용하는가? 이런 감정을 없애야 한다고 믿고 있는가?

나 자신의 원치 않는 감정을 없애버리기 위해 다른 사람에게 상처를 주고 있는가?

나는 힘과 통제를 어떻게 정의하고 있는가? 나는 자기통제를 다른 사람을 통제하는 것과 혼동하고 있는가?

이 상황에서 나는 얼마나 무력한가?

나에게 일어난 일에 대한 나의 책임은 무엇인가?

From *Cognitive Therapy Techniques for Children and Adolescents: Tools for Enhancing Practice* by Robert D. Friedberg, Jessica M. McClure, and Jolene Hillwig Garcia. Copyright 2009 by The Guilford Press. Permission to photocopy this form is granted to purchasers of this book for personal use only (see copyright page for details).

양식 5.10 분노 연고 일기

날짜	상황	얼마나 화가 났었나?	상처를 주는 생각	도움이 되는 연고 생각	새로운 기분

From *Cognitive Therapy Techniques for Children and Adolescents: Tools for Enhancing Practice* by Robert D. Friedberg, Jessica M. McClure, and Jolene Hillwig Garcia. Copyright 2009 by The Guilford Press. Permission to photocopy this form is granted to purchasers of this book for personal use only (see copyright page for details).

양식 5.11 | **충동괴물 길들이기 워크시트**

상황 : _____

충동괴물이 하는 말	조련사가 하는 말

From *Cognitive Therapy Techniques for Children and Adolescents: Tools for Enhancing Practice* by Robert D. Friedberg, Jessica M. McClure, and Jolene Hillwig Garcia. Copyright 2009 by The Guilford Press. Permission to photocopy this form is granted to purchasers of this book for personal use only (see copyright page for details).

| 양식 5.12 | 걱정 순위 매기기 워크시트 |

걱정	끔찍한 정도	일어날 가능성

From *Cognitive Therapy Techniques for Children and Adolescents: Tools for Enhancing Practice* by Robert D. Friedberg, Jessica M. McClure, and Jolene Hillwig Garcia. Copyright 2009 by The Guilford Press. Permission to photocopy this form is granted to purchasers of this book for personal use only (see copyright page for details).

양식 5.13 | **욕구 대 의지 워크시트**

행동	욕구	의지

From *Cognitive Therapy Techniques for Children and Adolescents: Tools for Enhancing Practice* by Robert D. Friedberg, Jessica M. McClure, and Jolene Hillwig Garcia. Copyright 2009 by The Guilford Press. Permission to photocopy this form is granted to purchasers of this book for personal use only (see copyright page for details).

합리적 분석

합리적 분석(rational analysis)은 가장 고차원적인 인지적 개입으로, 아동이 굳게 믿고 있는 신념에 의혹을 불러일으키는 데 쓰인다. Bandura(1977b; 1986)는 사람들의 믿음이나 개인적인 규칙들이 논리적으로 습득되므로 그 정확성을 검증하기 위해서는 논리적 과정을 사용하라고 권했다. 또한 Bandura는 논리적 오류가 오해의 소지가 있는 외양이나 불충분한 증거, 과잉 일반화, 선택 편향, 잘못된 연역 및 귀납과정에서 비롯될 수 있다고 했다.

이 장에서는 사고, 가정 및 신념의 정확성과 유용성을 평가하고 부적응적인 혹은 부정확한 패턴을 바꿔주기 위한 다양한 방법을 소개할 것이다. 합리적 분석에는 데이터를 수집하고 평가하는 과정이 수반되므로 지시적이기보다는 협력적 태도를 견지할 필요가 있다. 언어수준이 높은 나이 많은 아동이나 청소년일수록 합리적 분석 기술이 도움이 되는 경향이 있다. 그러나 비유를 활용하면 어린 아동에게도 합리적 분석을 쉽게 적용할 수 있을 것이다. 물론 인지를 평가하고 수정하는 합리적 분석 전략을 사용하기 전에 인지를 파악하는 기본 기술을 먼저 습득해야 한다.

합리적 분석법의 개요

합리적 분석을 시행하는 방법은 다양하다(Beal, Kopec & DiGiuseppe, 1996; J. S. Beck, 1995; Fennell, 1989). 합리적 분석의 대표적 예로는 증거검증, 재귀인, 장단점 검토하기, 문제해결,

탈재앙화 등을 주로 들 수 있다.

증거검증(tests of evidence)은 아동의 신념, 결론 및 가정을 사실에 기초해서 평가하도록 돕는, 일종의 가설검증 접근법이다. 이 기법의 핵심은 아동의 신념을 지지하거나 반증해주는 사실들을 수집하는 과정을 통해 아동을 지도하는 것이다. 아동은 증거를 분석하고 자료를 충분히 살펴본 뒤 보다 정확한 평가에 다다르게 된다.

재귀인(reattribution)에서는 대안적 설명을 찾도록 돕는다. 재귀인은 동일한 현실을 다르게 보는 방법이 있게 마련이라는 것을 가르친다. 이 절차에서 아동은 자신의 경험을 다른 각도로 검토한다. 재귀인 이후 아동은 새로운 관점에서 자신의 해석을 재구성할 수 있게 된다.

장단점 검토하기(examining the advantages and disadvantages)는 인지적 손익 분석이라고 할 수 있다. 장단점 기법을 적용하면 아동이 특정 행동전략이나 부정 정서 혹은 신념을 유지했을 때 얻는 것과 잃는 것이 무엇인지 깨닫게 된다. 아동은 장단점에 대해 숙고한 다음에 합리적인 결론을 도출하게 된다.

문제해결(problem solving) 또한 합리적 분석의 방법 중의 하나이다. 일반적으로 문제해결은 경직된 사고패턴을 융통성 있게 만들기 위해 시행된다. 대안적 해결을 찾고 생산적인 전략을 실행에 옮겼을 때 보상을 주는 것이 통상적인 접근법이다. 일반적으로 문제해결에서는 문제를 구체적으로 적은 후 모든 가능한 대안을 브레인스토밍으로 이끌어낸다. 그 후 각 대안에 대해 장/단기 및 긍정/부정적 결과를 평가해보고, 해결방법을 선택해서 실험해보며, 생산적 문제해결에 대해 스스로 보상을 해준다. Padesky(2007)는 문제해결에 쉽게 사용할 수 있는 창의적 소크라테스식 질문 두 가지를 제시했다. 첫 번째는 단순히 현재의 문제해결 노력이 부정적 정서를 해소하는 데 얼마나 도움이 되는지를 묻는 것이고("_____은 네 삶에서 긍정적 변화를 이끌어내고 있니?"), 두 번째 질문은 문제해결이 본인이나 다른 사람들에게 어떤 손해를 끼치고 있는지 검토하는 것이다("_____ 때문에 네가 힘든 점은 없니? 네 주위의 다른 사람들은 어때?").

탈재앙화(decatastrophizing)는 예측한 재앙의 확률을 논리적으로 평가하고(얼마나 가능성이 있는지?), 재앙의 크기를 예측하며(얼마나 상황이 나빠질까?), 재앙을 막도록 혹은 재앙이 일어났을 때 대처하도록 문제해결을 시행하는 데 초점을 맞춘다. 이 기법의 문제해결 요소는 다음과 같은 질문을 통해 합리적 분석을 위한 데이터를 추가로 제공해준다. 만약 재앙을 막을 수 있거나 대처할 수 있다면 그게 끔찍해 봤자 얼마나 끔찍할 것인가?

합리적 분석에서는 또한 Overholser(1994)의 **보편적 정의**(universal definition) 과정을 활용한다. 이 과정은 자신이나 타인에 대한 아동의 제한적이고 좁은 정의들을 넓혀준다. 보편적 정의에 도달하는 몇 가지 단계가 있다. 우선 아동의 구체적인 자기 정의를 이끌어낸다. 그다음 각 조건이나 특성의 중요성을 평가한다. 이어서 아동이 자기와 반대로 정의한 사람을 골라내도록 돕는다. 그런 다음 아동에게 이 '정반대'인 두 사람 간 유사점에 대해 곰곰이 생각해보라고 한다. 마지막으로 개인적 관점으로 돌아가 아동의 자기 정의를 넓힌다. 이러한 단계들은 이번 장의 거울아, 거울아 기법에 설명되어 있다. 보편적 정의 과정은 '부정확한 이름붙이기(labeling)'에서의 '자기 탓하기나 남 탓하기'에 특히 유용하다.

이러한 합리적 분석의 기본 방법들은 다양한 문제와 기능수준을 보이는 아동 및 청소년들에게 여러 가지 방식으로, 그리고 창의적으로 적용될 수 있다. 이 책에서 설명한 다른 인지기법들과 마찬가지로 사례개념화에 근거해서 각 사례에 맞게 합리적 분석방법을 선택하면 된다. 그리고 합리적 분석기법을 사용하는 과정은 기법 자체만큼이나 중요하다. 다시 말해 치료자는 합리적 분석 방법을 적용할 때 안내된 발견과 소크라테스식 질문을 사용할 것을 명심해야 한다.

합리적 분석에서의 비유

비유와 이야기는 아동의 경직된 사고와 감정 및 행동패턴을 느슨하게 바꾸는 데 좋은 합리적 분석 전략이다(Blenkiron, 2005; Friedberg & McClure, 2002; Friedberg & Wilt, in press; Grave & Blissett, 2004; Kuehlwein, 2000; Otto, 2000; Overholser, 1993; Stallard, 2005). 또한 비유는 어린 아동뿐만 아니라 논리적·이성적 능력이 제한된 사람들에게도 쉽게 적용할 수 있다. 비유는 아동이 자신의 문제를 객관적 관점에서 보도록 도와준다. 아동이 치료를 놀이처럼 여긴다면 치료에 대한 불안과 회피가 감소할 것이다. 자신이 치료받는 중이라는 것을 잊을 수 있다면 좋을 것이다. 아동이 치료 중이라는 것을 잊으면 강렬한 정서적 자료를 소화할 때보다 편안하게 느낄 것이다. McCurry와 Hayes(1992)의 개관을 보면 비유는 아동과 작업하는 데 적절한 도구다. 비유와 은유는 병원이나 기계에 관한 것, 전략에 관한 것, 다른 사람들과의 관계에 관한 것일 수도 있고 혹은 자연재해에 관한 것일 수도 있다. Linehan, Cochran과 Kehrer(2001)는 비유가 이해와 대안적 사고 및 인지적 재구성을 촉진한다고 했다.

Cook 등(2004)은 이야기와 비유가 인지적 재구조화를 향상시키고, 동기와 대리적 학습을 촉진한다고 했다(Kennedy-Moore & Watson, 1999; Samoilov & Goldfried, 2000). 간단히 말해 이야기와 비유는 정서라는 짐을 담고 있다고 할 수 있다. 확연한 정서를 담은 비유는 지나치게 인지에 치우친 치료과정을 인지-정서-행동이 통합된 것으로 바꿔주는 역할을 할 수 있다. 고무적인 비유는 인지행동 개입에서 정서와 인지로부터 행동으로의 변화를 촉진한다.

비유는 수용전념치료(ACT)의 핵심이다(Hayes et al., 1999; Heffner, Sperry, Eifert, & Detweiler, 2002; Murrell, Coyne & Wilson, 2005). Hayes 등(1999)은 다음과 같은 이점을 들면서 아동과의 작업에서 비유를 사용하라고 권한다. 그들은 비유가 단순한 이야기와 유사하며 심리적 저항을 덜 일으킨다고 했다. 비유는 협력적인 작업이기 때문에 권력의 차를 최소화시킨다는 것이다. 그들은 또한 비유가 그림이나 시각적 이미지와 연관이 있고, 이 때문에 아동에게 특히 유용하다고 했다. 마지막으로 비유는 기억에 잘 남는다.

Friedberg와 Wilt(in press)는 아동에게 비유를 사용할 때 도움이 될 '멋진 가이드라인 일곱 가지(Magnificent Seven Guidelines)'를 소개했다. 그들은 먼저 비유를 인지행동적 사례개념화에 근거하여 적용해야 한다고 강조했다. 둘째, 비유와 이야기는 아동의 발달수준, 환경 및 인종문화적 맥락에 맞아야 한다. 셋째, 좋은 비유는 구체적이며 체험적 학습을 촉진해준다. 넷째, 전통적 CBT 절차를 능숙하게 동원해야 한다. 인지행동치료에서는 추상적인 개입보다 구체적인 개입을 선호한다. 이 원칙은 CBT에서 어떻게 비유를 사용할지 그 방향을 제시해준다(Blenkiron, 2005). 다섯째, 비유의 의미를 설명해준 후에 그 비유에 대해 직접적인 지시를 할 필요가 있다. 이는 개입의 효과가 우연히 일어나는 것이 아니기 때문이다. 여섯째, 좋은 비유는 아동이 갖고 있는 현실적인 정서를 다룬다. 일곱째이자 마지막이지만 중요한 사실은 비유는 재미와 함께 치료에 대한 몰입을 증가시켜야 한다는 것이다.

아동의 내면 상태(예 : 생각, 감정)에 대해 직접적으로 얘기하면서 신중하게 그것을 치료적으로 다루어주는 것이 관건이다. 아동이 비유를 건설적인 행동으로 옮기는 것이 중요하기 때문이다. 구체적이고 이해하기 쉬운 비유는 CBT에 활기를 불어넣는다. 비유를 행동으로 옮김으로써 아동은 이것저것 시도해보고 어떤 일이 일어나는지 보는 첫걸음을 내딛는 것이다. 호기심과 실험정신은 CBT에서 높이 평가된다. 실험적 활동과 결부된 비유와 스토리텔링은 즉각적 깨달음을 가져오고 효과가 배가 된다(Kuehlwein, 2000). 아동은 비유에 근거해 행동실험이나 필기과제를 생각해낼 수 있을 것이다. 표 6.1은 비유의 예를 몇 가지 제시해준다.

OCD, 심한 분노, 충동행동을 보이는 10세 아동 자퀸은 위험한 동네에 살면서 신체적 학대

| 표 6.1 | 합리적 분석에서 비유와 가능한 사용법

비유	목적	연령
스파이더맨 직감	자기보호, 지각과 예측을 파악하기	10∼18세
미로	목표 정하기, 문제해결 장애	10∼18세
고양이 야옹(Cotterell, 2005)	아동이 충동에 저항하면 할수록 그 충동이 약해진다는 것을 가르침	10∼18세
목 누르기 비유	통제와 씨름할수록 통제가 더 조여진다는 점을 깨닫도록 도움	10∼18세
버스 운전사 비유	자신의 행동을 통제할 수 있다는 점과 장애물이나 괴롭히는 생각들, 부정적 기분에도 불구하고 버텨야 한다는 점을 깨닫도록 도움	10∼18세

를 당했다. 그는 치료 중에 자진해서 강력한 비유를 들었다. 그는 스파이더맨을 좋아했는데, 과거와 현재 및 미래의 위험에 대응하는 특별한 힘을 가질 수 있다는 데 흥미를 느꼈다. 자퀸은 대인관계에서의 지각과 전략을 이야기하면서 상황을 평가할 때 스파이더맨 직감(Spidey Sense)을 활용했다고 말했다. 치료자는 그의 비유를 받아서 대인관계와 관련된 그의 예측을 의미할 때 스파이더맨 직감이라는 용어를 사용했다. 치료자와 자퀸은 함께 합리적 분석 절차를 고안했다. 우선 상황을 기록한 뒤 그의 예측(예: 스파이더맨 직감에 따르면…)을 쓰고 실제로 무슨 일이 일어났는지 쓰게 했다. 치료자는 자퀸과 함께 스파이더맨 직감이 얼마나 자주 맞는지 검토했다. 자퀸은 스파이더맨 직감을 자기보호의 한 형태로 사용하고 있었기 때문에 부정확한 스파이더맨 직감을 보다 적응적인 다른 스파이더맨 직감이나 기술로 바꿀 필요가 있었다. 이 비유는 자퀸뿐 아니라 스파이더맨 팬인 다른 아동들에게도 일반화할 수 있을 것이다.

12세 된 아동 에이모스는 힘든 삶을 살아가는 비유를 자진해서 가져왔다. 그는 친부모에게 학대받고 버림받아 홈리스가 되었다. 그리고 다양한 위탁가정을 전전한 뒤 사용했다. 그가 양부모의 인내심을 시험하는 행동을 지속적으로 저질러서 양부모는 입양을 철회할 지경에 이르게 되었다. 치료회기 동안 에이모스는 자진해서 말했다. "제 삶은 미로예요. 상황이 좋아지겠구나 싶으면 막다른 골목으로 들어가버려요."

에이모스의 비유는 혼돈스럽고 복잡한 자신의 상황을 심도있게 전달해준다. 치료자와 에이모스는 이 주제를 이용하여 조작적 정의를 내렸다. 에이모스는 미로를 하나 그리고 막힌 골목에 자신의 다양한 도전(예: "아무도 믿을 수가 없다.", "그 누구도 내가 원하지 않는 걸 하라고 말할 수 없다.")을 써 붙였다. 그런 뒤 에이모스는 막힌 길에 대처하기 위한 여러 전략을 개발했다. 그의 목표는 미로의 중심에 도달하는 것이었고, 에이모스는 목표로 통하는 길들을 나열했다.

Cotterell(2005)은 충동에 굴복하는 것이 보상을 의미한다는, 간단하면서도 강력한 비유를 제시했다. 이 비유는 아동에게 뒷문에서 우유를 구걸하는 주인 없는 고양이를 상상해보라고 지시하는 것으로 시작된다.

"뒷문에 서 있는 주인 없는 고양이를 머릿속에 그려봐. 그 고양이는 며칠 동안 먹지 못해서 우유를 달라고 야옹거려. 너는 처음에 무시하려고 했지만 고양이 울음소리가 점점 커져. 야옹, **야옹, 야옹!** 고양이의 울음소리를 멈추기 위해 결국 너는 항복하고 고양이에게 우유를 주게 되지. 이제 어떤 일이 생길 것 같니?"

대부분의 아동은 고양이가 더 이상 울지 않을 것이라는 점을 깨닫는다. 비유는 계속된다.

"고양이는 당장 울음을 그치겠지. 그렇지만 그다음에 어떻게 될 건지 알아? 다시 돌아온단다. 또 우유를 달라고 야옹거려. 너는 짜증이 나서 또 고양이를 그냥 무시하겠지. 그러나 그렇게 무시하면 할수록 고양이는 더 야옹거려. 점점 크게 야옹거려. 야옹, **야옹**, **야옹!** 너는 결국 또 포기하고 우유를 주게 되지. 그렇다면 너는 그 고양이에게 뭘 가르쳐준 거니? 고양이는 뭘 알게 된 거지?"

아동이 고양이에게 더 크게 울면 울수록 우유를 얻게 될 가능성이 커진다는 것을 가르쳐주었다는 점을 깨달았다면 이제 합리적 분석으로 진도를 나가면 된다. 다음 대화는 고양이의 비유를 어떻게 다룰 것인지 보여준다.

> 치료자 : 네 불안도 어찌 보면 이거랑 같아. 계속 야옹거리지. 네가 포기할 때까지 말이야. 실제로 너는 포기하지. 네 불안이 저절로 가라앉을 기회를 줘야 하는데 기다리지 않고. 네 불안이 조용해지려면 네 자신에게 뭐라고 말하면 좋겠니?
> 아매드 : 근심아, 너는 날 성가시게 구는구나. 내가 그냥 내버려두고 기다리면 가버릴 테지.
> 치료자 : 그걸 어떻게 알지?
> 아매드 : 음, 불안을 덜 느낄수록 불안이 덜 강해져요. 그냥 내버려두고 기다리면 덜해져요.
> 치료자 : 네가 오래 기다릴수록 더 심해진 적이 혹시 있어?
> 아매드 : 아뇨. 그런 적 없어요.
> 치료자 : 그래, 그럼 이제 결론을 내리고 글로 적어보자.
> 아매드 : 불안은 고양이와 같아요. 불안이 부를 때 밥을 주면 줄수록 더 자꾸 돌아와요. 불안해하는 것에 먹이를 주지 말아야겠어요. 물론 불안은 당장 더 커지겠지만 금방 잦아들 거예요. 불안이 사라질 때까지 그냥 내버려두고 기다리면 돼요.

치료자는 단순한 비유를 써서 아매드가 충동에 오래 저항할수록 충동이 약해진다는 것을 알게 되도록 도왔다. 고양이 울음소리의 크기를 달리함으로써 강도가 심해짐을 나타냈는데, 그 덕분에 재미있고 의미를 기억하기도 쉽게 되었다. 소크라테스식 질문은 아매드가 합리적 분석 과정을 한 단계씩 올라갈 수 있도록 도왔다. 결론을 기록하게 하면 치료과정이 구체적으로 구현된다.

📓 목 누르기 비유

연령 : 10~18세
목적 : 아동이나 청소년이 통제와 씨름할수록 통제가 더 조여진다는 점을 깨닫도록 도움

준비물 : 없음

목 누르기(Half-Nelson) 비유는 같은 제목의 영화에서 아이디어를 얻었다(Fleck, 2006). 레슬링에서 목 누르기에 걸리면 빠져나가기가 어렵다. 감싼 손을 풀려고 애를 쓰면 쓸수록 옭죔은 더 단단해진다. 목 누르기는 통제와의 전쟁에서 목을 잡힌 내담자들에게 특히 적절한 비유이다. 빠져나가기 위해서는 몸의 힘을 빼고 움켜쥔 손과 싸우지 않는 것이 관건이다. 본질적으로 이 비유는 빠져나가려고 발버둥칠수록 더 단단히 갇히게 된다는 메시지를 전달해준다. 이 비유는 제7장에 등장하는 **중국 손가락 트랩** 활동과 개념상 유사하다. 이 비유는 반항적인 아동이나 지속적인 내적 압박감에 시달리는 아동에게 특히 유용하다. 다음의 대화는 자신을 방어하기 위해 공격적인 행동을 지속적으로 보이는 15세 일라이에게 목 누르기 비유를 사용해 합리적 분석을 수행하는 과정을 보여준다.

치료자 : 일라이, 이번에 학교에서 싸움에 말려들었구나.

일라이 : 제게 덤비면 무슨 일이 일어나는지 이제 걔네들은 알죠.

치료자 : 무슨 뜻이지?

일라이 : 제게 말도 안 되는 얘길 하면 저는 맞받아칠 거고 복도에서 제 욕을 하면 그냥 안 둔다는 거죠.

치료자 : 공격당했다고 생각하면 저항한다 이거구나. 알겠다. 덫에 갇힌 상황 같은 거지.

일라이 : 네. '스픽'[1] 같은 듣기 싫은 욕을 해요. 저와 제 가족을 모욕하는 거죠. 그냥 둘 수 없어요.

치료자 : 레슬링에서 목 누르기 당하듯 잡힌 거구나.

일라이 : 네? 뭐라고요?

치료자 : 목 누르기가 뭔지 아니?

일라이 : 몰라요.

치료자 : 레슬링에서 상대방이 너를 잡았는데 네가 버둥거릴수록 더 단단하게 너를 옭죄는 기술이야. 빠져나오려고 힘을 쓸수록 못 빠져나오지.

일라이 : 저는 그냥 저를 성가시게 구는 사람들로부터 빠져나오고 싶을 뿐이에요. 저도 학교에 잘 다니고 싶어요. 그런데 학교 가면 걔네들이 싸움을 걸고 모욕하는 걸요.

치료자 : 네 피부색 가지고 너를 놀리는 사람들로부터 빠져나오기가 힘들지.

일라이 : 지난번 학교에서는 그러지 않았는데.

치료자 : 바로 그것 때문에 지금 힘든 거야. 넌 지금 새 학교에 다니고 이전에는 그런 일이

---

1) 역자 주 : 스픽(spic)은 스페인계를 모욕하는 욕이다.

없었지. 그래, 이 목 누르기에서 어떻게 빠져나올까?

일라이 : 제가 아는 유일한 방법은 싸우는 거예요.

치료자 : 그리고 상황을 더 나빠지게 하는 방법이지?

일라이 : 그래서 지금 여기 와 있는 거잖아요.

치료자 : 그래. 네가 저항하며 싸울수록 더 너를 세게 조이는 목 누르기에 들어갔다면 어떻게 빠져나갈 수 있지?

일라이 : 얌전히 항복할 수는 없어요. 저는 찌질한 짓은 안 해요.

치료자 : 항복하라는 게 아냐. 목 누르기에서 빠져나가기 위해 그 아이들의 전법을 네가 역이용하면 어떨까?

일라이 : 태권도에서 같이요?

치료자 : 그렇지. 움켜쥔 손에 저항하는 대신 그 움켜쥔 손을 네가 역이용하는 거지.

일라이 : 인종차별 욕에 대항하는 대신에요?

치료자 : 그렇지. 어떻게 하면 그걸 역이용해서 네가 덫에 안 걸리게 할 수 있을까?

일라이 : 사람들에게 알릴까 봐요. 복도에서 걔네들이 소릴 지르도록 만들어서 선생님들이 걔네들 개소리를 듣게요. 방과 후는 선생님들이 보실 수 없으니 말려들지 말아야겠죠. 선생님이나 교장 선생님 앞에서 걔네들이 진짜 나쁘다는 걸 보여줄까 봐요.

치료자 : 걔네들보다 한 수 위! 그렇지?

일라이 : 네. 전 사실 걔네들보다 머리가 좋아요. 걔네들을 덫에 걸리게 만들어서 얼마나 바보인지 보여줄 수 있어요.

일라이와의 대화에서 목 누르기 비유를 사용해서 치료자가 공감한다는 것을 알려주었고 합리적 분석과정을 촉진할 수 있었다. 치료자는 조심스럽게 이해한다는 것을 전달했고, 비유를 도입하여 소크라테스식 대화를 이끌었다. "이번에 싸움에 말려들었구나." 같은 표현은 비유를 도입하기 위한 기초 작업으로, 일라이의 딜레마를 나타내 주었다. 소크라테스식 과정을 통해 치료자는 공격을 삼가는 것이 항복과 약함을 의미하지는 않는다는 것을 일라이가 깨닫도록 도와주었다. 또한 문답을 통해 일라이가 문제 상황에서 벗어나는 길을 찾도록 도와주었다.

▨ 버스 운전사 비유

연령 : 10～18세

목적 : 아동이 자신의 행동을 통제할 수 있다는 것과 난관이나 성가신 생각, 고통스러운 정서에도 불구하고 버텨야 한다는 것을 깨닫게 도와준다.

준비물 :
- 버스 그림(양식 6.1)
- 지도용 종이
- 연필, 펜 혹은 마커

버스 운전사 비유(Bus Driver Metaphor)는 수용전념치료(ACT) 개념 중의 하나이다(Hayes et al., 1999; Heffner et al., 2002). 기본적으로 아동은 자신이 버스 운전사라고 상상하고 자신이 정한 노선대로 가되 불쾌한 생각, 감정, 신체반응 등을 운반해야 한다. 버스 운전사는 노선을 따라야 하며 승객들을 진정시키고 잘 다루어야 한다. 그리고 납치되지 않아야 한다. Heffner 등은 이 비유를 사용하는 법을 깔끔하게 구체적 매뉴얼로 만들었다. 청소년의 목표를 구체적인 그림으로 지도에 그리고 매일 지시사항을 따르도록 했다.

우리는 이 비유에 보다 구체적인 인지적 책략들을 덧붙였다. 내담자에게 버스 그림을 주고 해당 승객들(문제들)을 그림에 그려 넣으라고 한다. 그런 뒤 도전 상황과 대처 자원들로 지도를 메우라고 한다. 치료자는 다음과 같은 지시로 시작한다.

"버스 탄 적 있니? 나랑 같이 상상 좀 해보자꾸나. 네 뇌가 버스라고 치자. 너는 버스 운전사고 네 문제들은 버스의 승객들이야. 너는 승객들, 다시 말해 스트레스 사건을 실어야 해. 승객들이 제멋대로 굴거나 성가시게 할 때도 버스를 계속 장악하고 통제해야 해. 그리고 네 노선에서 벗어나면 안 되고 승객이 버스를 장악하게 놔두어서도 안 돼. 할 수 있겠어?"

다음 단계에서는 치료자가 다음과 같이 말하면서 이미지와 비유를 구체적으로 구현한다.

"버스 그림을 봐. 창 하나하나에 너를 성가시게 하거나 기분 나쁘게 하는 걸 적어볼래? 자세하게, 구체적으로 적으면 좋겠다."

승객들이 버스에 모두 탄 다음에는 지도(예 : 버스 노선)를 그린다. 도전거리, 장애를 나타내는 '조심' 표지판, 과속 방지턱, 구덩이 같은 것을 길 따라 표시한다. 마지막으로 자기지시문을 상징하는 광고판과 문제해결과 대처전략을 상징하는 비상전화도 그린다.

다음 대화는 식욕부진증과 주요 우울장애 공병 진단을 받은 샤이엔(16세)이 지도를 만드는 과정을 보여준다(샤이엔의 버스 그림은 그림 6.1 참조).

치료자 : 샤이엔, 버스가 다닐 지도를 만들자.
샤이엔 : 어떻게 시작해야 할지 모르겠어요. 길은 어떻게 그려야 하죠?
치료자 : 네게 달렸어. 네 목표에 다다르는 길이 어떻게 생겼을까?

| **그림 6.1** | 샤이엔의 버스 그림

샤이엔 : 커브길이 많고 튀어나온 턱이나 웅덩이가 있을 것 같아요.

치료자 : 그래. 인생은 커브가 많은 길이지.

샤이엔 : 컨추리 음악의 노래 가사 같아요.

치료자 : 그래, 구불구불하고 장애물이 곳곳에 있는 길을 그리자.

샤이엔 : (그림을 그리며) 자, 여기요…. 그리는 게 좋아요. (그림 6.2 샤이엔의 지도 참조)

치료자 : 그래, 그런 것 같구나! 길가다가 비상전화나 응급구조함을 본 적 있니?

샤이엔 : 고속도로 같은데서요?

치료자 : 그렇지. 비상전화를 많이 그려. 커브길이나 장애에 부딪혔을 때 사용할 문제해결법
이나 지원전략들이 그 안에 있어.

샤이엔 : 무슨 뜻인지 모르겠어요.

치료자 : 좋아, 첫 번째 것을 같이 해보자. 우선, 첫 번째 장애물로 어떤 걸 꼽을 수 있을까?

샤이엔 : 아마도 남자 친구와의 이별이요.

치료자 : 그래. 네 버스의 승객들에게 어떤 일이 일어날까?

샤이엔 : 우울증과 내 자신과 관련된 부정적인 것들이 들고 일어나겠죠.

치료자 : 그러면 승객들을 잘 저지하고 버스가 길을 벗어나지 않도록 하기 위해 뭘 할 수
있을까?

샤이엔 : 생각기록과 생각검증 기술 같은 도구들을 이용할 수 있죠. 제 친구들이나 가족들에

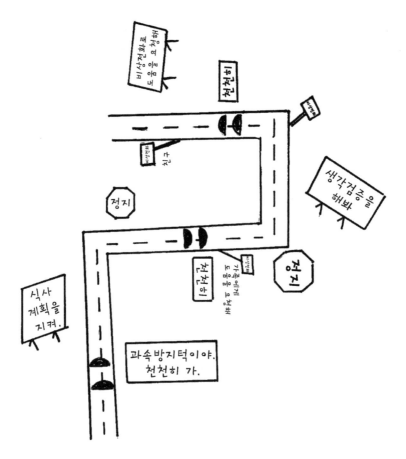

| **그림 6.2** | 샤이엔의 지도

게 얘기할 수도 있고요.

치료자 : 훌륭해. 비상전화를 그린 뒤 구조요소들을 적어봐. 숙제로 이 지도에 더 많은 것을 그려볼래? 방해물들과 구조함들을 더 그려. 얼마나 더 그릴 수 있을까?

샤이엔 : 10개 정도요.

치료자 : 좋아.

샤이엔은 집에 지도를 가지고 가서 숙제를 완성해서 다음 회기 때 가지고 왔다. 회기가 진행되는 동안 치료자는 샤이엔과 숙제를 점검했다.

치료자 : 지도를 보자. 참 잘했구나. 자, 다음 단계는 광고판을 몇 개 그리는 거야.

샤이엔 : 뭐하려고요?

치료자 : 승객들이 방해하거나 난동을 부릴 때 네 자신에게 용기를 북돋워주고 계속 운전하기 위한 자기지시문을 쓰기 위해서지.

샤이엔 : 알겠어요. "비상전화로 도움을 요청해."는 어떨까요?

치료자 : 좋아. 자, 네 섭식장애가 재발하면 네 자신에게 뭐라고 말할 수 있을까?

샤이엔 : 음, "식사계획을 지켜.", "내 몸무게로 내 자신의 가치가 결정되는 건 아니다.", "몸무게는 오르락내리락 한다.", "청바지가 너무 끼더라도 겁먹지 마."

치료자와 샤이엔은 이후 여러 개의 광고판을 함께 만들었고 샤이엔은 숙제로 10개를 더 만들어왔다. 위의 대화에서 튀어나온 과속방지턱, 구조함, 광고판은 각기 문제, 문제해결 전략, 대처 문장을 뜻하는 비유로 쓰였다. 지도를 그리고 비상전화나 광고판으로 장식하는 것은 회기의 재미를 더해주었다. 더군다나 그림 아이콘들은 대처법을 구체적으로 상기시켜준다.

합리적 분석 게임

우리의 경험에 미루어볼 때 어린 아동들은 직설적인 지필식 방법보다 게임에 더 잘 반응하는 경향이 있다. 게임은 구체적인 대상물을 제시해주고 합리적 분석을 직접 경험하게 해준다. 다음에 누가 세균을 가졌니와 통제 주사위라는 두 게임의 과정을 예시했다.

📓 누가 세균을 가졌니

연령 : 7~12세

목적 : 증거검증

준비물 :

- 게임카드용 종이
- 그리기 위한 마커나 크레용

누가 세균을 가졌니(Who' Got the Germ?)는 오염물질에 노출되어 병에 걸릴까 봐 두려워하는 여러 아동 각각의 상태에 맞게 구성된 게임이다. 이 아동들은 손세정제를 과도하게 사용하고 같은 반 친구가 아프면 공황상태에 빠진다. 다른 아동들을 '전염병 보유자'로 생각하기 때문에 학교에 안 가려 하기 일쑤이다. 다른 아동들과 놀이터에서 노는 것이 자신의 건강과 웰빙을 심각하게 해칠 수 있다고 보기 때문에 당연히 이들의 교우관계는 나쁘다. 게임은 치료자가 '세균 이론'을 다음과 같이 소개하는 것으로 시작한다.

"세상에는 여러 종류의 세균이 있단다. 어떤 세균은 너를 병에 걸리게 하고 또 어떤 세균은 너를 더 강하게 만들어서 아프지 않도록 너를 보호해준다. 또 너에게 아무런 해도 끼치지 않고 또 아무런 이익도 주지 않는 세균도 있지.”

도입부가 끝나고 치료자와 아동은 세 종류의 세균이 어떤 모습일지 정한다. 그리고 게임카드를 만들게 되는데 세균을 종이 따나 종이카드에 그리면 된다. 그런 뒤 게임카드를 섞어서 참가자들(예 : 아동, 엄마, 치료자)에게 한 장씩 준다. 각 참가자는 도움을 주는 세균, 해로운 세균, 무해세균을 적절히 가지게 마련이다. 각 참가자가 가진 카드의 세균 종류의 수를 기록한다. 카드들은 “모든 세균을 피해야 한다.”는 믿음을 검토하는 데이터베이스를 구축하게 되는 것이다. 다음 대화는 그 과정을 예시해준다.

치료자 : 엘르, 너랑 어머니랑 내가 가진 세균 종류들을 세어보자.
엘 르 : 네. 제 것이 많네요.
치료자 : 좋아. 어머님께서는 몇 개나 가지셨지요?
어머니 : 아무 영향이 없는 세균 6개, 해로운 세균 3개, 도움을 주는 세균 5개를 가지고 있어요.
엘 르 : 아무 영향이 없는 세균 4개, 해로운 세균 4개, 도움을 주는 세균 6개네요. 선생님은요?
치료자 : 아무 영향 없는 세균 4개, 해로운 세균 5개, 도움을 주는 세균 5개. 엘르, 어떻게 생각하니?
엘 르 : 나쁜 세균을 제일 많이 가지고 계시네요!
치료자 : 그래, 맞아. 그런데 우리 모두 공통적으로 가지고 있는 게 뭐지?
엘 르 : 우리 모두 세균을 가지고 있죠.
치료자 : 그게 무슨 뜻일까?
엘 르 : 게임을 하면 세균을 가지게 마련이라는 것?
치료자 : 모든 세균이 너를 아프게 하니?
엘 르 : 아뇨. 몇 개만요.
치료자 : 그래. 네 생각을 가지고 멋있게 결론을 내리면?
엘 르 : “세균 없이 살 수는 없다. 그리고 몇몇 세균만이 우리를 병들게 한다.”
치료자 : 훌륭해! 카드에 그걸 적자.

엘르와의 대화는 아동에게 소크라테스식 문답법을 적용했을 때 흔히 볼 수 있는 일진일퇴식의 변동을 예시해준다. 치료자와 엘르는 우선 세균 수를 세어 데이터를 모았다. 그 뒤 치료자는 데이터를 종합해보라는 너무 일반적인 질문(“어떻게 생각하니?”)을 너무 일찍 묻는 잘못을 저질렀다. 치료자는 곧 이어 보다 구체적이고 단순한 질문들(“우리 모두 공통적으로 가지고 있는 게 뭐지?", "모든 세균이 너를 아프게 하니?")을 던짐으로써 잘못을 바로잡았다. 마지막으로 치료자는 타이밍이 잘 맞는 종합적 질문("네 생각을 가지고 멋있게 결론을 내리면?")으로 대화의 종결을 이끌었다.

통제 주사위

연령 : 8∼18세
목적 : 증거검증
준비물 :

● 2개의 컵
● 주사위
● 카드놀이용 칩이나 종이클립

통제 주사위(Control Dice)는 컨트롤하는 것이 굉장히 중요하다고 생각하고 통제에 집착하는 아동에게 특히 유용한 합리적 분석 게임이다. 이 아이들은 '나는 내 주위의 모든 것과 모든 사람들을 내 뜻대로 조종할 수 있어.'라고 생각한다.

게임을 하려면 컵 2개와 주사위, 그리고 놀이에서 사용하는 칩이나 종이클립이 필요하다. 게임의 법칙은 단순하다. 아동이 주사위를 던지고 맞추는 것이다. 아동은 주사위를 던지기 전 예측해야 하는데 그 예측이 맞으면 주사위에 나온 수만큼 칩을 얻는다. 만약 틀리면 칩은 다른 참가자에게 간다. 당연히 여러 번 주사위를 던지면서 아동은 제대로 맞추는 경우보다 틀리는 경우가 많아질 것이다. 세균 게임과 마찬가지로 모아진 칩은 합리적 분석의 자료로 쓰인다. 다음 대사는 이 게임의 절차를 예시해준다.

샤 년 : 저는 모든 걸 제 마음대로 할 수 있어요.
치료자 : 와! 네가 마음대로 못하는 게 있을까?
샤 년 : 그래 봤자 중요하지 않은 것들이죠. 저는 사람들을 조종해서 제가 원하는 대로 움직이게 할 수 있고, 또 제가 원하는 일들이 일어나게 할 수 있어요.
치료자 : 게임 한번 해볼까?
샤 년 : 네.
치료자 : 이 주사위를 던지면 어떤 숫자가 나올지 예측할 수 있을 것 같니?
샤 년 : 물론이죠. 일단 감만 잡히면요.
치료자 : 게임을 어떻게 할지 알려줄게. 네가 던지기 전에 뭐가 나올지 알아 맞춰야 해. 네 예측이 맞으면 나온 수대로 칩을 얻고 틀리면 내가 칩을 얻게 돼. 알겠어?

섀 년 : 네. 제가 이길 걸요.

섀년과 치료자는 주사위 게임을 거의 20회 시행했고 섀년은 그중 2회만 맞췄다.

치료자 : 자 세어보자. 난 85개의 칩을 가지고 있어. 너는?

섀 년 : 12개요.

치료자 : 너 무지 못하더라. 모든 것을 마음대로 할 수 있는 줄 알았는데?

섀 년 : 부당해요.

치료자 : 그래서 어땠어?

섀 년 : 재수 없어요.

치료자 : 네 맘대로 안되면 '부당하다'고 보니?

섀 년 : 넵!

치료자 : 이 상황이 어땠어?

섀 년 : 아주 싫어요.

치료자 : 네 마음속에 어떤 것이 스치고 지나갔니?

섀 년 : "게임 법칙을 만드는 건 선생님이니 나는 이길 수 없다.", "내가 이기지 못하는 건 싫다."

치료자 : 네 부모님과 싸울 때 드는 생각이나 감정이랑 얼마나 비슷하니?

섀 년 : 딱 그거예요.

치료자 : 전적으로 네 마음대로 하는 것이 불가능한 상황을 다른 방식으로 본다면?

섀 년 : "피해야 하는 상황이로군. 그런 상황을 피해라."

치료자 : 많은 경우에 그건 불가능하지. 너, 주사위 게임을 가지고 어떻게 했지?

섀 년 : 그냥 되는 대로 내버려뒀어요.

치료자 : 항상 네 마음대로 해야 하는 것과 관련짓는다면 그게 어떤 의미지?

섀 년 : 집 같은 데서 제 마음대로 하지 못할 때는 그냥 되는 대로 내버려둘 수 있어요. 그럼 다음에는 제게 유리한 상황이 될 수도 있고요.

치료자 : 다음에 주사위를 던질 때?

섀 년 : 아마도요.

치료자 : 다음 주사위가 던져질 때 너를 도와주는 게 뭐니?

섀 년 : 다음 숫자는 내게 유리할 거라고 믿는 것?

치료자 : 어떤 때는 네게 유리한 상황이 될 것이라고 믿지 않기 때문에 네 뜻대로 통제하는 거니?

섀 년 : 네.

치료자 : 그걸 네 대처사고 목록에 올리자. 어떻게 정리할까?

샤　년 : "내가 내 뜻대로 할 수 없을 때는 그냥 상황이 흘러가는 대로 내버려둔다. 어떤 상황은 내게 유리하게 돌아가기도 한다는 것을 믿고, 만약 그렇게 되지 않더라도 내가 잘 대처할 수 있으리라는 것을 믿어야 한다."

위의 대화는 샤넌이 자신의 통제를 과대평가한다는 것을 끌어내는 것으로 시작되었다. 결론을 이끌어내기 위해 칩의 수를 세어 데이터로 사용했다. 데이터 분석 시 강한 정서반응 ("부당해요.", "재수 없어요.", "아주 싫어요.")을 끌어낸 후 치료자는 이 게임을 실제 상황에 연결시켜주었다("네 부모님과 싸울 때 드는 생각이나 감정이랑 얼마나 비슷하니?"). 엘르와 누가 세균을 가졌니 게임을 한 뒤와 마찬가지로 소크라테스식 질문("전적으로 네 마음대로 하는 것이 불가능한 상황을 다른 방식으로 본다면?")을 너무 일찍 던졌다. 자신에게 유리한 상황이 될 것이라고 믿을 수가 없으니까 상황을 완벽하게 통제해야 한다는 샤넌의 신념은 매우 단순한 질문("다음 주사위가 던져질 때 네게 도움이 되는 게 뭐니?")으로 파악이 가능해졌다. 마지막으로 샤넌과 치료자는 카드에 결론을 기록하는 것으로 이 모든 복잡한 과정을 마무리했다.

기타 기법

▦ 재앙의 달인

연령 : 8~13세

목적 : 탈재앙화, 재귀인

준비물 :

- 재앙의 달인 워크시트(양식 6.2)
- 펜이나 연필

재앙의 달인(Master of Disaster)은 재앙적 사고(예 : 재앙 예측사고)를 대상으로 하는 인지재구성 절차이다. 따라서 아동이 우선 생각기록지를 작성하여 재앙적 사고를 파악한 후에 시행되는 중재법이다. 재앙의 달인은 아동이 탈재앙화를 달성하도록 안내해주는 방법으로서 J. S. Beck(1995)과 Fennell(1989)의 성인용 소크라테스식 질문법에 기초한 아동용 소크라테스식 질문법을 활용한다. 또한 '끔찍한 불확실성(Dreadful Iffy)'(Friedberg & McClure, 2002)와 '레모네이드 만들기 기법'(Friedberg et al., 1992)과 유사하다.

이 절차는 우선 아동이 재앙의 달인 되기에 대해 알게 되는 도입부로 시작된다. 두 번째 단계에서는 재앙적 예측을 기록한다. 그 뒤 재앙의 달인 워크시트(양식 6.2)에 있는 질문들을 활용하여 탈재앙화 과정을 이끌어줄 소크라테스식 질문법의 기초를 닦는다. 첫째, 아동은 위험의 확률을 평가한다(예 : "그 나쁜 일이 생길 거라고 얼마나 내가 확신하나?"). 둘째, 아동에게 과거에 특정 재앙이 일어났는지 질문한다(예 : "전에 그 일이 일어난 적이 있었니?"). 셋째, 과거에 그런 일이 일어난 적이 없다면 이번이 특별히 뭐가 다른지, 무엇 때문에 아동이 그 일이 일어날 것이라고 믿는지 물어본다. 넷째, 치료자는 아동의 설명을 검토한다. 관련 질문들(예 : "지금 그 일이 일어날 것이라고 네가 느끼는 또 다른 이유는 무엇일까?")을 하면서 재귀인을 촉구하고 '의혹'을 불러일으킨다.

다음 세 가지 질문은 과거의 경험을 다룬다. 아동의 과거 재앙대처 역량에 대해 묻는다(예 : "이전에 재앙이 일어났을 때 어떻게 대처했니? 뭘 했지?"). 이러한 질문은 아동의 대처역량을 강조하는 초석을 깔아준다. 만약 아동의 과거 대처 노력이 성공적이지 못했다면 다음의 질문을 던진다(예 : "이전에 그것에 잘 대처하지 못했다면 지금은 뭐가 다르지?"). 합리적 분석 모듈 단계라면 이미 이전 치료모듈에서 새로운 기술들을 습득한 상태일 것이다. 결론을 이끌어내기 전 마지막 질문은 문제해결 전략을 촉진하기 위한 것이다. "**문제해결 전략을 가동할 준비가 되어 있다면 사건이 (끔찍해 봤자) 얼마나 끔찍할 것인가?**" 마지막으로 재앙의 달인 결론을 완성하기 위해 아동이 기록한 모든 정보를 통합하고 결론을 내리도록 치료자가 돕는다. 이 과정은 다소 어려울 수 있기 때문에 다음 대화를 통해 과정을 보여주고자 한다. 쇼샤나는 14세 된 내담자로 창피당하는 것과 거부당하는 것을 두려워한다. 쇼샤나의 워크시트는 그림 6.3에 있다.

치료자 : 쇼샤나, 이 재앙의 달인 워크시트를 보자. 같은 테이블에서 점심 먹는 애들에 대해 걱정했었지.

쇼샤나 : 걔네들 머릿속에는 자기들이 찍은 남자애와 사귀는 거랑 내게 못되게 구는 것밖에 없어요.

치료자 : 그래, 그런 것 같구나. 지난번에 결론 내리는 걸 힘들어했었지?

쇼샤나 : 네. 좀 헷갈려요.

치료자 : 그럼 하나씩 같이 해볼까? 걔네들이 무례하고 못되게 구는 이유가 무엇일 것 같니?

쇼샤나 : 제가 못생겼고 저를 재수 없다고 여긴다는 거요.

치료자 : 상처가 되겠네.

쇼샤나 : 네, 정말로요.

치료자 : 걔네들이 그렇게 행동하는 또 다른 이유가 있다면 무엇일까?

쇼샤나 : 걔네들은 못된 애들이라서 놀리고 상처 줄 누군가를 찾아다닌다는 거죠.

내가 달인이 될 수 있는 재앙 : 점심시간에 같은 테이블에 앉은 애들이 내 딸은 머리카락이 부스스하고 댄스파티에 같이 갈 상대가 없다면서 계속 나를 놀려댈 것이다.

달인질문 :

이 끔찍한 일이 일어날 가능성이 얼마나 높나? (동그라미를 치세요.)

1	2	3	4	⑤
없다		어느 정도		많이

이전에도 이 일이 일어난 적이 있나? (동그라미를 치세요.)

1	2	3	4	⑤
결코 없다		가끔		많이

만약 이런 일이 일어난 적이 없다면 이번엔 특별히 무엇이 다르고 무엇 때문에 그렇게 믿는가? _____

_____

이전에 일어난 재앙에 대해 설명해보자. 나는 못생겼고 사람들은 나를 재수 없다고 여긴다.

지금 그 재앙이 일어난다고 느낀다면 위의 답변을 제외하고 다른 설명을 해보자. 걔네들은 못된 애들이라 놀리고 상처 줄 상대를 찾아다닌다.

(과거에 재앙이 일어났다면) 어떻게 대처했나? (동그라미를 치세요.)

①	2	3	4	5
잘못 대처함		어느 정도		매우 잘 대처함

뭘 했나? 진짜 아무것도 못했다. 우울해져서 칼로 내 몸을 좀 그었고 며칠간 아무것도 먹지 않았다.

이전에 잘 대처하지 못했다면 지금의 나는 뭐가 다른가? 나는 지금 더 강해졌다. 다른 사람들의 헛소리 때문에 내 자신을 벌줄 수는 없는 거다. 걔네들이 사람을 쓰레기처럼 대한다고 해서 나도 내 자신을 쓰레기 다루듯 해서는 안 된다. 걔들의 생각이나 의견은 나에게 영향을 주지 않는다. 나는 걔네들 손안의 찰흙이 아니다. 내가 누구인지, 또 어떤 사람이 될지, 내 자신이 나를 만들어갈 것이다.

재앙에 대해 대응책이 있다면 재앙이 얼마나 나쁠 것인가? 얼마나 통제 가능한가? 매우 통제 가능하다.

재앙의 달인 결론 : 전에는 애들이 못된 말을 해서 나를 가지고 놀게 내버려두었는지 모르지만 이제 다시는 그렇게 그냥 두지 않을 거다. 내가 무엇을 하느냐가 내 자신을 만드는 것이지, 걔네들의 말이 아니다. 걔들이 헛소리를 해대도 나는 음식을 먹지 않거나 자해하지 않고 대처할 수 있다.

| **그림 6.3** | 쇼샤나의 '재앙의 달인' 워크시트

치료자 : 그 사실이 너랑 얼마나 관련이 있지?

쇼샤나 : 별로 없죠.

치료자 : 워크시트를 보니 이전에 일어났던 것은 표시했는데, 어떤 점에서 과거와 다른지에 대해서 쓰는 난은 빈칸으로 두었네?

쇼샤나 : 뭘 써야 할지 모르겠더라고요.

치료자 : 먹지 않았고 칼로 자해했었고 우울해졌잖니. 그건 전에 그랬다는 거고 지금은 어떻지?

쇼샤나 : 지금 저는 더 강해졌죠. 그걸 생각 못했네요. 다른 사람들의 헛소리 때문에 내 자신을 벌주는 것은 말도 안 되죠. 걔네들이 저를 쓰레기처럼 대한다고 해서 나도 내 자신에게 똑같은 짓을 할 필요는 없는 거죠.

치료자 : 그래, 이제는 너도 계획이 있지?

쇼샤나 : 네.

치료자 : 네가 재앙을 다룰 대응책이 있다면 상황이 얼마나 많이 네 손안에 있지?

쇼샤나 : 많이요.

치료자 : 그런 걸 모두 써보자.

쇼샤나 : "전에는 애들이 못된 말을 해서 나를 가지고 놀게 내버려두었는지 모르지만 이제 다시 그렇게 그냥 두지 않을 거다. 내가 어떤 사람인지는 내가 결정한다. 걔네들의 말이나 의견이 나를 만들지 못한다. 나는 걔네들 손안의 찰흙이 아니다."

치료자 : 자해하는 거랑 음식을 안 먹는 것은?

쇼샤나 : "그런 것 없이도 나는 그 애들의 헛소리에 대처할 수 있다."

치료자는 부정적인 자동 사고를 상기시키고 쇼샤나의 감정에 연결시키는 것으로 작업을 시작했다. 그런 뒤 재귀인을 해보라고 했다("걔네들이 그렇게 행동하는 또 다른 이유가 있다면 무엇일까?"). 그다음 치료자는 쇼샤나의 과도하게 자기 탓을 하는 결론에 의혹을 제기했다("그 사실이 너랑 얼마나 관련이 있지?"). 치료자는 또한 쇼샤나를 도와서 대처계획이 자신의 통제감을 높일 수 있음을 깨닫게 했다. 총괄해서 결론을 이끌어내는 것("그런 걸 모두 써보자.")으로 대화를 마무리했다.

▦ 생각 탐사자

연령 : 8~13세

목적 : 과도하게 비판적인 자기정의를 평가하기

준비물 :

● 생각 탐사자 워크시트(양식 6.3)

● 펜이나 연필

생각 탐사자(Thought Prospector)는 그동안 아동이 무시했던 자신의 긍정적 특징과 특성들을 발견해내도록 돕는다. 마치 탐사자가 금덩이를 캐내듯이 긍정적이고 생산적인 생각을 발견하는 것이다. 따라서 생각 탐사자는 우울하며 과도하게 비판적인 자기정의를 안고 사는, 유능감이 낮은 아동에게 특히 유용하다. 생각 탐사자는 증거검증과 재귀인 절차를 활용한다.

우선 아동의 자기 정의(예 : "나는 완전 실패자이다.")를 이끌어낸다. 두 번째 단계는 2개의 생각 탐사자 질문을 포함한다(예 : "네가 하는 일 중에 완전 실패자가 결코 하지 않을 일이 있다면 뭘까?"). 세 번째 단계에서는 재귀인을 유도하는 질문을 던진다(예 : "네 자신을 다른 방식으로 본다면?"). 다음 대화는 자기비판적이고 우울한 12세 아동 제드와 주고받은 대화로 생각 탐사자의 과정을 예시해준다. 그의 워크시트는 그림 6.4에 나와 있다.

치료자 : 제드, 탐사자가 뭔지 아니?

제 드 : 알래스카 골드러시에서 보는 것 같은? 수업시간에 배웠어요.

치료자 : 그래, 맞아. 탐사자는 금광 같은 데서 금덩어리를 골라내지.

제 드 : 광산에서 채를 흔들어서 금을 걸러내는 사람이요.

치료자 : 그래. 근데 왜 채를 흔들까?

제 드 : 금을 잘 보려고요.

치료자 : 진짜 금을 진흙이나 돌, 황철광으로부터 분리해내야 하거든.

제 드 : 황철광은 금색이지만 금이 아닌, 값이 안 나가는 물질이죠. 저도 하나 가지고 있어요.

치료자 : 그래, 이제 어떻게 하면 생각 탐사자가 되어 생각 금광에서 황철광을 금으로부터 분리하는지 가르쳐주려 한단다. 어떠니?

제 드 : 재미있겠다!

치료자 : 여기 생각 탐사자 워크시트를 봐. 너 '완전 퇴짜'랬지? 그게 금인지 황철광인지 보자. 준비되었니?

제 드 : 네.

치료자 : 자, 이제 탐사를 떠나자. 여기 질문 보이니?

탐사할 생각 : 나는 완전 퇴짜다

너는 결코 하지 않지만 (완전 퇴짜)가 하는 것은? 사람들을 상처 주고, 학교를 빼먹고, 선생님들을 존경하지 않고, 컨닝하고, 거짓말하고, 남을 욕하고, 훔치고, 유급당하고, 욕심 부리는 것

(완전 퇴짜)는 결코 하지 않지만 네가 하는 것은? 우등생 되기, 학교에서 애들 돕기, 교회 활동 하기, 농장에서 심부름을 해서 부모님을 도와 드리기, 파티에 초대받기, 집에 친구들 초대하기

탐사 후 네 자신을 다른 식으로 본다면? 완전 퇴짜랑 나는 사실 공통점이 별로 없다. 나쁜 일이나 슬픈 일이 일어나면 아주 큰일이라도 난 것처럼 내가 확대해석 하나보다. 완전 퇴짜라는 것은 그냥 내 상상 속에 있을 뿐인가보다. 뒤로 한발자국 물러나 생각을 정리해볼 필요가 있는 것 같다.

금덩이다!

| **그림 6.4** | 제드의 '생각 탐사자' 워크시트

제　드 : "네가 결코 안 할 것을 (　　　)는 한다." 무슨 말인지 모르겠어요.

치료자 : 우리가 탐사하는 생각을 써넣어야 해. '완전 퇴짜'를 집어넣어.

제　드 : 알겠어요.

치료자 : 완전 퇴짜가 하는 것들 중에 네가 결코 하지 않을 것을 나열해봐.

제　드 : 음. 사람들을 상처 주고… 학교를 빼먹고… 선생님들을 존경하지 않고… 컨닝하고 거짓말하고 훔치는 일요.

치료자 : 또 다른 것들 없니?

제　드 : 애들에 대한 나쁜 소문 퍼뜨리기, 유급당하는 것, 욕심 부리기.

치료자 : 두 번째 탐사 문제. 완전 퇴짜는 결코 안 하지만 네가 하는 것은?

제 드 : 저는 우등생이에요. 운동도 많이 해요. 숙제 못하는 애들을 도와줘요. 교회활동으로 봉사도 나가요…. 농장에서 심부름을 하며 부모님을 도와드려요. 파티에도 초대받기도 하구요, 다는 아니지만. 우리 집에 친구들을 초대하기도 해요.

치료자 : 그래, 이게 바로 탐사야! 마지막 질문. 네가 적은 걸 보고 네 자신에게 물어봐. 네 자신을 다른 식으로 본다면?

제 드 : 완전 퇴짜랑 저는 사실 공통점이 별로 없어요. 나쁜 일이나 슬픈 일이 일어나면 아주 큰일이라도 난 것처럼 확대해석을 하나 봐요. 완전 퇴짜는 그냥 제 상상 속에 있을 뿐인가 봐요. 뒤로 한발자국 물러나 생각을 정리해볼 필요가 있는 것 같아요.

치료자 : 아하, 금덩이를 캤네! 그거 적으면 되겠다.

치료자는 처음에 생각 탐사자 비유를 설명했다. 제드가 비유와 과제를 이해한 뒤 치료자는 합리적 분석을 시작했다. 제드가 자신을 완전 퇴짜라고 믿는 근거를 탐색했다. ("완전 퇴짜가 하는 것들 중에 네가 결코 하지 않을 것을 나열해봐.", "완전 퇴짜는 결코 안 하지만 네가 하는 것은?") 이 대화에서 미묘하지만 중요한 점은 치료자가 합리적 분석을 진행하는 방식에 변화를 주었다는 것이다. 치료자는 제드가 마치 심문당하는 것처럼 느끼지 않도록 질문("…네가 하는 것은?")과 함께 명령문("완전 퇴짜가 하는 것들 중에 네가 결코 하지 않을 것을 나열해봐.")을 사용했다. 치료자는 또한 대화 중 탐사자 비유를 여러 번 사용해서 개념을 생생하게 이해시켰다("그게 금인지 황철광인지 보자.", "자, 이제 탐사를 떠나자.", "그래, 이게 바로 탐사야!", "아하, 금덩이를 캤네!"). 마지막으로 치료자는 총괄적 질문을 던져 마무리를 이끌었다 ("네 자신을 다른 식으로 본다면?").

두려큘라 백작이 말하다[2]

연령 : 8~13세
목적 : 과도하게 비관적인 귀인과 예측을 합리적으로 평가하기
준비물 :

- 두려큘라 백작 질문지(양식 6.4)
- 두려큘라 백작 일기(양식 6.5)

두려큘라 백작이 말하다(Count Dreadula Says)는 지나치게 비관적인 귀인과 예측 때문에 괴로워하는 아동을 위한 것으로, 흑백논리와 재앙화의 특징을 갖는 생각에 적절하다. 우울한 아동은

---

2) 역자 주 : 이 기법의 원 제목은 "Count Dreadula Says"이다. 다시 말해 드라큘라의 drac- 대신 dread(두려움)을 사용했다. 이 책에서도 원문의 의도를 살려 '두려'큘라로 번역하였다.

자신이 실패했으며 아무것도 제대로 되는 일이 없고 상황이 변하지 않을 것이라고 믿는다. **두려큘라 백작이 말하다**에서는 질문을 던져서 이러한 비관적 사고를 검증하게 한다. 이는 소크라테스식 절차를 내면화하는 한 방법으로, 두려큘라 백작이라는 만화 주인공이 고통으로부터 거리를 두고 객관화하도록 아동을 돕는다. 두려큘라 백작은 점차 하나하나 아동이 합리적으로 자신의 믿음들을 평가하도록 가르친다. 이 기술은 제5장에서 논의된 인지재구성 절차보다 더 복잡하므로 아동이 인지재구성을 습득하고 적용할 수 있게 된 뒤에 사용해야 한다. 두려큘라 백작은 '생각 캐내기(Thought Digger) 활동'(Friedberg et al., 2001)과 유사하다. 두려큘라 백작의 질문 중 일부는 생각 캐내기 일기와 Fennell(1989)과 Resick과 Calhoun(2001)의 작업에서 가져왔다.

이 절차는 다음과 같이 두려큘라 백작을 소개하는 것으로 시작된다. 그 뒤 아동은 두려큘라 백작 일기의 첫 네 칸을 채운다. 각 칸에 날짜, 상황, 느낌 그리고 자동적 사고를 차례로 쓰면 된다. 치료자는 두려큘라 백작 질문지(양식 6.4)의 목록을 제시한다. 아동과 치료자는 두려큘라 질문 중 하나를 골라서 자동적 사고 다음 칸인 '두려큘라 백작이 묻다'에 적는다. 그런 뒤 아동은 '두려큘라 백작이 말하다' 칸에 질문에 대한 답을 쓴다. 마지막 칸에 아동은 느낌을 재평가한다. 두려큘라 백작 일기 양식은 양식 6.5에 제시되었다.

다음 기록은 위에 기술한 단계를 예시해준다. 자신과 세상을 흑백논리로 보는 10세 소년 아만도와 두려큘라 백작 일기(양식 6.5)를 활용하는 장면이다.

치료자 : 아만도, 네 또래 아이들에게 생각을 검증하는 법을 가르칠 때 도움이 되는 주인공을 소개해볼게. (두려큘라 백작 질문지와 두려큘라 백작 일기를 꺼내며) 이 주인공의 이름은 두려큘라 백작이야.

아만도 : 아! 뱀파이어요!

치료자 : 응. 그렇지만 친구 같은 뱀파이어야. 두려큘라 백작이라고 불리는 이유는 끔찍하게 두려운 생각을 다루는 걸 도와주기 때문이지.

아만도 : 네? '두려운 생각'이라뇨?

치료자 : 굉장히 안 좋은 일이 생길 거라고 생각하는 거지.

아만도 : 알겠어요.

치료자 : 두려큘라 백작은 끔찍한 일이 생길 거라고 느끼게 만드는 생각들을 네가 잘 다룰 수 있도록 도와줘. 이런 질문들을 네 자신에게 하도록 도와주지. (양식 6.4에 있는 두려큘라 백작 질문지를 보여준다.)

아만도 : 아! 두려큘라 백작이 나쁜 것들을 빨아들인다는 거네요! (웃는다.)

치료자 : 그래 맞아! 두려큘라 백작은 질문을 던지는 걸로 나쁜 것들을 빨아들인단다. 여기

날짜	상황	느낌과 점수	자동적 사고	두려룰라 뼉쟈이 묻다	두려룰라 뼉쟈이 말한다	느낌 재평가
9/18	시험치기	겁먹음 (8)	실수 하나라도 하면 난 끝장이야. 사람들은 나를 사람 취급하지 않을 거야.	나 자신을 변화되고 있나? 나 나 자신을 엄마나 용서해 줄 수 있을까?	잘못 하나로 나를 벼주는 것은 너무 심해. 실수는 용서할 수 있지.	겁먹음 (4)
9/21	모름	겁먹음 (9)	앞으로 어떻게 될지 몰라 더 정 두렵다. 이렇게 예측 불가능한 상황은 못 참아.	가정에 힘싸여 이 세가이 사실이 안 아 여기고 있나? 내가 가지 가정들을 잊고 있나?	느끼는 사실과 다르 그러다. 느끼는 것이 그렇게 느껴질 뿐 사실이 아니다. 나는 가하 다. 버틸 수 있다.	겁먹음 (4)

| 그림 6.5 | 아만도의 두려룰라 뼉쟈 일기

질문들 볼래? (양식 6.4를 보여주며) 몇 개를 정해서 네 재난예측 생각들에 적용해
보자. "실수 하나 하면 난 끝장이야. 사람들은 나를 사람 취급하지 않을 거야." 뭐
그런 생각들 말이지. 두려큘라 백작이 뭘 물어볼 수 있을까?

아만도 : "내 자신에게 너무 심한가? 나는 나 자신을 얼마나 용서해줄 수 있을까?"

치료자 : 그런 질문들에 대한 너의 대답은?

아만도 : "실수 한 번 한 것 가지고 내 자신을 벌주고 있고 용서하지 않고 있다."

치료자 : 또 다른 자동적 생각이 뭐더라?

아만도 : "미래를 예측할 수 없어서 걱정이다. 내가 예측할 수 없었던 일들이 일어나는 건
참을 수 없다."

치료자 : 그래, 두려큘라 백작이 그런 생각에 대해 어떤 질문을 던질 것 같아?

아만도 : "감정에 휩싸여 이런 느낌들이 사실인 양 잘못 생각하고 있나? … 내가 가진 강점들
을 잊고 있나?"

치료자 : 그래서 네 답은?

아만도 : 두려큘라 백작이 답하길, 그렇대요. 내 자신을 속이고 있대요. 내가 예측할 수 없었
던 일들이 일어나더라도 참을 수 있대요. 제가 그런 일들을 얼마나 잘 다루는지 잊
고 있대요.

아만도와의 작업은 아동이 생각검증을 잘하도록 도우려면 어떻게 코치해줘야 하는지 보여
준다. 합리적 분석 절차를 따라 진행되었고 치료자는 적절한 때에 질문(예 : "두려큘라 백작이
뭘 물어볼 수 있을까?", "그런 질문들에 대한 너의 대답은?")을 던져서 아만도가 생각검증을
해나가도록 이끌었다.

▥ 긴가 민가 보고서

연령 : 8~18세

목적 : 증거검증(너의 뇌폭풍 후 심화)

준비물 :

- 긴가 민가 보고서 워크시트(양식 6.6)
- 이전에 완성한 너의 뇌폭풍 기록지(양식 2.5)
- 연필 혹은 펜

긴가 민가 보고서(Whether Report)는 증거를 검증하기 위한 방법이며 개념상 자기-모니터링의
계보를 잇는다. '증거 찾기(Finding Proof)'(Frieberg et al., 1992)나 '나는 명탐정(Private I)'

(Friedberg & McClure, 2002) 같은 기법과도 유사하다. '증거 찾기'는 치료자가 쉽게 활용할 수 있는 연습지로, 청소년 내담자와 작업하는 치료자가 다음의 다섯 단계를 밟아 증거검증 절차를 진행해나가도록 이끌어준다. 반면 '나는 명탐정'은 아동용 연습지로, 마치 아동이 탐정인 양 실마리를 검토하고 자신의 신념을 지지하거나 반증하는 증거를 찾도록 돕는다. 기존의 증거검증법과 마찬가지로 긴가 민가 보고서에서는 다음의 기본 5단계(Padesky, 1988)를 제시한다.

- 1단계 : 신념을 지지하는 데이터를 끌어낸다.
- 2단계 : 신념을 반증해주는 데이터를 끌어낸다("이게 전적으로 진실은 아니라는 생각이 들게 하는 건 뭐지?").
- 3단계 : 부정확한 신념을 지지해주는 데이터를 달리 설명할 수 있을지 물어본다. 기민한 인지행동치료자라면 2~3단계가 의혹을 야기하기 위한 것임을 눈치챘을 것이다. 본질적으로 2단계에서 의혹을 야기하기에 필요한 자료는 하나면 되고 3단계에서 대안 설명 하나면 첫째 칸의 자료를 희석시킨다.
- 4단계 : 아동에게 1~3단계에서 얻은 데이터를 검토하라고 하고 총괄적 결론을 내리게 한다.
- 5단계 : 감정을 재평가한다.

다음 대화는 거절을 두려워하고 매우 완벽주의적인 13세 소녀 클로디아와 진행된 내용이다 (그림 6.6 클로디아의 긴가 민가 보고서 참조).

클로디아 : 수업 중에 다른 여자애들이 함께 앉아서 웃고 있으면 저는 무지무지 슬퍼요.

치 료 자 : 1~10점 척도로 표현한다면 얼마나 슬프지?

클로디아 : 8점요.

치 료 자 : 머릿속에 어떤 것들이 스치고 지나가니?

클로디아 : 모든 사람이 나를 좋아하게 만들려면 난 완벽해야 하고 명랑하고 모든 걸 알아야 해. 단 하나라도 문제가 있으면 안 돼. 사람들이 날 받아주지 않을 거야.

치 료 자 : 클로디아, 우리 전에 너의 **뇌폭풍** 일기 쓴 것 생각나지?

클로디아 : 예. 아직도 몇 개는 간직하고 있어요.

치 료 자 : 그것과 비슷한 일기가 또 있는데 나와 같이 해보는 게 어떨까?

클로디아 : 좋아요.

치 료 자 : 이 일기는 긴가 민가라고 불러. 너의 **뇌폭풍**에서 아이디어를 딴 거지만 데이터가 진짜 사실일지 아닐지랑 관련이 있어.

뇌폭풍이 생길 때 무슨 일이 일어나고 있나? <u>수업 중이다. 다른 여자애들이 함께 앉아서 웃고 있다.</u>

어떤 기분인가? <u>슬픔</u>

얼마나 강한가? (1~10점) <u>8</u>

뇌폭풍 동안 머리를 스치고 지나가는 것은? <u>모든 사람이 나를 좋아하게 만들려면 난 완벽해야 하고 명랑하고 모든 걸 알아야 해. 단 하나라도 문제가 있으면 안 돼. 사람들이 날 받아주지 않을 거야.</u>

이것이 완전 진실이라고 너를 설득하는 것은?

<u>자기들끼리 말을 많이 한다.</u>

<u>어떤 때는 점심시간에 앉을 의자가 없다.</u>

<u>수업 중에 내가 잘못하면 걔네들은 웃는다.</u>

이것이 완전 진실일지 의심하게 만드는 것은?

<u>걔네들과 쉬는 시간에 함께 어울린다.</u>

<u>내가 울 때면 다른 애들이 나를 도와준다.</u>

<u>파티에서 게임할 때 규칙을 잊었는데도 나를 계속 끼워 주었다.</u>

긴가 민가에 관한 결론을 내린다면 <u>항상 끼지는 못하지만 여러 번 그룹에 낀다. 완벽하다고 해서 나를 더 끼워주는 것은 아닌 것 같다. 오히려 내가 완벽하지 못할 때 나를 잘 받아줄 수도 있다. 완벽해야 한다는 것은 내가 내 자신에게 부과하는 압박이다.</u>

새롭게 느끼는 기분은? <u>슬픔(3)</u>

| 그림 6.6 | 클로디아의 '긴가 민가 보고서'

클로디아 : 아 알겠어요. 동음이의어! whether와 weather는 발음이 같으니까![3] 데이터가 사실인지 아닌지! 긴가 민가!

치 료 자 : 동음이의어를 금방 알아차리다니 실력이 대단하구나. 그래 사실인지 아닌지 알기 위해서는 우선 일기의 칸들을 채워야 한단다. 이 칸의 제목은 '이것이 완전 진실이라고 너를 설득하는 것'이고 다른 칸은 '이것이 완전 진실일지 의심하게 하는 것'이야. 우선 완전히 맞는 생각을 갖고 하나 해보자. 이것이 완전 진실이라고 너를 설득하는 것이 무엇이지?

클로디아 : 음, 자기들끼리만 서로 말을 많이 해요.

---

3) 역자 주 : '일기 예보'에서의 일기 weather와 '~인지 아닌지'에서의 whether의 발음이 같다는 말이다.

치 료 자 : 그밖에 다른 것은?

클로디아 : 어떤 때는 점심시간에 의자를 맡아주지 않아요.

치 료 자 : 또?

클로디아 : 음, 어떤 때는 제가 수업 중 실수하면 절 보고 웃어요.

치 료 자 : 또?

클로디아 : 그 정도요.

치 료 자 : 그래, 다음 칸으로 가자. '모든 사람이 나를 받아들이게 하려면 난 완벽해야 하고 명랑하고 모든 걸 알아야 해.'라는 것을 의심하게 하는 게 뭘까?

클로디아 : 음, 가끔 아이들과 쉬는 시간에 어울려 놀기는 해요.

치 료 자 : 그밖에?

클로디아 : 그 정도예요.

치 료 자 : 와! 하나뿐이네. 네게 안 좋은 일이 생기면 애들은 있니?

클로디아 : 제가 울 때면 도와줘요.

치 료 자 : 그걸 적자. 네가 잘못을 저질렀어도 끼워준 때가 있니?

클로디아 : 음, 한번은 파티에서 제가 게임의 규칙을 잊었는데 그냥 팀에 계속 있게 해줬어요.

치 료 자 : 다른 걸 또 생각할 수 있을까?

클로디아 : 아니요. 문제가 어렵네요. 힘들어요.

치 료 자 : 그래 이해해. 어려운 작업이거든. 조금만 더 견뎌보자. 아까 흥미로운 말을 했는데 수업 중에 실수하면 애들이 너를 보고 웃는다고? 걔네들이 못된 말을 하거나 하니?

클로디아 : 보통은 아니고요. 어떤 때는 제 등을 다독여주기도 해요.

치 료 자 : 걔들이 웃는 이유로, 다른 설명이 있다면?

클로디아 : 그런 생각은 해본 적이 없어요!

치 료 자 : 지금이 기회니 생각해보련? (미소를 짓는다.)

클로디아 : (웃으며) 저를 위로해주고 싶었는지도 모르겠어요.

치 료 자 : 클로디아, 마지막으로 어려운 거! 이 모든 새로운 것들을 종합해보렴.

클로디아 : 어렵네요.

치 료 자 : 첫 부분을 도와줄게. 거의 항상 혼자니?

클로디아 : 아니요. 항상 애들이 끼워주는 건 아니지만 거의 항상 끼워줘요.

치 료 자 : 걔네들이 너를 끼워주는 가장 중요한 이유가 완벽하다는 것이니?

클로디아 : 아니요. 제가 완벽하지 않을 때도 끼워주는 것 같아요. 그냥 제가 제 자신에게 압박감을 주는 거뿐이에요.

치 료 자 : 지금 기분이 어떠니?

클로디아 : 덜 슬퍼요. 3점 정도?

이 축어록은 합리적 분석이 많은 아동에게 얼마나 까다로운 절차인지 보여준다. 대화는 감정파악으로 시작된다. 그런 뒤 증거검증이 시작된다. 우선 부정적 사고를 지지해주는 증거를 알아본다. 이때 치료자가 모든 지지하는 증거를 모으는 것이 중요하다. 이 부분을 치료자가 너무 나서서 주도적으로 마무리하지 않도록 주의해야 한다. 인내심을 가지고 환자가 신념을 강화시키는 데 사용하는 모든 데이터를 얻어야 한다. 대부분의 우울증 환자처럼 클로디아는 자신의 신념에 의혹을 제기할 만한 증거를 대는 걸 어려워했다. 치료자는 충분한 시간을 들여서 데이터 모으기를 도왔다.

합리적 분석은 아동을 당황스럽게 만들기도 하고 정서적 고갈경험을 안겨줄 때가 많다. 어려운 작업이라는 말이다. 그럼에도 불구하고 '부드러운 끈기'가 필요하다(예 : "조금만 더 견뎌보자.", "마지막으로 어려운 거!"). 모든 증거를 분류한 뒤 치료자는 총괄적 결론을 내리도록 촉구하는 요청을 던졌다(예 : "이 모든 새로운 것들을 종합해보렴.") 이 요청에 클로디아는 처음엔 답할 수 없었다. 그 후 치료자는 과정을 잘게 나누어 단순한 질문들을 던짐으로써 클로디아가 한 계단씩 올라가도록 도왔다(예 : "걔네들이 너를 끼워주는 가장 중요한 이유가 완벽하다는 것이니?").

거울아 거울아

연령 : 10~18세

목적 : 부정적 자기정의에 대한 구조화된 분석

준비물 :

- 거울아 거울아 워크시트(양식 6.7)
- 펜이나 연필

아동들은 자신에게만 가혹한 규칙과 혹독한 기준을 적용하여 나름대로의 자기정의를 형성한다. 거울아 거울아(Mirror, Mirror)는 보편적인 정의에 근거한 합리적 분석절차로, 정신병동에 입원한 여성 환자들 여럿이 사용한 비유를 본땄다. 거울아 거울아는 보편적 정의에 포함된 소크라테스식 과정(Overholser, 1994), 이중 기준 기법(Burns, 1980)과 Padesky(2007)의 탄력성 모형(resilience model)을 통합했다. 거울아 거울아는 보편적 정의(Overholser, 1994)를 개발하기 위한 7단계(다음 참조)를 안내해주는 구조화된 방법이다.

- 1단계 : 청소년의 절대적 자기정의를 끌어낸다.
- 2단계 : 절대적 정의를 이루고 있는 요소를 기록한다.
- 3단계 : 각 요소의 가중치를 매긴다.
- 4단계 : 거울 기법을 본격적으로 활용한다. 연장선 상에서 가장 반대편에 위치한 사람을 꼽아보라고 한다. 그 뒤 내담자의 비교에 사용된 요인들을 나열한다.
- 5단계 : 4단계에 나열된 특성을 청소년 자신도 얼마나 가지고 있는지 생각해본다. 이제 거울이 생성된 것이다!
- 6단계 : 청소년이 자신과 반대인 사람들의 특성을 공유하는 정도에 관해 생각해보게 한다(예 : "완전 무가치한 사람이 완전 가치 있는 사람과 비슷한 점을 가질 수 있을까?").
- 7단계 : 3단계 때 작성한 부정적 자기정의에서 가장 중요한 요소의 거울 반사상을 검토한다. 그런 뒤 모든 데이터에 근거해서 치료자와 내담자가 보다 정확한 자기상을 구성한다.

다음 대화는 거울아 거울아의 절차를 예시해준다. 지젤은 우울증을 겪고 있는 17세 내담자로 자신이 다른 사람보다 못하다고 생각한다(그림 6.7 지젤의 거울아 거울아 워크시트 참조).

치료자 : 너는 자신을 어떻다고 보니?

지 젤 : 전혀 사랑스럽지 않은 인간 쓰레기 정도요.

치료자 : 네 자신을 묘사하기엔 다소 고통스럽고 센 단어로구나. 1~10점 척도에서 얼마나 네가 미움받는 쓰레기에 가깝니?

지 젤 : 완전 10점요.

치료자 : 네 자신이 그토록 사랑스럽지 않다고 생각하는 이유가 뭐지?

지 젤 : 모르겠어요. 못생겼고 뚱뚱하고…. 감정조절이 엉망이죠. 싸이코랄까.

치료자 : 분석 좀 해보자. 못생기고 뚱뚱하고 사이코라니?

지 젤 : 학교의 치어리더들처럼 마르지 않았죠. 얼굴에 비해 제 코는 너무 크구요. 정서적으로 문제가 있어요. 치료받고 있잖아요.

치료자 : 그래 알겠다. 너를 미운 쓰레기로 정의하는 또 다른 게 있다면 뭐지?

지 젤 : 운동을 하긴 하지만 잘하지는 못하고요. 학교 공부는 그럭저럭하지만 머리는 그리 좋지 않아요.

치료자 : 만약 네가 운동선수만큼 운동을 잘하고 머리가 진짜 좋다면?

지 젤 : 모르겠어요. 신문에 나든지 하겠죠. 진짜 공부 잘하는 애들은 만점을 받아요. 제가 제 자신에게 좀 심하게 구는 것은 알아요. 하지만 제가 실제로 그렇게 느끼는 걸요.

치료자 : 이게 내가 쓴 거야. 너는 치어리더들처럼 마르지는 않았다. 너의 코는 너무 크고

나에 대한 생각	나의 기준은 누구?	그 사람을 어떻게 보나?	나를 비교하면?
사랑스럽지 않은 인간 쓰레기	앰버	예쁘다 스포츠 스타 좋은 성적/똑똑하다 쿨한 사람 (완벽 8점)	예쁘다(7) 스포츠 스타(3) 좋은 성적 (8) 쿨한 사람 (3) (완벽 7점)

| 그림 6.7 | 지젤의 '거울아 거울아' 워크시트

너는 외모상 결점을 가지고 있다고 생각한다. 너는 심리치료를 받고 있고 정서적 문제가 있다. 너는 스포츠 팀의 스타가 아니고 성적은 만점 이하이다. 네 자기정의를 제대로 쓴 거니?

지 젤 : 그 거지 같은 걸 떠올리지 않게 해주세요. 저를 띄워주셔야 하는 거 아니에요?

치료자 : 이게 고통스럽다는 것을 알아. 나는 너의 반사상을 마치 거울처럼 보여주려고 할 뿐이야. 네게 가르쳐줄 이 방법의 이름은 거울아 거울아란다. 자, 이거 봐. 네가 네 자신을 어떻게 보고 있는지 적었어(그림 6.7 참조). 자, 너의 정의 중에서 가장 강력한 부분이 뭐지?

지 젤 : 제 외모에 잘못이 있다는 부분이요. 제 자신을 보고 있자면 머리가 엉망일 때도 있고 여드름이 보일 때도 있는데 그럴 때면 내 자신이 혐오스럽게 느껴져서 칼로 자해하거나 내 자신을 태워버리고 싶은 충동을 느껴요.

치료자 : 그렇구나. 자, 이것 좀 물어보자. 네가 완전히 사랑스럽다고 생각하는 사람은 누구지?

지 젤 : 음…. 제 친구 앰버일 거예요. 걔는 완벽해요.

치료자 : 자, 거울의 다른 면을 보자. 앰버가 왜 그렇게 사랑스러운 사람이지?

지 젤 : 진짜 예뻐요. 똑똑하고 운동도 잘해요. 성적도 좋고요. 쿨한 성격이에요.

치료자 : 쿨한 성격이라니 무슨 뜻이지?

지 젤 : (웃으며) 침착하다고요. 질겁하거나 난리치는 적이 별로 없어요.

치료자 : 그래, 이게 거울의 뒷면이구나. 잘 봐. 네가 말한 대로니?

지 젤 : 예. 앰버는 괜찮은 애예요. 모두 걔를 사랑해요.

치료자 : 그래. 이제 거울 뒷면에 있는 앰버의 이 특성들에 대해 너는 어느 위치인지 네 자신

을 점수 매겨봐. 1~10점 척도에서 네가 얼마나 예쁘다고 생각해?

지 젤 : 그럭저럭 7점 정도요.

치료자 : 얼마나 운동을 잘하지?

지 젤 : 운동을 세 가지 해요.

치료자 : 그래, 그래서 그냥 점수를 주자면?

지 젤 : 7점일 거 같아요.

치료자 : 얼마나 똑똑하지?

지 젤 : 우등생 명단에 들어가긴 하지만 모두 A는 못 받아요. 그러니까 아마 8점요.

치료자 : 얼마나 쿨해?

지 젤 : 쿨하지 못해요. 정서적으로 불안정해요.

치료자 : 그래서 몇 점?

지 젤 : 아무리 잘 줘봤자 3점요.

치료자 : 지젤, 이 비호감의 거울을 봐. 거울이 너더러 뭐라고 하고 있지?

지 젤 : "거울아 거울아"라고 말해야 할 것 같아요. (웃으며) 모르겠어요. 거울이 뭐라고 할까요?

치료자 : 거울이 뭐라고 할지 난 모르지. 그렇지만 이거 하나 물어보자. 완전 비호감의 인간 쓰레기가 이런 특성을 가질까?

지 젤 : 아마도 아니겠죠.

치료자 : 그래. 그럼 산수 한번 해보자. 5점 이상인 특성이 몇 개나 되지?

지 젤 : 5개 중 3개요.

치료자 : 그래 그렇다면 앰버가 완전 사랑스런 아이고 너는 앰버의 특성 5개 중 3개를 가졌어. 네가 완전 비호감이라면 그게 어떻게 가능하겠니?

지 젤 : 이해 못하겠어요. 혼란스러워요.

치료자 : 나도 그래. 어쩌면 좋은 징조일 수도 있지. 완전 비호감인 애가 완전 사랑스런 애가 가진 것의 반 이상을 가질 수 있는 건가?

지 젤 : 아닐 것 같아요.

치료자 : 그래. 이걸 모두 쓰자. 지금 어떤 기분이니? 자해 충동은 어떠니?

지 젤 : 좀 나아진 것 같아요. 그래도 완벽하진 않아요.

치료자 : 잠깐, 그건 거울 명단에 없어.

지 젤 : 그 명단에 있는 것들이 바로 그 뜻인데요.

치료자 : 그래, 그럼 그걸 그냥 추가하자. 너는 얼마나 완벽하지?

지 젤 : 그럭저럭 괜찮아요. 하지만 완벽하진 않아요. 아마도 7점요.

치료자 : 거울아 거울아에서는 모든 게 공평해. 이제 이 완벽 거울을 앰버에게 비춰보자.

지 젤 : 그렇지만 세상에 완벽한 사람은 없잖아요.

치료자 : 그래, 그렇지. 하여간 점수는?

지 젤 : 아마 8점요.

치료자 : 이해가 가지 않는데? 그러니까 완전 사랑스런 사람은 완벽점수가 8점이고 완전 비호감인 넌 7점. 뭐가 어떻게 된 거지?

지 젤 : 이런 식으로 생각해본 건 처음이에요.

치료자 : 그게 우리 치료자들이 하는 일이지. 네가 생각하는 방식을 이리저리 바꾸려고 노력한단다. 그래서 어떤 결론을 내릴 수 있을까?

지 젤 : 음, 제 잘못이 뭐건 아마도 저는 완전 비호감의 인간 쓰레기는 아니고요…. 완벽한 사람은 세상에 없어요. 앰버조차도 완벽하진 못해요. 그래도 모두 앰버를 사랑해요…. 어쩌면 제 자신이 그리 나쁜 상태는 아닐지도….

여기 제시한 대화는 여러 가지 중요한 사항을 예시해준다. 우선 부정적 신념을 이끌어내어 평가하게 한다. 그 뒤 신념의 특정 요소들을 하나하나 집어낸다. 이 절차는 매우 힘들기 때문에 첫 단계에서는 치료자 자신이 요약해주었다("이게 내가 쓴 거야."). 지젤의 신념은 감정적으로 너무 힘들기 때문에 대화의 앞부분에 그녀의 취약성이 묻어 나온다("그 거지같은 걸 떠올리지 않게 해주세요, 더 이상."). 치료자는 지속적으로 주의 깊게 이해심을 보여준다.

두 번째 단계에서 지젤의 거울 뒷면(앰버)이 파악되고 앰버의 '완전 사랑스러움'이 조작적으로 정의된다. 이 과제가 일단 끝나면 치료자는 지젤더러 앰버의 특성 척도에서 자신이 몇 점인지 평가하게 한다. 처음에 지젤은 통합적 질문("거울이 너더러 뭐라고 하고 있지?")에 답하기 어려워했다. 질문 자체가 다소 추상적이어서 그랬는지 지젤은 한 발자국 물러났다("모르겠어요. 거울이 뭐라고 할까요?"). 치료자는 이때 과정을 단순하게 만들어주었다(예 : "완전 비호감의 인간 쓰레기가 이런 특성을 가질까?", "그래, 그럼 산수 한번 해보자. 5점 이상인 특성이 몇 개나 되지?", "완전 비호감인 애가 완전 사랑스런 애가 가진 것의 반 이상을 가질 수 있는 건가?"). 또한 치료자는 지젤의 인지부조화("혼란스러워요.")에 대해 "어쩌면 좋은 징조일 수도 있지."라고 말해줌으로써 강화해주었다.

그 뒤 치료과정이 거의 끝날 무렵 지젤은 '완벽' 기준을 추가했다. 다행히 치료자는 추가적 기준을 배제하지 않고 기꺼이 포함시켜줬다. 치료자는 어김없이 절차의 필수코스를 따라서 진행했다("거울아 거울아에서는 모든 게 공평해. 이제 이 완벽 거울을 앰버에게 비추어 보자."). 간단하고도 직접적인 총괄질문으로 이 대화는 끝이 났다("그래서 어떤 결론을 내릴 수 있을까?").

📓 3-D 사고[4]

연령 : 8~18세

목적 : 재앙화와 정서적 추론을 검증하고 수정하기

준비물 :

- 3-D 사고 워크시트(양식 6.8)
- 펜이나 연필

3-D 사고(3D-Thinking)는 한 내담자가 직접 만든 비유(Friedberg & Wilt, in press)에 기초한 기법으로서, 불안한 재앙 캐스터(재앙화)와 감정의 포로(정서적 추론) 사고를 보이는 불안해하는 아동에게 유용하다. 이 절차는 기본적으로 "어려움/불편함은 재앙이다." 같은 신념을 평가하고 수정하기 위해 고안되었다. 실존적 회피나 극단적 불안 민감성을 보이는 아동들 중에는 조금이라도 불편한 신호를 탐지하면 재앙이 올 것이라고 믿는 경우가 많다. 자기 효능감이 낮기 때문에 난관에 부딪치거나 힘들어지면 그런 것들을 실패와 취약성을 예고하는 신호로 본다.

3-D 사고는 불편함이 재앙과 동등하지 않다는 것에서 출발한다. 이 기법은 아동이 어려움/불편함과 재앙의 수준을 비교하도록 돕는다. 아동은 3-D 사고 워크시트(양식 6.8)에 다음과 같이 첫 네 칸을 메꾸어야 한다.

- 1단계 : 아동이 직면한 어려움이나 불편을 기록한다.
- 2단계 : 불편함의 수준을 평가한다(1~10, 1~100 등).
- 3단계 : 불편이나 어려움에 대처하는 방법들을 적는다.
- 4단계 : 어려움과 연관된 재앙수준을 평가한다.
- 5단계 : 소크라테스식 과정을 진행하는 동안 치료자는 아동에게 첫째 칸과 둘째 칸(어려움과 그 평가)을 넷째 칸(얼마나 큰 재앙인지)과 비교하라고 한다. 어려움과 재앙 간에 직접적인 관계가 있다면 두 칸 간의 상관이 높아야 할 것이다. 완전한 상관보다 낮은 상관이 있게 마련이고 거기서 새로운 결론이 도출된다.

다음 대화는 13세된 일반화된 불안장애 내담자인 시머스와의 작업을 보여준다.

치료자 : 시머스, 네가 불편해하는 것을 가지고 뭔가 시도를 해보자. 너는 모험심을 얼마나 발휘할 수 있을까?

---

4) 역자 주 : "Difficulty/discomfort is disastrous(어려움/불편함은 재앙이다.)"라는 신념에서 각 단어의 첫 글자를 딴 이름이다.

시머스 : 중간 정도요.

치료자 : 그래, 네가 어려워하고 불편해하는 것을 모두 나열해보자.

시머스 : 임시교사요. 목이 아플 때 목 세포 채취하는 것, 혈액검사 받는 것, 교실에서 자리를 옮겨야 하는 것.

치료자 : 출발이 좋구나. 다른 것들도 얘기했었지.

시머스 : 옷에 물이 묻거나 옷 라벨 때문에 피부가 가려울 때가 있는데 그럴 때도 싫어요. 교실이나 차 안이 너무 더울 때가 가끔 있고요. 그럴 때면 제가 정신을 잃고 제 혀를 삼킬까 봐 걱정이 되요. 체육활동을 바꿀 때도 싫고요. 뭘 해야 하는지 모르겠더라고요. 숙제가 바뀔 때도 짜증나요.

치료자 : 아주 좋아. 이런 것들이 얼마나 불편한지 1~10점 척도로 매겨보자(그림 6.8 참조).

시머스 : (하나씩 평가한다.)

치료자 : 이런 일들이 일어나더라도, 네가 잘 대처하잖니?

시머스 : 그렇죠.

치료자 : 임시교사가 오셨을 때 넌 어땠니?

시머스 : 긴장이 되었어요. 그래서 제 수첩을 확인했어요.

치료자 : 그래서 10점 척도에서 그 사건은 얼마나 큰 재앙이었지?

시머스 : 4점이요.

치료자 : 목은?

시머스 : 엄마 손을 잡고 심호흡을 했고요, '몇 초만 참으면 될 거야.'라고 내 자신에게 타일렀어요.

치료자 : 그래서 얼마나 큰 재앙이었지?

시머스 : 또 4점이요.

치료자 : 채혈검사는 어떻게 대처했어?

시머스 : 마찬가지로요. 고양이 포스터를 보면서 제 고양이와 닮았다고 생각했어요.

치료자 : 딴 데로 주의를 돌렸구나.

시머스 : 네. 재앙으로부터 주의를 돌렸어요. 3점이었어요.

치료자 : 다음 것들은 어때?

시머스 : 다른 애들에게 말을 걸었어요. 그리 나쁘지 않았어요. 아마 3점요.

치료자 : 그리고 셔츠에 물을 쏟은 것?

시머스 : 금방 마를 거라고 생각해서 그냥 만화를 계속 봤어요. 2점이었어요. 라벨의 경우도 마찬가지요. 그냥 포켓몬 카드랑 장난감 피규어 가지고 계속 놀았어요. 2점이었어요.

치료자 : 두꺼운 양말을 신었을 때는?

난관/불편	얼마나 불편한가?	어떻게 대처했나?	얼마나 심한 재앙이었나?
임시교사	7	불안해졌다. 수첩을 체크했다.	4
인후검사	8	심호흡했다. 엄마 손을 잡았다.	4
피검사	9	딴 곳을 봤다. 고양이 포스터에 집중했다.	3
자리 재배치	9	새로 만난 애들과 얘기했다.	3
셔츠가 젖었다.	8	만화를 봤다.	2
라벨 때문에 가려웠다.	6	카드와 장난감을 가지고 놀았다.	2
발이 너무 뜨거웠다.	7	내 발의 땀이 바닥날거라고 생각했다. 스펠링에 집중했다.	5
과제 변경	8	메모를 남겼다.	2
체육활동 변경	7	두려웠지만 참았다.	2

| **그림 6.8** | 시머스의 '3-D 사고' 워크시트

시머스 : 네! 제 발이 뜨거워졌어요. 제 발에 땀이 나는 걸 생각하느라 스펠링 시험에 집중할 수 없을까 봐 걱정했어요. 그렇지만 발의 땀이 바닥나서 땀이 더 이상 안 날 거라고 상상했어요. 마음을 추스르고 스펠링 시험을 볼 수 있었어요. 아마 5점이었을 거예요.

치료자 : 체육활동이랑 과제는?

시머스 : 제때 숙제제출 상자를 못 찾을까 봐 걱정이 되었어요. 내 자신에게 메모를 남겼고 그걸 봤어요. 2점이었어요. 체육활동이 바뀌어서 제대로 못할까 봐, 그리고 팀에 뽑히지 못할까 봐 걱정했었어요. 그냥 좀 참았고요. 제가 좀 불안해하긴 했지만 결과는 괜찮았어요. 걱정이 지나가게 기다리기만 하면 되었던 거죠. 그래서 아마 2점이요.

치료자 : 훌륭해. 자, 이제 네가 불편해지면 그것을 재앙이라고 느끼거나 추측하는 것에 대해 생각해보자. 만약 불편이 곧 재앙이라면 불편과 재앙 칸을 비교해볼 때 숫자들이 어떻겠니? (숫자들을 가리킨다.)

시머스 : 두 칸의 숫자가 같겠지요.

치료자 : 그리고 네 눈앞에 있는 숫자들은?

시머스 : 재앙 칸의 숫자들이 훨씬 낮아요.

치료자 : 그래, 그것에 대해 어떻게 생각해?

시머스 : 제가 불편하게 느낀다고 해서 그게 재앙을 뜻하는 것은 아니라는 거요.

치료자는 우선 치료 작업이 모험이 될 것이라고 말한 후에 시머스에게 모든 불편한 점을 나열해보라고 했다. 시머스는 불편한 정도를 평가했고 대처전략들을 적었다. 재앙수준에도 점수를 매겼다. 그런 뒤 치료자는 매우 구체적인 총괄 질문("만약 불편이 곧 재앙이라면 불편과 재앙 칸을 비교해볼 때 숫자들이 어떻겠니?")을 던졌다.

🗒 가짜 수학

연령 : 8~18세
목적 : 부정확한 정신적 유관성을 깨기 위한 재귀인
준비물 :

- 펜이나 연필
- 종이

아동과 청소년은 자신의 인지를 정신적 공식(예 : 완벽=유능, 분노를 절대로 보이지 않음=승인, 행복=통제와 확실성)으로 포장하는 경우가 많다. 가짜 수학(Fake Math)은 산수의 비유를 포함하는 재귀인 절차로서 "공식이 뭐지?"(Sokol, 2005)라는 핵심 질문에 기초한다. 다시 말해 공식을 일단 끌어낸 뒤 재귀인을 사용해서 부적절한 공식이나 유관성을 수정한다. 다음 대화는 공식을 파악하는 것으로 시작해서 합리적 분석으로 진행해가는 과정을 보여준다. 메리디스는 불안해하고 완벽주의적인 14세 소녀이다.

치 료 자 : 메리디스, 넌 항상 모든 사람들에게 완벽하려고 많은 시간을 보냈지. 그래서 어떻게 되었지?

메리디스 : 스트레스를 많이 받는 것 같아요.

치 료 자 : 그래, 그럴 거야. 그렇지만 너뿐 아니라 다른 많은 아이들이 사물에 관한 공식을 만든단다.

메리디스 : 공식이요? '뭐는 뭐다' 하는 수학 공식 말인가요?

치 료 자 : 바로 그거야. 그래서 말인데, 네 마음속에서 완벽은 뭐랑 같니?

메리디스 : 통제와 안전인 거 같아요.

치 료 자 : 그럴듯해, 그지? 통제랑 같고 절대적으로 보장되니까 완벽을 추구하는 거겠지? 그걸 공식으로 취급해서 여기다 적을게(그림 6.9 참조). 우리가 생각해봐야 할 것은 이 공식이 정확한지 아닌지야.

메리디스 : 어떻게요?

치 료 자 : 수학에서처럼 하면 되지. 공식을 검증하면 되는 거야. 가령 네 공식에 따르면 "완

벽은 절대적으로 나의 안전과 통제를 결정한다.”가 되지.

메리디스 : “내가 모든 것을 관리하고 아무도 나를 욕하지 않을 것이다.”

치 료 자 : 그래. 그 공식을 검증해보자. 네가 어떤 것을 완벽하게 해냈더니 네 생각과 감정과 행동, 그리고 네 주위 모든 사물들과 사람들을 네가 완전히 통제할 수 있다고 느낀 때가 언제지?

메리디스 : 글쎄요. 그렇게 말씀하시니까, 그런 적이 없는데요….

치 료 자 : 그래?

메리디스 : 네.

치 료 자 : 그렇다면 네가 완벽했을 때 승인거부를 두려워한 적이 없고 다른 사람들의 비난으로부터 안전하다고 느낀 때는?

메리디스 : 한 번도 그런 적은 없어요.

치 료 자 : 검증이 어찌 되어 가고 있지?

메리디스 : 공식에게 그리 유리하다고 할 수는 없네요. (미소를 짓는다.)

치 료 자 : 계속 검증해보자. 네가 완벽하지 못했을 때, 그럼에도 불구하고 통제에 문제가 없다고 느끼고 비난으로부터 안전하다고 느낀 때는 언제지?

메리디스 : 미술숙제를 하면서 잘못을 저질렀는데 괜찮다고 느꼈고 친구들이 진짜 다들 응원해준 적이 있어요. 좋았어요. 제가 완벽하지 않은 걸 보면서 쿨했다고 얘기해주었어요.

치 료 자 : 그래. 공식이 이제 어떻게 되는 거지?

메리디스 : 달라지네요.

치 료 자 : 그래. 그러면 테스트에서 얻은 모든 정보를 가지고 공식을 다시 써보자. 다시 잘 쓴다면?

메리디스 : 잘하도록 노력하겠다. ‘완벽하게’가 아니고. (미소를 짓는다.)

치 료 자 : 맞아!

메리디스 : 좋아요. 완벽은 저에게 더욱 통제감을 부여하고 안전하게 느끼도록 해줄 때가 있어요. 하지만 그건 사막의 신기루 같은 거예요. 저기 어딘가 있을 것 같지만 사실은 존재하지 않아요. 제가 완벽하려고 하면 거의 항상 다른 사람의 비판에 대해 더 걱정을 하게 될 뿐이고 통제감을 잃어버려요. 완벽주의는 안 좋은 것 같아요. 신기루일 뿐이에요.

치료자는 공식 비유를 소개하면서 대화를 시작했다(“그렇지만 너뿐 아니라 다른 많은 아이들이 사물에 관한 공식을 만든다.”). 그 뒤 치료자는 메리디스의 공식을 이끌어냈고(“네 마

완벽 = 안전
통제
다른 사람의 비판이 없음

| **그림 6.9** | 메리디스의 '가짜 수학' 공식

음속에서 완벽은 뭐랑 같니?") 이어서 공식검증과정을 시작했다("네가 어떤 것을 완벽하게 해냈더니 네 생각과 감정과 행동들 그리고 네 주위 모든 사물들과 사람들을 네가 완전히 통제할 수 있다고 느낀 때가 언제지?", "네가 완벽했을 때 다른 사람의 승인거부를 두려워한 적이 없고 다른 사람의 비난으로부터 안전하다고 느낀 때는?", "네가 완벽하지 못했을 때, 그럼에도 불구하고 통제에 문제가 없다고 느끼고 비난으로부터 안전하다고 느낀 때는 언제지?"). 마지막으로 치료자는 총괄 질문을 던졌다("공식이 이제 어떻게 되는 거지?").

센터필드 게임

연령 : 8~18세
목적 : 이분법적 사고 감소
준비물 :

- 센터필드 게임 워크시트(양식 6.9)
- 펜이나 연필

센터필드 게임(Playing Centerfield)은 어린 아동에게 합리적 분석의 연속선 기법을 가르치기 위한 방법이다. 청소년을 위한 뉴턴의 요람 기법(바로 다음에 소개)처럼 센터필드 게임은 아동의 이분법적 사고(애꾸눈 괴물)를 감소시켜서 '절대적'으로가 아닌 '상대적'으로 사물을 볼 수 있도록 한다. 이 기법은 외야의 오른쪽, 왼쪽, 양 끝단의 야구 비유를 활용한다. 중간은 센터필드이다. 비유를 설명하는 것으로 이 절차를 시작한다. 그런 뒤 소크라테스식 문답으로 환자를 잘 이끌어서 극단과 중앙을 정의한다. 다음 대화는 자신이 실제로 잘못한 일과 잘못한 것으로 생각한 일에 대한 죄책감과 우울, 자기비난으로 힘들어하는 11세 소년 아이잭과 진행된 것이다.

아이잭 : 제가 잘못한 게 무지 많아요. 저는 쓰레기통에 처박혀야 해요. 가족들에게도 짐이 될 뿐이예요. 가족들이 저를 그냥 내쫓아야 해요. 저는 끔찍하게 나쁜 애에요.
치료자 : 네가 얼마나 슬픈지 알겠다. 이런 종류의 생각들을 뭐라고 불렀는지 기억해?
아이잭 : 애꾸눈 괴물이 튀어나온 거죠.

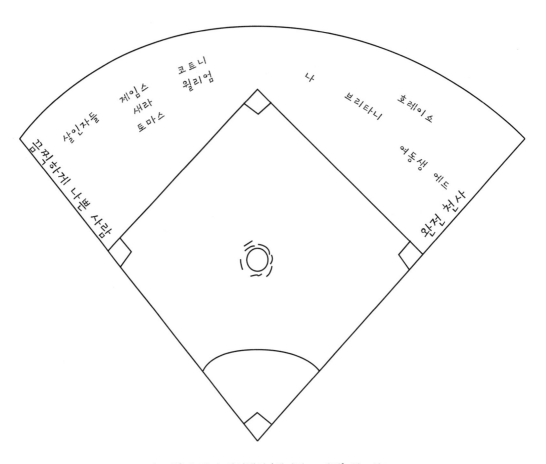

| 그림 6.10 | 아이잭의 '센터필드 게임' 워크시트

치료자 : 그래, 확실히 그렇구나. 아이잭, 너 야구하지, 그렇지?

아이잭 : 네, 3루예요.

치료자 : 네 애꾸눈 괴물을 도와줄 만한 뭔가를 보여주고 싶구나. (센터필드 게임 워크시트, 양식 6.9를 꺼내며) 이거 보여?

아이잭 : 야구장이네요. 그게 어떻게 도움이 되는 거예요?

치료자 : 네가 생각할 때 센터필드에서 게임하도록 가르쳐주려고.

아이잭 : 어떻게요?

치료자 : 너는 잘못이 너무 많아서 끔찍하게 나쁜 애라고 했지. 이걸 왼쪽 외야에 두자. 그럼 반대 외야에는 뭐가 있니?

아이잭 : 오른쪽 외야요!

치료자 : 맞아. 그러면 끔찍하게 나쁜 사람의 반대는 무엇일까?

아이잭 : 완전 천사여서 잘못을 결코 저지르지 않는 거죠.

치료자 : 그걸 오른쪽 외야에 적자꾸나. 자, 이제 선수들을 야구장에 집어넣자.

아이잭 : 무슨 뜻이세요?

치료자 : 오른쪽 외야부터 시작하자. 완전 100% 천사이고 아무런 잘못도 저지르지 않는 사람이 누구지?

아이잭 : 아마도 제 사촌 에드?

치료자 : 그 애는 말썽을 한 번도 일으킨 적이 없단 말이지? 잘못한 일이 아무것도 없단 말이지?

아이잭 : 어떤 일은 망쳐요. 가끔 늦게 자기도 하구요.

치료자 : 그러니까 에드가 완전 천사라면 오른쪽 내야의 파울라인에 딱 떨어지는 거지. 그 아이도 가끔 잘못을 저지른다고 했으니 네가 걔를 놓아봐.

아이잭 : 아마 여기요.

치료자 : 또 다른 사람?

아이잭 : 제 여동생이요.

치료자 : 여동생을 어디다 둘까?

아이잭 : 저처럼 못되지는 않았지만 가끔 부모님 신경을 거슬리는 행동을 해요. 여기 쯤이요.

치료자 : 또 누구?

아이잭 : 가장 절친한 친구 호레이쇼요. 모범생이지만 문제를 많이 일으켜요.

치료자 : 야구장의 어디다 둘까?

아이잭 : 여기요.

치료자 : 너희 반에서 가장 착하고 인기 있는 모범생이 누구니?

아이잭 : 브리타니요. 본인이 잘났다고 생각하죠.

치료자 : 그 애는 어디다 둘까?

아이잭 : 음, 여기요…. 왜냐하면 도움이 많이 필요한 아이들에게 가끔 못되게 굴거든요.

치료자 : 자 이제는, 누가 가장 끔찍하니?

아이잭 : 뉴스에 나오는 살인자들이요.

치료자 : 그 사람들을 어디다 둘까?

아이잭 : 바로 왼쪽 외야 선에요.

치료자 : 네가 아는 사람들 중에 끔찍한 사람들을 꼽아보면?

아이잭 : 저는 사람들을 비판하는 걸 좋아하지 않아요. 다른 사람더러 '끔찍하다'고 말하고 싶지 않아요.

치료자 : 그 단어를 방금 전 네 자신에게 썼잖니.

아이잭 : (웃으며) 그러네요.

치료자 : 학교에서 폭력을 행사하는 애들은?

아이잭 : 제임스, 새라 그리고 토마스요. 걔네들은 여기다 둘래요.

치료자 : 예의 없는 애들은 어때?

아이잭 : 코트니와 윌리엄이요. 걔네들은 여기요.

치료자 : 자, 이제 이 사람들을 모두 훑어봐. 넌 어디에 끼니?

아이잭 : 이쯤이요.

치료자 : 거기는 말하자면 센터필드네. 네가 '끔찍한' 외야 쪽에서 얼마나 멀리 떨어져 있는지를 보면서 어떤 생각이 들어?

아이잭 : 끔찍한 외야에 가깝지가 않네요. 어떤 일은 잘 못하고 천사는 아니지만 그렇게 나쁘지는 않다는 거요.

치료자 : 네가 잘못을 많이 저질러서 끔찍한 아이고 네 부모들은 너를 쓰레기와 함께 버려야 한다는 생각은?

아이잭 : 저기 멀리 왼쪽 외야에서 생긴 생각이에요. 파울 지역이요. 그런 생각은 파울이에요.

위의 대화에서 치료자는 아이잭과 함께 그의 이분법적 사고의 극단을 각각 오른쪽과 왼쪽 외야 선을 따라 정의했다. 그런 뒤 얼마나 천사 같은지 혹은 얼마나 나쁜지를 기준으로 외야에 사람들을 배치했다. 여러 사람들을 야구장에 배치한 후 아이잭은 자신을 배치했다. 그런 뒤 치료자는 총괄 질문("네가 잘못을 많이 저질러서 끔찍한 아이고 네 부모들은 너를 쓰레기와 함께 버려야 한다는 생각은?")으로 이 작업을 마쳤다.

▤ 뉴턴의 요람

연령 : 10~18세

목적 : 이분법적 사고 감소

준비물 :

● 뉴턴의 요람 장난감

뉴턴의 요람(Newton's Cradle)은 물리학과 관련된 책상용 장난감이다. 이 장난감은 5개의 쇠공이 가로로 나란히 배치되었고 틀에서 내려오는 선으로 각각의 공을 늘어뜨린 것이다. 한쪽 끝의 공을 잡아 당겼다 놓아서 다음 공을 맞추면 다른 쪽 끝의 공은 움직이지만 중간에 있는 공들은 움직이지 않고 가만히 있다. 이 장난감은 모든 액션에는 같은 양의 반대 리액션이 있다는 뉴턴 물리학의 세 번째 법칙을 구체적으로 눈앞에서 보여준다.

이것은 그야말로 이분법적 사고의 물리학 버전이라고 할 수 있다. 연속선의 양 끝에 극단이

위치하고 내담자는 중간을 무시하고 양 끝만을 오간다. 이러한 이분법적 사고(애꾸눈 괴물)는 정서 불안정과 충동성을 초래한다. 뉴턴의 요람은 아동이 중간 부분을 인식하도록 돕는 구체적인 방법이다. 다음 대화는 극단적 감정폭발을 일삼는 14세의 모간에게 뉴턴의 요람을 어떻게 적용할지 보여준다.

치료자 : 모간, 우리 함께 이분법으로 세상을 보는 방식에 대해 이야기했었지. 이제 그런 생각을 도와줄 방법을 보여줄게. (뉴턴의 요람을 꺼낸다.)

모 간 : 이 장난감 좋아하는데. 전에 본 적 있어요.

치료자 : 어떻게 작동하는지 아니?

모 간 : 그럼요. 공 하나를 끌어당겨서 놓으면 반대쪽 공이 튀어나가요.

치료자 : 그리고 중간에 있는 공들에게는 아무 일도 없지?

모 간 : 맞아요.

치료자 : 이분법적 사고에서 일어나는 게 바로 그거야. 한쪽 끝은 다른 쪽 끝을 튀게 하지. 네가 그토록 강렬한 반대 감정을 느끼게 되는 이유가 바로 그거야. 그러면 무엇이 문제겠니?

모 간 : 계속 왔다 갔다 할 뿐이에요.

치료자 : 중간을 찾아야 해.

모 간 : 제 기분이 그렇게 자주 오르락내리락하지 않도록 말인가요?

치료자 : 맞아. 한쪽 끝은 다른 쪽 끝을 잡아당기지. 그래서 계속 왔다 갔다 하는 거야. 어떻게 하면 양 끝을 덜 극단적으로 만들고 중간으로 옮길 수 있을까?

모 간 : 모르겠어요. 제가 이상한 애인가 봐요.

치료자 : 우선 양 끝단을 좀 더 균형 잡힌 방식으로 정의해보자. 네가 네 감정을 보는 방식을 예로 들어보자. 생각일기에 뭐라고 썼는지 기억해?

모 간 : 네. 바로 여기 썼어요. 감정은 제 사생활이고, 제가 완전히 통제해야 하고, 혼자만 간직해야 한다고 쓴 적이 있네요. 감정은 통제할 수 없는 것이라는 생각도 했네요. 그냥 폭발시켜서 제거해야겠다, 다른 사람에게 쏟아 부어서 그들이 대처하도록 하라고 썼네요.

치료자 : 감정은 완전히 통제 불가능한 사생활이고 항상 혼자 간직해야 한다고 보는 것보다 덜 극단적인 입장은 무엇일까?

모 간 : "가끔은 감정을 혼자 간직할 수 있다."

치료자 : '완벽한 통제'라니 무슨 뜻이지?

모 간 : "네가 어떻게 느끼는지 아무에게도 보여주지 마라."

치료자 : 네가 느끼는 것을 전부는 아니라도 약간만 보여준다면 어떨 것 같아?

모 간 : 울거나 소리 지를 거예요. 그렇지만 누구에게 마구 해대거나 하지는 않을 거예요.

치료자 : 그게 완벽한 통제니?

모 간 : 아닌 거 같아요. 적어도 좀 해소는 되겠죠.

치료자 : 점점 중간으로 가고 있구나. 감정은 완전 통제 불능이고 당장 없애야 하고 다른 사람에게 쏟아부어야 한다는 생각은 어때?

모 간 : 너무 강렬해요.

치료자 : 감정이 너무 강렬하면 완전 통제 불능이라는 거니?

모 간 : 그건 아닌 것 같아요.

치료자 : 다른 사람에게 쏟아부으면 그 강도가 줄어드니?

모 간 : 당시에는 그렇게 느껴져요. 실제로는 그렇지 않은데도요.

치료자 : 그렇다면 그걸 보는 또 다른 방식이 무엇일까?

모 간 : 통제 불가능하게 느껴지지만 단지 더 강하기만 할 뿐이다, 그래서 싫을 뿐이다.

치료자 : 다른 사람에게 쏟아붓는 건 어때?

모 간 : 도움이 되지 않아요.

치료자 : 그런 감정이 단지 싫기 때문에 없애야겠다고 생각하는 거니?

모 간 : 아니요. 계속 가지고 있을 수 있어요. 제가 그러려고만 마음먹으면요.

치료자 : 어느 상태에서 더 잘 조절할 수 있겠니? 계속 가지고 있는 것 아니면 다른 사람에게 쏟아붓는 것?

모 간 : 흠…. 한번도 그런 식으로 생각해본 적이 없어요. 계속 가지고 있을 때 조절을 할 수 있겠지요.

이 책에서 논의된 다른 많은 절차들과 마찬가지로 치료자는 조심스럽게 이 비유를 소개함으로써 작업을 시작했다. 대화 내내 비유가 언급되었다(예 : "점점 중간으로 가고 있구나.") 치료자는 모간의 절대적 신념들을 매우 구체적인 소크라테스식 문답으로 검증했다("감정이 너무 강렬하면 완전 통제 불능이라는 거니?", "다른 사람에게 쏟아부으면 그 강도가 줄어드니?", "그런 감정이 단지 싫기 때문에 없애야겠다고 생각하는 거니?").

결론

이 장에서 우리는 임상가들이 재미있고 효과적인 방식으로 적용할 수 있는 다양한 합리적 분석 기법들을 개관했다(표 6.2 참조). 우리가 이 책 전반에 걸쳐 말했듯이 사례개념화에 근거해

합리적 분석을 위한 팁

- 소크라테스식 질문의 종류를 다양하게 활용하라.
- 소크라테스식 대화에는 반드시 공감을 더해야 한다.
- 질문의 순서가 체계적이 되도록 한다.

서 기법을 선택해야 한다. 특정 비유도 환자의 관심이나 생활경험에 근거해서 선택해야 한다. 합리적 분석의 타이밍을 잡을 때도 환자의 기술수준은 물론이고 파악된 사고나 신념, 가정 등을 고려해서 미리 고심해야 한다. 소크라테스식 질문은 합리적 분석의 주요 요소이므로 치료자는 다양한 종류의 질문을 활용해서 아동이 집중하도록 이끌어야 한다. 공감을 더하고 아동의 언어적 · 비언어적 반응에 주의를 기울여야 문답이나 작업 시 혹시 수정해야 할 것이 있을 경우 치료자가 알아차리게 될 것이다. 일반적으로 이들 합리적 분석 기법들은 재미있고 활동적이며 의미 있는 CBT의 요소이다.

| 표 6.2 | 합리적 분석 기법

기법	목적	연령	형태
누가 세균을 가졌니	증거검증	7~12세	개인, 가족
통제 주사위	증거검증	8~18세	개인
재앙의 달인	탈재앙화, 재귀인	8~13세	개인, 집단
생각 탐사자	과도하게 비판적인 자기정의를 평가하기	8~13세	개인, 가족, 집단
두려큘러 백작이 말하다	과도하게 비관적인 귀인과 예측을 합리적으로 평가하기	8~13세	개인, 가족, 집단
긴가 민가 보고서	증거검증, '너의 뇌폭풍' 심화	8~18세	개인, 집단
거울아 거울아	부정적 자기정의에 대한 구조화된 분석	10~18세	개인, 집단
3-D 사고	재앙화와 정서적 추론을 검증하고 수정하기	8~18세	개인, 가족, 집단
가짜 수학	부정확한 정신적 유관성을 깨기 위한 재귀인	8~18세	개인, 가족, 집단
센터필드 게임	이분법적 사고 감소	8~18세	개인, 집단
뉴턴의 요람	이분법적 사고 감소	10~18세	개인, 집단

버스 그림

School Bus

From *Cognitive Therapy Techniques for Children and Adolescents: Tools for Enhancing Practice* by Robert D. Friedberg, Jessica M. McClure, and Jolene Hillwig Garcia. Copyright 2009 by The Guilford Press. Permission to photocopy this form is granted to purchasers of this book for personal use only (see copyright page for details).

양식 6.2 | 재앙의 달인 워크시트

내가 달인이 될 수 있는 재앙 : _____

_____

_____

달인질문 :

이 끔찍한 일이 일어날 가능성이 얼마나 높나? (동그라미를 치세요.)

1	2	3	4	5
없다		어느 정도		많이

이전에도 이 일이 일어난 적이 있나? (동그라미를 치세요.)

1	2	3	4	5
결코 없다		가끔		많이

만약 이런 일이 일어난 적이 없다면 이번엔 특별히 무엇이 다르고 무엇 때문에 그렇게 믿는가? _____

_____

_____

이전에 일어난 재앙에 대해 설명해보자. _____

_____

지금 그 재앙이 일어난다고 느낀다면 위의 답변을 제외하고 다른 설명을 해보자. _____

_____

(계속)

From *Cognitive Therapy Techniques for Children and Adolescents: Tools for Enhancing Practice* by Robert D. Friedberg, Jessica M. McClure, and Jolene Hillwig Garcia. Copyright 2009 by The Guilford Press. Permission to photocopy this form is granted to purchasers of this book for personal use only (see copyright page for details).

양식 6.2	재앙의 달인 워크시트(계속)

(과거에 재앙이 일어났다면) 어떻게 대처했나? (동그라미를 치세요.)

1	2	3	4	5
잘못 대처함		어느 정도		매우 잘 대처함

뭘 했나? _____

_____

_____

_____

이전에 잘 대처하지 못했다면 지금의 나는 뭐가 다른가? _____

_____

_____

_____

재앙에 대해 대응책이 있다면 재앙이 얼마나 나쁠 것인가? 얼마나 통제 가능한가? _____

_____

_____

_____

재앙의 달인 결론 : _____

_____

_____

_____

양식 6.3	생각 탐사자 워크시트

탐사할 생각 : _____

너는 결코 하지 않지만 (   )가 하는 것은? _____
_____
_____
_____

(   )는 결코 하지 않지만 네가 하는 것은? _____
_____
_____
_____

탐사 후 네 자신을 다른 식으로 본다면? _____
_____
_____
_____

금덩이다!

From *Cognitive Therapy Techniques for Children and Adolescents: Tools for Enhancing Practice* by Robert D. Friedberg, Jessica M. McClure, and Jolene Hillwig Garcia. Copyright 2009 by The Guilford Press. Permission to photocopy this form is granted to purchasers of this book for personal use only (see copyright page for details).

| 양식 6.4 | 두려큘라백작 질문지 |

내 잘못인데 남들을 내가 벌주고 있나?

다른 사람 잘못인데 내가 나 자신을 벌주고 있나?

우연한 사건인데 고의적 사건으로 내가 혼동하고 있나?

지금을 영원과 혼동하고 있나?

가능성이 있을 뿐인 것과 정말 가능성이 큰 것을 혼동하고 있나?

내 자신에게 너무 심한가?

내가 가진 강점들을 잊고 있나?

다른 사람들에게 내가 너무 심한가?

감정에 휩싸여 이런 느낌들이 사실인 양 잘못 생각하고 있나?

나는 나 자신을 얼마나 용서해줄 수 있을까?

나는 다른 사람들을 얼마나 용서해줄 수 있을까?

나는 이분법적으로 생각하고 있나?

상황이 더 나쁠 수도 있었던 것은?

From *Cognitive Therapy Techniques for Children and Adolescents: Tools for Enhancing Practice* by Robert D. Friedberg, Jessica M. McClure, and Jolene Hillwig Garcia. Copyright 2009 by The Guilford Press. Permission to photocopy this form is granted to purchasers of this book for personal use only (see copyright page for details).

양식 6.5 두려울라 백작 일기

날짜	상황	느낌과 점수	자동적 사고	두려울라 백작이 묻다	두려울라 백작이 말하다	느낌 재평가

From *Cognitive Therapy Techniques for Children and Adolescents: Tools for Enhancing Practice* by Robert D. Friedberg, Jessica M. McClure, and Jolene Hillwig Garcia. Copyright 2009 by The Guilford Press. Permission to photocopy this form is granted to purchasers of this book for personal use only (see copyright page for details).

양식 6.6 | **긴가 민가 보고서 워크시트**

뇌폭풍이 생길 때 무슨 일이 일어나고 있나? _____

_____

어떤 기분인가? _____

_____

얼마나 강한가? (1~10점) _____

뇌폭풍 동안 머리를 스치고 지나가는 것은? _____

_____

_____

이것이 완전 진실이라고 너를 설득하는 것은?	이것이 완전 진실일지 의심하게 만드는 것은?
_____	_____
_____	_____
_____	_____
_____	_____

긴가 민가에 관한 결론을 내린다면 _____

_____

_____

_____

새롭게 느끼는 기분은? _____

_____

From *Cognitive Therapy Techniques for Children and Adolescents: Tools for Enhancing Practice* by Robert D. Friedberg, Jessica M. McClure, and Jolene Hillwig Garcia. Copyright 2009 by The Guilford Press. Permission to photocopy this form is granted to purchasers of this book for personal use only (see copyright page for details).

양식 6.7 거울아 거울아 워크시트

나를 비교하면?	그 사람들 어떻게 보나?	나의 기준은 누구?	나에 대한 생각

From *Cognitive Therapy Techniques for Children and Adolescents: Tools for Enhancing Practice* by Robert D. Friedberg, Jessica M. McClure, and Jolene Hillwig Garcia. Copyright 2009 by The Guilford Press. Permission to photocopy this form is granted to purchasers of this book for personal use only (see copyright page for details).

양식 6.8 | 3-D 사고 워크시트

난관/불편	얼마나 불편한가?	어떻게 대처했나?	얼마나 심한 재앙이었나?

From *Cognitive Therapy Techniques for Children and Adolescents: Tools for Enhancing Practice* by Robert D. Friedberg, Jessica M. McClure, and Jolene Hillwig Garcia. Copyright 2009 by The Guilford Press. Permission to photocopy this form is granted to purchasers of this book for personal use only (see copyright page for details).

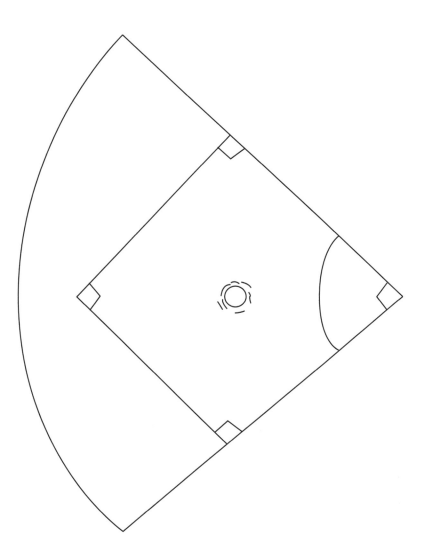

양식 6.9 센터필드 게임 워크시트

From *Cognitive Therapy Techniques for Children and Adolescents: Tools for Enhancing Practice* by Robert D. Friedberg, Jessica M. McClure, and Jolene Hillwig Garcia. Copyright 2009 by The Guilford Press. Permission to photocopy this form is granted to purchasers of this book for personal use only (see copyright page for details).

수행과 성취 및 노출

늘날의 문화에서는 수행 또는 행동의 성취를 통해 유능함을 보여주는 것이 중요하다. "말로만 하지 말고 실제 행동으로 보여줘라.", "행동으로 말하라.", "실행에 옮겨라."와 같은 말들은 이러한 가치를 잘 보여주고 있다. 스포츠용품 제조회사인 나이키의 구호 "Just do it.", 그리고 **스타트랙**[1]의 피카드 선장이 부관에게 내렸던 "Make it so."는 명령은 모두 정서적 장애를 무릅쓰고 어려운 과제를 수행한다는 개념에 근거한다. 그리고 "말에서 떨어지면 바로 다시 올라타라."는 격언은 불편감이나 불안에 직면했을 때도 포기하지 않는 것이 값지다는 것을 말해주고 있다.

마지막 모듈은 여러 면에서 이 책을 처음부터 다시 살펴보게 한다. 제1장에서 우리는 정서적 각성과 경험적 학습이 CBT에서 중요한 역할을 한다고 말했다. 경험적 학습은 "머리와 가슴이 일치하도록"(Pedesky, 2004, p.434) 돕는다. 행동실험과 경험적 학습은 정서적 각성을 유발시킴으로써 새로운 해석과 설명, 행동계획이 학습될 수 있도록 한다(Barlow, 1988; Moses & Barlow, 2006). 이번 장에서는 아동과 청소년의 적극적인 경험적 학습을 촉진하는 행동실험의 구성과 실행, 평가의 원리와 절차를 살펴볼 것이다.

행동실험은 경험적 학습과 정서적 각성, 경험의 부호화, 반성적 학습, 그리고 새로운 계획의 연습에 초점을 두기 때문에 매우 강력한 개입방법이다(Bennett-Levy et al., 2004). 행동실험은

---

1) 역자 주 : 미국의 대표적인 공상과학 TV 드라마 시리즈로, 23세기를 배경으로 커크 선장이 이끄는 우주연합함선 엔터프라이즈(USS Enterprise)와 그 승무원들의 모험을 줄거리로 담고 있다.

정서 상태를 변화시키고 유연한 문제해결을 촉진하며, 감춰진 신념이 드러나도록 하고, 그럴 듯한 부정적 가정들을 감소시키는 데 목표를 둔다(Rouf, Fennell, Westbrook, Cooper, & Bennett-Levy, 2004). 아동과 청소년은 종종 자신의 부정적 생각을 절대적인 사실로 받아들인다. Pedesky(2004)는 이것을 저항이나 회피로 보기보다는 대안적 관점에 대한 건강한 의구심으로 본다. 그는 "내담자들은 건강한 의구심을 갖고 행동실험에 임하는데, 이러한 의구심은 과학실험이 요구하는 것과 같은 것이다."(p.433)라고 했다.

인지왜곡과 행동문제, 불편한 정서로부터 자유로워지기 위해서는 그러한 문제들이 부당하다는 것을 입증할 수 있는 강력한 경험을 필요로 한다(Bandura, 1977a, 1977b). Padesky(2004, p.434)는 "불행에 직면했을 때 사람들에게 가장 먼저 떠오르는 생각은 경험주의 정신에서 비롯될 가능성이 크다. 따라서 지속적인 변화를 가져오기 위해서는 경험주의 정신이 새로운 신념을 수긍하는 것이 중요하다."고 했다.

강력한 행동실험은 어떤 형태로든 노출을 포함한다. Barlow(1988)는 노출을 일종의 정서적 치료(affective therapy)로 보았다. 노출의 핵심 요소는 새로운 행동 경향성을 발달시키는 것이다. 아동과 청소년 내담자는 노출을 통해 스트레스 자극에 직면했을 때 회피하거나 얼어붙는 대신 대처하고 참아내는 방법을 학습한다. Barlow는 노출이 아동과 청소년에게 적응적인 통제감을 갖도록 도움을 준다고 말했다. 반복적인 정서적 각성의 경험과 실험을 통해 내담자는 '자신을 옭아매고 있는 낡은 습관과 신념'으로부터 자기 자신을 해방시키는 방법을 학습한다(Samoilov & Goldfried, 2000, p.380). 노출은 지속적인 회피와 주저함을 감소시키는 강력한 방법이다(Padesky, 2004). 노출과제의 초점은 정서에 맞춰지며, 목표는 정서적 회피(emotional avoidance)를 감소시키는 데 있다(Barlow, Allen, & Choate, 2004; Suveg, Southam-Gerow, Goodman, & Kendall, 2007). 예컨대 불안한 아동은 정서를 유발시키는 상황을 회피하려 하는 반면, 자기효능감이 높은 아동은 그 상황을 견디며 적응적인 대처기술을 발달시킨다(Suveg & Zeman, 2004).

아동과 청소년 내담자들 중 다수는 경험 회피(experiential avoidance)를 보인다. '경험 회피'란 불쾌한 개인적 경험을 꺼리는 것을 말한다. 노출은 이러한 회피에 대한 해독제이다. Greenberg(2006)는 노출에 기반을 둔 치료에 대해 다음과 같이 훌륭하게 요약했다. "사람들은 고통스러운 정서를 회피하려는 경향성을 갖고 있다. 내담자들의 정서적 회피를 극복시키려면 먼저 자신의 정서적 경험에 관심을 기울이고 회피행동을 관장하는 인지를 변화시키도록 접근해야 한다"(p.90).

노출은 부정적인 정서적 각성에 대한 아동과 청소년의 기대를 변화시키도록 가르친다(Leahy, 2007). Leahy(p.355)는 이러한 학습이 인지적 재평가를 필요로 하며, "불안한 감정이 느껴질 때 그 감정이 나를 짓누르거나 파괴시키지 않을 거야." 또는 "끔찍한 장면을 예상했지만 지금 나는 안전한 곳에 있어." 같은 명제적 사고를 만들도록 요구한다고 강조했다.

경험적 학습은 정서적 맥락이 유사할 때는 한 상황으로부터 다른 상황으로 학습이 전이된다는 개념에 근거하고 있다(Safran & Muran, 2001). 따라서 만약 평온한 상태에서만 대처행동을 획득하고 연습한다면 힘든 상황으로는 전이되지 못할 것이다. 임상적 경험에 따르면 불안한 아동은 두려움에 직면하려 하기보다 '이야기'하려는 경향이 있다. 또한 분노관리 전략을 습득할 수 있는 아동은 많지만, 실제로 화가 난 상황에서 이 기술을 적용할 수 있는 아동은 그리 많지 않다. 따라서 아동이 새로 배운 기술을 적절한 정서적 맥락에서 연습할 수 있도록 실험을 설계하는 것이 중요하다.

노출과 행동실험, 경험적 학습은 변화에 관해 이야기하는 것보다 실제로 변화를 가져오는 것이 중요하다고 강조한다. Hayes 등(1999)은 경험적 학습을 통해 언어에만 의존하는 개입이 갖는 약점을 피할 수 있다고 했다. 경험적 학습은 지속적인 행동 변화에 요구되는 진정한 숙달을 불러일으킨다. 이것은 합리적 분석과 인지재구성 및 그 밖의 언어적 개입을 증강시켜주며 그러한 개입의 효과를 넘어선다. Hayes 등은 경험적 학습이 "너의 경험이 무엇을 말해주는가?"와 같은 본질적 질문을 촉진한다고 했다.

행동실험은 현실을 검증하고 가능성을 발견하는 활동이다. 이것은 아동과 청소년이 자기자신의 기대를 평가하고 그것이 부당하다는 것을 확인할 기회를 제공한다. 따라서 먼저 아동과 청소년의 예측을 끌어낸 다음 실험이 끝난 후 그것을 평가해야 한다. Wells(1997)는 실험을 시작하기 전에 먼저 아동과 청소년에게 구체적으로 예측시킬 것을 당부한다. '나는 불편할 거야.'와 같은 모호한 기대 대신, '사람들이 나를 보고 히죽히죽 웃을 거야.'처럼 검증 가능한 예측을 하도록 한다.

그런 뒤 행동실험을 인지적으로 소화해야 한다(Rouf et al., 2004; Zinbarg, 2000). 정서를 단지 경험하기만 하는 것이 아니라 이해해야 하는 것이다(Boal, 2002). Boal(p.37)은 "우리는 정서에 대해 추론하지 않고서는 말할 수 없으며, 역으로 정서를 경험하지 않고서는 추론할 수 없다. 전자는 혼돈이며, 후자는 단지 추상적 관념일 뿐이다."라고 역설했다. Rouf 등(2004)은 행동실험을 계획, 경험, 분석, 통합의 네 단계로 진행하라고 제안했다. 다시 말해 실험을 설계하고, 정서를 경험하고, 자료를 수집한 후에 결론을 내리는 것이다. Rouf 등(p.31)은 "만약 내담자가 스스로 관찰한 것을 생각할 시간을 갖지 않는다면 경험을 해도 소용이 없을 것이다."라고 경고했다.

이번 장에 포함된 전략들은 치료의 경험적 학습 단계를 촉진해주는 활동중심 개입방법들을 제공해줄 것이다. 아동과 청소년을 위한 실험설계, 실행을 위한 아이디어, 그리고 실험의 성과를 평가하기 위한 전략도 제공할 것이다. 이러한 전략들은 아는 것과 행동하는 것 사이에 다리를 놓아줄 것이다. 불안한 아동은 정서를 일으키는 상황을 회피하려는 경향이 있기 때문에

| 표 7.1 | 전통적인 노출 기법과 실험의 예

기법	용도
치료자가 규칙을 변경하는 게임하기(Kendall et al., 2005)	범불안장애, 완벽주의, 통제, 경직성
의도적으로 실수하기(Kendall et al., 2005)	범불안장애
풍선을 불어 터뜨리기(Kendall et al., 2005)	범불안장애
다른 사람들 앞에서 웃기는 목소리로 책 읽기(Kendall et al., 2005)	사회불안, 부정적 평가에 대한 두려움
뉴스를 시청하거나 신문기사 읽기(Kendall et al., 2005)	범불안장애
평소에 사용하지 않는 손으로 글쓰기(Kendall et al., 2005)	완벽주의
길 물어보기(Kendall et al., 2005)	사회불안, 부정적 평가에 대한 두려움, 완벽주의
학급 친구에게 전화를 걸어 숙제를 도와달라고 부탁하기(Kendall et al., 2005)	사회불안
친구들한테 놀림받는 동안 10개의 카드 외우기(Lochman et al., 2003)	분노조절
친구들한테 놀림받는 동안 도미노 탑 쌓기(Lochman et al., 2003)	분노조절
물건을 잃어버리는 연습하기(Sze & Wood, 2007)	물건 사재기

임상가는 아동을 이끌며 이 과정을 진행하는 것을 편하게 느껴야 한다. 이번 장에서 제시할 행동실험은 내담자의 부적응적 신념과 기대에 대해 의구심을 갖게 함으로써 보다 효과적인 인지재구성, 그리고 보다 지속적인 변화로 나아가게 할 것이다. 표 7.1에는 전통적인 노출과 행동실험에 관한 다양한 예가 제시되어 있다.

노출의 기초

노출과 실험을 실시할 때 기억해야 할 중요한 점에는 몇 가지가 있다(Craske & Barlow, 2001; Persons, 1989; Richard, Lauterbach, & Gloster, 2007). 먼저 노출을 시작하기 전에 심리교육부터 해야 한다. 불안의 사이클에 대해, 왜 노출이 사용되는지에 대해, 그리고 노출이 어떻게 협력적으로 계획되고 완수되는지에 대해 내담자와 가족이 분명하게 이해해야 한다. 이 교육은 노출에 대한 불안을 감소시킬 뿐만 아니라 내담자에게 통제감을 느끼게 한다. 내담자와 가족을 교육시키는 방법은 다음에 제시되어 있다. 이 가이드라인은 노출을 세심하게 계획하고 내담자의 구체적인 요구와 흥미, 기술에 맞추기 위한 것이다.

내담자와 가족을 위한 노출교육

노출에 대해 내담자와 가족을 준비시킬 필요가 있다. 제3장에 제시된 다양한 자료들을 논리적 근거로 사용할 수 있다. 협력은 매우 중요한 선행 조건이다. 노출은 치료자가 내담자에게 해 주는 것이 아니라 내담자와 함께하는 것이라는 점을 기억해야 한다. 내담자가 피해자라는 느낌을 갖지 않도록 하기 위해서는 전문용어를 사용하지 않고 노출의 목적과 과정에 대해 교육해야 한다(Lauterbach & Reiland, 2007). 노출은 치료자와 내담자, 가족이 의욕적으로 연대를 형성할 때 가장 잘 추진된다.

아동과 청소년에게 노출은 두려운 경험이다. 노출이란 결국 치료자가 아동과 청소년에게 위협적이고 두려운 상황에 직면하라고 요청하는 것이다. 노출을 좋아하는 아동과 청소년은 거의 없기 때문에, 이들이 자신의 고통에 직면할 의지를 갖도록 하는 데 성공의 열쇠가 있다 (Hayes et al., 1999; Huppert & Baker-Morissette, 2003). 제5장에 제시된 욕구 대 의지 활동은 노출에 대해 내담자를 준비시키는 인지재구성 절차이다. 또한 이전 모듈의 작업을 통해 얻은 치료적 동맹은 치료적 모험을 추진할 수 있는 안전한 기반을 제공한다.

Hembree, Rauch과 Foa(2003)는 노출을 해야 할 이유를 다음과 같이 설명했다. 첫째, 불안에 직면하는 것이 회피하는 것보다 낫다. 둘째, 처음에는 불안이 증가하지만 반복적인 노출과 함께 시간이 지나면서 고통이 감소한다. 셋째, 지속과 인내는 학습된 기술이다. 마지막으로 긍정적인 노출의 성과로 유능감과 통제감이 더 견고해진다.

노출은 이 책에 제시된 다른 절차들과 마찬가지로 은유와 비유에 의해 촉진된다(Hembree et al., 2003; Huppert & Baker-Morissette, 2003). 예를 들어 Hembree 등(2003, p.24)은 외상을 상처에 비유하면서 다음과 같이 설명했다. "외상은 딱지가 져도 만지면 여전히 아픈 상처와 같다. 지속적인 노출은 그 상처를 열어서 깨끗하게 하는 과정이다. 이렇게 함으로써 상처가 치유된다. 흔적이 남긴 하겠지만 건드려도 아프지 않게 되는 것이다." 이들은 또한 다음과 같이 동굴의 비유를 권고했다.

> 회피는 내담자가 외상을 치유하기 위해 몸을 숨기는 동굴이라 할 수 있다. 안전한 동굴은 내담자가 어느 정도 기능할 수 있도록 돕긴 하지만 한편 내담자의 생활을 심각하게 제한한다. 노출은 동굴 밖에서 더 오랫동안 더 광범위하게 머무는 것을 의미하며, 이것은 위험하다는 느낌을 갖게 한다. 그러나 외상을 완전히 치유하기 위해서는 내담자가 동굴 밖의 위험과 더불어 살아가는 법을 배워야 한다. (Hembree et al., 2003, p.27)

Huppert와 Baker-Morissette(2003)는 노출에 대해 내담자를 교육할 때 사용할 수 있는 '새로운 언어 배우기'와 '롤러코스터'의 두 가지 비유를 추가로 제안했다. 내담자는 낡은 언어(회피)를 대신할 수 있는 새로운 언어(접근)를 배운다. 지속적인 연습은 내담자를 더욱 능숙하게 만든다. 롤러코스터 비유는 통제감뿐만 아니라 불안의 봉우리와 골짜기에 대해서도 알려준다. 나아가 흥분/스릴과 공포가 본질적으로 유사한 생리적 반응이라는 것을 설명할 수 있게 한다. 이 상태를 흥분으로 볼 것인지 혹은 불안으로 볼 것인지를 결정하는 것은 해석에 달려있다.

Hembree와 Cahill(2007)은 치료적 관계의 증진에 대해 다음과 같이 제안했다. 첫째, 내담자가 고통과 맞설 때 치료자가 함께한다는 사실을 강조해야 한다. 적군 확인하기와 강박장애가 아니라 나야 활동은 이러한 개념의 토대를 마련해준다. 둘째, 협력과 파트너십은 필수적인 요소이다. 노출의 속도와 강도를 정하는 사람은 아동이다. 이 모험의 계획과 실행을 아동이 이끌도록 하는 것은 협력의 한 예이다(Ginsburg & Kingery, 2007). 치료자는 도전해야 할 과제를 아동에게 지정해주기보다 공동기관사인 아동과 가족이 협력하도록 해야 한다. 아동이 전 과정을 이끌도록 하고, 치료자는 협력자인 아동을 보고 힌트를 얻어야 한다. 이것은 아동의 통제감을 증진하며, 아동 스스로 자신의 고통에 대해서 '책임이 있다'고 믿게 한다. Mineka와 Thomas(1999)는 노출이 개인의 정서적 안정과 통제감을 회복시키는 데 도움을 준다고 했다. 사실 노출의 긍정적인 효과는 지각된 통제감의 증가에서 비롯된다고 할 수 있다. 지각된 통제감의 증가는 모든 상황에서 '안전 신호'로 작용한다. Kendall과 Suveg(2006, p.272)는 "치료자와 아동의 협력적 노력을 통해 진행되는 실제 상황 노출(in vivo exposure)은 아동에게 가장 의미 있는 기억 중의 하나이다."라고 강조했다.

협력은 또한 적절한 자기개방을 포함한다(Gosch et al., 2006). 따라서 만약 노출이 치료자에게 불편감을 일으킨다면 이런 느낌을 내담자와 공유하는 것이 좋다.

저자는 세균에 대한 공포를 갖고 있는 16세 소녀를 상담한 적이 있다. 이 소녀는 강박적으로 손을 씻고 동전 만지는 것을 완강하게 회피했다. 불안 위계의 단계를 높여가며 어느 정도 진전을 보인 후에 드디어 화장실 바닥에 떨어진 동전을 집는 단계에 도달했다. 치료자는 진료실의 빈 화장실에서 실험을 진행했다. 실험은 화장실 바닥에 동전을 떨어뜨린 후에 그것을 집어서 일정 시간 동안 잡고 있다가 주머니나 지갑에 집어넣고, 그런 다음 바로 손을 씻도록 계획되었다. 이 실험은 치료자에게 불안감과 불편감, 그리고 두려움을 일으켰다. 치료자는 내담자에게 다음과 같이 말했다.

"라다, 너에게 할 말이 있어. 좋든 싫든 너는 이 실험을 별로 좋아하지 않는 치료자를 만났구나. 하지만 나는 어떻게든 너와 함께 이 실험을 해낼 거야. 우리 함께 이 불편감을 극복하도록 하자. 내 말에 대해 어떻게 생각하니?"

모델링 역시 협력의 한 형태이다(Hembree & Cahill, 2007; Kendall & Suveg, 2006). 치료자가 아동과 함께 두려운 상황에 직면하면 아동의 자신감이 높아진다. 모델링에서는 치료자가 두려운 상황에 대처하는 모델 역할을 함으로써 아동에게 말로 가르친 것을 실제 행동으로 보여준다. 치료자는 아동의 모험에 동행하면서 한 팀이 되어 불안에 대항해 싸우는 것이다. 이 때 아동은 상황이 불안하긴 하지만 혼자가 아니라는 생각에서 위안을 받는다.

재미없는 실험은 아동에게 공부나 숙제처럼 느껴진다. 따라서 불안에 지루함이 덧붙여져서 불안이 더 심해진다. 정서적 모험을 하도록 격려할 때는 아동의 호기심과 모험심을 자극하는 것이 핵심이다. Kendall과 Suveg(2006)는 창의적이고 재미있는 노출이 특히 더 의미 있다고 했다. 이들은 몇 가지 재미있는 실험을 제안했다. 예를 들어 발표불안을 갖고 있는 사회불안 아동에게 아카데미상을 탄 배우가 소감을 말하는 것처럼 해보라고 하거나, 또는 매우 소심한 아동에게 부모나 치료자와 함께 좋아하는 노래를 부르며 도서관을 뽐내며 걸어다니게 하는 것이다. 그렇기 때문에 우리는 노출실험을 '모험(adventure)'이라 부른다.

노출의 절차

효과적인 노출은 종합적이다(Persons, 1989; Richard et al., 2007). 노출에서는 아동이 회피하려는 상황의 핵심적 측면들을 모두 다루어야 한다. 여기에는 인지적, 행동적, 정서적, 생리적, 대인관계 측면이 모두 포함된다. 치료자는 내담자가 직면하는 실제 경험과 유사하게 실험을 구성해야 한다. Fidaleo, Friedberg, Dennis와 Southworth(1996)에 따르면 뱀을 무서워하는 아동에게 벌레를 이용한 실험을 적용하면 뱀과 벌레가 갖고 있는 두려움의 속성이 다르기 때문에 효과를 거두기 어렵다. 치료자는 그 상황 속에 함께 있는 사람, 시간, 내담자의 생리적 상태(예 : 땀, 축축한/차가운 피부 온도, 호흡수 등), 다양한 감각적 경험(예 : 방의 온도, 냄새, 소리 등) 같은 변인에 주의를 기울여야 한다.

일반적으로 노출은 반복적으로, 장기적으로 실시되는 것이 좋다(Barlow & Cerny, 1988; Craske & Barlow, 2001; Persons, 1989; Richard et al., 2007). 단일 시도로는 효과를 보기가 어렵다. 반복적 노출은 습관화와 인지재구성이 자리 잡도록 해준다. 노출은 보통 치료시간 중에 이루어지지만, 아동과 가족이 실제 세계에서 추가 실험을 통해 새로운 기술을 지속적으로 연습하도록 격려해야 한다.

노출은 매우 현재-중심적이며, 지금-그리고-여기(here-and-now)의 경험을 활용한다(Richard et al., 2007). 노출은 정서적 참여를 요구한다. 그러나 앞선 장에서 언급했듯이 이러한 정서적 접촉을 회피하려는 내담자들이 많다. Hembree 등(2003)은 정서적 참여를 촉진하기 위한 전략을 몇 가지 추천했다. 예컨대 Hembree와 동료들은 상상 노출(imaginal exposure)을 실시할 때 내담자에게 눈을 감으라 하고, 현재형으로 말하며, 모든 감각(시각, 후각, 촉각)과 반응(인지적, 생리적, 정서적, 대인관계)을 포함하라고 권고했다. 이렇게 해야 내담자가 불편감의 모든 측면을 경험하면서 현재라는 맥락 속에서 잘 버틸 수 있게 된다고 했다. 노출 도중에 질문을 할 때는 내담자의 집중이 깨지지 않도록 짧고 거슬리지 않게 해야 한다. Hembree가 권고한 질문, 그리고 저자들의 경험에 기초한 질문은 다음과 같다.

"네 눈에 무엇이 보이는지 설명해보렴."

"무슨 냄새가 나니?"

"어떤 기분이 들어?"

"머릿속에 무엇이 스쳐 지나가지?"

"그곳에 너와 함께 있는 사람이 누구니?"

"네 몸 속에서 무슨 일이 일어나고 있을까?"

"방의 온도는 얼마나 될까?"

노출의 효과를 높이려면 불안/불편감이 감소될 때까지 멈추지 말고 계속해야 한다. Beidel 과 Turner(2006)는 대략적인 기준점으로서 50% 감소를 권장한다. 노출의 핵심은 불편감에 대 처할 수 있다는 자신감을 얻는 것이다. 노출의 조기 중단은 오히려 불안이 위험하다는 느낌과 회피를 강화시킨다.

만약 내담자가 정서적 자료에 지나치게 몰두하면 노출의 효과가 경감될 수도 있다(Hembree et al., 2003). 내담자가 정서적으로 너무 몰두하면 정서에 압도되어 혼란스러워진다. 이런 내 담자는 상상 노출을 하는 동안 현재 맥락과의 접촉을 잃게 되며, 외상이 있는 내담자는 해리 (dissociation) 현상을 보일 수도 있다(Hembree et al., 2003). 아동이 너무 몰두할 경우에는 눈 을 뜨고 있으라고 말해준다(Hembree et al., 2003). 치료자는 내담자가 현재에 머물도록 하기 위해 다양한 기법을 사용할 수 있다. 첫째, 내담자에게 치료자의 목소리에 초점을 맞추라고 말한다. 둘째, 내담자에게 의자 팔걸이의 딱딱한 느낌이나 발밑의 마루가 얼마나 견고한지와 같은 즉각적인 신체 감각에 주의를 기울이라고 말한다. Hembree 등은 신체접촉을 기법으로 사용할 때는 조심해야 한다고 했다. 신체접촉에 대해서는 노출 절차를 시작하기 전에 먼저 내담자와 의논해야 한다. 그리고 치료자는 항상 허락을 구해야 한다(예 : "네 손을 만져도 되겠니?").

Wells(1997)는 실험 및 노출 절차의 실시를 안내하고 돕기 위해 PETS 템플릿을 제안했다. 치료자는 먼저 심리교육, 노출을 실시하는 이유, 자기-모니터링(SUDS 측정, 기대/예측 유도) 을 통해 아동과 가족을 준비시킨다(Prepare, P). 그런 다음 노출(Exposure, E)을 실시한다. 인 지처리 단계에서는 아동이 자신의 예측을 검증하고(Test, T) 평가한다. 마지막으로 아동과 치 료자가 경험을 요약하고(Summarize, S) 이후의 인지처리를 증진하기 위해 결론을 내린다.

아동의 노력에 대한 보상

아동과 청소년에게 노출과 실험은 힘든 작업이다. 이것은 정서적 측면에서 도발적이며 도전적인 절차이다. 따라서 노출에 대한 노력에 보상을 제공해야 한다(Gosch et al., 2006). 보상의 예로는 칭찬과 특권, 작은 선물을 들 수 있다. 아동이 과제를 완수하는 모습이 들어 있는 비디오(Kendall et al., 1992)와 사진(Kearney & Albano, 2000)도 보상으로 사용된다. 다음의 **활공 티켓**은 실험에 보상을 제공하기 위해 만들어진 재미있는 활동이다.

활공 티켓

활공 티켓(Ticket to Glide)은 불편감을 피하지 않고 접근하려는 아동의 노력을 기록하고 강화를 제공하는 재미있는 방법이다. 이 활동은 제4장의 위로, 위로, 더 높이 활동 다음에 실시한다. **활공 티켓**은 자기-모니터링과 유관성 원리, 공예활동을 함께 활용한다. 먼저 불편감에 대처하기 위해 위계적 단계를 적는다. 쉬운 단계는 티켓의 아래쪽에, 어려운 단계는 티켓의 위쪽에 배치한다. 각 단계를 완수할 때마다 티켓에 구멍을 뚫으며, 모든 구멍을 뚫게 되면 목표가 성취된 것이다. 티켓의 비유는 몇 가지 면에서 유용하다. 첫째, 아동은 대부분 심리치료를 좋아하지 않으며 노출을 회피하는 경향이 있다. **활공 티켓**은 진전에 대한 구체적인 기록을 제공하며, 심리치료로부터 벗어나는 티켓을 상징적으로 나타낸다. 둘째, 티켓은 아동과 가족에게 치료의 방향을 안내해주는 지도를 제공한다. 셋째, 티켓에 구멍을 뚫는 것은 대부분의 아동에게 친숙한 경험이다. 마지막으로 아동은 그림이나 스티커, 리본 등으로 티켓을 장식할 수 있다.

노출 및 경험적 학습의 유형

점진적 노출

점진적 노출(graduated exposure)은 제2장에서 설명한 위계를 활용한다. 이것은 대처에 대한 단계적 접근을 촉진한다. 점진적 노출은 아동으로 하여금 상황이 위협적이지 않으며 자신이 적합한 대처기술을 갖고 있다는 것을 깨닫게 해준다(Allen & Rapee, 2005). 점진적 노출에서 아동은 상대적으로 쉬운 상황을 먼저 시도한 후에, 자신의 기술수준이 허락할 때 점차 정서적으로 도전적인 상황으로 나아간다. Kendall과 Suveg(2006, p.265)은 "점진적 노출은 아동이 경험 위에 경험을 쌓을 수 있도록 완수감을 점진적으로 키우도록 도와준다."고 했다. 점진적 노출은 점진적 연습의 한 형태로 불리기도 한다. 노출훈련을 할 때는 그것을 상상 속에서 하든 실제로 하든 혹은 가상현실에서 하든 점진적으로 할 것을 권고한다. 이때 아동은 점점 힘들어지는 정서적 도전을 향해 점진적으로 나아간다.

상상 노출

상상 노출(imaginal exposure)에서 아동과 청소년은 사건을 기억해내어 그것과 관련된 불편한 생각과 기분을 머릿속에서 다시 경험한다. A. T. Beck 등(1985)은 심상이 내담자의 불안경험을 증가시킨다고 했다. 따라서 상상 노출을 실시할 때는 심상을 가능한 '실제처럼' 만드는 것이 중요하다. 묘사는 현재형으로 하고(예 : "나는 보았다."나 "나는 볼 것이다." 대신에 "나는 보고 있다."), 다양한 감각 경험을 포함하도록 한다(Richard et al., 2007; Padesky, 1988). Saigh, Yule과 Inamdar(1996)는 아동의 심상기술을 직접적으로 평가할 것을 권고했다. 만약 심상이 '실제와 가깝지' 않으면 효과적인 노출에 필요한 정서적 각성이 충분히 일어나지 않을 것이다. 인형이나 손가락 인형, 장난감이나 막대기 등을 이용해 상상 노출을 촉진할 수도 있다(Deblinger et al., 2006). 또한 사진이나 비디오, 오디오테이프, 의류 등도 상상 노출을 촉진할 수 있다(Faust, 2000; Saigh, 1987). 생생한 장면은 상황적 맥락과 정서, 인지, 생리적 반응, 행동, 감각 경험, 대인관계 상황 등에 대한 구체적인 묘사의 특징을 갖는다(Hembree & Cahill, 2007). 상상 노출은 범불안장애와 같이 추상적인 공포를 갖고 있는 아동에게도 잘 맞는다(Kendall et al., 2005). 상상 노출은 실제 노출로 나아가는 전 단계로서 시행될 수도 있다.

실제 노출

실제 노출(in vivo exposure)은 생생한 상황에 직접 직면하는 것이다(Kendall et al., 2005, p. 141). 일반적으로 실제 노출은 대처기술 훈련과 상상 노출 다음에 실시된다(Kendall & Suveg, 2006). 실제 노출은 아동과 청소년이 습득한 기술을 자연스러운 환경에서 검증하는 것이다(Craske & Barlow, 2001). 치료자는 먼저 실제 생활의 상황들을 측정하여 위계적으로 배열한다. 아동은 덜 부담스러운 상황에서 보다 도전적인 상황으로 점차 나아간다. 치료실 안에서 다양한 실제 노출 과제를 만들어 실시할 수 있다. 예컨대 Kendall과 Suveg(2006)는 시험, 시 낭송, 다른 사람에게 자기 소개하기 등을 예로 제시했다. 이 장에 포함된 대부분의 활동은 실제 노출로 이루어지는 모험들이다.

가상현실 노출

가상현실 노출(virtual reality exposure)은 상상 노출과 실제 노출에 대한 대안으로 실시된다(Forsyth, Barrios, & Acheson, 2007; Lauterbach & Reiland, 2007). 가상현실 노출은 이 방법이 아니고서는 접근하기 어렵거나 혹은 통제하기 어려운 자극과 상황에 대한 행동실험을 가능하게 해준다(Koch, Gloster, & Waller, 2007). 내담자는 양 눈에 각각 시각적 심상을 제공하는 기구를 장착한다. 이 장치는 실제 세계에 대한 시각적 접촉을 차단함으로써 주의집중의 초점을 좁혀준다. 부착된 센서는 내담자의 움직임을 탐지하며, 내담자는 자신이 가상현실 환경 안에서 움직인다고 지각한다. 치료자는 내담자의 반응을 모니터하여 헤드폰을 통해 피드백과 지지를 제공할 수 있다.

Hirai, Vernon과 Cochran(2007)은 가상현실이 갖고 있는 몇 가지 장점을 확인했다. 첫째, 가상현실은 뜻밖의 부정적 사건이 일어날 가능성을 줄여준다. 둘째, 두려운 상황의 속성을 개인에게 맞추어 제공할 수 있다. 아동들은 대부분 비디오 게임을 좋아하기 때문에 가상현실은 이들에게 매우 매력적이다. Bouchard, Côté와 Richard(2007)도 가상현실 노출은 비밀보장이 더 잘되며, 비용이 적게 들고 회피행동에 초점을 맞출 수 있다는 장점을 갖는다고 했다.

홍수법

홍수법(flooding)은 공포자극에 대한 비점진적 노출을 반복적·지속적으로 하는 것을 말한다. 홍수법은 불안자극 위계를 포함하지 않으며, 내담자를 극심한 혐오자극에 단번에 노출시킨다. 내담자는 불안이 감소될 때까지 공포자극과 접촉을 유지해야 한다. 홍수법은 일반적으로 점진적 노출보다 훨씬 고통스럽다(D'Eramo & Francis, 2004). 홍수법과 점진적 노출의 차이는 더운 여름날 수영장의 깊고 차가운 물속으로 단번에 다이빙하는 것과 점진적으로 몸을 적응시키면서 얕은 쪽에서 깊은 쪽으로 천천히 물속에 들어가는 것의 차이와 유사하다(Shapiro et al., 2005).

설문조사 실험

설문조사 실험(survey experiment)은 여러 가지 임상적 문제에 적용될 수 있다(Rouf et al., 2004). 설문조사 실험은 단순하여 실시가 용이하다. 아동들은 대부분 이 활동을 재미있어 한다. 이것은 적극적이며 경험적인 방식으로 신념의 증거를 검증하는 방법이다. 구체적인 특정 신념에 대해 설문조사 실험을 실시하는 절차는 다음과 같다. 첫째, 아동이 조사결과에 대해 예측한다. 둘째, 조사할 때 사용할 질문을 적는다. 이때 치료자가 아동을 돕는 경우가 많다. 셋째, 아동은 실제 세계로 나가서 친구나 가족 등을 대상으로 의견을 조사해 데이터를 수집한다. 데이터 수집이 끝나면 아동이 스스로 예상했던 결과와 관찰한 결과를 비교해보고 결론을 내린다.

전통적인 보드 게임과 스포츠 게임

전통적인 보드 게임과 스포츠 게임은 훌륭한 행동실험 방법이다. 게임은 아동의 삶에 등장하는 긴급한 승패 상황에서의 감정과 유사한 감정을 불러일으킨다. 이런 게임은 특히 실패나 부족함을 파국적으로 받아들이는 불안하고 완벽주의적인 아동에게 적합하다. 또한 지는 것을 자신의 유능감을 위협하는 것으로 받아들이고, 절대 양보할 수 없는 규칙에 따라 세상이 움직여야 한다고 믿는 공격적인 아동에게도 적합하다.

치료에서는 나중에 소개될 불스아이볼 게임처럼 연습과 인내심, 좌절극복을 요구하는 보드게임이 사용된다. 또한 캔디랜드2)나 슈츠앤래더스3), 하이호 체리오4) 게임은 승패 상황에 관한 행동실험을 하면서 좌절에 대한 인내를 다루는 데 유용한 도구이다.

즉흥연극 게임

역할연기는 전통적으로 CBT에서 중심 역할을 해왔다. 그러나 역할연기는 자발성과 정서적 강도 면에서 부족할 때가 많다. 즉흥연극 게임은 역할연기라는 전통적 인지행동 시연절차를 즉시성에 근거한 게슈탈트 및 실존주의 기법(예 : 빈 의자 기법)과 결합한 것이다. 이러한 연극 게임과 창의적 연출은 재미있으며, 창의성과 행동적 유연성을 높여주는 강력한 방법이다.

행동시연은 행위를 요구하며, 연기는 행위를 즉시적인 정서적 맥락 안으로 가져온다(Landy, 2008). 즉흥연극은 실시간으로 진행되며 또한 긴박한 상황에서 일어난다. 연극 전문가들은 이러한 긴박성이 진정성 있는 행동을 촉진하며, 이것이 바로 노출 및 경험적 과제에서 달성하고자 하는 것이라고 했다(Boal, 2002). 순수하고 진정성 있는 행동은 내담자에게 진정한 자기효능감을 제공한다.

즉흥성은 또한 협력, 경청, 말하기, 문제해결, 불완전함 견디기, 자발성, 창의성, 유연성 등의 다양한 기술을 증진시킨다(Bedore, 2004). Bedore(p.8)는 "일상생활에서는 각본이 없기 때문에 인간은 항상 즉흥연기를 하고 있는 것이다."라고 말했다. 그리고 이러한 즉흥성이 판에 박힌 일상의 틀을 변화시키도록 가르친다고 했다. Rooyackers(1998)는 연극 게임이 아동들을 함께 어울리도록 해주고 주의집중과 자기통제, 자기표현 능력을 증진시키는 데 도움이 된다고 했다. 즉흥연극 게임은 사회기술 결핍, 정서적 인내, 충동성, 과잉통제, 불완전함에 대한 불안 등에도 적용될 수 있다. 따라서 이 기법은 불안, 우울, 섭식장애를 가진 내담자뿐만 아니라 적대적 반항장애, 주의력결핍 과잉행동 장애, 전반적 발달장애 등과 같은 외현화 문제를 가진 아동과 청소년에게도 적합하다. Bedore(2004), Rooyackers(1998), 그리고 Boal(2002)의 저서에는 흥미로운 활동들이 소개되어 있다. 앞으로 소개될 너를 믿을게와 한 단어 이야기는 연극 게임

---

2) 역자 주 : 캔디랜드(Candy Land)는 카드를 펼쳐 나온 색깔을 보고 보드판의 같은 색깔의 칸까지 말을 옮겨서 먼저 도착하면 이기는 보드 게임이다.

3) 역자 주 : 슈츠앤래더스(Chutes and Ladders)는 화살이 달려 있는 돌림판을 돌려 나온 숫자만큼 오르락내리락하면서 최종 목적지까지 먼저 도착하면 이기는 보드 게임이다.

4) 역자 주 : 하이호 체리오(Hi-Ho-Cheery-O)는 화살이 달려 있는 돌림판을 돌려 나온 숫자만큼 과일을 따서 바구니에 담는 게임으로, 제일 먼저 자신의 과일을 다 따는 사람이 이긴다.

이 팀워크와 협력을 어떻게 증진시키는지를 보여주는 두 가지 예라 할 수 있다(Bedore, 2004).

가족 공예

가족 공예(Family Crafts)는 CBT에서 자주 사용하는 행동실험 기법이다. 이 활동의 핵심은 가족 구성원들이 함께 무엇인가를 만드는 것이다. 세부절차는 융통성이 많아서 치료자가 공예활동을 지정하거나 선택해줄 수도 있고, 가족 구성원들이 직접 선택하게 할 수도 있다. 활동을 통해 가족들 간의 상호작용 패턴이 드러나는데, 이것은 효과적인 인지행동 개입의 기회를 제공해준다.

가족 공예 실험을 계획하고 수행할 때 고려해야 할 점이 몇 가지 있다. 첫째, 누가 지시를 할 것인지를 결정해야 한다. 만약 부모 중 1명이 지배적인 경향이 있다면 뒤로 물러나 있는 다른 부모에게 지시문을 읽게 하고 그 과제에 대해 책임을 지도록 요청한다. 역할 변화에 대한 가족 구성원들의 반응은 개입을 위한 단서가 된다. 치료자는 지시를 하거나 무엇인가를 쏟거나 불복종하는 등 두드러진 순간에 나타나는 생각과 감정, 행동에 관심을 기울여야 한다. 특히 다른 구성원에 비해 더 지배적인 역할을 하거나 수동적인 역할을 하는 구성원의 생각과 감정, 행동을 잘 처리해야 한다. Friedberg(2006, p.163)는 다음의 몇 가지 질문을 제안했다.

부모가 지나치게 관여하고 보호하는가?
부모는 자녀가 과제를 망칠까 봐 두려워하는가?
가족이 과제를 완성하기 위해 팀으로 움직이는가 혹은 서로 경쟁적이거나 방해하는가?
가족이 과제에 아동을 어떻게 포함시키는가?

다음의 사례는 가족 공예 활동의 과정을 보여준다. 10세 소녀 토니의 어머니는 매우 강압적이고 통제적인 사람이다. 토니와 어머니는 종종 심각한 파워 게임에 휘말리곤 했다. 이때 토니는 어머니를 결코 기쁘게 할 수 없는 무력한 상황에 있다고 생각했다. 따라서 토니는 우울해져서 포기하거나 혹은 화를 내며 문제행동을 보이곤 했다. 토니의 어머니는 이러한 역기능적 상호작용에서 자신이 어떤 역할을 하는지 인식하지 못하고 있었다. 문제패턴에 대해 이야기를 해줘도 진전을 보이지 않았다. 따라서 치료자는 어머니와 딸이 함께 공예활동을 하는 실험을 시도하기로 결정했다.

이 실험에서 토니는 리더 역할을 했다. 그녀는 어떤 공예품을 어떻게 만들지를 스스로 결정했다. 어머니는 리더인 토니의 지시를 따라야 했다. 당연히 이 실험은 토니의 어머니에게 극도로 어려웠으며, 그녀는 매우 불안해했다. 생각기록지를 작성하게 하자 어머니는 '토니가 뭘 만들고 있지? 어떻게 해야 할지 걔가 알고 있을까? 걔가 잘못하면 어떡하지? 구슬을 떨어뜨리거나 풀을 흘리면 어떡하지? 토니는 망칠 거야. 내가 도와주지 않으면 토니는 결코 끝낼 수 없을 거야.'와 같은 부정적인 생각들을 적었다. 치료자는 어머니의 예상을 가설로 취급하도록 요청했다. 토니의 어머니에게 계속 관찰하면서 토니가 지시할 경우에만 개입하라고 했다. 토니는 과제를 썩 잘 수행했다. 실험을 끝낸 후에 치료자는 토니에게 결론을 도출하도록 했다 (예 : "이것에 대해 어떻게 생각하니?"). 토니는 "엄마가 그냥 내버려둬도 저 혼자 잘할 수 있어요."라고 답변했다.

토니 어머니의 가설도 검증되었다. 그녀의 부정적인 예측은 실현되지 않았기 때문에 보다 정확한 결론에 도달할 필요가 있었다. 치료자는 어머니가 실험을 통해 얻은 자료를 종합하도록 도와주었다("이것이 어머님의 걱정에 관해 무엇을 말해주나요?"). 토니의 어머니는 '내가 토니를 믿고 그냥 걱정을 내려놓으면 토니도 잘할 수 있을 것'이라고 결론지었다.

이 예는 숨겨졌던 상호작용 패턴을 가족 공예가 어떻게 드러나게 하는지를 보여준다. 토니와 어머니는 이 경험을 통해 토니의 유능감이 어머니의 보호나 통제에 의해 결정되는 것이 아님을 알게 되었다. 이 과제는 토니에게 작은 강화물을 주는 것으로 끝을 맺었다. 강화물은 실험의 성과를 기억나게 하는 시각적 단서로 작용했다.

글쓰기

글쓰기나 일기 쓰기 역시 노출의 한 형태이다. 인지를 다루는 치료에서는 이야기를 적극적으로 활용한다(Resick & Calhoun, 2001). 내담자가 외상이나 두려움에 대해 상세하게 적으면 치료자는 내담자에게 체계적으로 노출을 실시한다. 아동은 일어난 사건을 각본으로 만드는데 일인칭과 현재형으로 기술한다. 그림 그리기는 이 과정의 효과를 극대화시켜준다(Perrin, Smith, & Yule, 2000; Smith, Perrin, & Yule, 1999). Saigh 등(1996)은 외상을 경험한 아동에게 힘들었던 상황을 먼저 그림으로 묘사한 후 이야기를 하게 하라고 권고했다. Deblinger 등 (2006)은 아동이 글쓰기를 할 때 시나 노래를 활용할 것을 제안했다. 그리고 책이나 이야기 형태의 활동은 반복적인 검토가 가능한 영구적 기록을 남긴다고 말했다.

치료적 모험 : 다양한 임상적 문제를 위한 노출과 실험

전통적인 노출 기법은 기분장애와 불안장애에서 섭식장애, 공격행동, 주의집중 곤란, 전반적 발달장애에 이르기까지 다양한 장애에 적용될 수 있다. 여기에서는 노출과 경험학습이 분노와 통제문제, 우울, 섭식장애, 강박장애, 완벽주의, 전반적 발달장애, 단순공포증, 불안장애, 사회불안과 같은 아동·청소년기 문제에 어떻게 적용되는지를 설명할 것이다. 표 7.2는 이번 장에서 소개할 실험과 노출 기법들을 요약하고 있다.

| 표 7.2 | 이번 장에 소개된 실험 및 노출 기법

기법	목적	연령	양식
비판의 원	분노관리 기술, 점진적 연습	8~18세	집단
가시 돋친 말 기법	분노관리 기술, 점진적 연습	8~18세	개인, 가족, 집단
불스아이볼	좌절과 통제 상실 인내하기	8~18세	개인, 가족, 집단
팝업 원숭이	좌절과 통제 상실 인내하기	5~18세	개인, 가족, 집단
중국 손가락 트랩	통제 상실을 수용하는 것을 배움	5~18세	개인, 가족, 집단
한 단어 이야기	협력과 상호성, 그리고 항상 완벽하게 통제할 수 있는 사람은 없다는 것을 가르침	8~18세	가족, 집단
가족 식사	왜곡된 신념을 검증하고, 새로운 가족 상호작용 패턴을 연습함	5~18세	가족
완벽한 사진	아름다움과 가치, 매력에 관한 흑백논리적 사고 감소	8~18세	개인, 집단
세균 모으기 게임	강박장애 치료	6~15세	개인, 가족, 집단
오염된 물건 잡기 게임	강박장애 치료를 위한 집단 게임	6~10세	가족, 집단
페르시아인의 실수 나누기	실수는 끔찍하며 완전히 다른 사람 눈에 띈다는 신념을 수정	5~18세	개인, 가족, 집단
실수의 손자국	실수는 나쁜 것이며 반드시 피해야 한다는 믿음을 감소시킴	6~15세	개인, 가족, 집단
너를 믿을게(Bedore, 2004)	경청, 인내, 조망, 순서와 관련된 미묘한 단서를 알아차리도록 가르치기	6~18세	가족, 집단
전함 게임(Bergman, 2005)	선택적 무언증을 위한 실험적 놀이	6~12세	개인, 가족, 집단
헨젤과 그레텔 기법 (Shapiro et al., 2005)	분리불안의 치료	5~10세	가족
쇼핑하러 가자	사회불안을 위한 점진적 노출	5~10세	개인
소리 내어 읽기	사회불안을 위한 점진적 노출	7~18세	개인, 가족, 집단
미술관 작품	수행과 평가에 대한 불안 감소	12~18세	개인

분노/공격행동

치료적 모험(therapeutic adventure)은 분노관리 문제에 잘 맞는다. 대부분의 임상가들이 알고 있듯이 아동들은 분노관리 기술을 쉽게 습득한다. 그러나 실제로 화가 났을 때 이 기술을 적용하는 아동은 거의 없다. 따라서 아동이 배운 것을 실제 상황에서 연습하도록 돕는 것이 중요하다. 다행히도 분노와 공격성 문제를 갖고 있는 아동을 위해 잘 구성된 실험들이 문헌에 제시되어 있다(Feindler & Guttman, 1994; Lochman et al., 2003). Feindler와 동료들(Feindler & Ecton, 1986; Feindler & Guttman, 1994)은 분노관리 기술 연습을 촉진하기 위해 **비판의 원**과 **가시 돋친 말 기법**을 고안했다. 이 두 기법은 내담자가 침착하고 건설적인 방식으로 자극에 반응하도록 돕는다.

비판의 원

연령 : 8~18세
목적 : 분노관리 기술, 점진적 연습
준비물 :
● 종이, 연필, 우묵한 그릇(선택사항)

비판의 원(Circle of Criticism)에서는 아동들을 원으로 둘러앉힌 후 자신의 오른쪽에 앉아 있는 아동을 비판하라고 지시한다. 비판을 받은 아동은 분노관리 전략(예 : 무시하기, 동의하기, 흐리기, 유머, 자기주장 반응, 침착한 자기말)으로 반응한다. 다른 아동들과 치료자는 피드백을 제공한다. 다른 실험들과 마찬가지로 이 과제는 점진적인 방식으로 실시된다. 초기 단계에서는 약한 비판을 치료자가 제공한다. 모든 비판을 모자나 우묵한 그릇에 담는다. 아동이 진전을 보이면 비판의 강도를 더 세게 한다. 마지막 단계에서는 아동이 자발적으로 비판을 내어놓는다.

가시 돋친 말 기법

연령 : 8~18세
목적 : 분노관리 기술, 점진적 연습
준비물 : 없음

가시 돋친 말 기법(Barb Technique)은 다소 강도 높은 행동실험이다. 가시 돋친 말이란 내담자의 분노와 공격성을 자극하는 말이나 질문, 명령, 지시 등을 말한다. 아동이 당면한 도전은 일반적인 분노관리 기법을 사용해 그러한 자극에 침착하게 반응하는 것이다. 연습의 첫 단계에서 치료자는 가시 돋친 말에 대해 설명해주고 준비시킨 후에("이제부터 내가 너에게 가시 돋친 말을 할 거야."), 직접 가시 돋친 말을 들려준다("너는 너무 게을러. 넌 아무것도 해내지 못할 거야."). 아동이 분노관리 전략을 적용하면 긍정적인 피드백을 제공한다. 비판의 원과 마찬가지로 가시 돋친 말 기법도 강도에 따라 차이가 있다. 따라서 반복 연습을 할 때 강도를 높여 나간다.

　　Lochman 등(2003)은 분노관리에 도움이 되는 두 가지 다른 창의적 실험에 대해 기술하고 있다. 첫 번째 활동에서는 아동에게 놀림을 받는 5초 동안 10개의 카드를 기억하라고 말한다. 두 번째 활동에서는 아동이 놀림을 받는 동안 도미노탑을 쌓도록 한다. 비판의 원과 가시 돋친 말 기법과 마찬가지로 이 실험도 정서적으로 각성된 상황에서 분노관리 기법을 적용하는 기회를 제공한다.

통제 이슈

▦ 불스아이볼

연령 : 8~18세
목적 : 좌절과 통제 상실 인내하기
준비물 :
● 불스아이 게임

불스아이볼(Bull's-Eye Ball)은 스키볼5) 오락실 게임을 따라 만든 아동용 게임이다. 이 게임의 목표는 쇠로 만든 작은 공을 튕겨서 숫자가 붙어 있는 구멍 안에 넣는 것이다. 이 활동은 손과 눈의 협응, 집중력, 참을성, 좌절 인내와 연습을 필요로 한다. 작은 공들을 통제하기는 쉽지 않아서 여기저기로 튀곤 한다. 아동들은 흔히 첫 시도에서 점수를 얻지 못해 좌절하게 된다. 이런 순간은 아동에게 불편과 고통을 극복하는 방법을 가르칠 수 있는 좋은 기회를 제공한다.

▦ 팝업 원숭이

연령 : 5~18세
목적 : 좌절과 통제 상실 인내하기
준비물 :
● 시간이 서로 다르게 설정되어 있는 3개의 팝업 원숭이

팝업 원숭이(Pop-Up Monkeys)는 통제할 수 없는 상황에서 고통을 수용하도록 돕기 위해 고안된 행동실험으로, 아동에게 좌절 인내를 키워준다. 통제할 수 없음을 받아들이고 좌절을 관리

---

5) 역자 주 : 스키볼(skeeball)은 딱딱한 공을 경사진 판의 아래에서 위로 굴려 표적의 길쭉한 홈에 떨어뜨리면 득점하는 놀이이다.

하는 것은 어려운 과제이다. 그러나 팝업 원숭이는 재미있고 위협적이지 않기 때문에 아동은 이 게임에 쉽게 몰입한다. 이 게임을 위해서는 팝업 원숭이가 필요하다. 우리는 보통 원숭이를 사용하지만 다양한 형태의 팝업 장난감6)을 사용해도 좋다. 장난감은 상점에서 또는 온라인으로 구입할 수 있다. 게임을 실시하기 위해서는 몇 가지 규칙을 세워야 한다. 첫째, 아동은 손에 팝업 원숭이를 들고 약 3~3.7미터 떨어져 있는 테이블로 걸어간다. 테이블에서 아동은 팝업 원숭이가 튀어 오르지 않도록 꽉 누른다. 아동은 천천히 걸어서 다시 의자로 돌아와야 한다. 이때 뛰어서는 안 되며 팝업 원숭이가 튀어 올라오기 전에 도착해야 한다. 만약 팝업 원숭이가 튀어 오르면 출발점으로 다시 돌아가야 한다. 만약 원숭이가 튀어 오르기 전에 의자로 되돌아 온다면 두 번째 원숭이를 갖고 이 과정을 되풀이한다. 이제 아동은 테이블에서 두 마리의 원숭이를 꽉 눌러야 한다. 만약 의자로 되돌아오는 동안 두 원숭이 중의 하나라도 튀어 오르면 아동은 첫 번째 원숭이를 갖고 다시 시작해야 한다. 치료자는 아동이 좌절, 불안이나 다른 정서적 반응을 보이는 시점에서 게임을 중지시킨다. 이런 순간에 소크라테스식 질문을 적용한다(예 : "이 게임에 대해 어떻게 생각하니?", "네 머릿속에 무엇이 스쳐 지나가니?", "얼마나 불만스럽니?", "네 자신이 얼마나 잘하고 있다고 생각하니?", "너의 좌절감에 어떻게 대처하고 있니?", "네가 통제할 수 없다면 어떻게 대처해야 할까?"). 그런 다음 좌절에 대처하는 대안적 방법을 연습한다. 아동이 좌절과 통제 결여에 대처하는 새로운 방법을 찾고 있다고 파악되면 게임을 끝낸다.

치료자는 아동이 게임에서 이기는 것이 사실상 불가능하도록 튀어 오르는 시간이 서로 다르게 설정되어 있는 세 원숭이를 미리 준비해야 한다. 이 장에서 소개하고 있는 대부분의 기법들과 마찬가지로, 팝업 원숭이 게임은 몇 단계에 걸쳐 실시된다. 첫째, 과제를 소개하고 설명한다. 둘째, 팝업 원숭이 게임을 실시한다. 셋째, 경험에 대하여 이야기를 나눈 후에 아동이 결론을 내리거나 해석하게 한다.

모든 것이 완벽하게 통제되어야 한다는 규칙을 갖고 있는 10세 소년 잭슨과의 다음 대화는 좋은 예이다. 이 소년은 자신의 무능함을 통제능력과 연결시키고 있다. 다음의 대화는 이 실험이 어떻게 진행되는지를 보여준다.

잭　슨 : 나는 이 게임이 싫어요. 이 원숭이들은 악마 같아요!

치료자 : 이것은 정말 힘든 게임이야.

잭　슨 : 이 악마들을 부셔버리고 싶어요. (인형을 부시려고 한다.)

치료자 : 부셔서는 안 된단다. (잭슨이 인형을 치료자에게 주며) 네 마음속에 무엇이 스쳐

---

6) 역자 주 : 팝업 장난감(pop-up toy)은 단추를 누르거나 종이를 펼치면 용수철에 의해 그림이나 인형 등이 입체적으로 튀어나오도록 만든 장난감을 말한다.

지나가고 있니?

잭 슨 : 이 짜증나는 것들이 제멋대로 튀어요. 나는 성공할 수 없어요.

치료자 : 좋아. 잭슨, 이 게임은 네가 모든 것을 통제해야 한다는 생각이 너를 괴롭히지 않도록 내려놓는 연습을 할 수 있는 좋은 방법이란다.

잭 슨 : 이야기는 할 수 있는데, 실제로 행동하는 것은 완전히 다른 얘기예요.

치료자 : 그렇기 때문에 우리가 이 게임을 하는 거란다. 우리가 지금까지 어떤 연습을 해 왔지?

잭 슨 : 음, 가짜 수학 게임(제6장)에서 통제할 수 있다고 해서 내가 좋은 사람이란 걸 의미하지 않는다는 생각에 도달했던 게 기억나요. 통제를 못해도 나는 똑똑한 사람일 수 있어요.

치료자 : 팝업 원숭이 게임을 하는 동안 그 말을 너 자신에게 할 수 있도록 내가 이 카드에 적어볼게. 그밖에 또 무슨 말을 너 자신에게 할 수 있을까?

잭 슨 : 나는 원숭이들에게 휘둘리지 않을 것이다.

치료자 : 자, 2개째! 하나만 더 생각해보자. 네가 원숭이의 통제를 받는 것을 좋아하지는 않지만 이것에 얼마나 잘 대처할 수 있을까?

잭 슨 : 오, 알았어요. 내가 남의 통제를 받는 것을 좋아하지 않는다고 해서 내가 그것에 대처할 수 없다는 것은 아니라는 걸요.

이 게임은 잭슨을 짜증나게 만드는 데 성공했다. 잭슨이 흥분하자 치료자가 분명하게 한계를 설정했다(예 : "인형을 부셔서는 안 된단다."). 치료자는 부정적인 정서가 각성된 상황에서 인지적 재평가와 새로운 행동을 연습할 필요성을 강조했다("그렇기 때문에 우리가 이 게임을 하는 거란다!"). 이 대화 이후에 잭슨은 대처진술문을 사용하면서 게임을 몇 차례 더 실시했다.

중국 손가락 트랩

연령 : 5~18세

목적 : 통제 상실을 수용하는 법을 배움

준비물 :

● 중국 손가락 트랩

중국 손가락 트랩(Chinese Finger Traps)은 팝업 원숭이 게임과 마찬가지로 통제할 수 없는 사건을 놓아버리는 법을 배울 수 있는 경험적 활동이다(Hayes et al., 1999; Heffner et al., 2002).

중국 손가락 트랩은 짚으로 만들어져 있으며 양쪽이 뚫려 있는 튜브 모양의 장난감이다. 아동이 검지를 넣고 빼려하면 트랩이 조여든다. 트랩에서 손가락을 빼려면 손가락을 안쪽으로 밀어 넣어야 한다. 아동은 항복하는 것이 때로는 이기기 위한 전략이라는 것을 배운다. 통제와 지배를 지나치게 중요시하는 경직된 아동에게 항복은 까다로운 개념이다. 이들은 항복을 흑백논리적으로 생각한다. 또한 항복이 절대적 패배를 의미하며, 통제능력이 자존감 혹은 유능감과 관련이 있다는 잘못된 신념을 갖고 있다. 따라서 이들에게 항복의 장점을 보도록 하는 것이 중요하다. 이들의 뿌리 깊은 신념을 바꾸는 것은 이 실험의 마지막 단계에서 중요한 과제이다. 다음은 부모의 합리적인 요구에 승복하기를 거부하는 고집스런 14세 소녀 앨릭스와의 대화이다. 치료자는 먼저 앨릭스에게 손가락 트랩의 비유를 소개한다.

치료자 : 앨릭스, **중국 손가락 트랩**이 뭔지 아니?

앨릭스 : 아니요. 몰라요.

치료자 : 좋아. 바로 이거야. (앨릭스에게 트랩을 보여주며) 트랩에 양손의 집게손가락을 집어넣었다가 빼는 거야. (시범을 보여주며) 여길 봐, 밖으로 손가락을 빼려면 일단 안으로 밀어 넣어야 하는 거야. (손가락을 트랩의 중앙으로 밀어 넣은 후에 빼낸다.) 그러니까 때로는 통제하기를 포기하는 것이 더 많이 통제할 수 있는 길이 된단다.

앨릭스 : 그것이 어떻게 저에게 더 많은 통제를 줄 수 있는지 이해가 안 가요!

치료자 : 그래, 그럴 수 있지. 우리 가설을 세워보자. 이 실험에서 트랩과 맞서 싸우는 것과 항복하는 것 중에서 어떤 것이 너에게 더 많은 자유를 준다고 생각하니?

앨릭스 : 저는 싸우고 싶어요.

(치료자가 앨릭스에게 트랩을 건네준다. 앨릭스는 두 집게손가락을 트랩의 양쪽에 넣는다.)

앨릭스 : 이 손가락 트랩은 무서워서 싫어요.

치료자 : 그러니까 앨릭스, 네가 트랩의 바깥쪽으로 손가락을 당기니까 어떻게 되었지?

앨릭스 : 더 꽉 조여요.

치료자 : 마치 부모님의 규칙과 같지.

앨릭스 : 예. 비슷해요.

치료자 : 때로는 항복하는 것이 트랩에서 빠져나오는 방법이 될 수 있단다.

앨릭스 : 선생님이 왜 이걸 하라고 하시는지 이제 알겠네요.

치료자 : 그게 뭔데?

앨릭스 : 항복해야 한다는 거요.

치료자 : 그럼 트랩과 맞서 싸우는 것은 어땠어?

앨릭스 : 좋지 않았어요.

치료자 : 항복하니까 어땠어?

앨릭스 : 좀 이상야릇했어요.

치료자 : 너한테는 색달랐을 거야.

앨릭스 : 저한테는 항복이 별로 좋은 느낌을 주지 않아요.

치료자 : 나는 칩트릭(Cheap Trick)이라는 록밴드의 노래를 좋아한단다. 그 밴드가 부른 노래 중에 '항복은 해도 너 자신을 포기하지는 마.'라는 가사가 있어. 항복을 하면서도 너 자신을 잃지 않고 잘 유지한다는 것이 얼마나 가능할까?

앨릭스 : 생각해본 적 없어요. 저는 제가 싸우는 쪽이라고 생각해요.

치료자 : 너는 싸우길 좋아하는구나. 하지만 그것이 네 모습의 전부일까?

앨릭스 : 모르겠어요.

치료자 : 전사는 이길 수 있는 방법을 찾으려고 하지. 아마도 어떤 전쟁에서는 항복함으로써 이길 수도 있을 거야.

앨릭스 : (잠시 멈췄다가) 항복이 어떻게 좋을 수가 있죠?

치료자 : 좋아. 항복의 장점에 대해서 살펴보자. 손가락 트랩에 항복할 때 어떤 장점이 있었지?

앨릭스 : 트랩에서 빠져나왔어요.

치료자 : 다른 장점은?

앨릭스 : 스트레스도 적었어요.

치료자 : 또 다른 장점은?

앨릭스 : 에너지 낭비도 적었어요.

치료자 : 그러니까 항복에도 장점이 몇 가지 있었네. 이런 새로운 지식을 너의 행동에 어떻게 적용할 수 있을까?

앨릭스는 손가락 트랩에 갇혀 있는 것을 좋아하지 않았고, 항복은 그녀에게 불편한 문제해결 전략이었다. 치료자는 앨릭스의 새로운 경험에 대해 생각해보도록 도와주었다(예 : "트랩에 맞서 싸워보니 어땠어?", "항복하니까 어땠어?").

치료자는 앨릭스의 경험을 극대화하기 위해 공감을 사용했다(예 : "너한테는 색달랐을 거야."). 치료자는 또한 앨릭스가 스스로에 대해 갖고 있는 절대적 관점을 검증했다("너는 싸우길 좋아하는구나. 하지만 그것이 네 모습의 전부일까?"). 그리고 치료자는 앨릭스가 항복의 장점을 볼 수 있도록 도와주었다.

📓 한 단어 이야기

연령 : 8~18세
목적 : 협력과 상호성, 그리고 항상 완벽하게 통제할 수 있는 사람이 없음을 가르침
준비물 : 없음

한 단어 이야기(One-Word Story)는 즉흥연극 게임의 일종이다(Bedore, 2004). 이 게임에서 아동들은 옆으로 나란히 앉거나 선다. 그런 다음 한 사람씩 차례로 말하면서 이야기를 만들어나간다. 이때 각 아동은 자기 차례가 왔을 때 한 단어로만 참여할 수 있다. Bedore는 이야기를 다 만든 다음 각 아동에게 이야기가 이렇게 끝날 것으로 추측했었는지 물어볼 것을 제안했다. 즉 실험이 끝난 후에 아동들이 결과를 평가하여 의미 있는 결론을 도출하도록 돕는다. Bedore는 이 게임이 아동들에게 협력과 상호성을 가르치고, 항상 완벽하게 통제할 수는 없다는 현실을 깨닫게 한다고 설명했다.

한 단어 이야기는 상호작용과 통제해야 한다는 생각을 내려놓는 데 어려움을 갖고 있는 아동에게 적합하다. 너를 믿을게 게임과 마찬가지로 이 게임도 가족 상황에 적용할 수 있다. 통제 이슈와 싸우는 가족의 경우에는 이 게임에서 힘겨루기가 드러나게 될 것이다. 또한 이 게임은 모든 구성원이 동등하게 이야기에 참여하기 때문에 특정 구성원의 참여를 무시할 수 없게 한다.

우울

행동실험은 우울 및 관련 장애에도 적용된다. 이런 경우에는 보통 자기 자신과 다른 사람, 그리고 세상에 관한 아동의 비관적 신념을 검증하는 실험을 한다. 행동실험은 아동이 실행에 옮기도록 격려하며, 행동을 하지 않는 것이 기분이 우울해지는 데 기여한다는 메시지를 전달한다. 이 장에 소개된 다른 모험들과 마찬가지로 행동실험은 아동과 청소년에게 자신의 생각이 부당하다는 것을 입증하는 강력한 경험을 제공한다. 다음에는 우울한 아동의 두 예가 제시되어 있다.

카림은 지속적인 우울과 비관주의를 겪고 있는 9세 소년이다. 그는 자신이 절대로 슬픈 기분을 경험해서는 안 되며 자신의 행복한 기분은 '최고 수준'이어야 한다고 믿었다. 카림의 마음속에서 '최고 수준'이란 행복한 기분이 10점 만점에서 10점이어야 하며, 디즈니 영화의 주인공 같은 느낌을 가져야 한다는 것을 의미했다. 또한 카림은 대부분의 사람들이 이러한 믿음을 갖고 있다고 생각했다. 카림은 정서적 완벽주의에 갇혀 있었으며 자신의 행복에 대한 절대적 기준으로 인해 부담을 느꼈다. 이러한 경직된 신념의 결과는 당연하게도 지속적인 우울과 슬픔, 무감동증(anhedonia), 짜증이었다.

　　우리는 카림에게 설문조사 실험을 시도했다. 그는 다양한 사람들을 설문조사의 대상으로 선택하여 그들에게 날마다 얼마나 행복한 기분을 느껴야 한다고 믿는지, 그리고 평균적으로 매일 얼마나 실제로 행복하다고 느끼는지 물었다. 그림 7.1은 카림의 설문조사 결과를 보여주고 있다. 다음의 대화는 이 실험이 어떻게 진행되는지를 보여준다.

치료자: 카림, 네가 수집한 데이터를 보자.

카　림: 제가 여러 사람에게 물어보았어요.

치료자: 그랬구나. '얼마나 행복한 기분을 느껴야 하는가?' 칸에서 무엇을 발견했니?

카　림: 모르겠어요. 점수가 모두 높았다?

치료자: 10점으로 표시된 것이 몇 개나 있었지?

카　림: 하나요.

치료자: 많은 사람이 높은 점수를 보였지만 단지 한 사람만 '최고' 수준을 나타냈어. 이 점에 대해 어떻게 생각하니?

카　림: 아마도 인생이 최고 수준이어야 한다고 생각하는 사람은 저뿐인가 보네요.

치료자: 그래서?

카　림: 글쎄요. 그러니까 항상 모든 일이 최고 수준이기를 기대하는 것은 합리적이지 않은 것 같네요.

치료자: 그것을 종이에 적어보자꾸나. 두 번째 칸에서는 무엇을 얻을 수 있을까?

카　림: 대부분의 사람들이 그래야 한다고 생각하는 것보다는 덜 행복하다고 느끼네요.

치료자: 이것이 너에게는 어떤 의미가 있을까?

카　림: 사람들이 바라는 행복은 실현되지 않는다는 거요.

치료자: 숫자가 그걸 말해주고 있니?

카　림: 아닌 것 같은데요.

치료자: 두 칸의 숫자들이 서로 얼마나 비슷할까?

카　림: 정말 비슷해요.

치료자: 그 점에 대해 어떻게 생각해?

카　림: 사람들이 자신의 기대만큼 행복하다고 느낀다…. 아무도 최고 수준으로 행복한 사람이 없다.

치료자: 이 모든 것을 종합해보면?

카　림: 모든 일이 항상 최고 수준이기를 기대하는 것은 맞지 않다. 숫자들이 실제로 매우 비슷하다.

치료자: 이것이 네가 대부분 기분이 좋은 것에 대해 얼마나 만족스럽게 만들까?

사람	얼마나 행복한 기분을 느껴야 하는가?	실제로 얼마나 행복한가?
에드가(친구)	8	7
모리스(친구)	9	7
첼시(친구)	8	7
재키(친구)	10	8
토마스(친구)	9	6
알(친구)	8	8
루크(친구)	8	8
엄마	8	8
아빠	8	7
형	9	8
삼촌	8	8
이모	8	8
사촌	8	8
사촌	7	7

결론 :
모든 일이 항상 '최고' 수준이길 기대하는 것은 합리적이지 않다.
사람들은 자기가 기대하는 정도만큼 행복하다.
모든 일이 최고 수준이어야 한다고 믿지 않으면서 모든 일이 최고 수준이길 기대하는 것은 합리적이지 않다.
이 숫자들은 매우 비슷하고 나는 만족스럽다.

| 그림 7.1 | 카림의 행복 설문조사

카　림 : 정말 만족스럽게 만들어요.

　카림과의 대화는 설문조사 실험을 어떻게 체계적으로 실시하는지를 보여준다. 이 대화에는 추상적인 질문과 구체적인 질문이 모두 포함되어 있다("그것에 대해 어떻게 생각하니?", "숫자가 그걸 말해주고 있니?", "10점으로 표시된 것이 몇 개나 있었지?", "두 칸의 숫자들이 서로 얼마나 비슷할까?", "이것이 네가 대부분 기분이 좋은 것에 대해 얼마나 만족스럽게 만들까?"). 마지막으로 카림은 자신이 내린 결론을 글로 적었다.

　많은 청소년들이 과제나 활동을 하려면 그것을 즐겨야 한다고 믿는다. 실제로 이러한 경직된 신념체계에는 정서적 추론(감정의 포로)이 들어 있다. 행동실험은 특히 이러한 인지왜곡으로부터 청소년을 자유롭게 하는 데 유용하다. 클레어는 우울한 14세 소녀이다. 그녀는 자기가 완전히 만족하거나 즐기지 않는 것은 절대로 하지 않겠다며 고집을 부렸다. 즐기지 않는다는 범주에는 특정 수업에 참석하기, 상담 중에 자기 기분이나 생각을 말하기, 축구 연습하기, 집 안일 돕기, 부모에게 주말 계획에 관해 말하기 등이 있었다. 당연히 클레어는 학교를 빼먹고 숙제를 하지 않았으며 집에 돌아오는 시간을 지키지 않고 상담 중에 말을 하지 않으려고 했다.

활동	시도함	완수함	즐거움 수준
역사 수업	×	×	2
대수학 숙제	×		0
스페인어 숙제	×	×	2
화학 숙제	×	×	0
심리치료 숙제	×	×	1
전화 걸기	×	×	0
욕실 청소	×		0
설거지	×	×	1
결론 : 나는 즐겁지 않은 일도 할 수 있다. 좋아하지는 않지만 해야 할 일을 한 결과로 좋은 일이 일어난다.			

| 그림 7.2 | 클레어의 행동실험

치료자는 자기-모니터링 과제를 통해 클레어의 신념을 확인한 후 그러한 신념을 검증하기 위한 실험을 계획했다. 클레어는 "나는 내가 좋아하지 않는 일은 할 수 없어." 그리고 "내가 해야만 하는 일을 하면 아무것도 얻을 수 없어."라는 신념을 검증하는 데 동의했다. 이 과정에서 핵심 요소는 클레어의 호기심을 촉진하는 것이다("이 가설이 맞는지 한번 살펴보자. 어떤 활동을 좋아해야만 그것을 할 수 한다면 이 숫자들이 무엇을 말하는 걸까?"). 클레어에게 주어진 숙제는 지금까지 회피했던 활동이나 과제를 적어도 시도해보고 할 수 있으면 완성하는 것이었다. 그런 다음 클레어는 자신이 얼마나 즐거웠는지를 평가했다. 그림 7.2는 클레어의 치료적 모험 결과를 보여주고 있다. 클레어와의 다음 대화는 이 실험이 어떻게 진행되었는지를 보여준다.

치료자 : 클레어, 이 차트에 적혀 있는 숫자를 보니 무슨 생각이 들어?

클레어 : 이제 선생님께서 제 인생이 얼마나 썩었고 헛소리로 가득한지를 알게 되시겠구나.

치료자 : 무엇 때문에 그런 말을 하지?

클레어 : 이 숫자들 좀 보세요, 멍청이 선생님. 모두 0~2점이잖아요.

치료자 : 그것에 주의를 갖게 해주어서 고맙구나. 그런데 궁금하네.

클레어 : 뭐가 그렇게 궁금하신데요?

치료자 : 즐거운 것이 별로 없네. 그런데 우리가 검증할 신념이 무엇이었더라?

클레어 : (조용한 목소리로) "무엇인가를 하려면 내가 좋아해야 한다."

치료자 : 그리고 너의 예측은?

클레어 : 내가 좋아하지 않는 일은 할 수 없다.

치료자 : 이 숫자들이 그것을 증명하고 있니?

클레어 : 선생님은 똑똑하시니 생각해보세요.

치료자 : 좋아. 그렇게 할게. 보자…. 만약 이 신념이 사실이라면 시도한 것도 적어야 하고 완수한 것은 훨씬 더 적어야겠네. 시도한 것은 몇 번이었지?

클레어 : 모두 다요.

치료자 : 완수한 것은?

클레어 : 여섯 번이요.

치료자 : 이것을 얼마나 정직하게 적었지?

클레어 : 저를 거짓말쟁이로 보세요? 물론 정직하게 적었지요.

치료자 : 그럼 이것에 대해 어떻게 생각하니?

클레어 : 잘 모르겠어요.

치료자 : 너는 모두 다 시도했고 대부분 완수했어. 만약 좋아해야만 완수할 수 있었다면 이렇게 할 수 있었을까?

클레어 : 천재 선생님, 제발 그만하세요. 저는 틀렸다는 말 듣는 게 싫어요.

치료자 : 하나만 더…. 여기에 적힌 일들을 한 결과로 네가 좋아하는 일이 일어났니?

클레어 : 부모님이 제가 좋아하는 마룬5 콘서트에 가게 해주셨고, 아리엘네 집에 가서 자게 해주셨어요.

치료자 : 그렇구나, 그러니까 네가 좋아하지는 않지만 해야 할 일을 한 결과로 좋은 일이 일어난 거네?

클레어 : 아마도요.

치료자 : 방금 우리가 알게 된 것을 적어보자.

클레어의 짜증은 이 실험에 접근하는 것을 껄끄럽게 만들었다. 치료자는 클레어의 감정적이고 자극적인 말들("이 숫자들 좀 보세요, 멍청이 선생님.", "천재 선생님, 제발 그만하세요.")을 인내하면서 지속적으로 치료의 목표에 초점을 맞추었다. 이 대화에는 긴 설명과 설교를 피하기 위한 짧은 질문들이 들어 있다("그리고 완수한 것은?", "너의 예측은?"). 이것은 클레어와 같이 정서적으로 반응하는 내담자에게 특히 중요하다.

섭식장애

Waller 등(2007)은 섭식장애를 위한 몇 가지 실험을 추천했다. 식사를 계획하고 요리하기, 탈의실에서 다양한 옷 입어보기, 거울 속의 자기 모습 바라보기, 운동 없이 간식 먹기 등이 그 예이다. Cooper, Whitehead와 Boughton(2004)은 섭식장애 내담자의 생각을 검증하기 위해 다양한 창의적 노출활동을 개발했다. 이들은 식사와 통제에 대한 섭식장애 내담자의 과대평가를 검증하기 위한 실험을 만들었다. 예컨대 그들은 "음식을 먹으면 기분이 좋아질 거야/고통이 사라질 거야." 혹은 "굶으면 기분이 나빠지는 것을 멈출 수 있을 거야." 같은 신념을 검증하는 실험을 했다. 내담자들은 부정적인 감정의 지속시간과 강도가 폭식, 건강한 식사, 절제에 따라 달라지는지를 기록함으로써 이러한 신념들을 검증했다. Cooper 등은 설문조사 실험을 통해 특정 음식이 건강에 해로운지를 검증했다. 예컨대 점심식사로 치즈 한 조각을 더 먹는 것이 건강한 것인지를 친구들에게 물어보는 것이다.

가족 식사는 섭식장애에 대한 접근들 중에서 가장 핵심적인 활동이다(Lock et al., 2001; Minuchin & Fishman, 1974). 이 활동은 섭식장애 내담자를 위한 인지행동치료에 아주 잘 맞는다. 이 활동에서는 상호작용 패턴, 대인관계 전략, 신념체계 등이 잘 드러난다.

📋 가족 식사

연령 : 5~18세
목적 : 왜곡된 신념을 검증하고 새로운 가족 상호작용 패턴을 연습함
준비물 :

- 가족들이 가져온 식탁
- 식사
- 종이, 펜 혹은 연필

가족 식사(Family Meals) 실험은 가족들의 예측으로 시작한다. 예컨대 거식증을 갖고 있는 14세 소년 스카일라는 '어머니가 화를 내며 나에게 강제로 음식을 먹게 하실 거야. 아버지는 뒤로 물러나 우울해하실 거야. 두 분은 싸우기 시작할 거야. 여동생 프렌티스는 농담으로 관심을 끌려고 할 거야. 나는 불안해지고 화가 나서 식욕을 잃게 될 거야.'라는 생각을 갖고 있었다. 어머니는 스카일라는 내버려두면 먹지 않을 것이고, 아버지는 포기할 것이며, 스카일라는 고집쟁이가 될 것이고, 프렌티스는 소외될 것이라고 예측했다. 어머니는 자신이 우울하며 무능하다고 생각했다. 한편 스카일라의 아버지는 자신이 소외될 것이고 아내는 자신의 어떤 참여에 대해서도 비판할 것이라고 예측했다. 또한 그는 스카일라와 아내 사이에 갈등이 생겨 둘이 서로 화를 내며 싸울 것이며, 프렌티스는 속상해하며 가족들의 기분을 좋게 하려고 애쓸 것이라 생각했다. 프렌티스는 아버지가 자기에게 농담을 하고 소프트볼에 대해 이야기할 것이라고 추측했다. 언니 스카일라는 음식을 과도하게 절제하느라 최근 들어 소프트볼을 하지 못했기 때문에 자신에게 질투심을 느낄 것이라고 했다. 어머니와 언니는 언니가 얼마나 먹었는지

에 대해 싸울 것이며, '언니는 엄마랑 비슷하고, 나는 아빠를 닮았다.'라고 생각했다.

가족들의 가설을 발표하게 한 후에는 가족 식사를 계획한다. 가족이 식사를 준비해오면 회기를 시작한다. 치료자는 상호작용을 관찰한다. 임상적으로 유의한 순간이 발생하면 치료자가 개입한다. 이때 치료자는 가족들이 다양한 방식의 행동과 상호작용 또는 생각을 실험하도록 요청한다.

스카일라의 가족은 음식을 갖고 와 식탁에 앉아서 점심식사를 했다. 어머니는 먼저 스카일라를 위해 베이컨과 양상추, 토마토를 넣은 샌드위치의 포장을 뜯었다. 치료자는 그 순간을 포착하고 스카일러와 어머니에게 마음속에서 무엇이 스쳐 지나갔는지 물었다. 스카일라는 "또 시작이군. 어머니는 나를 애기 취급해요. 나는 이게 싫어요."라고 말했다. 어머니는 "스카일라가 먹을 수 있도록 음식을 준비해야 해. 스카일라는 샌드위치를 갈기갈기 찢어서 너무 역겹게 만들어 먹을 수 없게 만들 거야."라고 말했다. 치료자는 스카일라와 어머니에게 음식에 대해 새롭게 행동하는 방법을 가르쳤다. 어머니에게는 스카일라가 자신의 접시를 준비하도록 놔두라고 했고, 스카일라에게는 자기주장을 실험하도록 했다("어머니, 샌드위치를 저에게 주세요."). 새로운 행동이 일어나자 치료자는 스카일라와 어머니에게 어떻게 생각하는지 물어보았다. 어머니는 "믿을 수가 없네요! 스카일라가 잘하고 있다니!"라고 말한 반면 스카일라는 '어머니가 내 샌드위치에 마요네즈를 더 넣으라고 할 것이다. 나는 절대 어머니를 만족시킬 수 없을 것이다.'라고 적었다. 치료자는 소크라테스식 대화를 통해 스카일라의 예측(비판과 통제)과 실제 일어난 일(어머니의 놀람과 수용)에 대해 다루었다.

식사는 몇 분간 지속되었다. 스카일라가 정상적으로 먹자 동생은 매우 명랑해졌으며 관심을 끌려고 했다("저기 밖을 봐요. 놀이공원에 새로운 롤러코스터가 생겼어요. 작년에 저기 갔을 때 언니 때문에 모두 화가 났던 것 기억나세요? 내가 축구경기에서 엄청 큰 상처가 났던 것 기억나세요?"). 어머니와 아버지가 동생에게 반응을 보이자 스카일라는 얼굴을 찡그리며 "너 입 다물지 않을래? 이 호들갑쟁이야."라고 말했다. 어머니와 아버지는 거의 동시에 "스카일라, 입 다물고 먹기나 해."라고 말했다. 따라서 실험은 또 다른 생산적인 순간을 맞이했다.

치료자는 동생에게 마음속에서 무엇이 스쳐 지나갔는지 물었다("이것은 재미가 없어요. 아무런 일도 일어나지 않잖아요. 나는 이야기할 시간을 원해요."). 스카일라는 생각기록지에 '동생은 못됐다. 걔는 이런 식으로 부모님에게 말해 나를 다운시킨다. 부모님은 작은 공주 같은 동생을 나보다 더 좋아하신다. 나는 부모님의 기대를 절대로 충족시킬 수 없을 거야. 나는 그들의 세계에서 소외되어 있어.'라고 적었다. 이러한 상호작용은 또 다른 실험의 기회를 제공해주었다. 치료자는 가족들의 가설로 다시 돌아가 현재의 상호작용과 데이터를 함께 살펴보았다("제가 보기엔 가족 모두가 소외되는 것을 두려워하는 것 같아요. 지금부터 모든 사람이 참여할 수 있는 무난한 주제에 대해 이야기하는 실험을 해보도록 하지요.").

🗒 완벽한 사진

연령 : 8~18세
목적 : 아름다움과 가치, 매력에 관한 흑백논리적 사고 감소
준비물 :

- 10대 잡지에서 오려낸 모델 얼굴 사진
- 종이 또는 화이트보드
- 마커

완벽한 사진(Picture Perfect)은 아름다움과 가치, 매력이 체중에 의해 좌우된다고 믿는 아동과 청소년을 위한 실험이다. 이 활동은 10대 잡지에 빠져 잡지 속 모델들과 자신을 비교하는 경향이 있는 아동과 청소년에게 도움이 된다. 또한 이 활동은 신체 이미지와 신체적 결함에 대한 과도한 관심으로부터 벗어나게 해준다. 이 활동은 집단이나 개인 모두에게 사용할 수 있다.

치료자는 먼저 인기 있는 10대 잡지에서 모델 얼굴의 사진들을 잘라서 준비한다. 이때 다양한 유형과 인종의 얼굴을 준비하는 것이 중요하다. 그런 다음 내담자에게 모델 사진들을 '예쁜', '보통', '매력 없는'의 세 범주로 분류하라고 요청한다. 분류가 끝나면 세 범주로 분류할 때 사용했던 결정의 규칙을 말하라고 한다. 내담자는 각각의 규칙을 화이트보드나 종이에 적는다. 이렇게 실험 데이터를 기록한 후에 치료자는 내담자와 함께 의견을 나누고 결론을 맺는다.

이 활동에서는 몇 가지 중요한 전환점이 있다. 첫째, 치료자는 에어브러시로 수정한 모델사진을 '매력 없는' 범주로 분류한 것에 관심을 기울일 필요가 있다. 실제로 이것은 부정적인 세부 특징(예 : "너무 큰 귀걸이를 하고 있어요.")에 지나치게 집중하는 섭식장애 내담자의 특성을 반영한다. "10대 잡지 속 모델을 매력 없다고 본 너의 판단을 어떻게 설명할 수 있을까?"라는 질문은 치료를 촉진하는 결론으로 이끈다(예 : "나는 작은 결점도 크게 부풀려서 봐요."). 둘째, 각 범주의 빈도를 비교하는 것도 생산적인 결과를 가져온다. 예컨대 한 집단에서 7개의 사진은 예쁘다는 범주로, 9개는 보통으로, 그리고 9개는 매력 없는 범주로 분류되었다. 치료자는 집단 구성원들에게 자신의 경험에 비추어 생각해보도록 했다(예 : "모델과 연예인들 중 72%가 평균 내지 평균 이하의 범위에 있다는 사실에 대해 어떻게 생각하니?"). 집단 구성원들은 "우리가 외모를 너무 엄격하게 판단하는 것 같네요."라고 결론지었다.

세 번째 중요한 전환점은 '매력적인' 칸에서 발견된다. 치료자는 내담자에게 예쁘다는 범주에 포함시키기 위해 적용했던 판단의 규칙을 말하게 한다. 최근의 한 집단에서 섭식장애 내담자들은 화장, 머리, 피부, 미소, 눈, 액세서리 등을 미의 기준으로 꼽았다. 신체와 체중은 목록 어디에도 없었다. 따라서 치료자는 "체중이 목록에 없다는 사실에 대해 어떻게 생각하니?"라

고 물었다. 소녀들은 깜짝 놀라며 잠시 생각을 하더니 "혼란스럽네요."라고 말했다. 이어 치료자는 "만약 체중이 정말로 결정적인 요인이라면 어떻게 목록에서 제외될 수 있었을까?"라고 물었다. 소녀들은 "우리가 까먹었을 뿐이에요."라며 반박했다. 만약 이런 일이 치료 중에 일어난다면 목록에 체중을 더하고 다음과 같이 질문하면 된다. "우리는 모두 10개의 항목을 갖고 있고 그중의 하나가 체중이야. 만약 체중이 10가지 기준 중의 하나라면 어떻게 체중이 절대적으로 아름다움을 결정할 수 있을까?" 데이터를 분석하는 마지막 단계에서 치료자는 다음의 질문을 할 수 있다. "만약 체중이 절대적인 결정요인이라면 어떻게 이 사진들이 아름다운 범주로 분류될 수 있었을까?"

강박장애

전통적으로 강박장애는 행동실험에 반응을 잘 보인다. 보통 이 실험은 노출/반응예방(exposure/response prevention procedure, ERP)의 형태를 취한다. 이 활동에서 치료자는 아동에게 반응을 하지 않거나 가능한 오랫동안 미루도록 가르치면서, 동시에 실제로 혹은 상상 속에서 강박적인 두려움에 노출시킨다(Piacentini et al., 2006). 노출기반의 다른 절차들과 마찬가지로 ERP는 점진적이며 체계적인 방식으로 진행된다. 지금부터 강박장애의 도전을 받고 있는 아동에게 적용할 수 있는 치료적 모험을 몇 가지 제시하고자 한다.

9세 소년 리암은 4세의 여동생을 '세균 보유자'로 생각했다. 여동생이 만지는 것은 무엇이든 즉각적으로 세균이 생긴다고 믿었다. 그는 세균을 피하기 위해 조심하거나 혹은 반복적으로 씻어내야 했다. 리암은 지난 3년 동안 여동생을 껴안거나 뽀뽀하거나 손을 잡은 적이 없었다. 그는 즉각적으로 씻지 않으면 바로 병에 걸리거나 졸도하거나 간질발작이 일어나거나 혀를 삼키게 되거나 죽게 될 것이라고 예상했다. 치료자는 리암에게 전통적인 ERP를 결합한 몇 가지 모험을 실시했다. 리암은 노출실험에 앞서 인지재구성(제5장)과 합리적 분석 기법(제6장)을 통해 만들어진 대처사고를 준비했다. '세균을 보유하고 있는' 여동생과의 모험은 점진적인 단계로 이루어졌다. 먼저 씻는 반응을 하지 못하게 하면서 여동생이 만졌던 물건의 표면을 만지는 것으로 시작했다. 그런 다음 동생과 순식간에 접촉하는 하이파이브를 하고 손을 씻지 않도록 했다. 그 후에 악수를 하고 손을 맞잡고 복도를 걸어가는 것으로 진행했다. 마지막으로 씻기 의식 없이 동생을 껴안는 것으로 끝을 맺었다.

우리가 만났던 강박장애 내담자들 중에는 분노를 세균처럼 여기는 사람들도 있었다. 이들은 분노를 위험의 원천으로 보았으며, 자신의 분노를 통제할 수 없고 바이러스처럼 다른 사람에게 전염된다고 생각했다. 이런 내담자들은 공통적으로 화가 나는 것은 '나쁜 생각'과 '병든 마음'의 산물이라고 가정한다. 이런 특징을 갖는 아동과 청소년 중에는 분노를 억제하고 금기시하는 가정에서 살고 있는 경우가 많다. 어떤 어머니는 "분노는 인간이 경험할 수 있는 정서의 범위에서 삭제해버리고 싶은 정서이다."라고 말했다. 두려움의 영어 표현인 FEAR 효과 (Barrett et al., 1996)는 이런 현상을 설명하는 데 도움을 준다.

'FEAR 효과'란 회피반응의 가족 강화(Family Enhancement of Avoidant Response)를 의미한 다. 이것이 일어날 때 부모는 부정적 정서가 관계를 손상시키거나 파괴한다고 믿는다. 가족의 상호작용 패턴은 인지와 정서, 행동에 관한 규칙과 암묵적 기준을 지속시킨다(Waters & Barrett, 2000). 분노가 전염된다고 보는 생각은 FEAR 효과와 그것에 수반된 과잉보호, 밀착된 가족시스템과 관련이 있는 것으로 보인다. 밀착(enmeshment)은 과도한 침투성(다른 가족 구 성원을 대신해서 말하기), 공유된 정체성(그녀는 나랑 똑같다), 기존의 가족시스템을 유지시키 기 위한 공동의 생존기제로 특징지어진다(Hansen & L'Abate, 1982; Minuchin & Fishman, 1974; Nichols, 1996). 이런 가정은 가족 구성원이 각자 느끼는 것을 다른 구성원도 느낀다고 믿는 상호의존성을 갖는다. 한 아동은 이런 패턴을 다음과 같이 정의했다. "엄마가 느끼는 것 을 나도 느껴요. 엄마가 슬퍼하면 나도 슬퍼져요. 이것은 엄마와 내가 서로 가깝다고 느끼게 해줘요."

로니는 공부도 잘하고 학교의 운동부 대표선수로도 활동하는 16세 소년으로, 심각한 강박 장애를 겪고 있었다. 그는 몇 가지 씻기 의식(손 소독하기, 샤워하기, 날마다 세탁하기, 표백 제로 바닥을 반복해서 닦기)을 수행했으며, 자기 몸속의 세균 때문에 다른 사람들과의 접촉을 회피했다. 몇 가지 자기-모니터링 절차를 실시했지만 로니는 여전히 세균을 명확하게 확인할 수 없었다. 그럼에도 불구하고 로니는 막연히 '나는 바이러스나 병을 갖고 있어서 내 가족들 을 메슥거리게 만들 거야.'라고 생각하고 있었다.

몇 가지 전통적인 ERP 활동은 로니의 증상을 다소 호전시켰다. 그러나 증상은 대부분 집요 하게 지속되었다. 가족상담 회기에서 로니와 부모 사이의 갈등이 드러났고, 로니는 그동안 금 기시되어온 분노를 표출했다. 경악한 로니의 부모는 그들의 가정에서는 분노가 가장 허용되 지 않는 정서라고 말했다. 그들은 분노가 '파괴적'이고 가정을 무너뜨리며 관계에 '악영향을 미친다.'고 믿었다. 로니의 아버지는 "분노가 역겹고 메슥거리게 만든다."고 고백했다. 실제로 이러한 신념들은 세균에 대한 로니의 두려움과 직접적인 관련이 있었다.

ERP 과정은 로니가 분노를 일으키는 생각을 적어보는 것으로 시작되었다("아빠는 통제 악 마예요. 엄마는 마귀구요. 그들은 나를 완전 애기처럼 취급하세요."). 로니는 생각을 적은 후 에 씻고 싶은 충동이 70%라고 기술했다. 그는 그 충동이 30%로 감소할 때까지 자기가 적은 생각을 읽고 또 읽었다. 마침내 로니는 씻고 싶은 충동에 저항할 수 있었다.

다음 단계는 로니가 치료회기 중에 자기의 분노감정을 부모와 공유하는 것이었다. 이 활동 은 무슨 일이 일어날지 예측하기, 실제 결과 관찰하기, 씻고 싶은 충동에 저항하기 등을 포함 했다. 로니는 분노에 대한 부모의 반응을 예측했다(예 : "부모님은 나를 나쁜 애로 생각할 것이다.", "부모님은 나를 못된 행동을 하는 애로 생각할 것이다.", "부모님은 내가 통제 불능이라고 생각할 것이다", "부모님은 나한테 문제가 있다고 생각할 것이다.", "부모님은 내가 가족을 망가뜨린다고 생각할 것이다."). 치료자는 로니의 부모님을 치료회기에 초대했다. 그러나 로니가 처음부터 자신의 구체적인 예측을 부모님과 공유한 것은 아니었다.

나중에서야 로니는 부모 때문에 화가 났던 여러 일에 대해 말했다. 그는 보통 수준으로 화나게 만드는 것(10점 만점에서 5점)부터 말하기 시작했다. 로니가 부모에 대한 짜증을 표현하자 치료자는 부모의 반응을 이끌어냈다("로니의 분노에 대해 들으시고 기분이 어떠셨나요?", "두 분의 마음속에 무엇이 스쳐 지나갔나요?"). 로니는 자신의 예측과 부모의 실제 반응을 비교하고 자신의 가설이 확인되었는지 그렇지 않은지를 살펴보았다.

로니의 예측 중에서 일부는 정확했음에 주목할 필요가 있다(예 : 부모 모두 로니의 분노를 통제 상실의 신호이며 가족에게 부담이 된다고 생각했다). 이런 이유로 치료자는 회기 중에 먼저 이 실험을 해보도록 한 것이다. 그렇게 해야 그들이 확인된 예측에 대해 함께 이야기해볼 수 있기 때문이다. 치료자는 분노를 통제 상실의 신호로 보는 로니 부모의 신념에 증거 검증 기법을 적용했다. 또한 치료자는 로니의 부모가 로니의 분노에 대해 새로운 해석을 할 수 있도록 돕기 위해 재귀인 기법을 사용했다(예 : "분노가 가족을 망가뜨린다는 것 말고 다르게 해석할 수는 없을까요?", "분노를 모두 없애버리는 것이 가족의 기능을 어떻게 보호해주나요?", "가정에서 분노를 표현하는 것의 장점은 무엇인가요?", "무엇 때문에 로니가 분노를 표현하는 것보다 강박장애를 겪는 것이 훨씬 낫다고 생각하시는지요?").

마벨은 학업성적이 매우 우수하며 리더십도 있고 고등학교에서 운동선수로도 활동하는 16세 소년이었다. 그러나 그는 심신을 약화시키는 독특한 증상의 강박장애로 힘들어했다. 그는 다른 사람들과의 일상적인 접촉을 회피하지 않으면 자신의 능력과 고유한 성격을 상실하게 될 것이란 믿음을 갖고 있었다. 그는 만약 다른 사람을 만난 후에 먼지를 털지 않으면 다른 사람으로 변형되어 결과적으로 자신을 상실하게 된다고 생각해 두려워했다. 그는 복도에서도 다른 사람들과 만날까 봐 피해 다녔으며, 심지어 등을 두드리거나 하이파이브하는 것조차도 회피했다. 치료자는 그의 예측을 분명하게 끌어낸 후에 실험을 실시했다.

마벨은 역사광으로 역사퀴즈를 좋아했다. 치료자는 마벨에게 역사퀴즈를 푼 후에 다른 사람과 신체적으로 접촉하고, 먼지를 털지 않은 상태에서 다시 퀴즈를 풀자고 제안했다. 치료자는 마벨에게 두 번째 퀴즈에서 자신이 얼마나 잘할 수 있을지를 예측하게 했다. 그는 다른 사람과 접촉한 후에는 수행이 나빠질 것이라고 예측했다.

마벨은 치료실에서 온라인으로 역사퀴즈를 풀었고, 30%의 정답률을 보였다. 이때 치료실에는 2명의 직원이 소파에 앉아 있었다. 로니에게 선택을 부여하기 위해 소파 옆에 빈 의자를 놓았다. 따라서 마벨은 두 직원 사이에 앉을 것인지 혹은 빈 의자에 앉을 것인지를 선택해야 했다. 마벨은 두 직원 사이에 앉는 것을 선택했고, 따라서 다른 사람과 스치게 되었다. 그가 보고한 SUDS 수준은 10점 만점에 10점이었다. 이 접촉이 있은 후에 마벨은 다시 역사퀴즈를 풀었으며, 이때 76%의 정답률을 보였다.

치료자는 마벨에게 예측했던 결과와 실제 결과를 비교해보라고 했다. 마벨은 이 경험이 "이상하고 혼란스럽다."고 말했다. 이것은 그의 생각과 기분, 행동 시스템에 의심이 끼어들고 있음을 의미하는 것이다. 그는 다른 사람과의 접촉이 해롭지 않으며, 긍정적일 수도 있지만 중립적일 가능성이 크다고 결론지었다. 치료자와 마벨은 선택적인 접촉이 그의 능력과 성격에 미치는 영향을 검증하기 위해 추가적인 실험을 하기로 계획했다.

세균 모으기 게임

연령 : 6~15세
목적 : 강박장애 치료
준비물 :
- 종이
- 마커 혹은 크레용
- 가위

세균 모으기 게임(Germ Scavenger Hunt)은 아동을 위한 치료적 모험으로, 점진적 노출과 합리적 분석, 유관적 강화, 놀이를 결합한 것이다. 이 게임은 오염공포를 갖고 있는 아동에게 적합하다. 이 게임은 몇 단계로 나뉘어 실시되는데, 첫 번째 단계에서 치료자는 아동에게 세균 모으기 게임을 소개한다. 작은 종이에 다양한 유형의 균 혹은 오염물질을 적거나 그림으로 그리게 한다. 제6장에서 소개된 누가 세균을 가졌니 게임과 마찬가지로, 면역을 높여주는 좋은 균에는 플러스 표시(+)를, 병을 일으키는 균에는 마이너스 표시(−)를 하라고 한다. 그리고 중립적인 균에는 아무 표시도 하지 않는다(그림 7.3 참조). 나이가 많은 아동이나 노련한 내담자에게는 더 복잡하고 구체적인 단어와 그림을 사용한다. 그런 다음 치료자는 치료실의 다양한 장소에 균들을 배치한다. 이 활동은 물건의 표면을 만지기 두려워하는 아동에게 적합하다. 따라서 균을 계단 난간이나 계산대, 문손잡이 등에 놓는다. 치료자와 아동, 그리고 부모는 가능한 많은 균을 찾아 모은다. 아동이 균을 모으기 위해서는 반드시 표면을 만져야 한다. 모든 균을 모은 후에 누가 세균을 가졌니에서와 같이 점수를 합산한다. 균을 가장 많이 모은 사람에게는 작은 상을 준다. 마지막으로 실험의 결과를 요약한다. 다음의 대화는 9세 소년 데스몬드에게 실시한 요약 과정을 보여주고 있다.

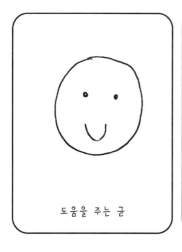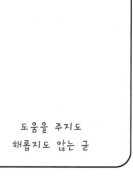

도움을 주는 균

해로운 균

도움을 주지도
해롭지도 않는 균

| **그림 7.3** | '세균 모으기 게임'을 위한 세균의 예

데스몬드 : 재미있었어요!

치 료 자 : 와우, 세균 모으기가 이렇게 재미있는지 누가 알았을까?

데스몬드 : 저도 몰랐어요!

치 료 자 : 그럼 네가 모은 것을 세어보자.

데스몬드 : 플러스 6개, 마이너스 4개, 그리고 아무 표시 없는 것 4개를 모았어요.

치 료 자 : 이것은 모든 균이 나쁘다는 것에 대해 무엇을 말해줄까?

데스몬드 : 모든 균이 다 나쁜 것은 아니라고요.

치 료 자 : 네가 모은 것을 더해보니 확실히 그렇구나. 너는 그 모든 균을 어디에서 찾았니?

데스몬드 : 여기저기에서요. 마루 위, 선반, 계단, 건물 안에 있는 것들 위에 있었어요.

치 료 자 : 진짜 균들이 살고 있는 곳과 비슷하네.

데스몬드 : 예.

치 료 자 : 그리고 너는 이 모든 것들을 만져야 했어. 그렇지?

데스몬드 : 맞아요.

치 료 자 : 손을 몇 번이나 씻었니?

데스몬드 : 한 번도 안 씻었어요.

치 료 자 : 그렇다면 강박장애에 대해 지금까지 생각해왔던 것 말고 새롭게 발견한 것은 무
엇일까?

데스몬드 : 모두 헛소리였다는 것을요. 모든 균이 다 나쁜 것은 아니고, 손을 씻지 않고도
물건들을 만질 수 있다는 것을요.

치 료 자 : 그것을 적어보자꾸나!

데스몬드와의 요약과정은 몇 가지 중요한 점을 포함하고 있다. 첫째, 데스몬드에게 이 게임은 재미있었다. 둘째, 치료자는 구체적이며 체계적인 질문을 통해 데스몬드와 함께 배운 것을 요약해보았다(예 : "이것은 모든 균이 나쁘다는 것에 대해 무엇을 말해줄까?", "너는 그 모든 균을 어디에서 찾았니?"). 셋째, 데스몬드는 모든 것을 종합하여 결론에 도달하는 질문에 답변할 수 있었다(예 : "그렇다면 강박장애에 대해 지금까지 생각해왔던 것 말고 새롭게 발견한 것은 무엇일까?").

오염된 물건 잡기 게임

연령 : 6~10세
목적 : 강박장애 치료를 위한 집단 게임
준비물 :

- '오염된' 물건
- 음악
- 원으로 둘러앉을 수 있는 의자

오염된 물건 잡기 게임(Musical Contaminant)은 강박장애와 오염공포를 갖고 있는 아동을 위한 게임 형태의 노출 과제이다. 이것은 의자에 먼저 앉기 놀이[7]에 근거한 게임으로 가족치료나 집단치료에 적합하다. 치료자는 게임을 시작하기에 앞서 오염된 물건들을 강도에 따라 점수를 매긴 후 위계적으로 나열한다. 그런 다음 음악을 틀고 가장 낮은 강도의 물건을 한 바퀴 돌린다. 이 게임의 규칙은 음악이 끝났을 때 물건을 갖고 있는 사람이 이기는 것이다. 한 바퀴가 끝날 때마다 승자는 작은 선물을 받는다. 그런 다음 오염 점수가 조금 더 높은 물건을 다시 한 바퀴 돌린다. 물건을 돌리는 과정은 점진적 노출에 해당되며, 게임이 지속될수록 내담자가 물건을 잡고 있는 시간이 길어지기 때문에 점진적인 연습이 이루어진다. 아동들은 대부분 이기고 싶어 하기 때문에 게임이 계속되고 음악이 멈출 것 같은 긴장감이 높아질수록 물건을 오래 잡고 있으려고 한다. 한 바퀴를 끝낸 후에 치료자는 이 경험에 대해 서로 이야기를 나누게 하고, 아동들이 자신이 발견한 것을 요약하도록 한 후에 **활공 티켓**에 구멍을 뚫어준다.

　강박장애를 겪고 있는 8세 소녀 로데스는 이전의 치료에서 노출경험을 좋아하지 않았기 때문에 처음에는 노출실험에 참여하기를 매우 꺼렸다. **오염된 물건 잡기 게임**은 동물 장난감이나 헝겊 등을 사용해 위협적이지 않은 분위기에서 오염공포를 검증할 수 있는 대안적 방식을 제공한다. 로데스는 장난감이나 천에 균이 묻어 있고 다른 아이들이 만진 것을 만지면 아프게

---

7) 역자 주 : 의자에 먼저 앉기 놀이(Musical Chairs Game)는 음악을 들으며 의자 주위를 뛰어 다니다가 음악이 멈추면 의자에 앉는 놀이로, 의자를 차지하지 못하는 사람은 탈락한다.

된다고 믿고 있었다.

　로데스는 가족(엄마, 아빠, 남동생)과 함께 '오염된 헝겊과 장난감 인형들'을 가지고 치료회기에 참석했다. 치료자는 먼저 로데스의 가족에게 게임에 대해 설명해주었다. 다행히도 로데스와 남동생 미구엘은 남매간에 건전한 경쟁심을 갖고 있었다. 실제로 게임 중에 미구엘과 로데스는 오염된 장난감을 서로 차지하려고 싸웠으며, 결국 로데스가 그 싸움에서 이겼다. 다음의 대화는 실험이 끝난 후의 요약과정을 보여주고 있다.

> **치료자** : 로데스, 네가 몇 개의 동물을 잡았지?
> **로데스** : 거의 대부분이요.
> **치료자** : 네가 아프게 될까 봐 얼마나 걱정을 하고 있니?
> **로데스** : 별로 안 해요.
> **치료자** : 어째서?
> **로데스** : 게임이 재미있었어요. 그 점에 대해서는 생각하지 않았어요.
> **치료자** : 얼마나 손을 씻고 싶니?
> **로데스** : 전혀요.
> **치료자** : 음, 어째서 그렇지?
> **로데스** : 그럴 필요가 없어요. 하나도 메슥거리지 않고 다른 사람들도 토할 것처럼 보이지 않아요. 미구엘은 단지 바보 같은 표정을 짓고 있는 거예요.
> **치료자** : 그렇다면 말이야, 만약 그 동물인형들이 가족을 아프게 만들었다면 이런 일이 일어날 수 있다고 생각하니?
> **로데스** : 아니요. 가족은 지금 안전해요.

　이 게임은 치료적 모험에 보상적 가치를 더해준다("재미있었어요."). 로데스는 세균이 퍼지더라도 재앙이 일어나지 않는다는 것을 알게 되었다. 마지막으로 치료자는 로데스에게 모든 것을 종합하여 결론을 이끌어내도록 했다("그렇다면 말이야, 만약 그 동물 인형들이 가족을 아프게 만들었다면 이런 일이 일어날 수 있다고 생각하니?").

완벽주의

▒ 페르시아인의 실수 나누기

연령 5~18세

목적 : 실수는 끔찍하며 완전히 다른 사람 눈에 띈다는 신념을 수정

준비물 :

● 기하학적 모양이 그려진 종이(그림 7.4 참조)

● 크레용

페르시아인의 실수 나누기(Sharing Persian Flaw)는 완벽주의와 실패에 대한 두려움을 감소시켜 주는 절차이다. 이것은 2003~2005년 방송되었던 미국의 TV 드라마 조안 오브 아카디아에 근거 하고 있다. 극 중에서 조안은 자신이 완벽하지 않으며 다른 사람이나 사건을 통제할 수 없어 서 불안해한다. 드라마가 진행되면서 조안은 양탄자를 만드는 페르시아인이 아름다운 양탄자 에 의도적으로 실수를 범한다는 것을 알게 된다. 이 실수는 자신의 겸손함을 표현하는 예술가 의 표시이다. 드라마에서 정의된 것과 같이 페르시아인의 실수는 우리가 예측할 수 없고 완벽 하지 않은 현실 속에서 살아갈 수밖에 없다는 생각을 강조한다. 우리는 아동에게 적용하기 위해 페르시아인의 실수를 다음과 같이 수정했다. 이 활동은 치료자가 비유에 대해 설명하는 것으로 시작된다. 그리고 이어서 과제를 제시한다.

"너는 페르시아인의 실수에 대해 알고 있니? 많은 사람들이 페르시아의 양탄자가 이 세상에 서 가장 아름답다고 생각한단다. 그런데 양탄자를 만드는 사람이 양탄자에 일부러 실수를 범한다는 것 알고 있니? 그들은 실수를 일종의 특별한 표시로 여긴단다. 그들은 실수가 우 리를 인간적으로 만들어주는 특별한 것이라고 생각해. 실수는 내가 누구인지 알게 해주고 또 다른 사람들이 내가 진정 어떤 사람인지를 알게 해준다. 그리고 양탄자 제조자들은

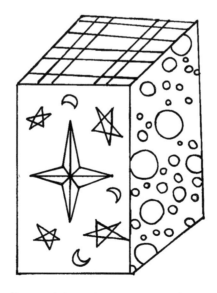

| 그림 7.4 | '페르시아인의 실수 나누기' 모양의 예

이것을 감추지 않고 다른 사람에게 알려주어야 한다고 믿는단다. 이 이야기에 대해 어떻게 생각하니?"

　　"그래서 이제부터 공예활동을 하려고 해. 너는 이 디자인에 색칠을 할 건데 완벽하게 해서는 안 된단다. 너는 세 가지 실수를 해야 해. 그리고 그 실수를 다른 사람들에게 말하지 말고 대신 뒷면에 쓰도록 해."

이 활동은 기하학적 모양을 '완벽하지 않게' 완성하기, 실수에 대해 기록하기, 실수가 얼마나 눈에 띄며 끔찍한지 평가하기, 그리고 자신의 실수가 눈에 띄고 끔찍했는지를 다른 사람에게 물어보고 공유하기를 포함하고 있다. 내담자는 다른 사람의 의견을 물어보기에 앞서 먼저 자신의 예측을 기록한다. 다음의 대화는 불안한 10세 소녀 아비바에게 **페르시아인의 실수 나누기** 활동을 어떻게 실시하는지를 보여준다. 그림 7.5에는 아비바가 조사한 결과가 제시되어 있다.

　치료자 : 아비바, 네가 조사한 결과를 한번 살펴보자. 너의 모든 실수를 발견한 사람이 모두 몇 명이었니?

　아비바 : 아무도 없었어요!

　치료자 : 그것 참 신기하구나. 그 점에 대해 너는 어떻게 생각하니?

　아비바 : 저도 이상해요.

　치료자 : 너는 어떤 결과를 예상했었는데?

　아비바 : 대부분의 사람들이 내 실수를 모두 알 거라고 생각했어요.

　치료자 : 그럼 이 결과에 대해 어떤 기분이 드는데?

　아비바 : 이상해요. 예상하지 못했거든요.

　치료자 : 그러니까 혼란스럽다는 말이구나. 하지만 왜 그런 기분이 들었을까?

　아비바 : 내 실수가 내 눈에 보이듯이 다른 사람들에게도 분명히 보일 거라고 생각했어요.

　치료자 : 음, 하지만 그렇지 않았구나. 그것을 적어보자. 네 작품에 대한 평가는 어땠니? 5점 이하가 몇 개였지?

　아비바 : 하나도 없었어요.

　치료자 : 너는 어떻게 예상했었는데?

　아비바 : 대부분의 사람들이 5점 이하를 줄 거라 생각했어요.

　치료자 : 이 점에 대해서는 어떻게 생각하니?

　아비바 : 이것도 이상해요.

　치료자 : 왜 그렇지?

　아비바 : 내가 망쳤는데도 사람들이 좋게 보니까요.

예측 :			
대부분의 사람들이 나의 모든 실수를 알 것이다.			
그들은 나의 그림이 보통 수준이라고 생각할 것이다(5점 이하).			
대부분의 사람들은 실수를 10점 만점에서 7점 이상으로 나쁘게 볼 것이다.			

대상	모든 실수를 봄	작품에 대한 평가	실수의 나쁜 정도
엄마	아니요	6	3
아빠	아니요	6	3
형	아니요	5	2
칼리	아니요	7	1
레베카	아니요	7	1
제키	아니요	8	2
데이지	아니요	9	1
수미	아니요	8	2
오린	아니요	7	2

결론 :
나의 실수는 내가 보는 것처럼 다른 사람들에게 그렇게 뚜렷하게 보이지 않는다.
내가 실수를 했어도 사람들은 잘했다고 생각한다.
나는 나의 실수에 대해 지나치게 나쁘게 생각한다.

| **그림 7.5** | 아비바가 작성한 '페르시아인의 실수 나누기' 설문지

치료자 : 그럴 것 같구나. 그것도 적어보자. 이번에는 실수가 나쁜 것이라고 생각한 사람이
몇 명이었는지 살펴보자. 7점 이상이 몇 개나 있지?

아비바 : 하나도 없어요!

치료자 : 그렇다면 이것은 무엇을 의미할까?

아비바 : 내가 나의 실수에 대해 실제보다 더 나쁘게 생각하고 있어요. 그것도 적어볼게요!

아비바의 예는 몇 가지 중요한 점을 보여주고 있다. 첫째, 치료자는 구체적인 질문을 통해
데이터를 이끌어냈다("너의 모든 실수를 발견한 사람이 모두 몇 명이었니?", "5점 이상이 몇
개였지?"). 아비바는 초반부터 의심을 품고 있었고 이런 의심은 전 과정을 통해 반복되었다
("이상해요."). 치료자는 이 과제를 하는 동안 지속적으로 과학적 가설검증의 태도를 보여주었
다(예 : "그것 참 신기하구나.", "너는 이것에 대해 어떻게 생각하니?", "그렇다면 이것은 무엇
을 의미할까?").

▦ 실수의 손자국

연령 : 6~15세

목적 : 실수는 나쁜 것이며 피해야 한다는 신념을 감소시킴

준비물 :

● 도화지

● 손가락 페인트

● 종이타월

● 펜, 연필, 혹은 마커

실수의 손자국(Palm Print Your Mistakes)은 망치는 것을 싫어하고 실수를 두려워하는 아동을 위한 노출활동이다. 이 활동에서 치료자는 아동의 손바닥에 페인트를 묻힌 다음 도화지에 손자국을 찍게 한다. 그리고 손자국 안에 자신의 실수를 적게 한다. 손자국은 아동의 개성을 나타내주는 고유한 표시이다. 그러나 도화지 위에서는 절대로 완벽하게 찍히지 않는다. 손자국은 결함으로 가득 차 있다! 이 활동은 살다보면 일을 망칠 수도 있고, 오류는 불가피하며, 실수는 개인의 개성을 나타내준다는 것을 경험할 수 있게 해준다. 이 활동은 몇 단계로 나뉘어 진행된다. 첫 단계에서는 비유를 소개한다. 예컨대 치료자는 다음과 같이 말한다.

> "손자국이 뭔지 알지? 이 세상에서 똑같은 손자국을 가진 사람은 없단다. 손자국은 네가 독특한 사람이라는 것을 나타내는 거야. 지금부터 핑거페인트를 가지고 너의 손자국을 만들어보려고 해. 해보겠니?"

두 번째 단계에서 아동은 핑거페인트에 손을 담근다. 치료자는 독성이 없는 수용성 페인트를 사용한다. 그리고 종이타월을 준비하고, 작업복이나 앞치마를 아동에게 제공한다.

손자국을 만들고 마르고 나면 세 번째 단계로 진행한다. 이 단계에서 아동은 각각의 손가락에 실수를 적는다(예 : "나는 가끔 말을 잘 듣지 않는다."). 다섯 손가락 위에 모든 실수를 적고 난 후에 아동은 그것을 소리 내어 읽는다. 네 번째 단계에서 치료자는 아동이 자신의 경험을 이해하도록 돕는다. 다음은 12세 소녀 올디와의 대화이다.

치료자 : 올디, 이것에 대해 어떻게 생각하니?

올 디 : 이건 엉망이에요.

치료자 : 알아, 그럼 손가락 위에 적힌 모든 실수에 대해서는 어떻게 생각하니?

올 디 : 많아요.

치료자 : 손가락 없이 손자국을 만들 수 있을까?

올 디 : 물론 없지요. 말도 안 돼요!

치료자 : 그리고 손자국은 네가 고유한 사람이라는 것을 말해주지, 그렇지?

올 디 : 맞아요.

치료자 : 손자국 위에는 무엇이 있지?

올 디 : 나의 실수요.

치료자 : 그러면 너의 실수와 손자국의 공통점은 무엇일까?

올 디 : 둘 다 없다면 사람이 아니라는 점이요.

치료자 : 맞았어. 그러니까 손바닥에 어떤 결론을 적을 수 있을까?

올 디 : 실수가 없다면 나는 사람일 수도 없고 나일 수도 없다.

이 대화에서 치료자는 추상적인 개방형 질문으로 시작하여 끝을 맺었다("이것에 대해 어떻게 생각하니?", "어떤 결론을 적을 수 있을까?"). 대화의 중간 단계는 올디의 발견을 체계적으로 안내하기 위한 구체적 질문들로 이루어져 있다("그럼 손가락 위에 적힌 모든 실수에 대해서는 어떻게 생각하니?", "손가락 없이 손자국을 만들 수 있을까?", "손자국 위에는 무엇이 있지?", "그러면 너의 실수와 손자국의 공통점은 무엇일까?"). 이 활동은 올디가 손자국에 대한 결론을 기록하는 것으로 끝을 맺었다.

전반적 발달장애/감각 민감성

📓 너를 믿을게

연령 : 6~18세

목적 : 경청, 인내심, 조망, 순서와 관련된 미세한 단서를 알아차리도록 가르치기

준비물 : 없음

너를 믿을게(Counting on You)는 전반적 발달장애, 사회기술 결핍, 충동성, 과도한 자기중심성을 가진 아동을 위한 단순한 게임이다(Bedore, 2004). 이 게임은 원래 집단치료를 위해 개발되었지만 가족치료에도 쉽게 적용할 수 있다.

즉흥연극 게임인 이 활동에서 아동들은 원으로 둘러앉는다. 리더는 아동들에게 지금부터 함께 수를 셀 것이라고 말한다. 그리고 한 번에 한 사람만 말할 수 있다고 설명한다. 참가자들은 언제든 다음 숫자를 말할 수 있지만, 만약 두 사람이 동시에 말하면 수 세기는 다시 '1단계'로 돌아간다. 게임의 목표는 높은 숫자에 도달하는 것이다. Bedore(2004)가 말한 것처럼 이 게임은 참가자들이 서로 말하려 하고 다른 사람의 말을 방해할 때 도움이 된다. 이 활동은

경청과 인내, 다른 사람의 입장을 이해하는 조망능력, 그리고 순서와 관련된 미세한 단서를 알아채는 능력을 요구한다. 가족들이 끼어들거나 방해할 때, 그리고 서로의 말을 잘 듣지 않을 때 이 게임은 재미있는 실험이 될 수 있다.

전반적 발달장애 진단을 받은 아동은 종종 심각한 감각 민감성을 경험한다. 소음, 미각, 촉각, 시각은 불안과 짜증을 일으키며 혐오반응까지 일으킬 수 있다. 다음의 예는 이 실험이 전반적 발달장애와 다양한 감각 민감성을 가진 아동을 어떻게 도울 수 있는지를 보여준다.

수리는 고기능 아스퍼거 증후군을 갖고 있는 8세 여아로, 데님과 양말, 따뜻한 실내 온도를 매우 싫어한다. 치료자는 먼저 인지재구성과 합리적 분석 절차(예 : 재앙의 달인)를 통해 수리에게 실제적인 대처사고를 몇 가지 만들게 했다. 그런 다음 치료회기 중 수리가 게임을 하고 있는 동안 어머니에게 서서히 방의 온도를 높이라고 했다. 온도가 올라가는 것을 수리가 알아챌 때 치료자는 대처카드를 읽으라고 신호를 보냈다. 어머니를 치료회기에 참여시킴으로써 집에서도 '온도 높이기'를 일상적으로 연습할 수 있게 했다. 수리는 놀라거나 짜증을 내지 않고도 더운 온도를 인내하는 방법을 학습했다.

꽉 끼는 양말에 대한 수리의 혐오도 유사한 방식으로 점진적 경험을 통해 치료되었다. 먼저 인지재구성을 통해 몇 가지 대처카드를 만들었다. 그런 다음 수리와 어머니는 치료회기 밖에서 몇 가지 실험을 수행했다. 먼저 가볍고 끼지 않는 양말부터 시도했다. 수리가 극복하면 점차 무겁고 더 끼는 양말을 신는 것으로 진행했다.

아리는 발달장애를 가진 10세 남아로, 갑작스러운 소리, 레몬과 계피 냄새를 싫어했다. 그는 갑작스러운 큰 소음에 대해 과도하게 놀람반응을 보였다. 특히 이것은 아리가 매일 사이렌과 요란한 자동차 소리가 들리는 도시 환경에서 살고 있었기 때문에 문제가 되었다. 학교에서 예고 없이 들리는 소방벨 소리도 아리에게는 트라우마를 줄 만큼 고통스러웠다. 아리는 소방훈련이 있을 때마다 심하게 비명을 지르면서 쏜살같이 교실을 빠져나가곤 했다. 이것은 말할 필요도 없이 교직원들을 매우 당황스럽게 만들었다.

아리의 치료적 모험은 매우 복잡했다. 그림 7.6에 제시된 것과 같이 아리의 위계는 소음의 유형과 예측 가능성 수준, 통제의 정도를 함께 포함하고 있다. 대부분의 실험에서와 마찬가지로, 인지재구성과 합리적 분석 절차를 실시하여 아리를 준비시켰다. 실험은 다양한 근접성과 예측 가능성을 가진 풍선 터뜨리기로 시작되었다. 그런 다음 소방벨 녹음 소리에 익숙해지는 연습을 했다. 이때 낮은 볼륨은 아리가 통제하도록 하고, 점차 볼륨이 높아지면 다른 사람이 통제하도록 했다. 치료자는 또한 다른 소리가 개입하지 않도록 하기 위해 이어폰으로 중간 볼륨의 소리를 들려주었다. 물론 아리의 귀에 상해가 되지 않도록 높은 볼륨은 사용하지 않았다. 마지막으로 동네 소방서와 학교에서 부모와 아리가 함께 실제 소방벨 소리를 가지고 '연습'을 하도록 했다.

학교에서 벨소리로 연습한다.

소방서에서 벨소리로 연습한다.

무선적으로 통제되는 중간 볼륨의 이어폰 벨소리로 연습한다.

자신이 통제하는 중간 볼륨의 이어폰 벨소리로 연습한다.

다른 사람이 통제하는 높은 볼륨의 벨소리로 연습한다.

자신이 통제하는 높은 볼륨의 벨소리로 연습한다.

다른 사람이 통제하는 중간 볼륨의 벨소리로 연습한다.

자신이 통제하는 중간 볼륨의 벨소리로 연습한다.

다른 사람이 통제하는 낮은 볼륨의 벨소리로 연습한다.

자신이 통제하는 낮은 볼륨의 벨소리로 연습한다.

경고 없이 칸막이 뒤에서 풍선을 터뜨린다.

경고를 주고 칸막이 뒤에서 풍선을 터뜨린다.

경고 없이 내담자 근처에서 풍선을 터뜨린다.

경고를 주고 내담자 근처에서 풍선을 터뜨린다.

경고 없이 사무실 안의 멀리 떨어진 구석에서 풍선을 터뜨린다.

경고를 주고 사무실 안의 멀리 떨어진 구석에서 풍선을 터뜨린다.

경고 없이 치료실 밖에서 풍선을 터뜨린다.

경고를 주고 치료실 밖에서 풍선을 터뜨린다.

| **그림 7.6** | 아리의 점진적 모험

    조시는 고기능 자폐증을 갖고 있는 11세 아동으로, 마스코트 인형이나 광대, 얼굴을 알아볼 수 없게 변장한 인물을 보면 '겁내는' 반응을 보였다. 이것은 당연히 가족이 놀이공원으로 나들이를 가거나 서커스, 아이스쇼, 스포츠 게임을 관람하러 가는 것을 매우 힘들게 만들었다. 조시의 불편감은 특히 아버지가 고등학교의 축구와 농구 코치로 일하고 있었기 때문에 더욱 문제가 되었다! 조시는 얼굴표정이 변하지 않고 굳어 있으면 위험하고 예측할 수 없다는 신념을 갖고 있었다. 또한 조시는 마술적 사고로 인해 인형 복장으로 변장한 사람은 그 인형에 의해 통제를 받는다고 믿었다.

    조시를 위해 일련의 치료적 모험이 설계되었다(그림 7.7 참조). 첫째, 조시에게 마스코트 인형이나 변장한 인물, 광대가 위험하며 다른 사람을 해친다는 기사가 있는지를 지역의 신문에서 찾아보라고 했다. 둘째, 조시에게 이러한 마스코트 인형, 변장한 인물, 광대가 등장하는 TV 프로그램을 시청하게 했다(예 : 아이스쇼, 광대 만화영화, 스포츠 게임). 셋째, 스포츠 게임에 출연한 마스코트 인형을 녹화해서 조시가 집에서 시청하도록 했으며, 이때 조시가 익숙해지도록 시청시간을 점점 늘려나갔다. 넷째, 아버지가 마스코트 인형 복장을 집으로 가져와서 조시에게 만져보게 했다. 이 실험을 성공적으로 마친 후에 조시에게 마스코트 인형의 머리를 자기 머리에 써보게 했다. 다섯 번째 실험은 점진적 노출로, 처음에는 마스코트 인형을 멀리 체육관의 문 근처에서 바라보다가, 관람석의 뒤쪽에 앉아서 인형을 바라보다가, 인형의 바로 뒤쪽 관람석에 앉아서 바라보다가, 마지막으로 인형과 함께 사진을 찍는 식으로 진행되었다.

> 마스코트 인형과 사진을 찍는다.
> 사람이 연기하는 마스코트 인형에 대한 접근성을 증가시킨다.
> 복장에 대한 접근성을 증가시키고 인형 복장을 머리에 써본다.
> 스포츠 게임에 등장한 마스코트 인형을 비디오로 시청한다.
> 마스코트 인형을 TV로 시청한다.
> 위험한 마스코트 인형에 관한 신문기사를 찾아본다.

| **그림 7.7** | 조시의 실험

데이나는 전반적 발달장애를 가진 8세 아동으로, 옷에 붙어 있는 상표의 감각과 푸딩, 밀크셰이크, 크림수프, 젤리 푸딩 등과 같은 음식의 촉감을 매우 싫어했다. 데이나는 익숙해질 때까지 '상표'가 달린 옷을 입는 시간을 늘려나가는 실험을 가족과 함께했다. 데이나에게는 각 단계를 새로운 '세계 신기록'을 세우는 것으로 설명했다. 시간은 1분으로 시작하여 SUDS 점수가 2회 이상 50% 감소하면 2분씩 늘려나갔다.

데이나는 걸쭉한 액체가 목을 막히게 하거나 질식시킬 것이라고 믿고 있었다. 치료자는 먼저 인지재구성을 통해 대처진술을 만들게 했다(제5~6장). 데이나는 대처진술을 사용해 점진적으로 힘들어지는 실험을 완수해나갔다. 실험은 삼켜진 액체의 양(처음에는 한입을 삼키도록 하고, 그 후 점진적으로 더 많은 양을 삼키도록 함)과 농도(물을 탄 크림수프, 걸쭉한 크림수프, 물을 탄 밀스셰이크, 걸쭉한 셰이크)에 따라 점진적으로 진행되었다. 앞서 기술된 다른 전반적 발달장애 사례들과 마찬가지로 치료적 모험은 데이나의 행동적 유연성을 증가시켰다.

특정공포증/단순공포증

노출치료는 원래 동물, 뱀, 벌레, 엘리베이터, 주사를 두려워하는 다양한 단순공포증을 치료하는 데 사용되었었다. 치료는 아동이 무서워하고 회피하는 구체적 대상과 자극, 상황에 초점을 맞춘다. 점진적 노출을 위해서 먼저 위계를 만든다. 내담자는 점진적으로 증가하는 공포를 제압해나가는 방식으로 노력한다. 지금부터 다양한 형태의 공포증을 갖고 있는 아동들을 소개할 것이다. 11세 소년 조나스는 주사와 의사에 대한 공포를, 9세 소년 아브라함은 엘리베이터에 대한 공포를, 11세 소녀 캐트는 구토에 대한 과도한 두려움을, 5세 소년 몰리는 공중화장실에 대한 두려움을 갖고 있다.

주사 공포증

11세 소년 조나스는 모든 형태의 주사를 두려워했다. 주사에 대한 두려움은 의사가 입고 있는 흰 가운과 진료실에까지 일반화되었다. 조나스의 공포증 문제는 그가 면역체계 문제로 정기

```
10.  아동 보건진료소를 방문한다.
 9.  진료 약속을 잡는다.
 8.  약속 없이 대기실에 앉아 있는다.
 7.  약속 없이 소아과 의사의 진료실 방문한다.
 6.  흰 가운을 입은 의사가 혈압을 잰다.
 5.  흰 가운을 입의 의사가 체중을 잰다.
 4.  흰 가운을 입은 의사와 같은 방에 앉아 있는다.
 3.  복도에서 흰 가운을 입은 의사를 바라본다.
 2.  흰색 실험실 가운을 입어본다.
 1.  테이블 위에 놓인 흰색 실험실 가운을 바라본다.
```

| 그림 7.8 | 조나스의 의사 위계목록

적인 병원 진료를 받고 가을마다 독감주사를 맞아야 했기 때문에 더욱 문제가 되었다.

조나스와 어머니, 치료자는 의사와 진료실에 대한 공포를 먼저 다루고 그 후 서서히 주사로 진행하는 데 합의했다. 이들은 그림 7.8에 제시된 위계목록을 함께 만들었다. 치료자는 위계 목록의 가장 아래쪽에 있는 것부터 진행했다. 처음에는 흰 가운을 빌려 의자에 걸쳐놓기만 했다. 그런 다음 조나스에게 가운을 입어보게 했다. 조나스는 이 단계를 재미있어 했으며 통제감을 느꼈다.

위계목록의 다음 두 단계(3과 4)를 위해서는 다른 의사들의 도움이 필요했다. 치료자는 이 의사들을 '공포자극'으로 활용했으며 조나스에 대한 접근성을 다양하게 만들어 진행했다. 5단계와 6단계에서는 흰 가운을 입은 다른 의사들이 직접 주사를 놓지 않는 절차로 진행했다. 마지막 네 단계는 소아과에 대한 접근행동을 촉진하기 위해 시행되었다. 조나스가 진료 약속을 스스로 잡도록 함으로써 통제감을 높일 수 있었다.

모든 임상가가 의사들을 조력자로 활용할 수는 없을 것이다. 이럴 경우에는 흰 가운을 구해 직원에게 입히고 실험을 진행할 수 있다. 실제로 치료자는 조나스의 어머니에게 흰 가운을 구해 집에서 연습하도록 했다. 소아과 의사는 조나스의 공포가 병원에서 치료받는 것에 방해가 되었기 때문에 조나스의 모험에 매우 협조적으로 참여했다. 유사한 사례의 경우 의사들은 대부분 비슷하게 협조적일 것이라 생각된다.

조나스의 주사 공포증도 비슷한 방식으로 치료되었다. 치료자는 먼저 그림 7.9와 같은 위계목록을 만들었다. 치료자는 주사 그림으로 시작하여 주사 비디오로 옮겨갔다. 그런 다음 흰 가운을 입은 직원이 장난감 상자에서 주사기를 꺼내 '독감주사'를 놓게 했다. 이때 중요한 점은 의사 역할을 하는 직원이 전문가처럼 행동해야 한다는 것이다. 직원은 알코올을 묻힌 솜으로 주사 놓을 부위를 문지르고 '의사처럼 말하면서' 주사를 놓았다(예 : "알코올이 시원한 느낌을 줄 거야. 약간 꼬집히는 느낌이 들 거야.").

```
7.   소아과 의사로부터 주사를 맞는다.
6.   소아과 의사가 조나스 곁에서 주사기를 들고 있다.
5.   진료실에 앉아 있는데 주사기가 점점 다가온다.
4.   소아과 의사의 진료실에 앉아서 주사에 대해 이야기한다.
3.   직원으로부터 '가짜' 독감주사를 맞는다.
2.   독감주사와 다른 주사에 관한 비디오를 시청한다.
1.   주사 그림을 보고 손에 쥐어본다.
```

| **그림 7.9** | **조나스의 독감주사 위계목록**

조나스는 위의 단계들을 실시한 후에 소아과 진료실 방문하기에 도전했다. 그는 진료실에 앉아서 독감주사에 대해 얘기를 나누었다. 치료자는 점진적으로 주사기를 조나스 근처에 가지고 간 다음 조나스의 손에 쥐어주었다. 마지막 단계는 조나스가 실제로 주사를 맞는 것으로 끝났다.

엘리베이터 공포증

아브라함은 9세 남아로 성공한 엔지니어의 아들이다. 그러나 그는 엘리베이터를 몹시 두려워했다. 아브라함은 엘리베이터가 가다가 멈출까 봐, 엘리베이터 안에 공기가 충분하지 않아서 숨이 막힐까 봐 걱정했다. 따라서 아브라함은 엘리베이터를 오래 탈수록, 엘리베이터의 크기가 작을수록, 그리고 엘리베이터가 붐빌수록 더 힘들어했다.

가족들은 아브라함을 매우 지지해주었다. 그들은 아브라함이 공포를 느낄 때면 계단을 이용하거나 에스컬레이터를 타곤 했다. 여행 중에 고층의 호텔을 이용할 때면 아브라함이 엘리베이터를 가능한 피할 수 있도록 가장 낮은 층에 방을 잡곤 했다. 그러나 불안과 공포를 가진 대부분의 아동의 경우와 마찬가지로 아브라함도 이러한 회피가 더 이상 가능하지 않게 되자 치료를 받게 되었다. 아브라함의 아버지는 회사와 2년간의 계약을 맺었는데 50층짜리 고층아파트의 펜트하우스에서 거주할 수 있는 혜택이 포함되어 있었다. 당연하게도 더 이상 계단은 보상적 선택이 될 수 없었다!

치료자는 아브라함의 가족과 함께 그림 7.10에 제시된 아브라함의 위계목록을 만들었다. 위계의 낮은 단계들은 엘리베이터에 대한 접근성을 늘려나가는 과정으로 이루어졌다. 이러한 실험적 단계에는 엘리베이터가 멈출 가능성을 평가해보는 것과 아브라함이 익숙해지도록 돕기 위해 엘리베이터를 관찰하는 것도 포함되어 있었다. 이러한 단계들은 치료회기와 회기 사이에 숙제로 수행되었다.

그다음의 단계들에는 아브라함이 정지된 엘리베이터에 탈 때 느끼는 편안함을 높이는 활동으로 이루어졌다. 아브라함은 엘리베이터 내부의 구출요소에 관심을 기울였다. 따라서 치료

피크 시간에 10층 이상까지 부모와 함께한다.

피크 시간이 아닌 때 10층 이상까지 부모와 함께 탄다.

피크 시간 때 8~10층까지 부모와 함께 탄다.

피크 시간이 아닌 때 8~10층까지 부모와 함께 탄다.

6층까지 가족과 함께 탄다.

6층까지 치료자와 함께 탄다.

3층까지 엄마, 아빠, 두 남동생과 함께 탄다.

3층까지 치료자와 함께 탄다.

문이 열린 엘리베이터 안에서 5분간 머무른다.

문이 열린 엘리베이터 안에서 알람과 전화기를 들고 1분간 머무른다.

문이 열린 엘리베이터 안으로 들어가서 10을 센 후 나온다.

문이 열린 엘리베이터의 문 가장자리에 서 있는다.

엘리베이터에서 5미터가량 떨어진 곳에 서 있는다.

동네 빌딩 안에 들어가 엘리베이터 근처의 로비에 앉아 있는다.

엘리베이터에서 약 10미터 떨어진 곳에 서 있는다.

| **그림 7.10** | 아브라함의 엘리베이터 위계목록

자는 엘리베이터에 탄 사람의 수를 증가시켰다. 흥미롭게도 아브라함은 엘리베이터를 탈 때 가족보다는 치료자와 함께 타는 것을 선호했다. 부모가 자신을 너무 긴장하게 만든다고 믿었기 때문이다. 마지막 단계에서 아브라함은 훨씬 오랫동안 더 많은 사람들과 함께 엘리베이터를 탈 수 있게 되었다.

구토에 대한 공포

지금부터 구토에 대해 심각한 공포를 갖고 있는 10세 소녀 캐트에게 실시한 점진적 노출연습을 소개하고자 한다. 캐트는 학교에서 좋지 않은 냄새가 날 때(다른 학생들이 신발을 벗는 것, 식당에서 나는 음식 냄새), 그리고 목이 따갑다고 느껴지거나 딸꾹질 혹은 트림이 날 때마다 불편감을 느꼈으며 그 정도가 점차 심해졌다. 캐트는 자신이 토하거나 다른 아이가 토하는 것을 보게 될까 봐 두려워했다. 구토물질을 보는 것, 만지는 것, 냄새, 맛, 소리를 모두 역겨워했다. 그리고 구토와 관련해 자신이 통제를 상실할까 봐 두려워했다.

치료자와 캐트는 구토 공포증에 대한 점진적 과제 위계목록을 만들었다(그림 7.11 참조). 첫 번째 과제는 상상 노출이었다. 캐트와 치료자는 학교에서 토하는 아동에 관한 이야기를 만들었다. 캐트는 이야기의 제목을 '나도 토하고, 너도 토하고'로 붙였다. 치료자는 주인공의 머리 위에 생각과 기분을 적을 수 있도록 풍선을 만들었다. 또한 캐트와 치료자는 여러 가지 색깔을 사용해 역겨운 구토 그림을 상세하게 그렸다.

그런 다음 치료자는 구토하는 사람들의 다양한 소리를 음향으로 들려주었다. 음향은 SUD(1~10)을 이용해 가장 역겨운 것에서부터 가장 역겹지 않은 것으로 조절되었다. 연습 단계

> '구토하기'를 연습한다.
> 탄산수를 빨리 마신다.
> 물을 입에 물고 있는다.
> 이유식을 뺨에 묻힌다.
> 이유식을 손에 문지른다.
> 이유식을 손가락으로 찍어본다.
> 이유식(완두콩, 햄) 냄새 맡는다.
> 구토 소리를 음향으로 듣는다.
> 구토에 관한 이야기책 쓴다('나도 토하고 너도 토하고').

| **그림 7.11** | **캐트의 구토 위계목록**

중 다섯 번의 연속적인 시도에서 SUD가 50% 감소하면 소리 위계목록의 위 단계로 진행했다.

다음의 실험에서 치료자는 캐트를 구토물질처럼 보이고 냄새가 좋지 않은 이유식(예 : 완두콩, 늙은 호박)에 점진적으로 노출시켰다. 그녀는 냄새에 익숙해지기 시작했고, '구토물질 같은 것'을 손가락으로 찍어보기, 손에 문지르기, 얼굴에 바르기로 진행했다. 치료는 SUD 점수가 50% 감소하고 시간이 증가하면 다음 단계로 진행했다. 캐트의 목표는 반복적인 시도에서 5분 동안 SUD의 50% 감소를 유지하는 것이었다.

치료자는 목이 따가운 것과 구토 사이의 연합을 끊을 수 있도록 돕기 위해 추가적인 연습과제를 만들었다. 캐트는 30초 동안 숨을 참고 있다가 물을 조금 입에 넣고 10초 동안 머금고 있었다. 캐트는 또한 트림이 구토를 가져오지 않는다는 것을 학습할 필요가 있었다. 따라서 탄산음료를 몇 모금 빠른 속도로 마심으로써 구토 없이 트림을 할 수 있게 되었다. 마지막으로 구토물질의 시각과 청각을 자극하기 위해 이유식을 변기에 붓는 동안 구토하는 흉내를 냄으로써 이상의 모든 것을 종합적으로 해보았다.

공중화장실에 대한 공포

5세 여아 몰리는 공중화장실을 무서워했다. 그녀는 '공중화장실이 나를 삼켜버릴 거야. 나는 떠내려가서 영원히 사라질 거야.'라고 생각했다. 몰리는 집이나 학교에서는 화장실을 사용하는 데 아무런 문제가 없었지만 식당이나 공항, 백화점, 병원 등에서는 공중화장실에 절대 가지 않으려고 했다. 몰리의 공포는 자동 물내림 시스템 때문에 더욱 커졌으며, 특히 강한 수압에 의해 야기되는 시끄러운 세척 소음이 공포를 더욱 가중시켰다. 치료자는 시끄러운 소음과 예측 불가능성, 빨아들이는 것에 대한 몰리의 공포를 다루기 위해 행동실험을 구성했다(그림 7.12 참조).

실험은 소음을 들려주는 것으로 시작했다. 인터넷의 음향 사이트에서 화장실 물 내리는 소리를 녹음해 다양한 크기로 틀어주었으며, 이때 몰리가 소리의 크기를 조절할 수 있게 했다.

자동세척 변기에 앉아서 소변을 본다.

수동세척 변기에 앉아서 소변을 본다.

자동세척이 되는 동안 변기에 앉아 있다.

수동세척이 되는 동안 변기에 앉아 있다.

서서 변기의 물을 내린다.

신나는 라이드

녹음테이프를 듣는다.

공중화장실 물 내리는 소리를 녹음한다.

불규칙하게 들리며 점진적으로 커지는 물 내리는 소리를 듣는다.

자기가 조절하며 점진적으로 커지는 물 내리는 소리를 듣는다.

| **그림 7.12** | **공중화장실에 대한 몰리의 점진적 실험**

그런 다음 치료회기 중에 치료자가 음향을 다양한 크기로 조절하면서 불규칙하게 들려주었다. 가정에서도 같은 방식으로 실시했다. 그 후 몰리는 녹음기를 가지고 부모와 함께 공중화장실로 가서 물 내리는 소리를 녹음해서 들었다. 녹음하기는 몰리가 공중화장실에 대한 접근성을 높이는 데 도움을 준 실험이었다.

몰리가 예상하지 못한 시끄러운 물 내리는 소음에 익숙해지자 치료자는 공중화장실에 대한 인내를 증가시키는 활동을 실시했다. 치료자는 몰리의 화장실 사용과 공중화장실 노출의 강화값을 증가시키기 위해 '신나는 라이드(Ride to Glory)' 활동을 개발했다. 이 활동에서 몰리는 왕관을 쓰고 치료자의 바퀴 달린 사무용 의자에 앉았다. 치료자와 부모는 몰리를 클리닉의 여기저기로 밀고 다녔다. 몰리는 직원들을 향해 왕처럼 손을 흔들며 "나는 화장실 가는 모험을 할 거예요!"라고 말했다. 직원들로부터 받은 칭찬과 관심이 몰리에게는 훌륭한 보상이었다.

그 후의 실험에서 몰리와 어머니는 물 한 컵을 들고 화장실로 갔다. 몰리는 변기의자에 접근해 물을 변기 속에 부은 후 물을 내렸다. 그런 다음 자동 물내림 시스템을 찾아서 동일한 실험을 해보는 숙제를 내주었다. 몰리는 변기의자에 앉아서 물을 부을 만큼 진전을 보였다. 이 실험은 몰리에게 자신이 삼켜지지 않을 것이라는 '증거'를 제공했다. 마침내 몰리는 '소변이 마려울 때' 공중화장실을 이용할 수 있게 되었다.

선택적 무언증

▧ 전함 게임

연령 : 6~12세

목적 : 선택적 무언증을 위한 실험적 놀이

준비물 :

- 격자무늬의 종이
- 펜 혹은 연필

  혹은

- 시판되는 전함 게임

전함 게임(Battleship Game)[8]은 선택적 무언증을 가진 아동을 위한 창의적 놀이이다(Bergman, 2006). 이 게임은 재미있으며 최소한의 언어적 상호작용만을 요구한다. 아동들은 위치('B 6')와 결과('맞혔다', '놓쳤다', '가라앉았다')만을 말한다. 따라서 이 게임은 재미있게 언어적 상호작용을 시작할 수 있는 즐거운 분위기를 제공한다. 심각한 형태의 선택적 무언증을 겪고 있는 아동의 경우에는 부모에게 속삭이는 반응, 부모에게 점점 큰소리로 말하기, 치료자에게 속삭이기, 치료자에게 큰 소리로 말하기를 포함시킬 수 있다. 치료자는 내담자에게 친구들과 약속을 정해 전함 게임을 해보는 숙제를 내줄 수도 있다.

분리불안

분리의 어려움을 갖고 있는 아동 역시 점진적인 모험을 통해 도움을 받을 수 있다. 이런 아동들은 '엄마 없이는 아무것도 할 수 없어.', '만약 내가 부모와 떨어져 있으면 그들에게 나쁜 일이 일어날 거야.'와 같은 생각을 검증할 필요가 있다. 다른 장애에 대한 행동실험과 마찬가지로, 분리불안 아동과 청소년의 실험에서도 인지적 개입을 실시한다(예 : 가슴에 새긴 손자국, 가짜 수학). 치료실에서 이루어지는 실제(in vivo) 실험은 대부분 다음의 단계들을 밟는다.

　유다는 엄마로부터 떨어지기를 두려워하는 7세 소년이다. 엄마와 떨어져 있을 때면 심장이 뛰고 호흡도 가빠지며 땀도 나고 현기증이 나며 어지러움을 느끼곤 했다. 팔다리에도 힘이 빠지고 문자 그대로 그 자리에 얼어붙어서 울곤 했다. 유다는 '엄마 없이는 반드시 나쁜 일이 일어날 거야.', '나 혼자서는 대처할 수 없어. 아무도 나를 편하게 해주지 못할 거야.'라고 믿었다.

　치료자는 치료회기 중에 유다와 함께 전통적인 위계목록을 함께 만들었다(그림 7.13 참조). 치료자와 유다는 이 목록을 '유다가 엄마로부터 떨어지기' 위계라고 불렀다. 이 실험은 엄마가 유다로부터 떨어져 앉는 것으로 시작했다. 그리고 유다가 치료실에 머무는 동안 엄마는 대기실에서 기다리는 것으로 진행했다.

---

8) 역자 주 : 보드 게임의 일종으로, 2명의 플레이어는 각각 자신의 전함 다섯 척을 보드 위에 배치한다. 상대방의 전함이 어디에 배치되어 있는지를 모르는 플레이어들은 교대로 상대의 전함이 있을 것 같은 곳을 추측하며 공격하는 방식으로 게임을 진행한다. 다섯 척의 전함을 모두 잃는 사람이 패한다.

> 엄마가 대기실에서 기다리고 있다.
> 엄마가 치료실 밖 복도에 있다.
> 치료실 문이 닫힌 상태에서 엄마가 밖에 있다.
> 치료실 문이 열린 상태에서 엄마가 밖에 있다.
> 엄마가 문 입구에 있다.
> 엄마는 의자에 앉아 있고 유다는 쇼파에 따로 앉아 있다.

| 그림 7.13 | 유다가 엄마로부터 떨어지기 위계목록

헨젤과 그레텔 기법

연령 : 5~10세
목적 : 분리불안의 치료
준비물 :

- 종이
- 가위
- 마커
- 사진

헨젤과 그레텔 기법(Shapiro et al., 2005)은 분리불안 아동에게 점진적인 연습을 시키기 위한 창의적 방법으로, 전통적인 위계목록 대신 실시된다. 저자들은 이 창의적 개입을 수정하여 행동실험과 노출과제로 만들었다. 이 모험은 아동에게 헨젤과 그레텔 동화를 소개하는 것으로 시작한다. 이때 부모에게 돌아가는 길을 찾으려면 빵 부스러기를 따라가야 한다는 것을 이해시키는 것이 중요하다. 아동과 부모는 종이를 잘라 빵 부스러기를 만들어 자기지시 단서를 만든다. 부모와 떨어져 있을 때 위안을 주거나 자신감, 유능감을 줄 수 있는 사진이나 그림, 간단한 글귀를 빵 부스러기에 붙인다. 빵 부스러기를 만든 후에 부모는 클리닉에 몸을 숨긴다. 그러나 아동이 부모를 찾을 수 있도록 길에 빵 부스러기를 놓는다. 아동은 부모를 찾아가는 길에 빵 부스러기를 하나씩 집어서 자기지시 단서를 큰 소리로 읽는다. 치료회기 중에 이 절차를 몇 차례 반복한다. 부모는 다음 치료회기 때까지 이 활동을 집에서 여러 차례 연습한다.

사회불안

실험과 노출은 사회불안을 치료할 때 매우 중요하다. 이 기법은 부정적 평가나 당황스러움, 창피에 대한 아동의 예측을 검증해준다. 실험의 종류와 유형은 무한하며 아동의 구체적인 예측과 상황에 맞추어 사용할 수 있다. Grover, Hughes, Bergman와 Kingery(2006)는 식당에서 음식 주문하기를 두려워하는 12세 내담자를 위한 점진적 실험에 대해 보고했다. 치료자는 메뉴를 만들고 치료실에 작은 테이블과 의자를 놓았다. 그리고 주문을 하면 종이에 받아 적은 후 종이접시를 테이블로 가져다주었다.

마야는 재능 있는 17세 학생으로 미술을 배우기 위해 마그넷스쿨9)에 다니고 있었다. 그러나 그녀는 사회불안과 부정적 평가에 대한 두려움으로 인해 자신의 작품을 학급 친구들과 공유하기를 회피했다. 작품 공유하기는 필수였기 때문에 마야는 낙제점수를 받을 수밖에 없었다. 다양한 인지재구성과 합리적 분석 절차를 마친 후에 마야는 실험을 할 준비가 되었다. 치료자는 클리닉의 집단상담실 안에 학급 환경을 구성하고 마야에게 작품을 가져와서 '학급 친구들'에게 발표하도록 했다. 직원들도 '미술 비평가' 역할로 참여하도록 했다. 이것은 마야가 자신의 정서각성을 관리하고 부정적 평가에 반응할 때 대처사고를 연습할 수 있는 실제생활 상황을 제공해주었다. 또 다른 실험의 예로는 식당에서 주문한 음식이 너무 차거나 맘에 들지 않아 다시 해달라고 요구하기, 길 물어보기, 다른 사람을 다른 이름으로 부르기, 옷가게에서 여러 옷을 입어본 후 점원에게 하나도 사지 않겠다고 말하기 등이 있다(Kendall et al., 2005). 여기에서 우리는 사회불안 아동들을 위한 다양한 모험에 대해 기술하고자 한다. 대표적인 예로 쇼핑하러 가자, 소리 내어 읽기, 미술관 작품 등의 세 가지를 들 수 있다.

▦ 쇼핑하러 가자

연령 : 5~10세
목적 : 사회불안을 위한 점진적 노출
준비물 :

● 종이
● 마커
● 가위
● 작은 강화물(지우개, 스티커, 사탕 등)

쇼핑하러 가자(Let's Go Shopping)는 사회불안 아동에게 사회기술과 대화, 잠재적으로 창피한 상황에 직면하는 연습을 재미있게 할 수 있게 해주는 치료적 모험 활동이다. 이 활동에서는 아동에게 자연스럽게 보상(예 : 아동이 구입하는 물건)을 제공한다.

치료자는 아동과 종이화폐를 만드는 것으로 활동을 시작한다. 치료자는 직원들에게 상점주

---

9) 역자 주 : 마그넷스쿨(magnet school)이란 다른 지역 학생들을 유치하기 위해 일부 교과목에 대해 특별한 교육과정이나 커리큘럼을 운영하는 학교를 말한다.

인 역할을 하도록 하고 작은 선물(지우개, 상품, 스티커, 캔디 등)을 준비하게 한다. 이 활동은 점진적 연습을 포함한다. 처음에는 아동에게 작은 기술을 수행하게 한다(예 : 눈맞춤, 미소, "이것 얼마예요?" 같은 질문하기, "감사합니다."라고 말하기). 아동이 이것을 성공적으로 수행하면 조금 더 어려운 과제를 제시한다. 따라서 아동은 상점주인과 더 많은 대화를 하며 물건을 반품하고 잔돈을 받는 등의 행동을 해야 한다.

소리 내어 읽기

연령 : 7~18세
목적 : 사회불안을 위한 점진적 노출
준비물 :
- 읽기 자료
- 청중

소리 내어 읽기(Reading Allowed)는 사회불안과 수행불안, 부정적 평가에 대한 두려움을 지닌 아동을 위한 치료적 모험 활동이다. 이 활동은 다른 사람들 앞에서 실수하기, 문제 해결하기, 비판 듣기, 대처하기, 성공 경험하기, 불안 관리하기를 통해 점진적 연습을 할 수 있는 기회를 제공한다. 이 활동에는 여러 가지 버전이 있다.

한 버전에서는 아동이 간단한 자료를 여러 사람 앞에서 소리 내어 읽는다. 각 단계마다 더 많은 사람들이 청중에 추가된다. 이 활동은 청중 유형(아동, 성인 등)에 의해 영향을 받는 아동에게 적합하다.

다른 버전에서는 아동이 여러 사람 앞에서 점진적으로 도전적인 자료를 읽는다. 이것은 완벽주의 신념, 부정적 평가와 수치감에 대한 두려움을 갖고 있는 아동에게 적합하다. 이런 아동은 다른 사람 앞에서 완벽하지 못한 모습을 보이는 것, 자신이 거부당하거나 비판받는 것, 처벌을 받게 되거나 창피를 당하는 것을 두려워한다.

미술관 작품

연령 : 12~18세
목적 : 수행과 평가에 대한 불안 감소
준비물 :
- 미술관 작품 일기(양식 7.1)

미술관 작품(Museum Piece)은 수행과 평가에 대한 불안을 지닌 청소년을 위한 실험적 절차이다. 다른 실험적 기법들과 마찬가지로 이 활동은 수용전념치료와 인지행동치료의 요소를 결합한 것이다. 이것은 Hayes와 동료들(1999)이 사용한 체스보드 비유[10]와 유사하다. 전통적인 ACT 절차와는 달리 이 활동은 직접적인 인지과정을 포함하고 있다. 이 활동에서는 심상, 합리적 분석, 행동실험 등을 실시하며 비유에 대해 다음과 같이 설명한다.

> "미술관 작품은 미술관 안에 있는 거란다. 미술관에는 예술 작품들이 전시되어 있어. 정말 많은 작품들이 있지. 미술관에는 형태나 모양, 형식이 다양한 예술 작품들이 있어. 사실 각 작품을 특징짓는 것은 그것이 얼마나 독특한지에 달려 있단다. 미술관에 있는 것만으로도 훌륭하다고 할 수 있어."

> "관람객들은 미술관에 와서 작품들을 구경한단다. 그들은 작품을 보고 평가를 해. 그들은 작품을 좋아하거나 싫어하기도 하고 혹은 별다른 느낌을 갖지 않을 수도 있어. 어떤 작품은 가치가 있다고 보고 또 어떤 작품에 대해서는 가치가 없다고 비평을 한단다. 그리고 어떤 것은 가져가기도 하고 혹은 그대로 두기도 해. 미술관에 있는 모든 작품을 모든 사람이 항상 똑같이 가치 있게 여기는 경우는 매우 드물단다. 하지만 일단 무엇인가가 창조되고 미술관 안에 전시되면 변경될 수 없어. 그냥 있는 그대로 평가를 받는 거야."

> "사람들의 경우도 마찬가지야. 사람들은 그냥 그들일 뿐이야. 사람들은 다른 사람에 대해 판단을 하지. 하지만 모든 사람으로부터 항상 긍정적인 평가를 받는 사람은 없어. 그 누구도 부정적인 평가로부터 벗어날 수는 없단다. 미술관의 작품처럼 사람도 그냥 있는 그대로 가치가 있는 거야. 하지만 가치가 있다고 해서 다른 사람들의 평가나 비판을 막을 수는 없단다."

> "나는 네가 자기 자신을 미술관의 작품처럼 멀리 떨어져서 바라보는 실험을 해보았으면 해. 네 자신이 하나의 예술 작품이라고 가정하고 다른 사람들의 비판과 평가를 요청하고 그것을 참아보는 거야. 너 자신을 바꾸려고 하지 말고, 마치 **미술관 작품**이 다른 사람들의 판단이나 불만, 비판을 당연한 것으로 모두 받아들이듯이 너도 그냥 받아들이면 돼. 어때?"

미술관 비유에 반응을 보이지 않는 청소년도 있다. 이것은 문제가 되지 않는다. 비유를 영화나 TV 프로그램, 음악 혹은 운동선수로 쉽게 바꿀 수 있기 때문이다. 치료자는 먼저 이 비유를 아동에게 설명한 후에 실험을 시작한다. 이 단계는 사회불안을 지닌 내담자가 다른 사람

---

10) 역자 주: 체스보드 비유(chessboard metaphor)란 수용전념치료에서 내담자가 심리적 경험에 자기 자신을 과도하게 융합시키지 않고 객관적으로 조망하도록 돕기 위한 기법이다. 즉 치료자는 체스보드의 비유를 통해 내담자가 개인적 사건이 일어나는 상황에서 그 사건의 흐름을 꿰뚫어볼 수 있는 맥락으로서의 자기(self as context)를 의도적으로 경험하도록 돕는다.

들로부터 비판을 끌어내는 전통적인 노출기반 접근과 유사하다. 간단히 말해 이 활동에서 내담자는 다른 사람의 비판을 기록하며 심지어 그것에 대해 물어본다. 그리고 기분을 평가하고 자동적 사고를 적어본다. 그런 다음 미술관 작품 관점에서 부정적인 생각을 바라보며 합리적으로 반박한다. 양식 7.1은 미술관 작품 일기이다.

필라는 섭식장애를 겪고 있는 17세 소녀로 왜곡된 신체상과 함께 심각한 수행 및 평가불안을 갖고 있다. 다음의 대화는 미술관 작품 활동을 어떻게 진행하는지 보여주고 있다(그림 7.14의 미술관 작품 일기 참조).

치료자 : 먼저 네가 다른 사람들로부터 비판을 받았다니, 축하한다.

필 라 : (냉소적으로) 좋아요! 이제 선생님도 다른 사람들이 나를 어떻게 생각하는지 아시겠네요.

치료자 : 무엇 때문에 그렇게 말하지?

필 라 : 이 모든 비판을 좀 보세요! 저는 매일 비판을 받았어요.

치료자 : 그런데 그것이 이 실험의 포인트가 아니었던가? 네가 미술관 작품처럼 비판에 직면하는 것 말이야.

필 라 : 하지만 정말 힘들었어요.

치료자 : 나도 안단다. 원래 이것은 힘든 거야. 실제로 비판을 받거나 비판을 받았다고 생각하는 것은 매우 힘든 일이야. 이 비판들 중에서 몇 개를 미술관 작품 관점에서 볼 수 있을까?

필 라 : 3개요. 18일과 21일에 엄마에게 받은 것과 대니가 저에게 뽀뽀하지 않은 것 하나요. 그러니까 제가 잘못한 거죠.

치료자 : 자, 그럼 이것에 대해 이야기해보자. 너는 세 가지를 미술관 작품 관점에서 바라보았어. 그밖에 네가 참았던 비판은 몇 개나 되었지?

필 라 : 아마도 모두였을 거예요. 하지만 정말 힘들었어요! 정말 싫었어요!

치료자 : 하지만 그럼에도 불구하고 너는 너 자신을 예술품처럼 전시했잖아! 정말 힘들고 싫었지만 네가 스스로 창피와 비판을 받도록 허용했다는 것이 너에 대해 무엇을 말해준다고 생각하니?

필 라 : (잠시 생각하고는) 아마도 생각했던 것보다 제가 강한가 봐요.

치료자 : 아마도 그럴 거야. 우리는 앞으로 그것을 계속 검증해볼 거야. 너는 자기 자신을 노출시키는 미술관 작품 활동을 연습해볼 수 있을 거라 생각하니?

필 라 : 아마도요. 잘 모르겠어요.

치료자 : 해볼 생각은 있니?

날짜	비판	감정	자동적 사고	미술관 작품 관점에서 본 반응
2/18	엄마가 옷에 대해 비판했다.	아들(7) 불안(7)	엄마는 내 취향이 별로라고 생각해. 내가 못생겨 보이나 봐.	누구든지 자신의 의견을 가질 수 있어.
2/19	친구가 나에게 "창백하고 긴장되어 보인다."고 말했다.	불안(8)	친구는 나를 이상하고 못생긴 애로 생각해. 나는 왜 나의 감정을 숨길 수 없을까? 친구는 나를 재통해 볼거야.	창백하고 긴장되어 보인다는 것에 누가 부정적인 딱지를 붙이고 있는거지? 그냥 그랬던 것 뿐이잖아. 친구가 나를 싫어한다는 말이라고 하자. 그건 내가 나빠서라기 보다는 있는 그대로 말할 수 있는 사람인 누구인가? 그녀는 단지 네 기분을 상하게 할 뿐이야.
2/20	남자 친구와 데이트를 했다. 남자 친구는 내가 조용히 있는다고 말했다.	불안(9)	남자 친구는 내가 재미없고 유머감각을 갖고 있다고 생각하지 않아.	세상에 웃는 방법이 하나밖에 없는 것에 대해 누가 규칙을 세우나?
2/20	남자 친구와 피자를 먹었다. 남자 친구가 계속 먹는 동안 웃었다. 음식을 씹을 때 내 모습이 귀엽다고 말했다.	불안(9)	남자 친구는 내가 먹는 것을 지켜보고 있어. 그는 나를 뚱뚱한 돼지라는 새 같은 거야.	이것이 사실이라고 치자. 그렇더라도 남자 친구의 의견이 사실이라고 그 누가 말할 수 있는 거지.
2/20	남자 친구가 뽀뽀를 하려 안 한다.	아들(8)	남자 친구는 나한테 매력을 느끼지 못하고 있어.	단지 그가 뽀뽀를 안 했다고 해서 나한테 매력을 못 느낀 것은 아니야. 그가 나한테 몰리지 않는다면 그건 그 아이의 순해서.
2/21	엄마가 "너는 내 숙적의 때문 이에서 독거를 둔 거는 마취했다."고 말했다.	불안(8)	엄마는 내가 벼르장머리 없고 무례하다고 생각하나봐.	엄마는 나에 대해 이런 감정을 가지실 수 있어. 하지만 오래 가지는 않을 것이고 다른 감정을 갖게 될 거야.
2/21	남자 친구가 만나자고 전화했다. 엄마가 내가 전화를 너무 많이 한다고 말했다.	불안(8)	엄마는 내가 남자에 대해 생각하는 데 너무 많은 시간을 쓴다고 생각하나봐.	누구나도 때론 다른 사람에 대해 생각해. 그렇다고 그것이 남을 타인하는 건 아냐.
2/22	물리 선생님이 92점이 주시면서 내가 더 잘 볼 수 있었을 거라고 말씀하셨다.	불안(9)	선생님은 내가 태만하다고 생각하시네.	이것이 사실이라고 해도 의견이 항상 사실인 것은 아니야.

그림 7.14 | 필라의 '미술관 작품' 일기

필 라 : 해볼 생각은 있지만 하고 싶지는 않아요!

치료자 : 해볼 생각이 있다니 좋아! 다른 비판들도 살펴보자. 친구가 너에게 창백하고 긴장되어 보인다고, 그리고 네 속을 훤히 들여다볼 수 있다고 했네. 이때 그것을 부정적으로 해석하고 있는 사람이 누구일까?

필 라 : 그것 정말 좋은 질문이세요. 저는 한번도 생각해본 적이 없어요.

치료자 : 그러면 적어보자. 스테프는 어떻게 네 속을 훤히 들여다볼 수 있을까?

필 라 : 걔는 정말로 잘 알아맞혀요. 스테프는 나에게 정말 관심이 많아요. 걔는 좋은 친구예요.

치료자 : 그렇다면 이것이 왜 나쁘지?

필 라 : (웃으며) 맞아요. 이제 알겠네요!

치료자 : 다른 날짜로 가보자.

필 라 : 그래야 하나요?

치료자 : 웃음에 대해 누가 규칙을 만들지? 네가 다니는 고등학교에 웃음에 관한 무슨 규정 같은 게 있니?

필 라 : 맞아요. 제가 어리석다는 걸 알고 있어요.

치료자 : 이것은 어리석은지 아닌지에 관한 것이 아니란다. 이것은 미술관 작품이라는 관점, 즉 너의 경우에는 다르다는 관점에서 보자는 것이야. 다르다는 것이 어리석다는 것과 같은 것일까?

필 라 : 물론 아니지요!

치료자 : 이것을 웃음에 어떻게 적용할 수 있을까?

필 라 : 내가 다른 사람들만큼 웃지 않는다고 해서 내가 이상한 아이라는 것을 의미하지는 않아요. 세상에는 한 가지 규칙만 있는 게 아니에요. 사람은 모두 다르게 웃어요.

치료자 : 여기 다음에 있는 건 정말 힘든 것 같은데 한번 해보자.

필 라 : 피자와 관련된 상황은 힘들었어요.

치료자 : 그랬겠구나. 음식을 씹는 네 모습이 귀엽다고 말하는 것과 네가 돼지라고 말하는 것은 얼마나 같을까?

필 라 : 마치 소가 되새김질하는 것과 같네요. 걔가 나를 그런 식으로 보다니 역겨워요.

치료자 : 좋아. 나는 대니가 너를 그런 식으로 보는지 아닌지는 잘 모르겠어. 하지만 대니가 너를 돼지처럼 씹는 아이라고 생각한다고 해도 이 의견이 절대적인 사실일까?

필 라 : 아니에요.

치료자 : 이제 3개 남았구나. 지금 기분은 어떠니?

필 라 : 나아졌어요. 비판들에 대해 조금 안도감이 느껴져요. 사실 어떤 것은 비판처럼 보이

지 않기도 해요.

치료자 : 엄마께서 네가 독기 품은 말을 쏟아낸다고 말씀하셨네?

필　라 : 네. 엄마는 저의 빈정대는 말투를 싫어하세요.

치료자 : 그래서 엄마가 탐탁지 않아 하시는구나.

필　라 : 맞아요.

치료자 : 그렇다면 너는 못마땅해하시는 엄마를 어떻게 참는 거야?

필　라 : 못 참아요.

치료자 : 너는 이 문제가 얼마나 심각하고 지속적이라고 생각하니?

필　라 : 그렇게는 심각하지 않아요. 엄마는 잘 극복하세요. 제가 '남자애들을 좋아하는 것'을 엄마가 못마땅해하시는 것과 똑같아요. 누구든 때때로 비판을 받지요. 그게 바로 인생이에요. 그리고 선생님 이것 아세요? 제가 물리시험 준비를 열심히 했거든요. 물리 선생님이 저를 게으름뱅이라고 생각하신다 해도 그건 선생님의 의견일 뿐 사실이 아니라고 말할 수 있어요.

치료자 : 그렇다면 그것은 무엇을 의미할까? 의미하는 것은 무엇일까?

필　라 : 아마도 비판이 그렇게 나쁜 것은 아니고 단지 짜증나고 불편할 뿐이라는 걸요.

필라와의 이 대화는 몇 가지 중요한 점을 보여주고 있다. 첫째, 치료자는 필라가 비판을 수집하고 기록한 것에 강화를 주는 것으로 시작했다. 둘째, 치료자는 비판에 대한 필라의 어려움을 인정해주는 것(예 : "나도 안단다.")과 불편을 참는 일에 도전한 것을 인정해주는 것(예 : "하지만 그럼에도 불구하고 너는 예술품처럼 전시했잖아!") 사이의 균형을 유지했다. 치료자는 구체적이고 특수한 질문(예 : "네가 참았던 비판이 몇 개나 될까?")과 추상적이고 종합적인 질문(예 : "그것이 정말 힘들고 싫었지만 네가 네 스스로를 창피와 비판을 받도록 허용했다는 것이 너에 대해 무엇을 말해준다고 생각하니?")을 함께 사용했다.

결론

이 장은 변화를 확실히 이끌어내는 경험을 제공하기 위해서는 정서적 각성이라는 맥락에서 '행동'을 활용해야 한다는 것을 보여주고 있다. 노출과 행동실험의 효과를 높이기 위해서는 개인에게 맞추어 설계하고 치료회기 중에 실시하며 다른 상황에 일반화시킨 후에 내담자와 함께 결과를 평가할 필요가 있다. 이러한 행동실험은 내담자에게 자기조절과 인지재구성 등 치료에서 배운 기술을 사용할 기회를 제공한다. 치료자는 이러한 체험중심의 개입을 실시하는 동안 적극적인 역할을 해야 한다. 치료자와 내담자는 협력적으로 실험을 계획하고 완수하며 성과에 대해 의견을 나눈다. 행동실험은 대부분의 내담자에게(그리고 치료자에게) 재미있고 매력적이며 보상을 주는 치료적 개입이라 할 수 있다.

글상자 7.1

노출과 실험에 대한 요약

- 반드시 노출에 대해 내담자와 가족들을 교육시키라.
- 실험과 노출은 지시적이기보다 협력적이라는 것을 기억하라.
- 아동과 청소년, 가족들이 실험과 노출을 주도하게 하라.
- 아동과 청소년, 가족들에게 맞추어 실험을 설계하라.
- 아동과 청소년이 심적 고통을 받지 않도록 맞춰 조정하라.
- 실험과 노출을 점진적으로 실시하라.
- 노출은 포괄적 · 반복적으로 실시하며 최적의 정서적 참여를 활용하라.
- 각성이 감소되기 전에 실험을 멈추지 않도록 하라.
- 노출에 대한 인지적 처리를 추가하라.
- 내담자의 노력에 반드시 보상을 제공하라.
- 노출을 창의적으로 재미있게 시행하라.

양식 7.1　미술관 작품 읽기

날짜	비판	감정	자동적 사고	미술관 작품 관점에서 본 반응

From *Cognitive Therapy Techniques for Children and Adolescents: Tools for Enhancing Practice* by Robert D. Friedberg, Jessica M. McClure, and Jolene Hillwig Garcia. Copyright 2009 by The Guilford Press. Permission to photocopy this form is granted to purchasers of this book for personal use only (see copyright page for details).

맺음말

이 책은 약 4년간의 기획, 임상작업, 연구 및 집필의 결정체이다. 맺음말로 어떠한 이야기를 쓸지 결정하기 어려웠는데 그것은 우리 일이 아직도 '진행 중'이기 때문일 것이다. 그럼에도 이 마지막 에필로그에서는 저자들이 중요하다고 여기는 마음자세를 강조하며, 피치 못할 임상적 도전에도 잘 버티도록 돕고, 믿음직한 동료로부터 지지와 도움을 구하듯 이 책을 다시 읽어보도록 격려해주고자 한다. 따라서 우리는 독자가 고려하고 기억해야 할 일곱 가지 마음가짐을 제시하고자 한다.

작업과정에 아동과 가족들을 참여시키라

내게 말해주면 잊을 것이다. 내게 보여주면 기억하지 못할지도 모른다. 나를 참여시키면 이해하게 될 것이다.

―미국 인디언 속담

인지행동치료는 무미건조한 지적 작업이 아니다. 내담자의 정서적 참여를 필요로 한다. 워크시트, 양식, 기타 절차들을 개인과 무관하게 사용하면 아동에게 효과적으로 다가갈 수 없다. 아동과 협력하고 파트너 관계를 맺어야만 아동이 그 과정에 동참한다. 아동이 개입에 동참하면 임상 작업이 아동에게 더 의미 있게 된다. 이 책을 사용하는 것 자체도 공동 작업이라 할 수 있다. 왜냐하면 치료과정에서 저자들도 파트너이기 때문이다. 저자들이 이 책에서 여러 기법을 제공하지만 치료자인 여러분이 아동을 치료과정에 적극적으로 참여시켜야 한다.

여러분 자신과 여러분이 치료하는 아동, 청소년 및 가족을 인내하라

천재성은 영원한 끈기이다.

－미켈란젤로

저자들의 직접적 임상경험과 슈퍼비전 경험에 비춰볼 때 심리치료자는 아동과 청소년 내담자를 돌보는 것에 대해 엄청난 책임을 통감한다. 그래서 심리치료자는 문제의 호전을 위해 내담자와 자신에게 많은 내적 압박을 가한다. 그리고 거의 즉각적으로 그리고 완벽하게 고통을 경감시켜줄 '특효약'을 찾는다. 한마디로 심리치료자는 인내심이 부족한 존재이다.

인지행동치료는 작업이지 마술이 아니다. 우리 경험에 따르면 변화는 생산적인 작업동맹을 바탕으로, 치료절차를 신중하고 체계적으로 적용하는 것에서 비롯된다. 사실 내담자를 재촉하면 치료를 망친다는 연구결과들이 있다(Creed & Kendall, 2005). 따라서 여러분은 내담자에게 충분한 시간을 주고 기다려야 한다. 치료효과는 극적인 통찰이기보다는 겨우 눈에 띌 만큼의 작은 변화들로 나타나는 경우가 많다. 즉 느리고 작은 변화가 긍정적인 치료적 모멘텀을 나타낸다는 뜻이다!

나(저자 중 R. D. F)는 뉴포트 인지행동치료센터(Center for Cognitive Therapy-Newport Beach)에서 Christine A. Padesky 박사와 Aaron T. Beck 박사가 이끌었던 세미나를 회상해본다. 당시 박사후과정생이었던 나는 필라델피아에서 오신 Beck 박사의 방문을 마치 록 콘서트를 위해 줄 서 있는 10대처럼 가슴 설레며 기다렸다. 특별히 내게 의미 깊었던 회기에서 Beck 박사는 시간제한적인(time-limited) 치료와 시간효율적인(time-efficient) 치료를 구분해 설명했다. 시간제한적인 치료는 정확성이나 강도, 맥락 이슈들과 무관하게 이미 임의로 정해진 회기들 내에서 심리치료를 시행하는 것이다. 반면 시간효율적인 치료는 주어진 상황에서 개인에게 가장 짧은 시간 내에 가장 효율적으로 치료하는 것이다. 가령 어떤 사람에게는 6회기가 효율적일 것이다. 또 어떤 사람에게는 40회기가 시간효율적일 수 있다. 이를 알게 된 후 나는 아동·청소년들과 작업할 때 더욱 인내심을 갖게 되었다.

기법과 치료과정을 유연하게 운영하라

> 당신의 숨겨진 가정들을 의심하라.
>
> -코널 웨스트

유연성은 신중하고 차분하게 난관을 해결하도록 돕는다. 반면 경직된 사고와 고착화된 치료는 선택을 제한하고 대안적 해결의 여지를 남기지 않는다. 즉 문제를 여러 각도에서 살펴보면 그 문제를 바라보는 시야가 넓어지고 생산적인 탐색이 촉진된다.

인종문화적 경각심 또한 유연성을 요구한다. 사실 인종문화적 경각심 자체가 유연성을 길러주기도 한다. 다수의 연구에서 문화 이슈가 보고되지 않았거나 누락되었지만(Weisz, Huey, & Weersing, 1998) 최근 연구는 바람직한 주의 전환을 보여준다(Cardemil & Battle, 2003; Cardemil, Reivich, Beevers, Seligman, & James, 2007; David-Ferdon & Kaslow, 2008; Eyberg, Nelson, & Boggs, 2008; Huey & Polo, 2008; Silverman, Pina, & Viswesvaran, 2008). 문화 차이에 대한 경각심은 세계관과 개념적 패러다임을 넓혀서 인지치료 분야를 더 확장시켜준다. 힘들더라도 치료 중에 문화적 이슈에 관한 대화에 잘 반응하면 이 책의 모든 절차를 내담자들이 더 잘 받아들이게 된다. Cardemil과 Battle(2003, p.203)이 말한 대로, "우리는 특정 소수인종/문화와 관련된 사항들을 적극적으로 배우는 것에서 더 나아가 태도와 행동의 전환을 이루어야 한다. 이 접근을 취하려면 심리학자들이 자신이 가진 세계관의 제한성을 인정하고 심리치료 중에 이러한 사항들을 다룰 때의 불안을 감내해야 한다."

창조하고 발명하라

> 알에서 새로 바뀌는 것은 힘들 수 있다. 그러나 알로 머문 채 날아가는 연습을 하는 것은 훨씬 더 힘들다. 지금 우리는 알과 마찬가지다. 그냥 보통 알로 무한정 살아갈 수는 없다. 껍질을 깨고 나오든지 썩든지 해야 한다.
>
> -C. S. 루이스

이 책이 아동과 가족들을 위한 많은 치료적 선택을 치료자들에게 제공하길 바란다. 그러나 이 책은 종점이 아니고 시작점이다. 여러분의 개인 내담자에 맞게 절차를 선택하고 수정하기 바란다. 아동과의 적극적 협조, CBT 원리의 올바른 이해, 그리고 창의성을 통해서 기법을 여러분 자신의 것으로 만들라. 이 책에 제시된 절차들을 새롭게 하여 치료자 나름의 것으로 만드는 방법은 무궁무진하다.

이론과 연구가 여러분을 안내하게 하라

> 모든 경로를 자세히 그리고 신중하게 살펴보라. 그리고 다음의 중요한 질문을 자신에게 던져보라. 나의
> 마음이 이 길에 있는가? 그렇다면 그 길은 좋다. 만약 그렇지 않다면 그 길은 아닌 것이다.
>
> —카를로스 카스테네다

심리치료자들은 도전이 되는 임상사례에 직면하여 홀로 당황하는 때가 많다. 다행히 아동과
의 CBT는 풍부한 경험적 전통을 향유하고 있고, 전문적 문헌은 유용한 정보로 가득하다. 우리
경험에 따르면 지식기반이 충분하면 훨씬 편안하다. 이론적·임상적·경험적 정보에 의존해
서 방향을 찾으면 된다. 여러분의 전문지식은 맥락에 따라 절차를 사용하는 지도를 제공해줄
것이며 임상장면에서 매일 부딪히는 딜레마에 대처하는 길을 안내해줄 것이다.

계속해서 배워라

> 왼쪽으로 생각하고 오른쪽으로 생각해봐. 아래로 생각하고 위로 생각해봐. 오, 노력하면 생각해낼 수
> 있는 생각들이여.
>
> —닥터 수스

CBT에서의 유능성은 종점이 아니고 과정이다. 따라서 탄력과 가속도를 유지하는 데는 평생
학습이 답이다. 다행히 전문학회에는 임상 워크숍과 학문적 프로그램에 참석할 기회들이 많
다. 미국심리학회, 인지행동치료학회, 미국정신의학회, 미국아동및청소년학회는 여러 프로그
램을 제공한다. 세계인지행동치료학회와 유럽인지치료학회에서는 전 세계의 최신 연구결과
들이 발표된다. 실제로 인지치료는 세계적으로 확장되어가고 있다! 영국은 CBT의 온상이 되
었고(www.babcp.com), 브라질 인지치료학회와 같이 각 나라의 CBT 학회들이 적극적으로
활동하고 있다.[1] 미국 필라델피아와 헌팅튼의 인지치료 플래그십센터(www.beckinstitute.org,
www.padesky.com) 등에서 온라인으로 집중훈련과 정기적 슈퍼비전을 받을 수 있는 기회가
많다. 이 센터들은 또한 훈련 동영상 등의 귀중한 자료들을 제공한다. 전문가로서 성장하면서
이 책의 모든 절차가 더욱 흥미로워질 것이다.

---

1) 역자 주 : 우리나라에도 인지행동치료학회가 활동하고 있다. 한국인지행동치료학회의 홈페이지 주소는 www.kacbt.org
   이다.

힘든 순간과 잘못을 껴안으라

위대한 순간은 위대한 기회로부터 생긴다.

－허브 브룩스

나(저자 중 R. D. F.)는 1987년 박사후과정생이었을 때 Christine A. Padesky 박사가 보여준 지도감독의 원칙을 소중하게 기억하고 있다. 치료에서 막힌 시점은 더 나은 질문을 하라는 또 하나의 기회라는 말이었다. 오늘날까지 그녀의 충고는 나에게 영감을 줘서 힘든 순간과 잘못을 저지른 상황에서도 버티게끔 한다. 이전 장에서 언급했듯이 회기 중의 즉시성에 반응하는 것은 CBT에서 중요하다. 아동과 가족의 강렬한 부정적 정서가 현 시점의 맥락에서 폭발하는 수가 자주 있는데, 이러한 폭발은 이 책의 기법들을 사용할 멋진 기회이므로 피하지 말고 환영해야 할 일이다. Calhoun, Moras, Pilkonis와 Rehm(1998, p.159)이 상기시켜준대로, "개입에 대한 설명과 지시가 아무리 구체적인 EST라 할지라도 매 순간 예측할 수 없는 방식으로 일어나는 상황에 맞추어 적용해야 한다."

Friedberg, Gorman과 Beidel(2009)은 치료자라면 자신의 작업에 대해 절대적이고 완벽주의적인 신념을 견지해야 한다고 강조했다. 그러나 Padesky(2007)는 실제 현장의 임상가들이 모호성에 대해 더 큰 인내심을 길러야 한다고 말했다. 치료는 그야말로 행동을 요한다(Hays, 2007). 모든 자료가 수집되어 모든 것을 파악할 때까지 치료를 시작하지 않고 기다릴 수는 없다. 따라서 모호한 맥락 속에서 효과적인 임상적 개입이 시작되고 이러한 경우 그 개입은 불완전할 수밖에 없다. 인지행동치료의 과업은 해병장교의 그것과 유사하다(Fick, 2005). 치료자는 합리적이고 치밀한 접근을 취해야 하며 변화하는 현실, 아마도 예측 불가능한 현실을 염두에 두고 거기에 맞추어야 한다.

개인적인 메시지

어린 시절에 기억한 것을 우리는 영원히 기억한다.

－신시아 오지크

앞에 소개한 일곱 가지 마음가짐에 따라 살려고 노력하면서, 나(저자 중 J. M. M.)는 이 원리들이 나의 직장생활뿐만 아니라 개인적 삶에도 적용된다는 생각을 해왔다. 대표적인 예로 나는 '참여하고 몰두하려' 애쓰며, 나의 어린 딸들에게 '참는' 자세의 모델이 되려고 노력한다. 나는 지금 내가 어떤 일을 하고 있는지, 왜 내가 심리치료를 직업으로 선택했는지 얘기해주며 딸들을 관여시키려고 노력했다. 그래서 어떤 때는 아이들이 내가 하는 일을 꽤 궁금해하고 자신들의 의견을 내놓기도 한다! 이 책을 쓰다가 시간이 많이 걸리는 부분에서 나는 당시 5세(리디아), 3세(줄리아나) 딸들에게 아이들이 감정을 잘 다루도록 도와주는 '감정 의사'들을 안내하기 위한 책을 쓰고 있다고 설명했다. 한창 읽기를 배우고 있었던 리디아는 이 작업과정에 꽤 흥미 있어 했다. 대화를 더 나눈 뒤 이 책이 더 이상 흥미롭지 않다는 것을 깨달은 리디아는 잠시 생각하더니 다음과 같이 말했다. "다음에 책을 쓸 때는 성경을 써!" 이토록 고귀한 기대를 걸고 있는 어린 딸을 보며 나는 웃었고, 그 이야기를 들은 우리 구역 목사님도 웃었다. 그러나 이는 또한 우리 자신의 아이나 우리가 치료하는 아이들이 우리를 '전문가'로 우러러볼 것이라는 점을 상기시켜주었다. 우리는 영감을 주고 창의성과 변화의 모델이 되는 '전문가'인 것이다. 이것은 멋진 책임이지만 또한 더 멋진 기회이기도 하다!

> 끈기와 노력은 결코 유행을 타지 않는다.
>
> —바바라 A. 프리드버그, MBA

나의 개인적 컨설턴트인 Barbara A. Friedberg는 나의 외적·내적 세계를 조형한다. 이 같은 책을 집필하는 것은 꽤 많은 끈기와 좌절, 인내, 세밀함, 투지, 및 창의성을 요한다. 한 주 동안 일하느라 진이 빠진 상태에서 주말에 영화, 풋볼, MLB 야구를 보고 싶은 것을 꾹 참아야 했던 적이 여러 번이었다. 그러나 끈기와 절제의 이중정신무장 덕에 나는 효율적으로 글을 쏟아내고 가끔은 내가 좋아하는 뉴욕 자이언트와 메츠 게임을 즐길 수도 있었다. 이 책의 독자인 여러분에게 이야기하고 싶은 것은 이것이다. 열심히 좌절을 관리하고 이론적·임상적 자기절제를 유지하면 종종 원하는 결과를 얻을 수 있을 것이다. 앞에서 말했듯이 이 책은 약 4년간의 작업을 거쳤다. 따라서 마침표에 점 3개를 더해서 끝마쳐야 옳다. 우리의 다음 도전과 개인적·직업적 성장의 지평선을 가슴 설레며 고대하고 있다는 것을 나타내기 위해….

참고문헌

Abramson, L. Y., Seligman, M. E. P., & Teasdale, J. D. (1978). Learned helplessness in humans: Critique and reformulation. *Journal of Abnormal Psychology, 87,* 49–74.

Achenbach, T. M. (1991a). *Manual for Child Behavior Checklist/4–18 and 1991 profile.* Burlington: University of Vermont, Department of Psychiatry.

Achenbach, T. M. (1991b). *Manual for the Teacher's Report Form and 1991 profile.* Burlington: University of Vermont, Department of Psychiatry.

Achenbach, T. M. (1991c). *Manual for Youth Self-Report and 1991 profile.* Burlington: University of Vermont, Department of Psychiatry.

Achenbach, T. M. (2007). Applications of the Achenbach System of empirically based assessment to children, adolescents, and their parents. In S. R. Smith & L. Handler (Eds.), *The clinical assessment of children and adolescents: A practitioner's handbook* (pp. 327–344). Mahwah, NJ: Erlbaum.

Addis, M. E. (2002). Methods for disseminating research products and increasing evidence-based practice: Promises, obstacles, and future directions. *Clinical Psychology: Science and Practice, 9,* 381–392.

Albano, A. M. (1995). Treatment of social anxiety in adolescents. *Cognitive and Behavioral Practice, 2,* 271–298.

Albano, A. M. (2000). Treatment of social phobia in adolescents: Cognitive behavior programs focused on intervention and prevention. *Journal of Cognitive Psychotherapy, 14,* 67–76.

Albano, A. M., Chorpita, B. F., & Barlow, D. H. (2003). Childhood anxiety disorders. In E. J. Mash & R. A. Barkley (Eds.), *Childhood psychopathology* (pp. 279–330). New York: Guilford Press.

Allen, J. L., & Rapee, R. M. (2005). Anxiety disorders. In P. J. Graham (Ed.), *Cognitive behavior therapy for children and families* (2nd ed., pp. 300–319). New York: Cambridge University Press.

Allers, R., & Minkoff, B. (Directors). (1994). *The lion king* [motion picture]. United States: Walt Disney Feature Animation.

Anderson, D. A., Lundgren, J. D., Shapiro, J. R., & Paulosky, C. A. (2004). Assessment of eating disorders: Review and recommendations for clinical use. *Behavior Modification, 28,* 763–782.

Anderson, S., & Morris, J. (2006). Cognitive behaviour therapy for people with Asperger syndrome. *Behavioural and Cognitive Therapy, 34,* 293–303.

Arnold, C., & Walsh, B. T. (2007). *Next to nothing.* New York: Oxford University Press.

Atchison, D. (Director). (2006). *Akeelah and the bee* [motion picture]. United States: Spelling Bee Productions.

Attwood, T. (2003). Frameworks for behavioral interventions. *Child and Adolescent Psychiatric Clinics of North America, 12,* 65–86.

Attwood, T. (2004). Cognitive behavior therapy for children and adults with Asperger's syndrome. *Behaviour Change, 21,* 147–161.

Azrin, N. H., & Nunn, R. G. (1973). Habit reversal: A method of eliminating nervous habits and tics. *Behaviour Research and Therapy, 11,* 619–628.

Bailey, V. (2001). Cognitive-behavioral therapies for children and adolescents. *Advances in Psychiatric Treatment, 7,* 224–232.

Ballard, C. (Director). (1996). *Fly away home* [motion picture]. United States: Columbia Pictures and Sand Dollar Productions.

Bancroft, T., & Cook, B. (Directors) (1998). *Mulan* [motion picture]. United States: Walt Disney Feature Animation.

Bandura, A. (1977a). Self-efficacy: Toward a unifying theory of behavior change. *Psychological Review, 84,* 191–215.

Bandura, A. (1977b). *Social learning theory.* Englewood Cliffs, NJ: Prentice-Hall.

Bandura, A. (1986). *Social foundations of thought: A social cognitive theory.* Englewood Cliffs, NJ: Prentice-Hall.

Barkley, R. A. (1995). *Taking charge of ADHD.* New York: Guilford Press.

Barkley, R. A. (1997). *Defiant children: A clinician's manual for parent training.* New York: Guilford Press.

Barkley, R. A., & Benton, C. M. (1998). *Your defiant child: Eight steps to better behavior.* New York: Guilford Press.

Barkley, R. A., Edwards, G. H., & Robin, A. L. (1999). *Defiant teens: A clinician's manual for assessment and family intervention.* New York: Guilford Press.

Barkley, R. A., Robin, A. L., & Benton, C. M. (2008). *Your defiant teen: 10 steps to resolve conflict and rebuild your relationship.* New York: Guilford Press.

Barlow, D. H. (1988). *Anxiety and its disorders: The nature and treatment of anxiety and panic.* New York: Guilford Press.

Barlow, D. H., Allen, L. B., & Choate, M. L. (2004). Toward a unified treatment for emotional disorders. *Behavior Therapy, 35,* 205–230.

Barlow, D. H., & Cerny, J. A. (1998). *Psychological treatment of panic.* New York: Guilford Press.

Barrett, P. M., Dadds, M. R., & Rapee, R. M. (1996). Family treatment of childhood anxiety: A controlled trial. *Journal of Consulting and Clinical Psychology, 64,* 333–342.

Bateson, G. (1972). *Steps to an ecology of mind.* New York: Dutton.

Baum, L. F. (1900). *The wizard of Oz.* New York: Schocken.

Beal, D., Kopec, A. M., & DiGiuseppe, R. (1996). Disputing patients' irrational beliefs. *Journal of Rational-Emotive and Cognitive-Behavioral Therapy, 14,* 215–229.

Beck, A. T. (1976). *Cognitive therapy and the emotional disorders.* New York: International Universities Press.

Beck, A. T. (1985). Cognitive therapy, behavior therapy, psychoanalysis, and pharmacotherapy: A cognitive continuum. In M. J. Mahoney & A. Freeman (Eds.), *Cognition and psychotherapy* (pp. 325–347). New York: Plenum Press.

Beck, A. T. (1996). *Beck depression inventory–II.* San Antonio, TX: Psychological Corporation.

Beck, A. T., & Clark, D. A. (1988). Anxiety and depression: An information processing perspective. *Anxiety Research, 1,* 23–36.

Beck, A. T., Emery, G., & Greenberg, R. L. (1985). *Anxiety disorders and phobias: A cognitive perspective.* New York: Plenum Press.

Beck, A. T., Rush, A. J., Shaw, B. F., & Emery, G. (1979). *Cognitive therapy for depression.* New York: Guilford Press.

Beck, A. T., Steer, R. A., & Brown, G. K. (1996). *Beck depression inventory manual* (2nd ed.). San Antonio, TX: Psychological Corporation.

Beck, A. T., Weissman, A., Lester, D., & Trexler, L. (1974). The measurement of pessimism: The Hopelessness Scale. *Journal of Consulting and Clinical Psychology, 42,* 861–865.

Beck, J. S. (1995). *Cognitive therapy: Basics and beyond.* New York: Guilford Press.

Beck, J. S., Beck, A. T., Jolly, J. (2001). *Beck Youth Inventories.* San Antonio, TX: Psychological Corporation.

Beck, J. S., Beck, A. T., Jolly, J. B., & Steer, R. A. (2005). *Beck Youth Inventories for children and adolescents* (2nd ed.). San Antonio, TX: Psychological Corp.

Becker, W. C. (1971). *Parents are teachers.* Champaign, Ill: Research Press.

Bedore, B. (2004). *101 Improv games for children and adults.* Alameda, CA: Hunter House.

Beidel, D. C., & Turner, S. M. (2006). *Shy children, phobic adults* (2nd ed.). Washington, DC: American Psychological Association.

Beidel, D. C., Turner, S. M., & Morris, T. L. (1995). A new inventory to assess childhood social anxiety and phobia: The Social Phobia and Anxiety Inventory for Children. *Psychological Assessment, 7,* 73–79.

Bennett, H. J. (2007). *It hurts when I poop: A story for children who are scared to use the potty.* Washington, DC: Magination Press.

Bennett-Levy, J., Westbrook, D., Fennell, M., Cooper, M., Rouf, K., & Hackmann, A. (2004). Behavioural experiments: Historical and conceptual underpinnings. In J. Bennett-Levy, G. Butler, M. Fennell, A. Hackmann, M. Mueller, & D. Westbrook (Eds.), *Oxford guide to behavioral experiments in cognitive therapy* (pp. 1–20). Oxford, UK: Oxford University Press.

Berg, B. (1986). *The assertiveness game.* Dayton, OH: Cognitive Counseling Resources.

Berg, B. (1989). *The anger control game.* Dayton, OH: Cognitive Counseling Resources.

Berg, B. (1990a). *The anxiety management game.* Dayton, OH: Cognitive Counseling Resources.

Berg, B. (1990b). *The depression management game.* Dayton, OH: Cognitive Counseling Resources.

Berg, B. (1990c). *The self-control game.* Dayton, OH: Cognitive Counseling Resources.

Berg, B. (1992a). *The conduct management game.* Los Angeles: Western Psychological Services.

Berg, B. (1992b). *The feelings game.* Los Angeles: Western Psychological Services.

Berg, B. (1992c). *The self-concept game.* Los Angeles: Western Psychological Services.

Bergman, R. L. (2006, October). Cognitive-behavioral therapy for selective mutism. In R. D. Friedberg (Chair), *From protocols to practice: Translating CBT research to clinical care.* Symposium conducted at the annual meeting of the American Academy of Child and Adolescent Psychiatry, San Diego, CA.

Bernard, M. E., & Joyce, M. R. (1984). *Rational–emotive therapy with children and adolescents.* New York: Wiley.

Berry, J. (1995). *Feeling scared.* New York: Scholastic.

Berry, J. (1996). *Feeling sad.* New York: Scholastic.

Bird, B. (Director). (2004). *The incredibles* [motion picture]. United States: Walt Disney Pictures and Pixar Animation.

Bird, H. R., Gould, M. S., & Staghezza, B. (1992). Aggregating data from multiple informants in child psychiatry epidemiological research. *Journal of the American Academy of Child and Adolescent Psychiatry, 31,* 78–85.

Birmaher, B., Khetarpal, S., Brent, D. A., Cully, M., Balach, L., Kaufman, J., et al. (1997). The Screen for Child Anxiety Related Emotional Disorders (SCARED): Scale construction and psychometric characteristics. *Journal of the American Academy of Child and Adolescent Psychiatry, 36,* 545–553.

Blenkiron, P. (2005). Stories and analogies in cognitive behavioral therapy: A critical review. *Behavioural and Cognitive Therapy, 33,* 45–59.

Boal, A. (2002). *Games for actors and non-actors* (2nd ed.). New York: Routledge.

Bose-Deakins, J. E., & Floyd, R. G. (2004). A review of the Beck Youth Inventories of emotional and social impairment. *Journal of School Psychology, 42,* 333–340.

Bouchard, S., Côté, S., & Richard, D. C. S. (2007). Virtual reality applications for exposure. In D. C. S. Richard & D. L. Lauterbach (Eds.), *Handbook of exposure therapies* (pp. 347–388). San Diego: Academic Press.

Boxmeyer, C. L., Lochman, J. E., Powell, N., Yaros, A., & Wojnaroski, M. (2007). A case study of the Coping Power Program for angry and aggressive youth. *Journal of Contemporary Psychotherapy, 37,* 165–174.

Brewin, C. R. (1988). *Cognitive foundations of clinical psychology.* London, UK: Erlbaum.

Brooks, S. J., & Kutcher, S. (2001). Diagnosis and measurement of adolescent depression: A review of commonly utilized instruments. *Journal of Child and Adolescent Psychopharmacology, 11,* 341–376.

Bunting, E. (1994). *Smoky night.* San Diego: Harcourt Brace.

Burns, D. D. (1980). *Feeling good.* New York: Springer.

Burum, B. A., & Goldfried, M. R. (2007). The centrality of emotion to psychological change. *Clinical Psychology: Science and Practice, 14,* 407–413.

Calhoun, K. S., Moras, K., Pilkonis, P. A., & Rehm, L. P. (1998). Empirically supported treatments: Implications for training. *Journal of Consulting and Clinical Psychology, 66,* 151–162.

Candy, C. M., & Fee. V. E. (1998). Underlying dimensions and psychometric properties of the Eating Behaviors and Body Image Test for adolescent girls. *Journal of Clinical Child Psychology, 27,* 117–127.

Cardemil, E. V., & Battle, C. L. (2003). Guess who's coming to therapy?: Getting comfortable with conversations about race and ethnicity in psychotherapy. *Professional Psychology, 34,* 278–286.

Cardemil, E. V., Reivich, K. J., Beevers, C. G., Seligman, M. E. P., & James, J. (2007). The prevention of depressive symptoms in low income, minority children: Two-year follow-up. *Behavior Research and Therapy, 45,* 313–327.

Carroll, K. M., & Nuro, K. F. (2002). One size cannot fit all: A stage model for psychotherapy manual development. *Clinical Psychology: Science and Practice, 9,* 396–406.

Cartledge, G. C., & Milburn, J. F. (Eds.). (1996). *Cultural diversity and social skills instruction: Understanding ethnic and gender differences.* Champaign, IL: Research Press.

Castonguay, L. G., Pincus, A. L., Agras, W. S., & Hines, C. E. (1998). The role of emotion in group cognitive-behavioral therapy for binge eating disorder: When things have to feel worse before they get better. *Psychotherapy Research, 8,* 225–238.

Caton-Jones, M. (Director). (1993). *This boy's life* [motion picture]. United States: Knickerbocker Films and Warner Brothers Pictures.

Chambless, D. L., & Ollendick, T. H. (2001). Empirically supported psychological interventions: Controversies and evidence. *Annual Review of Psychology, 52,* 685–716.

Chansky, T. E. (2000). *Freeing your child from obsessive–compulsive disorder.* New York: Three Rivers Press.

Chi, T. C., & Hinshaw, S. P. (2002). Mother–child relationships of children with ADHD: The role of maternal depressive symptoms and depression-related distortions. *Journal of Abnormal Child Psychology, 30,* 387–400.

Chorpita, B. F., Daleiden, E. L., & Weisz, J. R. (2005a). Identifying and selecting the common elements of evidence-based interventions: A distillation and matching model. *Mental Health Services Research, 7,* 5–20.

Chorpita, B. F., Daleiden, E. L., & Weisz, J. R. (2005b). Modularity in the design and application of therapeutic interventions. *Applied and Preventive Psychology, 11,* 141–156.

Chorpita, B. F., Tracey, S. A., Brown, T. A., Collica, T. J., & Barlow, D. H. (1997). Assessment of worry in children and adolescents: An adaptation of the Penn State Worry Questionnaire. *Behaviour Research and Therapy, 35,* 569–581.

Ciminero, A. R., & Drabman, R. S. (1977). Current advances in behavioral assessment of children. In B. B. Lahey & A. E. Kazdin (Eds.), *Advances in child clinical psychology* (pp. 47–82). New York: Plenum Press.

Clark, D. A. (1999). Cognitive-behavioral treatment of obsessive–compulsive disorder: A commentary. *Cognitive and Behavioral Practice, 6,* 408–415.

Clark, D. (2004). *Cognitive-behavioral therapy for OCD.* New York: Guilford Press.

Clark, D. M., Beck, A. T., & Alford, B. A. (1999). *Scientific foundations of cognitive theory and therapy of depression.* New York: Wiley.

Clark, L. (2005). *SOS: Help for parents* (3rd ed.). Bowling Green, KY: Parents Press and SOS Programs.

Clarke, G. N., DeBar, L. L., & Lewinsohn, P. M. (2003). Cognitive-behavioral group treatment for adolescent depression. In A. E. Kazdin & J. R. Weisz (Eds.), *Evidence-based psychotherapies for children and adolescents* (pp. 120–134). New York: Guilford Press.

Clarke, G. N., Lewinsohn, P. M., & Hops, H. (1990a). *Adolescent coping with depression course.* Eugene, OR: Castalia.

Clarke, G. N., Lewinsohn, P. M., & Hops, H. (1990b). *Student workbook: Adolescent coping with depression course.* Eugene OR: Castalia.

Clarke, G. N., Rohde, P., Lewinsohn, P. M., Hops, H., & Seeley, J. R. (1999). Cognitive-behavioral treatment of adolescent depression: Efficacy of acute group treatment and booster sessions. *Journal of the American Academy of Child and Adolescent Psychiatry, 38,* 272–279.

Clements, R., & Musker, J. (Directors). (1989). *Little mermaid* [motion picture]. United States: Silver Screen Partners IV, Walt Disney Feature Animation, and Walt Disney Pictures.

Clements, R., & Musker, J. (Directors). (1992). *Aladdin* [motion picture]. United States: Walt Disney Feature Animation.

Cohen, J. A., Deblinger, E., Mannarino, A. P., & Steer, R. (2004). A multi-site, randomized controlled trial for children with sex abuse-related PTSD symptoms. *Journal of the American Academy of Child and Adolescent Psychiatry, 43,* 393–402.

Cohen-Sandler, R. (2005). *Stressed-out girls: Helping them thrive in the age of pressure.* New York: Penguin Books.

Coie, J. D., & Dodge, K. A. (1998). Aggression and antisocial behavior. In W. Damon (Series Ed.) & N. Eisenberg (Vol. Ed.), *Handbook of child psychology: Vol. 3: Social, emotional, and personality development* (5th ed., pp. 779–862). New York: Wiley.

Connors, C. K. (2000). *Connors' Rating Scales—Revised: Technical manual.* North Tonawanda, NY: Multi Health Systems.

Cook, J. W., Taylor, L. A., & Silverman, P. (2004). The application of therapeutic storytelling techniques with preadolescent children: A clinical description with illustrative case study. *Cognitive and Behavioral Practice, 11,* 243–248.

Cooper, M. J., Rose, K. S., & Turner, H. (2005). Core beliefs and the presence or absence of eating disorders symptoms and depressive symptoms in adolescent girls. *International Journal of Eating Disorders, 38,* 60–64.

Cooper, M. J., Whitehead, L., & Boughton, N. (2004). Eating disorders. In J. Bennett-Levy, G. Butler, M. Fennell, A. Hackman, M. Mueller, & D. Westbrook (Eds.), *Oxford guide to behavioral experiments in cognitive therapy* (pp. 267–284). New York: Oxford University Press.

Cooper, Z., & Fairburn, C. G. (1987). The Eating Disorder Examination: A semi-structured interview for the assessment of the specific psychopathology of eating disorders. *International Journal of Eating Disorders, 6,* 9–16.

Corstorphine, E., Mountford, V., Tomlinson, S., Waller, G., & Meyer, C. (2007). Distress tolerance in the eating disorders. *Eating Behaviors, 8,* 91–97.

Cosby, B. (1997). *The meanest thing to say.* New York: Scholastic.

Cotterell, N. B. (2005, May). *Extramural training seminar.* Paper presented at the Beck Institute for Cognitive Therapy and Research, Philadelphia.

Craske, M. G., & Barlow, D. H. (2001). Panic disorder and agoraphobia. In D. H. Barlow (Ed.), *Clinical handbook of psychological disorders: A step-by-step treatment manual* (3rd ed., pp. 1–59). New York: Guilford Press.

Creed, T. A., & Kendall, P. C. (2005). Therapist alliance building within a cognitive behavioral treatment for anxiety in youth. *Journal of Consulting and Clinical Psychology, 73,* 498–505.

Crick, N. R., & Dodge, K. A. (1996). Social information processing mechanisms in reactive and proactive aggression. *Child Development, 67,* 993–1002.

Curry, J. F., & Wells, K. C. (2005). Striving for effectiveness in the treatment of adolescent depression: Cognitive behavioral therapy for multisite community intervention. *Cognitive and Behavioral Practice, 12,* 177–185.

Dattilio, F. M. (1998). Cognitive behavioral family therapy. In F. M. Dattilio (Ed.), *Case studies in couples and family therapy* (pp. 62–84). New York: Guilford Press.

Dattilio, F. M. (1997). Family therapy. In R. L. Leahy (Ed.), *Practicing cognitive therapy: A guide to interventions* (pp. 409–450). New York: Aronson.

Dattilio, F. M. (2000). Families in crisis. In F. M. Dattilio & A. Freeman (Eds.), *Cognitive behavior strategies in crisis intervention* (2nd ed., pp. 316–338). New York: Guilford Press.

Dattilio, F. M. (2001). Cognitive behavior family therapy: Contemporary myths and misconceptions. *Contemporary Family Therapy, 23,* 3–18.

Dattilio, F. M. (2002). Homework assignments in couple and family therapy. *Journal of Clinical Psychology, 58,* 535–547.

David-Ferdon, C., & Kaslow, N. J. (2008). Evidence-based psychosocial treatments for child and adolescent depression. *Journal of Clinical Child and Adolescent Psychology, 37,* 62–104.

Davis, N., & Pickard, B. (2008). The healing power of music. In L. C. Rubin (Ed.), *Popular culture in counseling, psychotherapy, and play-based interventions* (pp. 63–80). New York: Springer.

Dayton, J., & Faris, V. (Directors). (2006). *Little Miss Sunshine* [motion picture]. United States: Big Beach Films.

Deblinger, E., Behl, L. E., & Glickman, A. R. (2006). Treating children who have experienced sexual abuse. In P. C. Kendall (Ed.), *Child and adolescent therapy: Cognitive-behavioral procedures* (3rd ed., pp. 383–416). New York: Guilford Press.

Deblinger, E., & Heflin, A. H. (1996). *Treating sexually abused children and their non-offending parents: A cognitive behavioral approach.* Thousand Oaks, CA: Sage Publications.

De Los Reyes, A., & Kazdin, A. E. (2005). Informant discrepancies in the assessment of childhood psychopathology: A critical review, theoretical framework, and recommendations for future study. *Psychological Bulletin, 131,* 483–509.

DePino, C. (2004). *Blue cheese breath and stinky feet.* Washington, DC: Magination Press.

D'Eramo, K. S., & Francis, G. (2004). Cognitive-behavioral psychotherapy. In T. L. Morris & J. S. March (Eds.), *Anxiety disorders in children and adolescents* (pp. 305–328). New York: Guilford Press.

DiClemente, C. C. (2003). *Addictions and change.* New York: Guilford Press.

Dodge, K. A. (1985). Attributional bias in aggressive children. In P. C. Kendall (Ed.), *Advances in cognitive-behavioral research and therapy* (Vol. 4, pp. 73–110). New York: Academic Press.

Dozois, D. J. A., & Covin, R. (2004). The Beck Depression Inventory-II, Beck Hopelessness Scale, and Beck Scale for Suicidal Ideation. In M. Hersen (Series Ed.), & D. L. Segal & M. Hilsenrotn (Vol. Eds.), *Comprehensive handbook of psychological assessment: Vol. 2. Personality assessment and psychopathology.* New York: Wiley.

Dozois, D. J. A., & Dobson, K. S. (2001). Depression. In M. M. Antony & D. H. Barlow (Eds.), *Handbook of assessment and treatment for psychological disorders* (pp. 259–299). New York: Guilford Press.

Dozois, D. J. A., Dobson, K. S., & Ahnberg, J. L. (1998). A psychometric evaluation of the Beck Depression Inventory–II. *Psychological Assessment, 10,* 83–89.

Eder, R. A. (1994). Comments on children's self-narratives. In U. Neisser & R. Fivush (Eds.), *The remembering self: Construction and accuracy in the self-narrative* (pp. 180–190). Melbourne, Australia: Cambridge University Press.

Edwards, D. J. A., Dattilio, F. M., & Bromley, D. B. (2004). Developing evidence-based practice: The role of case-based research. *Professional Psychology: Research and Practice, 6,* 589–597.

Einstein, D. A., & Menzies, R. G. (2006). Magical thinking in obsessive–compulsive disorder, panic disorder, and the general community. *Behavioural and Cognitive Psychotherapy, 34,* 351–357.

Eisen, A. R., & Engler, L. B. (2006). *Helping your child overcome separation anxiety or school refusal.* Oakland, CA: New Harbinger.

Elkind, D. (1981). *The hurried child: Growing up too fast too soon.* Boston: Addison Wesley.

Elkind, D. (1984). *All grown up and no place to go: Teenagers in crisis.* Boston: Addison Wesley.

Elliott, J. (1991). Defusing conceptual fusions: The just because technique. *Journal of Cognitive Psychotherapy, 5,* 227–229.

Erdlen, R. J., & Rickrode, M. R. (2007). Social skills groups with youth: A cognitive-behavioral perspective. In R. W. Christner, J. L. Stewart, & A. Freeman (Eds.), *Handbook of cognitive-behavior group therapy with children and adolescents* (pp. 485–506). New York: Routledge.

Evans, D. L., & Andrews, L. W. (2005). *If your adolescent has depression or bipolar disorder.* New York: Guilford Press.

Eyberg, S. M. (1974). *Eyberg Child Behavior Inventory.* Odessa, FL: Psychological Assessment Resources.

Eyberg, S. M. (1992). Parent and teacher behavior inventories for the assessment of conduct behavior problems in children. In L. Vandecreek, S. Knapp, & T. L. Jackson (Eds.), *Innovations in clinical practice: A Sourcebook* (Vol. 11, pp. 261–270). Sarasota, FL: Professional Resource Press.

Eyberg, S. M., Nelson, M. N., & Boggs, S. R. (2008). Evidence-based psychosocial treatments for children and adolescents with disruptive behavior. *Journal of Clinical Child and Adolescent Psychology, 37,* 215–237.

Fairburn, C. G., & Cooper, Z. (1996). The eating disorder examination (12th ed.). In C. G. Fairburn & G. T. Wilson (Eds.), *Binge eating: Nature, assessment, and treatment* (pp. 361–404). New York: Guilford Press.

Faust, J. (2000). Integration of family and cognitive behavioral therapy for treating sexually abused children. *Cognitive and Behavioral Practice, 7,* 361–368.

Feindler, E. L., & Ecton, R. B. (1986). *Adolescent anger control: Cognitive behavioral techniques.* New York: Pergamon Press.

Feindler, E. L., Ecton, R. B., Kingsley, D., & Dubey, D. R. (1986). Group anger control training for institutionalized psychiatric male adolescents. *Behavior Therapy, 17,* 109–123.

Feindler, E. L., & Guttman, J. (1994). Cognitive behavioral anger control training. In C. W. LeCroy (Ed.), *Handbook of child and adolescent treatment manuals* (pp. 170–199). New York: Lexington Books.

Feindler, E. L., Marriott, S. A., & Iwata, M. (1984). Group anger control training for junior high delinquents. *Cognitive Therapy and Research, 8,* 299–311.

Fennell, M. J. V. (1989). Depression. In K. Hawton, P. M. Salkvoskis, J. Kirk, & D. M. Clark (Eds.), *Cognitive-behaviour therapy for psychiatric problems: A practical guide* (pp. 169–234). Oxford, UK: Oxford Medical.

Fick, N. (2005). *One bullet away: The making of a Marine officer.* Boston: Houghton Mifflin.

Fidaleo, R. A., Friedberg, R. D., Dennis, G., & Southworth, S. (1996). Imagery, internal dialogue, and action: An alternative treatment for PTSD. *Crisis Intervention, 3,* 143–155.

Finamore, D. (2008). *Little Miss Sunshine* and positive psychology as a vehicle for change in adolescent depression. In L. C. Rubin (Ed.), *Popular culture in counseling, psychotherapy, and play-based interventions* (pp. 123–140). New York: Springer.

Flannery-Schroeder, E. (2004). Generalized anxiety disorder. In T. L. Morris & J. S. March (Eds.), *Anxiety disorders in children and adolescents* (pp. 125–140). New York: Guilford Press.

Flannery-Schroeder, E., & Kendall, P. C. (2000). Group and individual cognitive behavioral treatments for youth with anxiety disorders: A randomized clinical trial. *Cognitive Therapy and Research, 24,* 251–278.

Fleck, R. (Director). (2006). *Half nelson* [motion picture]. United States: Hunting Lane Films, Journeyman Pictures, Silverwood Films, Original Media, Traction Media.

Fleming, V. (Director). (1939). *The wizard of Oz* [motion picture]. United States: Metro Goldwyn-Mayer Loew's.

Foa, E. B., & Andrews, L. W. (2006). *If your adolescent has an anxiety disorder.* New York: Oxford University Press.

Ford, E., Liebowitz, M., & Andrews, L. W. (2007). *What you must think of me.* Oxford, UK: Oxford University Press.

Forehand, R. L., & McMahon, R. J. (1981). *Helping the noncompliant child: A clinician's guide to parent training.* New York: Guilford Press.

Forsyth, J. P., Barrios, V., & Acheson, D. T. (2007). Exposure therapy and cognitive interventions:

Overview and newer third-generation perspectives. In D. C. S. Richard & D. L. Lauterbach (Eds.), *Handbook of exposure therapies* (pp. 61–108). San Diego: Academic Press.

Foster, J. (Director). (1991). *Little man Tate* [motion picture]. United States: Orion Pictures.

Frank, J. D. (1961). *Persuasion and healing: A comparative study of psychotherapy.* New York: Schocken Books.

Freeman, A., Pretzer, J., Fleming, B., & Simon, K. M. (1990). *Clinical applications of cognitive therapy.* New York: Plenum Press.

Friedberg, R. D. (1996). Cognitive behavioral games and workbooks: Tips for school counselors. *Elementary School Guidance and Counseling, 31,* 11–20.

Friedberg, R. D. (2006). A cognitive behavioral approach to family therapy. *Journal of Contemporary Psychotherapy, 36,* 159–165.

Friedberg, R. D., Friedberg, B. A., & Friedberg, R. J. (2001). *Therapeutic exercises with children: Guided self-discovery through cognitive behavior techniques.* Sarasota, FL: Professional Resource Press.

Friedberg, R. D., & Gorman, A. A. (2007). Integrating psychotherapeutic processes with cognitive behavioral procedures. *Journal of Contemporary Psychotherapy, 37,* 185–193.

Friedberg, R. D., Gorman, A. A., & Beidel, D. C. (2009). Training psychologists for cognitive-behavioral therapy in the raw world: A rubric for supervisors. *Behavior Modification, 33,* 104–123.

Friedberg, R. D., Mason, C., & Fidaleo, R. A. (1992). *Switching channels: A cognitive behavioral work journal for adolescents.* Sarasota, FL: Psychological Assessment Resources.

Friedberg, R. D., & McClure, J. M. (2002). *Clinical practice of cognitive therapy with children and adolescents: The nuts and bolts.* New York: Guilford Press.

Friedberg, R. D., & Wilt, L. H. (in press). Metaphors and stories in cognitive behavior therapy with children. *Journal of Rational Emotive and Cognitive Behavioral Therapy.*

Fristad, M. A., Emery, B. L., & Beck, S. J. (1997). Use and abuse of the Children's Depression Inventory. *Journal of Consulting and Clinical Psychology, 65,* 699–702.

Fristad, M. A., & Goldberg-Arnold, J. S. (2003). Family interventions for early-onset bipolar disorder. In B. Geller & M. P. DelBello (Eds.), *Bipolar disorder in childhood and adolescence* (pp. 295–313). New York: Guilford Press.

Fristad, M. A., & Goldberg-Arnold, J. S. (2004). *Raising a moody child.* New York: Guilford Press.

Gallo-Lopez, L. (2008). Marcia, Marcia, Marcia: The use and impact of television themes, characters, and images in psychotherapy. In L. C. Rubin (Ed.), *Popular culture in counseling, psychotherapy, and play-based interventions* (pp. 243–256). New York: Springer.

Galvin, M. (1989). *Clouds and clocks: A story for children who soil.* Washington, DC: Magination Press.

Garner, D. M. (1991). *Eating Disorder Inventory–2 manual.* Odessa, FL: Psychological Assessment Resources.

Garner, D. M., & Garfinkel, P. E. (1979). The Eating Attitudes Test: An index of the symptoms of anorexia nervosa. *Psychological Medicine, 12,* 871–878.

Garner, D. M., & Parker, P. P. (1993). Eating disorders. In T. H. Ollendick & M. Hersen (Eds.), *Handbook of Child and Adolescent Assessment* (pp. 384–399). Boston, MA: Allyn & Bacon.

Geddie, L. (1992). *Dinosaur relaxation script.* Unpublished manuscript, University of Oklahoma Health Sciences Center, Oklahoma City, OK.

Geller, J., & Drab, D. L. (1999). The Readiness and Motivation Interview: A symptom-specific measure of readiness for change in the eating disorders. *European Eating Disorders Review, 7,* 259–278.

Ginsburg, G. S., Grover, R. L., Cord, J. J., & Ialongo, N. (2006). Observational measures of parenting in anxious and nonanxious mothers: Does type of task matter? *Journal of Clinical Child and Adolescent Psychology, 35,* 323–328.

Ginsburg, G. S., & Kingery, J. N. (2007). Evidence-based practice for childhood anxiety disorders. *Journal of Contemporary Psychotherapy, 37,* 123–132.

Ginsburg, G. S., Siqueland, L., Masia-Warner, C., & Hedtke, K. A. (2004). Anxiety disorders in children: Family matters. *Cognitive and Behavioral Practice, 11,* 28–43.

Glatzer, R., & Westmoreland, W. (Directors). (2006). *Quinceanera* [motion picture]. United States: Cinetic Media and Kitchen Sink Entertainment.

Goldberg-Arnold, J. A., & Fristad, M. A. (2003). Psychotherapy for children with bipolar disorder. In B. Geller & M. P. DelBello (Eds.), *Bipolar disorder in childhood and early adolescence* (pp. 272–294). New York: Guilford Press.

Goldfried, M. R. (2003). Cognitive-behavior therapy: Reflections on the evolution of a therapeutic orientation. *Cognitive Therapy and Research, 27,* 53–69.

Goldfried, M. R., & Davila, J. (2005). The role of relationship and technique in therapeutic change. *Psychotherapy: Theory, Research and Practice, 42,* 421–430.

Goldfried, M. R., & Davison, G. C. (1976). *Clinical behavior therapy.* New York: Holt, Rinehart, & Winston.

Goodman, W. K., Price, L. H., Rasmussen, S. A., Mazure, C., Fleischmann, R. L., Hill, C. L., et al. (1989). The Yale–Brown Obsessive–Compulsive Scale. *Archives of General Psychiatry, 46,* 1006–1016.

Gosch, E. A., Flannery-Schroeder, E., Mauro, C. F., & Compton, C. N. (2006). Principles of cognitive-behavioral therapy for anxiety disorders in children. *Journal of Cognitive Psychotherapy, 20,* 247–262.

Gotham, H. J. (2006). Advancing implementation of evidence-based practices into clinical practices: How do we get there from here. *Professional Psychology: Research and Practice, 6,* 606–613.

Grave, J., & Blissett, J. (2004). Is cognitive behavior therapy developmentally appropriate for young children?: A critical review of the evidence. *Clinical Psychology Review, 24,* 399–420.

Greenberg, L. (2006). Emotion-focused therapy: A synopsis. *Journal of Contemporary Psychotherapy, 36,* 87–93.

Greenberg, L. S., & Paivio, S. C. (1997). *Working with emotions: Changing core schemes.* New York: Guilford Press.

Greenberg, L. S., & Paivio, S. C. (2002). *Working with the emotions in psychotherapy.* New York: Guilford Press.

Greenberger, D., & Padesky, C. A. (1995). *Mind over mood: Changing how you feel by changing the way you think.* New York: Guilford Press.

Greene, R. W. (2001). *The explosive child: A new approach for understanding and parenting easily frustrated, chronically inflexible children* (2nd ed.). New York: HarperCollins.

Greenspan, S. (1993). *Playground politics.* Reading, MA: Addison Wesley.

Greenspan, S., & Greenspan, N. T. (1985). *First feelings.* New York: Penguin Books.

Greenspan, S., & Greenspan, N. T. (1989). *The essential partnership.* New York: Penguin Books.

Gross. J. J. (2002).Emotion regulation: Affective, cognitive, and social consequences. *Psychophysiology, 39,* 281–291.

Gross, J. J., & John, O. P. (2003). Individual differences in two emotion processes: Implications for affect, relationships, and well-being. *Journal of Personality and Social Psychology, 64,* 970–986.

Grover, R. L., Hughes, A. A., Bergman, R. L., & Kingery, J. N. (2006). Treatment modification based on childhood anxiety diagnosis: Demonstrating the flexibility in manualized treatment. *Journal of Cognitive Psychotherapy, 20,* 275–286.

Guidano, V. F., & Liotti, G. (1983). *Cognitive processes and emotional disorders: A structural approach to psychotherapy.* New York: Guilford Press.

Guidano, V. F., & Liotti, G. (1985). A constructionalist foundation for cognitive therapy. In M. J. Mahoney & A. Freeman (Eds.), *Cognition and psychotherapy* (pp. 101–142). New York: Plenum Press.

Hall, B. (Creator). (2003). *Joan of Arcadia* [television series]. United States: Sony Pictures Television, CBS Productions, and Barbara Hall Productions.

Hammen, C., & Zupan, B. A. (1984). Self-schemas, depression, and the processing of personal information in children. *Journal of Experimental Child Psychology, 37,* 598–608.

Hansen, J. C., & L'Abate, L. (1982). *Approaches to family therapy.* New York: Macmillan.

Hardwicke, C. (Director). (2003). *Thirteen* [motion picture]. United States: Michael London Pictures, Working Title Films, Antidote Films, and Sound for Film.

Hayes, A. M., & Strauss, J. L. (1998). Dynamic systems theory as a paradigm for the study of change in psychotherapy: An application of cognitive therapy for depression. *Journal of Consulting and Clinical Psychology, 66,* 939–947.

Hayes, S. C. (1994). Content, context, and types of psychological acceptance. In S. C. Hayes, N. S. Jacobson, V. M. Follette, & M. J. Dougher (Eds.), *Acceptance and change: Context and content in psychotherapy* (pp. 13–32). Reno, NV: Context Press.

Hayes, S. C. (2007, July). ACT case conceptualization: Using RFT to correct flaws of traditional functional analysis. In M. Fennell (Chair), *Cognitive behavioral case formulation: Is the emperor clothed?* Panel presentation presented at the 5th World Congress of Behavioural and Cognitive Therapies, Barcelona, Spain.

Hayes, S. C., Strosdahl, K. D., & Wilson, K. G. (1999). *Acceptance and commitment therapy.* New York: Guilford Press.

Heffner, M., Sperry, J., Eifert, G. H., & Detweiler, M. (2002). Acceptance and commitment therapy in the treatment of an adolescent female with anorexia nervosa: A case example. *Cognitive and Behavioral Practice, 9,* 232–236.

Hembree, E. A., & Cahill, S. P. (2007). Obstacles to successful implementation of exposure therapy. In D. C. S. Richard & D. L. Lauterbach (Eds.), *Handbook of exposure therapies* (pp. 389–408). San Diego: Academic Press.

Hembree, E. A., Rauch, S. A. M., & Foa, E. B. (2003). Beyond the manual: The insider's guide to prolonged exposure to PTSD. *Cognitive and Behavioral Practice, 10,* 22–30.

Hesley, J. W., & Hesley, J. G. (2001). *Rent two films and let's talk in the morning.* New York: Wiley.

Hirai, M., Vernon, L. L., & Cochran, H. (2007). Exposure for phobias. In D. C. S. Richard & D. L. Lauterbach (Eds.), *Handbook of exposure therapies* (pp. 247–270). San Diego: Academic Press.

Hoffman, M. (1991). *Amazing grace.* New York: Dial.

Huebner, D. (2006). *What to do when you worry too much: A kid's guide to overcoming anxiety.* Washington, DC: Magination Press.

Huebner, D. (2007a). *What to do when you grumble too much: A kid's guide to overcoming negativity.* Washington, DC: Magination Press.

Huebner, D. (2007b). *What to do when your brain gets stuck: A kid's guide to overcoming OCD.* Washington, DC: Magination Press.

Huebner, D. (2008). *What to do when your temper flares.* Washington, DC: Magination Press.

Huey, S. J., & Polo, A. J. (2008). Evidence-based psychosocial treatments for ethnic minority youth. *Journal of Clinical Child and Adolescent Psychology, 37,* 262–301.

Hughes, J. (Director). (1985). *The breakfast club* [motion picture]. United States: A & M Films and Universal Pictures.

Huppert, J. D., & Baker-Morissette, S. L. (2003). Beyond the manual: The insider's guide to panic control treatment. *Cognitive and Behavioral Practice, 10,* 2–13.

Ilardi, S. S., & Feldman, D. (2001). The cognitive neuroscience paradigm: A unifying metatheoretical framework for the science and practice of clinical psychology. *Journal of Clinical Psychology, 57,* 1067–1088.

Ingram, R. E., & Kendall, P. C. (1986). Cognitive clinical psychology: Implications of an information processing perspective. In R. E. Ingram (Ed.), *Information-processing approaches to clinical psychology* (pp. 3–21). Orlando, FL: Academic Press.

Irwin, C., Evans, D. L., & Andrews, L. W. (2007). *Monochrome days.* Oxford, UK: Oxford University Press.

Jacobson, E. (1938). *Progressive relaxation.* Chicago, IL: University of Chicago Press.

Jamieson, P. E., with Rynn, M. A. (2006). *Mind race.* New York: Oxford University Press.

Jolly, J. B. (1993). A multi-method test of the cognitive content-specificity hypotheses in young adolescents. *Journal of Anxiety Disorders, 7,* 223–233.

Jolly, J. B., & Dykman, R. A. (1994). Using self-report data to differentiate anxious and depressive symptoms in adolescents: Cognitive content specificity and global distress. *Cognitive Therapy and Research, 18,* 25–37.

Jolly, J. B., & Kramer, T. A. (1994). The hierarchical arrangement of internalizing cognitions. *Cognitive Therapy and Research, 8,* 1–14.

Jones, J. V. & Lyddon, W. J. (2000). Cognitive therapy and empirically validated treatments. *Journal of Cognitive Psychotherapy, 14,* 337–345.

Kamphaus, R. W., VanDeventer, M. C., Brueggemann, A., & Barry, M. (2006). Behavior Assessment System for Children—2nd Edition. In S. R. Smith & L. Handler (Eds.), *The clinical assessment of children and adolescents* (pp. 311–326). New York: Routledge.

Kanfer, F. H., Karoly, P., & Newman, A. (1975). Reduction of children's fear of the dark by competence-related and situation threat-related verbal cues. *Journal of Consulting and Clinical Psychology, 27,* 146–155.

Kant, J., Franklin, M., & Andrews, L. W. (2008). *The thought that counts.* New York: Oxford University Press.

Kapalka, G. M. (2007). *Parenting your out of control child.* Oakland, CA: New Harbinger.

Kashdan, T. B., Barrios, V., Forsyth, J. P., & Steger, M. F. (2006). Experiential avoidance as a generalized psychological vulnerability comparison with coping and regulation strategies. *Behaviour Research and Therapy, 54,* 1301–1320.

Kaslow, N. J., Stark, K. D., Printz, B., Livingston, R., & Tsai, S. L. (1992). Cognitive Triad Inventory for Children: Development and relation to depression and anxiety. *Journal of Clinical Child Psychology, 4,* 339–347.

Kaslow, N. J., Tanenbaum, R. L., & Seligman, M. E. P. (1978). *The KASTAN: A children's attributional style questionnaire.* Unpublished manuscript, University of Pennsylvania.

Kazdin, A. E. (2001). *Behavior modification in applied settings.* Belmont, CA: Wadsworth.

Kazdin, A. E., Colbus, D., & Rodgers, A. (1986a). Assessment of depression and diagnosis of depressive disorder among psychiatrically disturbed inpatient children. *Journal of Abnormal Child Psychology, 14,* 499–515.

Kazdin, A. E., Rodgers, A., & Colbus, D. (1986b). The Hopelessness Scale for Children: Psychometric characteristics and concurrent validity. *Journal of Consulting and Clinical Psychology, 54,* 241–245.

Kearney, C. A. (2007). *Getting your child to say "yes" to school.* New York: Guilford Press.

Kearney, C. A., & Albano, A. M. (2000). *Therapist's guide for school refusal behavior.* San Antonio, TX: Psychological Corporation.

Kearney, C. A., & Silverman, W. K. (1993). Measuring the function of school refusal behavior: The School Refusal Assessment Scale. *Journal of Clinical Child Psychology, 22,* 85–96.

Keegan, K., with Moss, H. B. (2008). *Chasing the high.* New York: Oxford University Press.

Kelley, M. L. (1990). *School–home notes: Promoting children's classroom success.* New York: Guilford Press.

Kendall, P. C. (2006). Guiding theory for therapy with children and adolescents. In P. C. Kendall (Ed.), *Child and adolescent therapy: Cognitive-behavioral procedures* (3rd ed., pp. 3–30). New York: Guilford Press.

Kendall, P. C., Aschenbrand, S. G., & Hudson, J. L. (2003). Child-focused treatment of anxiety. In A. E. Kazdin & J. R. Weisz (Eds.), *Evidence-based psychotherapies for children and adolescents* (pp. 81–100). New York: Guilford Press.

Kendall, P. C., Chansky, T. E., Kane, M. T., Kim, R. S., Kortlander, E., Ronan, K., et al. (1992). *Anxiety disorders in youth: Cognitive-behavioral interventions.* Boston, MA: Allyn & Bacon.

Kendall, P. C., Chu, B., Gifford, A., Hayes, C., & Nauta, M. (1998). Breathing life into a manual. *Cognitive-Behavioral Practice, 5,* 89–104.

Kendall, P. C., Flannery-Schroeder, E., Panichelli-Mindel, S. M., Southam-Gerow, M., Henin, A., & Warman, M. (1997). Therapy for youths with anxiety disorders: A second randomized trial. *Journal of Consulting and Clinical Psychology, 65,* 366–380.

Kendall, P. C., & MacDonald, J. P. (1993). Cognition in the psychopathology of youth and implications for treatment. In K. S. Dobson & P. C. Kendall (Eds.), *Psychopathology and cognition* (pp. 387–430). San Diego, CA: Academic Press.

Kendall, P. C., Robin, J. A., Hedtke, K. A., Suveg, C., Flannery-Schroeder, E., & Gosch, E. (2005).

Considering CBT with anxious youth?: Think exposures. *Cognitive and Behavioral Practice, 12,* 136–148.

Kendall, P. C., & Suveg, C. (2006). Treating anxiety disorders in youth. In P. C. Kendall (Ed.), *Child and adolescent therapy: Cognitive behavioral procedures* (3rd ed., pp. 243–294). New York: Guilford Press.

Kennedy-Moore, E., & Watson, J. C. (1999). *The expression and nonexpression of emotion.* New York: Guilford Press.

Kingery, J. N., Roblek, T. L., Suveg, C., Grover, R. L., Sherrill, J. T., & Bergman, R. L. (2006). They're not just "little adults": Developmental considerations for implementing cognitive behavioral therapy with anxious youth. *Journal of Cognitive Psychotherapy, 20,* 263–273.

Klein, D. N., Dougherty, L. R., & Olino, T. M. (2005). Toward guidelines for evidence-based assessment of depression in children and adolescents. *Journal of Clinical Child and Adolescent Psychology, 34,* 412–432.

Koch, E. I., Gloster, A. T., & Waller, S. A. (2007). Exposure treatments for panic disorder with and without agoraphobia. In D. C. S. Richard & D. L. Lauterbach (Eds.), *Handbook of exposure therapies* (pp. 221–247). San Diego: Academic Press.

Koeppen, A. S. (1974). Relaxation training for children. *Journal of Elementary School Guidance and Counseling, 9,* 14–21.

Kovacs, M. (1985). The Children's Depression Inventory. *Psychopharmacology Bulletin, 21,* 995–998.

Kovacs, M. (1992). *Children's Depression Inventory.* New York: Multi-Health Systems.

Kraemer, S. (2006). Something happens: Elements of therapeutic change. *Clinical Child Psychiatry and Psychology, 11,* 239–248.

Krain, A. L., & Kendall, P. C. (2000). The role of parental emotional distress in parent report of child anxiety. *Journal of Clinical Child Psychology, 29,* 328–335.

Kraus, J. R. (2006). *Annie's plan.* Washington, DC: Magination Press.

Kronenberger, W. G., & Meyer, R. G. (2001). *The child clinician's handbook* (2nd ed.). Norton, MA: Allyn & Bacon.

Kuehlwein, K. (2000). Enhancing creativity in cognitive therapy. *Journal of Cognitive Psychotherapy, 14,* 175–187.

Kuiper, N. A., Olinger, L. J., & MacDonald, M. R. (1988). Vulnerability and episodic cognitions in a self-worth contingency model of depression. In L. B. Alloy (Ed.), *Cognitive processes in depression* (pp. 289–309). New York: Guilford Press.

Kumar, G., & Steer, R. A. (1995). Psychosocial correlates of suicidal ideation in adolescent psychiatric inpatients. *Suicide and Life Threatening Behavior, 25,* 339–346.

Kumar, G., Steer, R. A., Teitelman, K. B., & Villacis, L. (2002). Effectiveness of Beck Depression Inventory-II subscales in screening for major depressive disorders in adolescent psychiatric inpatients. *Assessment, 9,* 164–170.

Kuyken, W., Padesky, C. A., & Dudley, R. A. (2009). *Collaborative case conceptualization.* New York: Guilford Press.

LaGreca, A. M., & Lopez, N. (1998). Social anxiety among adolescents: Linkages with peer relations and friendships. *Journal of Abnormal Child Psychology, 26,* 83–94.

LaGreca, A. M., & Stone, W. L. (1993). Social Anxiety Scale for Children—Revised: Factor structure and concurrent validity. *Journal of Clinical and Child Psychology, 22,* 7–27.

Lam, K. S. L., & Aman, M. G. (2007). The Repetitive Behavior Scale—Revised: Independent validation in individuals with autism spectrum disorders. *Journal of Autism and Developmental Disorders, 37,* 855–866.

Lamb-Shapiro, J. (2000). *The bear who lost his sleep.* Plainview, NY: Childswork/Childsplay.

Lamb-Shapiro, J. (2001). *The hyena who lost her laugh: A story about changing your negative thinking.* Plainview, NY: Childswork/Childsplay.

Landy, R. J. (2008). *The couch and the stage.* New York: Aronson.

Larson, J., & Lochman, J. E. (2002). *Helping school children cope with anger: A cognitive behavioral intervention.* New York: Guilford Press.

Last, C. G. (2006). *Help for worried kids.* New York: Guilford Press.

Laurent, J., & Stark, K. D. (1993). Testing the cognitive content specificity hypothesis with anxious and depressed youngsters. *Journal of Abnormal Psychology, 102,* 226–237.

Lauterbach, D., & Reiland, S. (2007). Exposure therapy and post-traumatic stress disorder. In D. C. S. Richard & D. L. Lauterbach (Eds.), *Handbook of exposure therapies* (pp. 127–152). San Diego: Academic Press.

Leahy, R. L. (2007). Emotion and psychotherapy. *Clinical Psychology: Science and Practice, 14,* 353–357.

LeCouteur, A., Rutter, M., Lord, C., Rios, P., Robertson, S., Holdgrafer, M., et al. (1989). Autism Diagnostic Interview: A standardized investigator-based instrument. *Journal of Autism and Developmental Disorders, 19,* 363–387.

Lee, S. (Director). (1994). *Crooklyn* [motion picture]. United States: 40 Acres and a Mule Filmworks.

Leitenberg, H., Yost, L. W., & Carroll-Wilson, M. (1986). Negative cognitive errors in children: Questionnaire development, normative data, comparisons between children with and without self-reported symptoms of depression, low self-esteem, and evaluation of anxiety. *Journal of Consulting and Clinical Psychology, 54,* 528–536.

Lerner, J., Safren, S. A., Henin, A., Warman, M., Heimberg, R. G., & Kendall, P. C. (1999). Differentiating anxious and depressive self-statements in youth: Factor structure of the Negative Affect Self-Statement Questionnaire among youth referred to an anxiety disorder clinic. *Journal of Clinical Child Psychology, 28,* 82–93.

LeRoi, A., & Rock, C. (Creators). (2005). *Everybody hates Chris* [television series]. United States: Chris Rock Entertainment, 3 Art Entertainment, CBS Paramount Network Television, and Paramount Network Television.

Lezine, D. A., & Brent, D. (2008). *Eight stories up.* New York: Oxford University Press.

Linehan, M. M. (1993a). *Cognitive behavioral treatment for borderline personality disorder.* New York: Guilford Press.

Linehan, M. M. (1993b). *Skills training manual for healing BPD.* New York: Guilford Press.

Linehan, M. M., Cochran, B. N., & Kehrer, C. A. (2001). Dialectical behavioral therapy for BPD. In D. H. Barlow (Ed.), *Clinical handbook of psychological disorders* (3rd ed., pp. 470–522). New York: Guilford Press.

Lochman, J. E., Barry, T. D., & Pardini, D. A. (2003). Anger control training for aggressive youth. In A. E. Kazdin, & J. E. Weisz (Eds.), *Evidence-based psychotherapies for children and adolescents* (pp. 263–281). New York: Guilford Press.

Lochman, J. E., Fitzgerald, D. P., & Whidby, J. M. (1999). Anger management with aggressive children. In C. Schaefer (Ed.), *Short-term psychotherapy groups for children* (pp. 301–349) Northvale, NJ: Aronson.

Lochman, J. E., & Wells, K. C. (2002a). Contextual social cognitive mediators and child outcome: A test of the theoretical model in the Coping Power Program. *Development and Psychopathology, 14,* 945–967.

Lochman, J. E., & Wells, K. C. (2002b). The Coping Power program at middle school transition: Universal and indicated prevention effects. *Psychology of Addictive Behaviors, 16,* 540–554.

Lock, J. (2002). Treating adolescents with eating disorders in the family context: Empirical and theoretical considerations. *Child and Adolescent Psychiatry Clinics of North America, 11,* 331–342.

Lock, J., & Fitzpatrick, K. K. (2007). Evidence-based treatments for children and adolescents with eating disorders: Family therapy and family-facilitated cognitive-behavioral therapy. *Journal of Contemporary Psychotherapy, 37,* 145–156.

Lock, J., & le Grange, K. (2005). *Help your teenager beat an eating disorder.* New York: Guilford Press.

Lock, J., le Grange, D., Agras, W. S., & Dare, C. (2001). *Treatment manual for anorexia nervosa: A family-based approach.* New York: Guilford Press.

Lockshin, S. B., Gillis, J. M., & Romanczyk, R. G. (2005). *Helping your child with autism spectrum disorder: A step by step workbook for families.* Oakland, CA: New Harbinger.

Loeber, R., Green, S. M., Lahey, B. B., & Stouthamer-Loeber, M. (1991). Differences and similarities between children, mothers, and teachers as informants on disruptive child behavior. *Journal of Abnormal Child Psychology, 19,* 75–95.

Lonczak, H. (2007). *Mookey the monkey gets over being teased.* Washington, DC: Magination Press.

Lopez, R., & Marx, J. (Music and Lyrics). (2003). *Avenue Q.* United States: Kevin McCollum, Robyn Goodman, Jeffrey Seller, Vineyard Theatre, and New Group (producers).

Lord, C., Rutter, M., Goode, S., Heemsbergen, J., Jordan, H., Mawhood, L., et al. (1989). Autism Diagnostic Observation Schedule: A standardized observation of communicative and social behavior. *Journal of Autism and Developmental Disorders, 19,* 185–212.

Madison, L. (2002). *The feelings book: The care and keeping of your emotions.* Middleton, WI: American Girl Books.

Maier, I. M. (2005a). *When Fuzzy was afraid of big and loud things.* Washington, DC: Magination Press.

Maier, I. M. (2005b). *When Fuzzy was afraid of losing his mother.* Washington, DC: Magination Press.

Maier, I. M. (2005c). *When Lizzy was afraid of trying new things.* Washington, DC: Magination Press.

Maloney, M. J., McGuire, J. B., & Daniels, S. R. (1988). Reliability testing of a children's version of the eating disorder test. *Journal of the American Academy of Child and Adolescent Psychiatry, 27,* 541–543.

Mansueto, C. S., Golomb, R. G., Thomas, A. M., & Stemberger, R. M. T. (1999). A comprehensive model for behavioral treatment of trichotillomania. *Cognitive and Behavioral Practice, 6,* 23–43.

March, J. S. (1997). *Multidimensional Anxiety Scale for Children.* New York: Multi-Health Systems.

March, J. S., with Benton, C. M. (2007). *Talking back to OCD.* New York: Guilford Press.

March, J. S., & Franklin, M. E. (2006). Cognitive-behavioral therapy for pediatric OCD. In B. O. Rothbaum (Ed.), *Pathological anxiety: Emotional processing in etiology and treatment* (pp. 147–165). New York: Guilford Press.

March, J. S., & Mulle, K. (1998). *OCD in children and adolescents.* New York: Guilford Press.

March, J. S., Parker, J. D. A., Sullivan, K., Stallings, P., & Conners, K. (1997). The Multidimensional Anxiety Scale for Children (MASC): Factor structure, reliability, and validity. *Journal of the American Academy of Child and Adolescent Psychiatry, 40,* 780–786.

March, J. S., Sullivan, K., & James, P. (1999). Test–retest reliability of the Multidimensional Anxiety Scale for Children. *Journal of Anxiety Disorders, 13,* 349–358.

Marcus, L. M., & Schopler, E. (1993). Pervasive developmental disorder. In T. H. Ollendick & M. Hersen (Eds.), *Handbook of child and adolescent assessment* (pp. 346–353). Boston: Allyn & Bacon.

Markus, H. (1990). Unresolved issues of self-representation. *Cognitive Therapy and Research, 14,* 241–253.

Mash, E. J., & Dozois, D. J. A. (2003). Child psychopathology: A developmental-systems perspective. In E. J. Mash, & R. A. Barkley (Eds.), *Child psychopathology* (2nd ed., pp. 3–71). New York: Guilford Press.

Mattis, S. G., & Ollendick, T. H. (1997). Children's cognitive responses to the somatic symptoms of panic. *Journal of Abnormal Child Psychology, 25,* 47–57.

McCurry, S., & Hayes, S. C. (1992). Clinical and experimental perspectives on metaphorical talk. *Clinical Psychology Review, 12,* 763–785.

McHolm, A. E., Cunningham, C. E., & Vanier, M. K. (2005). *Helping your child with selective mutism: Practical steps to overcome a fear of speaking.* Oakland, CA: New Harbinger.

McMahon, R. J., & Kotler, J. S. (2006). Conduct problems. In D. A. Wolfe & E. J. Mash (Eds.), *Behavioral and emotional disorders in adolescents* (pp. 153–225). New York: Guilford Press.

Mendlowitz, S. L., Manassis, K., Bradley, S., Scapillato, D., Miezitis, S., & Shaw, B. F. (1999). Cognitive-behavioral group treatment in childhood anxiety disorders: The role of parental involvement. *Journal of the American Academy of Child and Adolescent Psychiatry, 38,* 1223–1229.

Menendez, R. (Director). (1988). *Stand and deliver* [motion picture]. United States: American Playhouse.

Merlo, L., Storch, E. A., & Geffken, G. R. (2007). Assessment of pediatric obsessive–compulsive disorder. In E. A. Storch, T. K. Murphy, & G. R. Geffken (Eds.), *Handbook of child and adolescent obsessive–compulsive disorder* (pp. 67–108). Mahwah, NJ: Erlbaum.

Merlo, L. J., Storch, E. A., Murphy, T. K., Goodman, W. K., & Geffken, G. R. (2005). Assessment of pediatric obsessive–compulsive disorder: A critical review of current methodology. *Child Psychiatry and Human Development, 36,* 195–214.

Miller, W. R., & Rollnick, S. (1991). *Motivational interviewing: Preparing people for change.* New York: Guilford Press.

Miltenberger, R. G., Fuqua, R. W., & Woods, D. W. (1998). Applying behavior analysis to clinical problems: Review and analysis of habit reversal. *Journal of Applied Behavioral Analysis, 3,* 447–469.

Mineka, S., & Thomas, C. (1999). Mechanisms of change in exposure therapy for anxiety disorders. In T. Dagleish & M. Power (Eds.), *Handbook of cognition and emotion* (pp. 747–764). New York: Wiley.

Minuchin, S., & Fishman, H. C. (1974). *Family therapy techniques.* Cambridge, MA: Harvard University Press.

Morris, R. J., & Kratochwill, T. R. (1998). Childhood fears and phobias. In R. J. Morris & T. R. Kratochwill (Eds.), *The practice of child therapy* (3rd ed., pp. 91–131). Boston: Allyn & Bacon.

Moses, E. B., & Barlow, D. H. (2006). A new unified treatment approach for emotional disorders based on emotion science. *Current Directions in Psychological Science, 15,* 146–150.

Muris, P., Merckelbach, H., Van Brakel, A., & Mayer, B. (1999). The revised version of the Screen for Child Anxiety Related Emotional Disorders (SCARED-R): Further evidence for its reliability and validity. *Anxiety, Stress, and Coping, 12,* 411–425.

Murrell, A. R., Coyne, L. W., & Wilson, K. G. (2005). ACT with children, adolescents, and their parents. In S. C. Hayes & K. Strosdahl (Eds.), *Acceptance and commitment therapy: A clinician's guide* (pp. 249–271). New York: Springer.

Myers, K., & Winters, N. C. (2002). Ten-year review of rating scales: II. Scales for internalizing disorders. *Journal of the American Academy of Child and Adolescent Psychiatry, 41,* 634–659.

Myles, B. S. (2003). Behavioral forms of stress management for individuals with Asperger syndrome. *Child and Adolescent Psychiatric Clinics of North America, 12,* 123–141.

Najman, J. M., Williams, G. M., Nikles, J., Spence, S., Bor, W., & O'Callaghan, M. (2000). Mothers' mental illness and child behavior problems: Cause–effect association or observation bias? *Journal of the American Academy of Child and Adolescent Psychiatry, 39,* 592–602.

Nass, M. (2000). *The lion who lost his roar.* Plainview, NY: Childswork/Childsplay.

Nass, M. (2004). *The rabbit who lost his hop.* Plainview, NY: Childswork/Childsplay.

Nava, G. (Director). (1995). *Mi familia, my family* [motion picture]. United States: American Playhouse.

Nava, G. (Creator). (2002). *American family* [television series]. United States: 20th Century Fox Television, El Norte Productions, KCET, and the Greenblatt Janollan Studio.

Nelson, W. M., & Finch, A. J. (2000). *Children's Inventory of Anger (CHIA): Manual.* Los Angeles, CA: Western Psychological Services.

Nelson-Gray, R. O. (2003). Treatment utility of psychological assessment. *Psychological Assessment, 15,* 521–531.

Nichols, W. C. (1996). *Treating people in families.* New York: Guilford Press.

Novaco, R. W. (2003). *The Novaco Anger Scale and Provocation Inventory (NAS-PI).* Los Angeles, CA: Western Psychological Services.

Ollendick, T. H. (1983). Reliability and validity of the Revised Fear Survey Schedule for Children—R. *Behaviour Research and Therapy, 21*, 395–399.

Ollendick, T. H. (1998). Panic disorder in children and adolescents: New developments, new directions. *Journal of Clinical Child Psychology, 27*, 234–245.

Ollendick, T. H., & Cerny, J. A. (1981). *Clinical behavior therapy with children*. New York: Plenum Press.

Ollendick, T. H., King, N. J., & Frary, R. B. (1989). Fears in children and adolescents: Reliability and generalizability across gender, age, and nationality. *Behaviour Research and Therapy, 27*, 19–26.

Otto, M. (2000). Stories and metaphors in cognitive behavior therapy. *Cognitive and Behavioral Therapy, 7*, 166–172.

Overholser, J. C. (1993). Elements of the Socratic method, Part 2: Inductive reasoning. *Psychotherapy, 30*, 75–85.

Overholser, J. C. (1994). Elements of the Socratic method, Part 3: Universal definitions. *Psychotherapy, 31*, 286–293.

Padesky, C. A. (1988). *Intensive training series in cognitive therapy*. Workshop series presented at Newport Beach, CA.

Padesky, C. A. (1994). Schema change processes in cognitive therapy. *Clinical Psychology and Psychotherapy, 1*, 267–278.

Padesky, C. A. (2004). Behavioral experiments: At the crossroads. In J. Bennett-Levy, G. Butler, M. Fennell, A. Hackmann, M. Mueller, & D. Westbrook (Eds.,). *Oxford guide to behavioral experiments in cognitive therapy* (pp. 433–438). Oxford, UK: Oxford University Press.

Padesky, C. A. (2007, July). *The next frontier: Building positive qualities with cognitive behaviour therapy*. Invited address presented at the 5th World Congress of Behavioural and Cognitive Therapies, Barcelona, Spain.

Palansky, M. (Director). (2008). *Penelope* [motion picture]. United States: Stone Village Picutres, Type A Films, Grosvenor Park Productions, Tatira, and Zephyr Films.

Palmer, R., Christie, M., Condle, C., Davies, D., & Kenwick, J. (1987). The Clinical Eating Disorders Rating Instrument (CEDRI): A preliminary description. *International Journal of Eating Disorders, 6*, 9–16.

Patterson, G. R. (1976). *Living with children*. Champaign, IL: Research Press.

Patterson, G. R., & Forgatch, M. (1987). *Parents and adolescents living together*. Champaign, IL: Research Press.

Pelham, W. E., Fabiano, G. A., & Massetti, G. M. (2005). Evidence-based assessment of attention deficit hyperactivity disorder in children and adolescents. *Journal of Clinical Child and Adolescent Psychology, 34*, 449–476.

Pellegrino, M. W. (2002). *Too nice*. Washington, DC: Magination Press.

Perrin, S., Smith, P., & Yule, W. (2000). Practitioner review: The assessment and treatment of posttraumatic stress disorder in children and adolescents. *Journal of Child Psychology and Psychiatry, 41*, 277–289.

Persons, J. B. (1989). *Cognitive therapy in practice*. New York: Norton.

Persons, J. B. (1995, November). *Cognitive-behavioral case formulation*. Workshop presented at the annual meeting of the Association for the Advancement of Behavior Therapy, Washington, DC.

Persons, J. B. (2008). *The case formulation approach to cognitive-behavioral therapy*. New York: Guilford Press.

Peterson, L., & Sobell, L. C. (1994). Research contributions to clinical assessment. *Behavior Therapy, 25*, 523–531.

Piacentini, J., & Bergman, R. L. (2001). Developmental issues in cognitive therapy for childhood anxiety disorders. *Journal of Cognitive Psychotherapy, 15*, 165–182.

Piacentini, J. C., & Langley, A. K. (2004). Cognitive-behavior therapy for children who have obsessive–compulsive disorder. *Journal of Clinical Psychology, 60*, 1181–1194.

Piacentini, J. C., Cohen, P., & Cohen, J. (1992). Combining discrepant information from multiple sources: Are complex algorithms better than simple ones? *Journal of Abnormal Child Psychology, 20*, 51–63.

Piacentini, J. C., Langley, A. K., & Roblek, T. (2007a). *Cognitive-behavioral treatment of childhood OCD: It's only a false alarm (Therapist guide)*. New York: Oxford University Press.

Piacentini, J. C., Langley, A. K., & Roblek, T. (2007b). *Cognitive-behavioral treatment of childhood OCD: It's only a false alarm (Workbook)*. New York: Oxford University Press.

Piacentini, J. C., March, J. S., & Franklin, M. E. (2006). Cognitive-behavioral therapy for youth with obsessive–compulsive disorder. In P. C. Kendall (Ed.), *Child and adolescent therapy: Cognitive-behavioral procedures* (3rd ed., pp. 297–321). New York: Guilford Press.

Pliszka, S. R., Carlson, C. L., & Swanson, J. M. (1999). *ADHD with comorbid disorders: Clinical assessment and management*. New York: Guilford Press.

Pos, A., & Greenberg, L. S. (2007). Emotion-focused therapy: The transforming power of affect. *Journal of Contemporary Psychotherapy, 37*, 25–31.

Probst, M., Vandereycken, W., Van Coppenolle, H., & Vanderlinden, J. (1995). The Body Attitude Test for patients with an eating disorder: Psychometric characteristics of a new questionnaire. *Eating Disorders, 3*, 133–144.

Prochaska, J. O. (1979). *Systems of psychotherapy: A transtheoretical analysis*. Homewood, IL: Dorsey Press.

Prochaska, J. O., & DiClemente, C. C. (1992). Stages of change in the modification of problem behaviors. In M. Hersen, R. M. Eisler, & P. M. Miller (Eds.), *Progress in behavior modification* (pp. 184–214). Sycamore, IL: Sycamore Press.

Prochaska, J. O., DiClemente, C. C., & Norcross, J. C. (1992). In search of how people change. *American Psychologist, 47*, 1102–1114.

Quinn, P. O., & Stern, J. M. (1993). *The putting on the brakes activity book for young people with ADHD*. Washington, DC: Magination Press.

Rapee, R. M., Wignall, A. M., Hudson, J. L., & Schniering, C. A. (2000). *Treating anxious children and adolescents: An evidence-based approach*. Oakland, CA: New Harbinger.

Raskin, R. (2005). *Feeling better: A kid's book about therapy*. Washington, DC: Magination Press.

Reiner, R. (Director). (1986). *Stand by me* [motion picture]. United States: Act III, Act III Communications, Columbia Pictures Corporation, and The Body.

Reitman, J. (Director). (2007). *Juno* [motion picture]. United States: Fox Searchlight, Mandate Pictures, and Mr. Mudd.

Resick, P. A., & Calhoun, K. S. (2001). Posttraumatic stress disorder. In D. H. Barlow (Ed.), *Clinical handbook of psychological disorders* (3rd ed., pp. 60–113). New York: Guilford Press.

Reynolds, C. R., & Kamphaus, R. W. (2004). *Behavior Assessment System for Children-2 (BASC-2)*. Circle Pines, MN: American Guidance Service.

Reynolds, C. R., & Richmond, B. O. (1985). *Revised Children's Manifest Anxiety Scale: Manual*. Los Angeles: Western Psychological Services.

Reynolds, W. M. (1987). *Suicidal Ideation Questionnaire*. Odessa, FL: Psychological Assessment Resources.

Reynolds, W. M. (1988). *Suicidal Ideation Questionnaire: A professional manual*. Odessa, FL: Psychological Assessment Resources.

Reynolds, W. M. (1993). Self-report methodology. In T. H. Ollendick & M. Hersen (Eds.), *Handbook of child and adolescent assessment* (pp. 98–123). Boston: Allyn & Bacon.

Richard, D. C. S., Lauterbach, D., & Gloster, A. T. (2007). Description, mechanisms of action, and assessment. In D. C. S. Richard & D. Lauterbach (Eds.), *Handbook of exposure therapies* (pp. 1–28). New York: Academic Press.

Robertie, K., Weidenbenner, R., Barrett, L., & Poole, R. (2008). Milieu multiplex: Using movies in the treatment of adolescents with sexual behavior problems. In L. C. Rubin (Ed.), *Popular culture in counseling, psychotherapy, and play-based interventions* (pp. 99–122). New York: Springer.

Robins, C. J., & Hayes, A. M. (1993). An appraisal of cognitive therapy. *Journal of Consulting and Clinical Psychology, 61*, 205–214.

Rogers, G. M., Reinecke, M. A., & Curry, J. F. (2005). Case formulation in TADS CBT. *Cognitive and Behavioral Practice, 12,* 198–208.

Ronan, K. R., Kendall, P. C., & Rowe, M. (1994). Negative affectivity in children: Development and validation of a self-statement questionnaire. *Cognitive Therapy and Research, 18,* 509–528.

Rooyackers, P. (1998). *101 Drama games for children.* Alameda, CA: Hunter House.

Rouf, K., Fennell, M., Westbrook, D., Cooper, M., & Bennett-Levy, D. (2004). Devising effective behavioral experiments. In J. Bennett-Levy, G. Butler, M. Fennell, A. Hackmann, M. Mueller, & D. Westbrook (Eds.), *Oxford guide to behavioral experiments in cognitive therapy* (pp. 1–20). Oxford, UK: Oxford University Press.

Rubin, L. C. (Ed.). (2007). *Using superheroes in counseling and play therapy.* New York: Springer.

Safran, J. D., & Muran, J. C. (2001). A relational approach to training and supervision in cognitive psychotherapy. *Journal of Cognitive Psychotherapy, 15,* 3–16.

Saigh, P. A. (1987). The use of an in vitro flooding package in the treatment of traumatized adolescents. *Journal of Developmental and Behavioral Pediatrics, 10,* 17–21.

Saigh, P. A., Yule, W., & Inamdar, S. C. (1996). Imaginal flooding of traumatized children and adolescents. *Journal of School Psychology, 34,* 163–183.

Samoilov, A., & Goldfried, M. R. (2000). Role of emotion in cognitive-behavior therapy. *Clinical Psychology: Science and Practice, 7,* 373–385.

Schniering, C. A., & Rapee, R. M. (2002). Development and validation of a measure of children's automatic thoughts: The Children's Automatic Thoughts Scale. *Behaviour Research and Therapy, 40,* 1091–1109.

Schopler, E., Reichler, R. J., & Renner, B. R. (1986). *The Childhood Autism Rating Scale.* Los Angeles: Western Psychological Services.

Schroeder, C. S., & Gordon, C. S. (2002). *Assessment and treatment of childhood problems: A clinician's guide* (2nd ed.). New York: Guilford Press.

Schulte, D., Bochum, R. U., & Eifert, G. H. (2002). What to do when manuals fail?: The dual model of psychotherapy. *Clinical Psychology: Science and Practice, 9,* 312–328.

Schwartz, S. (2003). *Wicked.* Araca Group, Jon Platt, & David Stone (Producers). New York: Marc Platt, Universal Pictures.

Seligman, M. E. P. (1995). The effectiveness of psychotherapy: The *Consumer Reports* study. *American Psychologist, 50,* 965–974.

Seligman, M. E. P., Peterson, C., Kaslow, N. J., Tanenbaum, R., Alloy, L., & Abramson, L. Y. (1984). Attributional style and depressive symptoms among children. *Journal of Abnormal Psychology, 93,* 235–238.

Seligman, M. E. P., Reivich, K., Jaycox, L., & Gillham, J. (1995). *The optimistic child.* Boston: Houghton Mifflin.

Shafran, R., Frampton, I., Heyman, I., Reynolds, M., Teachman, B., & Rachman, S. (2003). The preliminary development of a new self-report measure for OCD in young people. *Journal of Adolescence, 26,* 137–142.

Shapiro, J. E., Friedberg, R. D., & Bardenstein, K. K. (2005). *Child and adolescent therapy.* New York: Wiley.

Shapiro, L. (2004). *The chimp who lost her chatter.* Plainview, NY: Childswork/Childsplay.

Shapiro, L. (2006a). *The horse who lost her herd.* Plainview, NY: Childswork/Childsplay.

Shapiro, L. (2006b). *The koala who wouldn't cooperate.* Plainview, NY: Childswork/Childsplay.

Shaw, J., & Barzvi, A. (2005). *Who invented lemonade?: The power of positive perspective.* New York: Universe Inc.

Shenk, J. (1993, January). *Cognitive-behavioral therapy of obsessive–compulsive disorder.* Grand Rounds presentation at Mesa Vista Hospital, San Diego, CA.

Shirk, S. R. (2001). Development and cognitive therapy. *Journal of Cognitive Psychotherapy, 15,* 155–164.

Shirk, S. R., & Karver, M. (2003). Prediction of treatment outcome from relationship variables in child and adolescent therapy: A meta-analysis review. *Journal of Consulting and Clinical Psychology, 71,* 452–464.

Shirk, S. R., & Karver, M. (2006). Process issues in cognitive behavioral therapy for youth. In P. C. Kendall (Ed.), *Child and adolescent therapy: Cognitive behavioral procedures* (3rd ed., pp. 465–491). New York: Guilford Press.

Shyer, C. (Director). (1991). *Father of the bride* [motion picture] United States: Sandollar Productions, Touchstone Pictures, and Touchwood Pacific Partners I.

Silverman, W. K., & Ollendick, T. H. (2005). Evidence-based assessment of anxiety and its disorders in children and adolescents. *Journal of Clinical Child and Adolescent Psychology, 34,* 380–411.

Silverman, W. K., Pina, A. A., & Viswesvaran, C. (2008). Evidence-based psychosocial treatments for phobic and anxiety disorders in children and adolescents. *Journal of Clinical Child and Adolescent Psychology, 37,* 105–130.

Silverman, W. K., & Rabian, B. (1999). Rating scales for anxiety and mood disorders. In D. Shaffer, C. P. Lucas, & J. E. Richters (Eds.), *Diagnostic assessment in child and adolescent psychopathology* (pp. 127–166). New York: Guilford Press.

Slater, S., & Sheik, D. (2006). *Spring awakening.* New York: Atlantic Theatre.

Smith, P. A., Perrin, S., & Yule, W. (1999). Cognitive behavior for posttraumatic stress disorder. *Child Psychology and Psychiatry Review, 4*(4), 177–182.

Snood, E. D., & Kendall, P. C. (2007). Assessing anxious self-talk in youth: The Negative Affectivity Self-Statement Questionnaire Anxiety Scale. *Cognitive Therapy and Research, 31,* 603–619.

Snyder, K., Gur, R., & Andrews, L. (2007). *Me, myself, and them.* Oxford, UK: Oxford University Press.

Sobel, M. (2000). *The penguin who lost her cool.* Plainview, NY: Childswork/Childsplay.

Sofronoff, K., Attwood, T., & Hinton, S. (2005). A randomized controlled trial of CBT intervention for anxiety in children with Asperger syndrome. *Journal of Child Psychology and Psychiatry, 46,* 1152–1160.

Sokol, L. (2005, May). *Extramural training seminar.* Presented at the Beck Institute for Cognitive Therapy and Research, Philadelphia.

Southam-Gerow, M. (2004). Some reasons that mental health treatments are not technologies: Toward treatment development and adaptation outside labs. *Clinical Psychology: Science and Practice, 11,* 186–189.

Spence, S. H. (1998). A measure of anxiety symptoms among children. *Behaviour Research and Therapy, 36,* 545–566.

Spiegler, M. D., & Guevremont, D. C. (1998). *Contemporary behavior therapy* (3rd ed.). Pacific Grove, CA: Brooks/Cole.

Spielberger, C. D. (1988). *Manual for the State–Trait Anger Expression Inventory (STAXI).* Odessa, FL: Psychological Assessment Resources.

Stallard, P. (2002). *Think good, feel good: A cognitive behaviour workbook for children and young people.* Chichester, UK: Wiley.

Stallard, P. (2005). Cognitive behaviour therapy with prepubertal children. In P. Graham (Ed.), *Cognitive behaviour therapy for children and families* (2nd ed., pp. 121–135). Cambridge, UK: Cambridge University Press.

Stallard, P. (2007). Early maladaptive schemas in children: Stability and differences between a community and a clinic refused sample. *Clinical Psychology and Psychotherapy, 14,* 10–18.

Stallard, P., & Rayner, R. (2005). The development and preliminary evaluation of a Schema Questionnaire for Children (SQC). *Behavioural and Cognitive Psychotherapy, 33,* 217–224.

Stark, K. D. (1990). *Childhood depression: School-based depression.* New York: Guilford Press.

Stark, K. D., Swearer, S., Kurowski, C., Sommer, D., & Bowen, B. (1996). Targeting the child and family: A holistic approach to treating child and adolescent depressive disorders. In E. D. Hibbs & P. S. Jensen (Eds.), *Psychosocial treatment for child and adolescent disorders: Empirically-based strategies for clinical practice* (pp. 207–238). Washington, DC: American Psychological Association.

Steer, R. A., Kumar, G. T., & Beck, A. T. (1993a). Hopelessness in adolescent psychiatric inpatients. *Psychology Reports, 72,* 559–564.

Steer, R. A., Kumar, G. T., & Beck, A. T. (1993b). Self-reported suicidal ideation in adolescent psychiatric inpatients. *Journal of Consulting and Clinical Psychology, 61,* 1096–1099.

Steer, R. A., Kumar, G. T., Beck, A. T., & Beck, J. S. (2005). Dimensionality of the Beck Youth Inventories with child psychiatric outpatients. *Journal of Psychopathology and Behavioral Assessment, 27,* 123–131.

Steer, R. A., Kumar, G. T., Ranieri, W. F., & Beck, A. T. (1998). Use of the Beck Depression Inventory-II with adolescent psychiatric outpatients. *Journal of Psychopathology and Behavioral Assessment, 20,* 127–137.

Stemberger, R. M. T., McCombs-Thomas, A., MacGlashan, S. G., & Mansueto, C. S. (2000). Cognitive behavioral treatment of trichotillomania. In M. Hersen & M. Biaggio (Eds.), *Effective brief therapies* (pp. 319–334). San Diego: Academic Press.

Stewart, A. (2005). Disorders of eating control. In P. Graham (Ed.), *Cognitive-behavioral therapy for children and families* (2nd ed., pp. 359–384). New York: Cambridge University Press.

Storch, E. A., Geffken, G., & Murphy, T. (2007). *Handbook of child and adolescent obsessive-compulsive disorder.* New York: Routledge.

Storch, E. A., Murphy, T. K., Adkins, J. W., Lewin, A. B., Geffken, G. R., Johns, N. B., et al. (2006). The Children's Yale–Brown Obsessive–Compulsive Scale: Psychometric properties of child and parent-report formats. *Journal of Anxiety Disorders, 20,* 1055–1070.

Storch, E. A., Murphy, T. K., Geffken, G. R., Soto, O., Sajid, M., Allen, P., et al. (2004). Psychometric evaluation of the Children's Yale–Brown Obsessive–Compulsive Scale. *Psychiatry Research, 129,* 91–98.

Sutter, J., & Eyberg, S. M. (1984). *Sutter–Eyberg Student Behavior Inventory.* Odessa, FL: Psychological Assessment Resources.

Suveg, C., Kendall, P. C., Comer, J. S., & Robin, J. (2006). Emotion-focused cognitive-behavioral therapy for anxious youth: A multiple-baseline evaluation. *Journal of Contemporary Psychotherapy, 36,* 77–86.

Suveg, C., Southam-Gerow, M. A., Goodman, K. L., & Kendall, P. C. (2007). The role of emotion theory and research in child therapy development. *Clinical Psychology: Science and Practice, 14,* 358–371.

Suveg, C., & Zeman, J. (2004). Emotion regulation in children with anxiety. *Journal of Clinical Child and Adolescent Psychology, 33,* 750–759.

Swanson, J. M. (1992). *School based assessment and intervention for ADD students.* Irvine, CA: K. C. Publishing.

Swanson, J. M., Sandman, C. A., Deutsch, C. K., & Baren, M. (1983). Methylphenidate hydrochloride given with or before breakfast: I. Behavioral, cognitive, and electrophysiologic effects. *Pediatrics, 72,* 49–55.

Sze, K. M., & Wood, J. J. (2007). Cognitive behavioral treatment of co-morbid anxiety disorders and social difficulties in children with high functioning autism: A case report. *Journal of Contemporary Psychotherapy, 37,* 133–144.

Taylor, L., & Ingram, R. E. (1999). Cognitive reactivity and depressotypic processing in children of depressed mothers. *Journal of Abnormal Psychology, 108,* 202–210.

Thompson, T. L. (2002). *Loud lips Lucy.* Citrus Heights, CA: Savor Publishing House.

Thompson, T. L. (2003). *Worry wart Wes.* Citrus Heights, CA: Savor Publishing House.

Thompson, T. L. (2004a). *Catchin cooties Consuelo.* Citrus Heights, CA: Savor Publishing House.

Thompson, T. L. (2004b). *In grown Tyrone.* Citrus Heights, CA: Savor Publishing House.

Thompson, T. L. (2007). *Busy body Bonita.* Citrus Heights, CA: Savor Publishing House.

Thorpe, G. L., & Olson, S. C. (1997). *Behavior therapy* (2nd ed.). Needham Heights, MA: Allyn & Bacon.

Trousdale, G., & Wise, K. (Directors). (1991). *Beauty and the beast* [motion picture]. United States: Silver Screen Partners IV, Walt Disney Animation, and Walt Disney Pictures.

Turk, J. (2005). Children with developmental disabilities and their parents. In P. Graham (Ed.). *Cognitive behavior therapy for children and their families* (pp. 244–262). New York: Guilford Press.

Vacc, N. A., & Rhyne, M. (1987). The Eating Attitudes Test: Development of an adapted language form for children. *Perceptual and Motor Skills, 65,* 335–336.

Van Brunt, D. L. (2000). Modular cognitive-behavioral therapy: Dismantling validated treatment programs into self-standing treatment plan objectives. *Cognitive and Behavioral Practice, 7,* 156–165.

Van Sant, G. (Director). (1997). *Good Will Hunting* [motion picture]. United States: Be Gentlemen Limited Partnership, Lawrence Bender Productions, and Miramax.

Van Sant, G. (Director). (2000). *Finding Forrester* [motion picture]. United States: Columbia Pictures Corporation, Fountainbridge Films, and Laurence Mark Productions.

Vernon, A., & Al-Mabuk, R. (1995). *What growing up is all about.* Champaign, IL: Research Press.

Viorst, J. (1972). *Alexander and the terrible, horrible, no good, very bad day.* New York: Atheneum.

Wachtel, J. R., & Strauss, C. C. (1995). Separation anxiety disorder. In A. R. Eisen, C. A. Kearney, & C. E. Schaefer (Eds.), *Clinical handbook of anxiety disorders in children and adolescents* (pp. 53–81). Northvale, NJ: Aronson.

Wagner, A. P. (2000). *Up and down the worry hill.* Rochester, NY: Lighthouse Press.

Waller, G., Cordery, H., Corstorphine, E., Hinrichsen, H., Lawson, R., Mountford, V., et al. (2007). *Cognitive behavioral therapy for eating disorders: A comprehensive guide.* Cambridge, UK: Cambridge Press.

Walsh, B. T., & Cameron, V. L. (2005). *If your adolescent has an eating disorder.* New York: Oxford University Press.

Warfield, J. R. (1999). Behavioral strategies for hospitalized children. In L. Vandecreek, S. Knapp, & T. L. Jackson (Eds.), *Innovations in clinical practice: A sourcebook* (Vol. 17, pp. 169–182). Sarasota, FL: Professional Resource Press.

Washington, D. (Director). (2002). *Antwone Fisher* [motion picture]. United States: Fox Searchlight Pictures and Mondy Lane Entertainment.

Waters, T. L., & Barrett, P. M. (2000). The role of the family in childhood obsessive–compulsive disorder. *Clinical Child and Family Psychology Review, 3,* 173–184.

Waters, V. (1979). *Color us rational.* New York: Institute for Rational Living.

Waters, V. (1980). *Rational stories for children.* New York: Institute for Rational-Emotive Therapy.

Wedding, D., & Niemiec, R. M. (2003). The clinical use of films in psychotherapy. *Journal of Clinical Psychology, 59,* 207–213.

Weierbach, J., & Phillips-Hershey, E. (2008). *Mind over basketball.* Washington, DC: Magination Press.

Weisz, J. R. (2004). *Psychotherapy for children and adolescents: Evidence-based treatments and case examples.* New York: Cambridge University Press.

Weisz, J. R., Huey, S. J., & Weersing, V. R. (1998). Psychotherapy with children and adolescents: The state of the art. In T. H. Ollendick & R. J. Prinz (Eds.), *Advances in clinical child psychology* (Vol 20, pp. 49–91). New York: Plenum Press.

Weisz, J. R., Southam-Gerow, M. A., Gordis, E. B., & Connor-Smith, J. (2003). Primary and secondary control training for youth depression: Applying the deployment-focused model of treatment development and testing. In A. E. Kazdin & J. R. Weisz (Eds.), *Evidence-based psychotherapies for children and adolescents* (pp. 165–186). New York: Guilford Press.

Weisz, J. R., Thurber, C., Sweeney, L., Proffitt, V. D., & LeGagnoux, G. L. (1997). Brief treatment of mild to moderate child depression using primary and secondary control enhancement training. *Journal of Consulting and Clinical Psychology, 65,* 703–707.

Wellburn, K., Coristine, M., Dagg, P., Pontefract, A., & Jordan, S. (2002). The Schema Questionnaire—Short Form: Factor analysis and relationship between schemas and symptoms. *Cognitive Therapy and Research, 26,* 519–530.

Wells, A. (1997). *Cognitive therapy of anxiety disorders: A practice manual and conceptual guide.* New York: Wiley.

Wexler, D. B. (1991). *The PRISM workbook: A program for innovative self-management.* New York: Norton.

Wilfrey, D. E., Passi, V. A., Cooperberg, J., & Stein, R. I. (2006). Cognitive-behavioral therapy for youth with eating disorders and obesity. In P. C. Kendall (Ed.), *Child and adolescent therapy: Cognitive-behavioral procedures* (3rd ed., pp. 322–365). New York: Guilford Press.

Wilson, G. T., & Smith, D. (1989). Assessment of bulimia nervosa: An evaluation of the Eating Disorder Examination. *International Journal of Eating Disorders, 8,* 173–179.

Wolpe, J. (1958). *Psychotherapy by reciprocal inhibition.* Stanford, CA: Stanford University Press.

Wood, J. J., & McCleod, B. M. (2007). *Child anxiety disorders: A family-based treatment manual for practitioners.* New York: Norton.

Woods, D. W., & Miltenberger, R. G. (1995). Habit reversal: A review of applications and variations. *Journal of Behavioral Therapy and Experimental Psychiatry, 26,* 123–131.

Woods, J. E., & Luiselli, J. K. (2007). Habit reversal of vocal motor tics in child with Tourette's syndrome. *Clinical Case Studies, 6,* 181–189.

Yontef, G. (2007). The power of the immediate moment in gestalt therapy. *Journal of Contemporary Psychotherapy, 37,* 17–23.

Young, J. E. (1994). *Cognitive therapy for personality disorders: A schema-focused approach.* Sarasota, FL: Professional Resource Exchange.

Young, J. E. (1998). *Young Schema Questionnnaire—Short Form.* New York: Cognitive Therapy Center.

Youngstrom, E., Loeber, R., & Stouthamer-Loeber, M. (2000). Patterns and correlates of agreement between parent, teacher, and male adolescent ratings of internalizing and externalizing problems. *Journal of Consulting and Clinical Psychology, 68,* 1038–1050.

Zaillian, S. (Director). (1993). *Searching for Bobby Fischer* [motion picture]. United States: Mirage Entertainment.

Zeckhausen, D. (2008). *Full mouse, empty mouse: A tale of food and feelings.* Washington, DC: Magination Press.

Zinbarg, R. E. (2000). Comment on "Role of emotion in cognitive behavior therapy": Some quibbles, a call for greater attention to motivation for change, and implications of adopting a hierarchical model of emotion. *Clinical Psychology: Science and Practice, 7,* 394–399.

찾아보기

【ㄱ】

가상현실 노출 274

가슴에 새긴 손자국 146

가시 돋친 말 기법 280

가족 공예 277

가족기능 5

가족 식사 291

가족치료 11

가짜 수학 245

감정 고치기 138

감정나침반 40, 94

감정 얼굴 36

감정 얼굴 도표 36

강박장애 136, 294

강박장애가 아니라 나야 162

강화 121

개인화 138

거식증 138, 157, 291

거울아 거울아 237

걱정 순위 매기기 182

검사 13

게임 72

경험적 학습 267

경험 회피 193, 266

고통감내 기술 116

공격 33

공유된 정체성 295

공평한 것 혹은 내가 원하는 것 153

공포를 차례대로 나열하기 45

과도한 침투성 295

관심 혹은 통제 150

귀인오류 138

글쓰기 278

기분점검 7

긴가 민가 보고서 233

【ㄴ】

나의 세상 54

나의 즐거운 활동 재생목록 109

나의 통계 만들기 44

내 마음의 12가지 비겁한 속임수 82

너를 믿을게 305

너의 뇌폭풍 53

노출 4, 268

노출/반응예방 294

논박 163

누가 세균을 가졌니 220

뉴턴의 요람 250

【ㄷ】

다이아몬드 커넥션 79

단순공포증 308

당분간 혹은 영원히 147

대처능력 프로그램 137

대처모델　7
대처 목걸이　145
대처진술문　144
대처카드　145
대처하는 고양이　135
대처하는 코알라　136
도식　34
두려큘라 백작이 말하다　230
등교거부 평가척도(SRAS)　23
뜨거운 숯, 차가운 생각　171
뜨거운 인지　10

【ㄹ】

롤러코스터 비유　270

【ㅁ】

마술적 사고　185
만화　36
매직스크린　106
메시지 찾기　138
메시지 추측하기　138
모델링　98, 270
모듈식 접근　2, 4
목 누르기 비유　214
문자 메시지 역할극　104
문제해결　138, 209
문화적 맥락　5
문화적응　5
물질사용　5
뭐가 문제지　51
미술관 작품　317
밀착　295

【ㅂ】

반박 기법　169
반박전략　167
반응 대가　124
반추　137

발달력　5
발달이정표　5
발달장애　29
버스 운전사 비유　216
벌레 잡기　51, 52, 167
범불안장애　136
벡 우울척도(BDI-II)　19
벡 청소년 우울척도(BYDS)　19
변화할 준비가 되었니　156
보드 게임　275
부모교육　64
부모훈련　64
부적 강화　121
분노　24, 33
분노관리 전략　280
분노대처 프로그램　137
분노 연고　177
분노조절 훈련　137
분리불안　314
분리불안장애　136
불스아이볼　281
불안　21
불안정화　10
비겁한 속임수 찾기　83
비상장비　94
비유　211
비판의 원　280
뽑기 주머니 활동계획　111

【ㅅ】

사례개념화　5
사회기술 훈련　100
사회불안　315
사회적 기능　5
상상 노출　271, 274, 311
생각 왕관　141
생각일기　9, 50
생각 청소　164

생각 탐사자 228
생각풍선 142
선택적 무언증 313
설문조사 실험 275, 287
섭식장애 30, 138, 290
세균 모으기 게임 297
센터필드 게임 247
소리 내어 읽기 317
속임수 혹은 진실 160
쇼핑하러 가자 316
수수께끼 111
수수께끼 워크시트 97
수용전념치료 190
수행불안 164
수행 성취 4
숙제 내주기 7
숙제점검 7
슈퍼영웅 망토 139
스트레스 면역력 139
스포츠 게임 275
습관 반전 114
시간효율적인 치료 326
실수의 손자국 304
실제 노출 274
심리교육 3
심리치료의 과정 8
심리치료의 구조 7
심리치료의 내용 7
심상 274

【ㅇ】

아동용 공포 설문척도(FSSC-R) 23
아동용 예일-브라운 강박척도(CY-BOCS) 24
아동용 우울척도(CDI) 19
아동용 펜스테이트 걱정 질문지(PSWQC) 23
아스퍼거 증후군 137, 306
아켄바크 증거기반 평가체계 26
안건설정 7

안정/불안정 귀인 148
암호 108
앙푸에고 173
양육기술 66
양육도서 69
역할연기 276
오염된 물건 잡기 게임 299
완벽주의 300
완벽한 사진 293
외상 후 스트레스 장애 136
욕구 대 의지 189
우울 33
우울대처 프로그램 137
우울 및 관련 장애 286
우울증 19
위계목록 309, 310, 311, 314
위로, 위로, 더 높이 47
유관성 계약 118
유관성 관리 118
이야기 211
이야기책 70
이완 기법 90
이완 대본 92
인지구조 5
인지내용척도 31
인지모델 79
인지오류 82
인지왜곡 169
인지재구성 4, 135
인지적 개입 4
인지적 분산 167
일반적/구체적 귀인 148
일차적 및 이차적 통제향상 훈련 137

【ㅈ】

자극포화 122
자극포화 예방하기 122
자기개방 7, 270

자기말 기법 135
자기-모니터링 35, 36, 164
자기정의 237
자기지시 기법 135
자기효능감 139
자녀양육 66
자동적 사고 32, 142, 144
자살사고 20
자폐스펙트럼장애 138
자폐증 307
작업동맹 7
장단점 검토하기 209
재귀인 137, 209
재귀인 기법 296
재앙의 달인 224
재앙적 사고 224
재앙화 137
적군 확인하기 78
적대적 편향 137
적대적 해석 137
전반적 발달장애 308
전함 게임 313
전화 비유 79
점진적 근육 이완 90
점진적 노출 273, 308, 311
정서 도구상자 138
정서교육 73
정서적 각성 9
정서적 추론 181, 288
정서적 회피 266
정적 강화 121
조건적 자존감 185
조성 97
주관적 고통지수(SUDS) 45
주의, 경보, 폭풍! 37
주의의 재초점화 138
중국 손가락 트랩 215, 283
즉흥연극 게임 276, 286

즐거운 활동 계획하기 108
증거검증 209
증거검증 기법 296
지금-여기 10
진정 단서카드 94
진정장비 93
집단치료 10

【ㅊ】

책 만들기 102
처벌의 소용돌이 125
청소년용 도서 72
체계적 둔감법 49, 98
체스보드 비유 318
초기 회기 14
충동괴물 길들이기 181
치료적 관계 7
치료적 모험 279, 306, 307

【ㅋ】

쾌도난마 185

【ㅌ】

타임아웃 123
탈재앙화 210
토스 어크로스 143
통제 주사위 222
통제감 266
트래쉬 토크 169
특정공포증 308

【ㅍ】

파괴적 행동장애 25
파국적 사고 138
팝업 원숭이 281
퍼즐용 그림조각 119
페르시아인의 실수 나누기 300

평가 13
폭식증 138
피드백/요약 7
피하지 말고 직면해 192

【ㅎ】

학업기능 5
한 단어 이야기 286
합리적 분석 4, 209
합리적 분석 게임 220
해리 272
행동 개입 4, 89
행동시연 276
행동실험 265, 267
행동위계 45
행동적 선행사건 5
행동적 자기-모니터링 41
행동차트 41

헨젤과 그레텔 기법 315
협력 270
호소문제 5
홍수법 275
화산 77
화재경보 비유 80
활공 티켓 273
회기구조 7
회기내용의 진행 7
회피반응의 가족 강화 295
후진! 116
흑백논리 사고 138
흑백논리 추론 183

【기타】

OCD 증상 측정 24
PETS 템플릿 272
3-D 사고 242

Robert D. Friedberg 박사는 현재 미국 팔로알토대학교의 임상심리학 전공 교수로 재직하며, 아동과 청소년의 불안을 치료하고 연구하는 센터의 책임자를 맡고 있다. 미국 펜실베이니아주립대학교 의과대학의 정신과 교수, 아동·청소년 인지행동치료 클리닉 원장을 역임하였고 이 책 외에도 5권의 책을 집필하였으며, 그밖에 국내외적으로 다양한 학술활동을 해오고 있다. 또한 인지치료학회의 창립멤버이며 인지행동치료 전문가로서 Beck인지치료연구센터에서 수련생들을 지도감독하고 있다.

Jessica M. McClure 박사는 미국 오하이오 주의 신시내티아동병원에서 임상심리학자로 일하고 있다. 아동·청소년을 위한 인지행동치료에 관해 폭넓은 주제로 연구와 워크숍을 진행하며 전문 분야는 불안, 우울 행동장애 및 전반적 발달장애를 가진 아동과 청소년을 위한 인지행동치료이다.

Jolene Hillwig Garcia 박사는 현재 미국 펜실베이니아주립대학교 의과대학의 정신과 교수로 재직하고 있다. 펜실베이니아주립대학교 의과대학에서 의학박사 학위를 받았으며, 동대학교의 아동·청소년 정신과 전문의 및 펠로우 과정을 마쳤다. 아동·청소년 정신의학과 관련된 주제들에 대해 다양한 학술활동을 하고 있으며, 그래픽아트와 회화작업도 지속적으로 수행하고 있다.

역자소개

정현희

이화여자대학교 교육심리학과 졸업

이화여자대학교 대학원 석사(심리학)

미국 뉴저지주립대학교 대학원 박사(학교심리학)

서울대학교병원 소아정신과 임상심리사, 미국 뉴저지 노우드 공립학교 심리학자

삼성사회정신건강연구소 선임연구원 역임

현재 계명대학교 교육학과 교수

김미리혜

고려대학교 심리학과 졸업

고려대학교 대학원 석사(심리학)

미국 뉴욕 주립대학교(SUNY at Albany) 대학원 박사(임상심리학)

미국 뉴욕 주 스트레스 및 불안장애 센터 심리치료실장,

　서울인지치료상담센터(현 마음사랑상담센터) 부소장 역임

현재 덕성여자대학교 심리학과 교수

아동과 청소년을 위한

인지치료

지은이 | Robert D. Friedberg, Jessica M. McClure 공저
옮긴이 | 정현희, 김미리혜 공역 **발행일** | 2007년 07월 23일
도수 | 1도 **판형** | 46배 변형(양장) **총페이지** | 460면
가격 | 25,000원 **ISBN** | 978-89-5832-370-9

아동과 청소년의 인지치료에 대한 자세하고 실제적인 안내서

이 책은 명확한 이론적 틀 안에서 인지치료의 원리와 절차를 다양한 문제를 보이는 아동들에게 맞추는 방법을 제시하고 있다. 간단한 상황에서부터 도전적인 임상적 상황에 이르기까지 다양한 상황에서 치료자가 무엇을 어떻게 하는지를 보여 주는 예시를 통해 차근차근 안내하고 있다. 이 책은 아동과 청소년을 위해 일하는 심리학자와 정신과 의사, 사회복지사, 기타 전문가들이 곧바로 적용하기에 유용한 내용을 담고 있으며, 또한 아동 심리치료 및 상담 교재로도 적합할 것이다.

[이 책의 구성]

제 1 장 서 론

제 2 장 사례개념화

제 3 장 협력적 경험주의와 안내된 발견

제 4 장 치료시간의 구조

제 5 장 치료모형의 소개 및 문제 파악

제 6 장 감정과 생각의 파악 및 연결

제 7 장 소크라테스식 대화법

제 8 장 자주 사용되는 인지 및 행동 기법

제 9 장 인지-행동 치료의 창의적 적용

제 10 장 숙제

제 11 장 우울한 아동과 청소년의 치료

제 12 장 불안한 아동과 청소년의 치료

제 13 장 파괴적인 아동과 청소년의 치료

제 14 장 부모와의 협력